JN431916

조선시대 유학자 불교와의 교섭 양상

김종수

경남 하동 출생.

부산대학교 사범대학 윤리교육과를 졸업하고 (구)한국정신문화연구원 한국학대학원에서 석사 및 박사과정을 수료하였으며, 성균관대학교 대학원 한국철학과에서 철학박사학위 취득.

인천교대·청주교대·한국교원대·한국교통대·한양대·성균관대·세명대 등에서 강의.

현재 충북대학교 우암연구소 객원연구원.

2010년 한국간행물윤리위원회 우수저작상[학술부문] 및 2011년 제5회 선리연구원 학술상 수상.

대표적인 저역서로는 『서계 박세당의 연행록 연구』(2010), 『국역 서계연록』(2010), 『의당 박세화의 단식 순도일기: 『창동일기(昌東日記)』(2014), 『의림지 유산과 농경문화』(공저, 2013), 『제천의 누정과 의림지』(공저, 2016), 『갈천 임훈의 학문과 사상』(공저, 2017) 등이 있다.

서강학술총서
105

조선시대 유학자 불교와의 교섭 양상

김종수 지음

서강대학교출판부

서강학술총서 105

조선시대 유학자 불교와의 교섭 양상

초판 1쇄 발행 | 2017년 12월 20일
2쇄 발행 | 2018년 8월 8일

지 은 이 | 김종수
발 행 인 | 박종구
편 집 인 | 전종호
발 행 처 | 서강대학교출판부
등록 번호 | 제2002-000170호

주 소 | 서울특별시 마포구 백범로 35(신수동)
전 화 | (02) 705-8212
팩 스 | (02) 705-8612

ⓒ 김종수, 2017 Printed in Korea
ISBN 978-89-7273-341-6 94150
ISBN 978-89-7273-139-9(세트)

값 29,000원

* 잘못된 책은 구입하신 곳에서 바꿔드립니다.
* 이 책의 판권은 지은이와 서강대학교출판부에 있습니다.
양측 서면 동의 없는 무단 전재 및 복제를 금합니다.

* '서강학술총서'는 SK SUPEX 기금의 후원으로 제작됩니다.

책머리에

이 책이 세상에 얼굴을 내밀기까지에는 참으로 숱한 우여곡절들을 겪어야만 했다. 사실 필자는 애초 '조선시대 유학자 불교와의 교섭 양상'이라는 거창한 제목이 부여된 단행본을 일정한 구상과 계획에 따라 단계적으로 추진해 나가기로 기획했거나 의도했던 것은 결코 아니었다. 그런 점에서 미필적 결과 격으로 약 7년 정도의 세월 끝에 탄생한 본서는 그야말로 불교에서 말하는 소위 인연(因緣) 가화합(假和合)과도 속성을 지닌 연구서인 셈이다. 그렇다고 해서 '인(因)'에 해당하는 저자의 심적 동인(動因) 자체가 전혀 작동하지 않았던 것도 물론 아니다.

무엇보다 본서가 출현하게 된 일차적인 계기는 소론계(少論係)를 대표했던 17세기의 지성인 서계(西溪) 박세당(朴世堂) 선생의 사상체계가 제공해 주었다는 점을 토로하지 않을 수 없다. 박세당은 휴머니즘의 기조 위에서 유(儒)·불(佛)·도(道)를 넘나드는 통섭적인 학문세계를 추구한 웅장한 스케일의 사상가다. 한때 그런 박세당의 학문세계가 풍기는 묘한 매력에 푹 빠져 있었던 필자는 서계학과 불교와의 문제를 천착한 논문 한 편을 작성하게 되었고, 우연찮게 이 글로 2011년 제5회 선리연구원의 학술상 수상자 중의 한 사람으로 선정된 사실이 있다. 필자는 이 일을 계기로 하여 상이한 거대 사유체계 사이에 진행되는 '통섭(通攝)·교섭(交涉)·대화(對話)' 등등과 같은 중차대한 주제에 대한 지적 관심을 보다 심화시켜 나갈 수 있었다. 기실 개별적 분과 학문 간의 '통섭·교섭·대화'의 문제는 오늘날 인문학이 직면한 새로운 돌파구이자 출구 전략일 뿐만이 아니라, 제대로 학문하는 자라면 반드시 경유해야만 하는 학적 지침이자 학문세계 본연의 모습 그 자체이기도 하다. 그럼에도 불구하고 현실적으로, 아니 역사적·경험적 차원에서도 '통섭·교섭·대화'로 지칭되는 학제적 연구를 자신의 학문세계 속으로 생생하게 체화(體化)시켜 낸 이는 손꼽을 정도의 면면에 불과하다. 그리하여 필자는 박세당이 선보인 유·불 교섭의 모형을 여타 조선조 유학자들의 경우를 통해서도 좀 더 추적하고 확장해 볼 필요성을 느끼게 되었다.

그러던 중에 그 어떤 계기로 인하여 필자는 지금의 충북 제천에 연고를 둔 17세기 노론(老論) 계열의 지식인인 임호(林湖) 박수검(朴守儉) 선생의 저서를 접하게 되었다. 그때까지 전혀 연구가 이뤄지지 않았던 박수검의 문집인 『임호집(林湖集)』을 완독하면서, 이토록 심리적 외상으로 점철된 불행한 삶을 영위한 인물도 드물 것이라는 생각에 몇 번씩이나 가슴이 짠해지는 느낌을 받기도 하였다. 당시에 필자는 언젠가 박수검에 대한 연구를 완료하고, 그 결과를 단행본으로 출간함으로써 선생의 유혼(幽魂)에 작은 위안을 안겨드리겠노라는 마음속 언약을 다진 기억도 있다. 결과적으로 본서의 제6장을 구성하게 된 '17세기 노론계 정주학자 임호 박수검 불교로의 전향 사례'라는 주제는 이 같은 과정을 경유하면서 채굴한 독특한 서술단위에 해당한다.

한편 본 연구서의 제7장을 형성한 학고(鶴皐) 김이만(金履萬)의 사례는 제천문화원에서 주최한 의림지(義林池) 관련 학술 세미나를 준비하는 과정에서 발굴한 주제에 해당한다. 근년에 이르러 18세기를 대표하는 사실주의(寫實主義) 풍의 시인으로 새롭게 각광받고 있는 김이만은 실증적 기록의 결정체인『산사(山史)』등과 같은 저술들을 통해서, 한국 최고(最古)의 호지(湖池)인 제천 의림지에 대해 풍부한 기록을 남긴 인물이기도 하다. 저자는 2013년도에 개최된 이 세미나의 발표문을 준비하는 도중에 김이만의 문집인『학고집(鶴皐集)』을 통째로 읽게 되었고, 이 같은 과정을 경유하는 동안에 애초 근본(根本) 유자(儒者) 신분이었던 선생이 불교 방면에 대해서도 인식상의 변화가 수반되고 있다는 사실을 겸으로 간파할 수 있었다. 더욱이 김이만은 전국 도처에 산재한 명산·대첩을 향해 잦은 유람 길에 나섰던 까닭에, 자연스럽게 그곳에 분포한 사찰·암자에 대한 탐방이 병행되고도 있었음이 주목되었다. 김이만이 사찰·암자들을 대상으로 하여 남긴 기록들은 18세기 한국불교사의 한 단층을 전시해 주고 있다는 점에서, 매우 유용한 논의거리를 제공해 주고 있기 때문이다.

여타의 3인의 유학자들인 갈천(葛川) 임훈(林薰)과 일두(一蠹) 정여창(鄭汝昌), 그리고 괴애(乖崖) 김수온(金守溫) 선생 등도 필자가 이 분들이 구축한 학문세계에 다가서게 된 각각의 이면사들을 간직하고 있으나, 굳이 일일이 소개하는 식의 번거로움을 피하고자 한다. 다만 앞서 적시한 서계 박세당·임호 박수검·학고 김이만과 불교적 세계에 대한 논의가 일단락될 즈음에, 필자는 만약 이 단계에서 유·불 교섭사에 대한 연찬 노력이 종료된다면 '구슬이 서 말이라도 꿰어야 보배'인 이치를 망각하는 우를 범하는 것만 같아서 다소 안타까운 심경이었다. 그러나 박세당·박수검·김이만 선생과 상응하는 수준에서 하나의 교섭 담론을 형성한 인물들을 새롭게 발굴해 내는 일이 그리 녹록하지만은 않았다.

그러던 차에 긴 은둔 독서기를 남도의 명산인 덕유산(德裕山) 사암(寺庵)에서 12년 이상을 영위한 경상우도(慶尙右道) 안음현(安陰縣)의 유자(儒者)인 임훈 선생과 대면할 기회가 생겼다. 이참에 필자는 임훈이 사숙(私淑)했던 정여창의 학문세계에 대한 탐구를 병행하는 계획을 수립하고 이행하였다. 그리하여 필자는 2016년 추계 전국불교학술대회에서 정여창이 남긴 불교적 혐의점들을 유·불 회통론의 견지에 입각하여 새롭게 조명한 논문을 발표하였고, 또한 금년인 2017년 봄에 개최된 춘계 전국불교학술대회의 자유주제로 '괴애 김수온의 거사불교 신행체계'를 추가로 발표하게 되었다. 그러다 보니 미필적 결과 격으로 본서는 유학·불교 간의 교섭 범주에 포함될 만한 다양한 유형들을 어느 정도 망라한 단행본의 모양새를 갖추기에 이르렀던 것이다.

한편 필자는 이상에서 소개한 유학자들이 선보인 불교적 세계와의 교섭 노력들을 예의 추적하는 동안에, 이들의 경우 지극히 영혼이 맑은 인물들이라는 묘한 공통점을 발견할 수 있었다. 그래서인지 6인의 유학자 모두 풍진 세상을 초극하려는 차원에서 발휘되는 독특한 심리적 성향의 표출을 뜻하는 염리심(厭離心)과 함께, 유별난 산수 취향을 공히 간직하고도 있었다. 물론 이들은 교섭을 위한 대전제인 유학적 세계 자체에 대해서도 매우 진지한 연찬 노력을 평생토록 경주한 점도 빠뜨릴 수 없다. 상이한 사유체계 간의 교섭 노력이란 선행된 사상적·이념적 착지점을 토대로 해서 진행될 수밖에 없기 때문이다. 당초 필자가 걸었던 낙관적 기대감과는 다르게, 이들 6인의 유학자들 대부분이 끝내 자신들이 원래 견지했던 유학적 사유체계라는 원초적 기반을 철회하지 않았던 이유도 바로 이러한 맥락에서 이해될 수 있다.

그런 점에서 본서는 오늘날 시대적 화두로 부상한 종교 간 대화의 문제에서 자주 거론되곤 하는 관용(寬容)의 미덕이란, 그 어떤 고정된 실체를 간직한 개념이지 않다는 사실과 관련해서 유의미한 성찰의 계기를 제공해 주고 있다. 다시 말해서 우리는 관용의 미덕에 대해 은연중 기대했던 낙관주의적인 전망을 과감히 각하시키는 대신에, 오히려 이 개념이 인내(忍耐)라는 덕목과 보다 친연적인 관계를 형성하고 있음을 여실히 통찰할 필요가 있다. 즉, 관용이라는 덕목은 인내의 미덕과 짝하면서 무한한 수준에서 재형성을 요하는 비실체적인 개념으로 재정립되어야만 하는 것이다. 종교적 인구가 실제 국민의 수효를 훨씬 상회하는 대한민국의 경우만 하더라도, 고등종교 사이에 관용의 미덕이 제대로 발휘되어 감동을 안겨 준 적이 과연 그렇게 자주 있었던가? 그런 의미에서 전근대 시기의 사회에서 불가촉(不可觸)의 타자(他者)이자 이단(異端)으로 명백히 규정된 불교를 대상으로 하여 매우 진지한 교섭 노력을 전개한 6인의 유학자들의 경우 심히 영혼이 맑고도 자유로웠던 인물들이었음에 분명해 보인다.

본서는 실험적 차원의 연구서이므로, 차후로 좀 더 다양하면서도 흥미로운 주제 사안들을 유·불 교섭사의 이름으로 영입해 나갈 계획이다. 이처럼 다소 미비된 저서이긴 하지만, 필자는 삼가 이 책을 곧 팔순을 맞이하실 고향의 어머님께 진중한 마음으로 헌정하고자 한다. 그저 어머님께서 만수무강하시길 간절히 기원할 따름이다. 또한 한평생 봉사로 일관한 삶을 영위하다가 불행하게 작고하신 선친의 영전(靈前)에도 삼가 이 저서를 바치고 싶다. 이 책이 두 분께 조금이라도 위안이 되셨으면 하는 바람이다. 더불어 지금껏 필자의 인생 역정에서 흡사 외호보살(外護菩薩)이자 수호천사와도 같은 은혜로운 인연으로 다가섰던 그 모든 분들께도 이번 기회에 다시 한 번 더 깊고도 정중한 사의를 표하는 바이다. 굳이 일일이 존함이나 이름 등을 드러내어 열거하지 않더라도, 필자의 심정을 충분히 혜량하시리라 믿는다.

이 책이 세상에 빛을 보게 된 데는 서강대학교출판부 측의 배려에 힘입은 바가 컸다. 시종 친절하게 안내해 주고 챙겨주신 출판부·출판사 측의 관계자들에게 심심한 감사의 인사를 드린다. 또한 무려 3개월가량이나 진행된 심사 과정에서 자상한 코멘트를 전해주신 심사위원 선생님들께도 깊은 감사를 표하는 바이다. 필자는 공부하는 동네에서는 작은 일 하나라도 많은 분들의 도움이 없이는 제대로 된 성사가 불가능하다는 이치를 이번에도 재차 절감하게 되었다.

2017년 9월 18일에

고향의 옥산봉(玉山峰)을 관하면서

김종수가 삼가 쓰다.

목 차

1장
서론

1장

서론

1. 연구 범위와 방법론

본서는 선초(鮮初)인 15세기에서 조선 후기인 18세기 무렵에 이르기까지 6인의 유학자(儒學者)들이 보여준 유(儒)·불(佛) 간의 교섭(交涉) 양상을 집중적으로 분석하고 조명한 본격적인 연구서에 해당한다. 다만 18세기를 활동기로 삼았던 남인 계열의 관인(官人)·유자(儒者) 신분이었던 학고(鶴皐) 김이만(金履萬, 1683~1758) 한 사람을 제외하면, 대부분 조선 초·중기를 주요 활동기로 삼았던 인물들이다. 따라서 금번 연구서가 주로 취급한 유·불 교섭의 범위는 조선 초기와 중기를 호흡했던 5인의 유학자들을 대상으로 하여 조준된 결과를 반영해 준다.

본 연구서에 선정된 대표적인 인물들인 괴애(乖崖) 김수온(金守溫, 1410~1481)·일두(一蠹) 정여창(鄭汝昌, 1450~1504)·갈천(葛川) 임훈(林

薰, 1500~1584)·서계(西溪) 박세당(朴世堂, 1629~1703)·임호(林湖) 박수검(朴守儉, 1629~1698)·학고 김이만 등과 같은 유학자 6인의 경우 일정한 학적·당파적 계보를 형성하고 전승했다거나, 혹은 그 어떤 공통된 기반을 공유했던 것은 결코 아니다. 물론 예외적으로 경상우도(慶尙右道)에 연고를 둔 갈천 임훈의 경우 동향 권역 출신인 일두 정여창을 진심으로 사숙(私淑)했던 관계이나, 오히려 두 사람이 보여준 유·불 교섭 양상은 판이한 결과로 나타났다. 이처럼 선별된 6인의 유학자들이 학적·당파적·이념적 연대로부터 자유로웠던 사정은, 결과적으로 이들이 선보인 각인각색 격의 유·불 교섭 양상이 사상적 자율성이 원천적으로 보장된 상태에서 추구된 결과였다는 사실을 반증해 주기도 한다. 실제 이들 6인의 유학자들이 보여준 유학과 불교 간의 교섭 양상이란 통일된 일양(一樣)의 모습을 취하고 있었다고 하기보다는, 심히 다채로운 양상을 띠고 있었음이 확인되고 있다. 본서는 한국사상사의 자생적 문맥에서 전개된 이처럼 다양한 유·불 교섭 양상들을 예의 주시한 끝에, 마침내 고등종교 간의 대화의 문제라는 작금의 시대적 화두(話頭)를 이들 6인의 유학자들에게 대입시키는 차원에서의 지적 모험에 돌입하게 되었던 것이다.

그리하여 필자는 적시된 6인의 유학자들인 김수온·정여창·임훈·박세당·박수검·김이만 등이 순차적으로 선보인 유·불 교섭 양상을 규명하기 위한 하나의 통일된 방법론적 장치에 대한 고민에 착수하게 되었다. 그 결과로서 본 연구서에서는 불교의 교학체계에 대한 이해 정도와 승려와의 교유 양상, 그리고 실참(實參) 수행이라는 세 종류의 분석틀을 잠정적인 방법론으로 설정하기에 이르렀다. 왜냐하면 선택된 세 종류의 분석틀은 특정한 유학자가 불교와 대면(對面)한 이래로 경유하게 되는 일련의 교섭 과정들을 상징적으로 전시해 주는 중요한 인자들에 해당하기 때문이다. 특히 채택된 세 가지의 분석틀은 유·불 교섭 양상을 가늠할 만한 독립적인 요소로 각각 기능하면서도, 전체적 차원에서는 상호 유기적인 관계로도 작용하게 된다는 점에서, 교섭의 전모와 그 윤곽 등을 밀도 있게 규명해 내는 작업에서 유의미한 방법론적 장치로서의 기능 발휘가 충분히 기대된다는 판단에 도달하게 되었다.

한편 위에서 적시한 세 종류의 분석틀에 추가하여 본서에서는 6인의 유학자들이 공히 간직한 생래적 염리심(厭離心)과 같은 심리적 현상에 대해서도 진지한 분석을 시도하였다. 세상과 일정한 거리를 유지하려는 심리적 현상의 표출을 의미하는 염리심이란 구도적 세계에 진입하기 위한 일종의 필요조건에 상응하는 의미를 지니고 있다. 이처럼 염리심의 발휘라는 점에서는 6인의 유학자들의 경우 한결같은 공통점이 발견되고 있다. 이러한 정황은 이들 유학자들이 지극히 영혼이 맑고 자유로운 인물들이었음을 시사해 주기도 한다. 선정된 6인의 유학자들이 공히 주목할 만한 유·불 교섭의 장(場)을 연출할 수 있었던 이면에는 이들이 간직한 염리심과 같은 심리적 요인이 내밀히 관여하고 있었던 것이다. 그렇다면 이제 앞에서 적시한 세 종류의 분석틀에 대한 간략한 설명을 추가로 제시함으로써, 본서에서 논급된 상이한 유·불 교섭 양상에 대한 선이해를 보다 제고하는 방편으로 삼고자 한다.

우선, 불교의 교학체계에 대한 이해란 대승불교(大乘佛教)의 주요 경전(經傳)과 선가(禪家)의 어록(語錄) 등과 같은 불교적 텍스트들을 대상으로 한 유학자의 지적 소양 정도를 지칭한다. 나아가 불교교학을 구축하는 양대 축인 중론(中論)의 반야공관(般若空觀)과 유식학(唯識學) 방면에 대한 이해 정도도 이 범주에 포함시켰다. 특히 불교의 해체론적 세계관과 존재론을 설파한 공관과 영원주의(永遠主義) 철학을 상징해 주는 유식학적 이해는 '실리(實理)'[곧 오상(五常)]와 지금의 '현생(現生)'을 중시하는 유학적 세계관과 정면으로 배치되었던 까닭에, 유학자들에 의한 유·불 교섭 과정에서 양대 난관(難關)에 해당하는 사유체계라는 의미를 지닌다. 실제 대승경전과 선가의 어록 및 공관 인식과 유식학 이해 등으로 대변되는 불교의 교학체계 방면에 대한 소양 정도는 특정한 유학자가 선보인 대(對) 불교 교섭의 윤곽과 그 구체적인 양상을 규명하는 작업에서 가장 중요한 시금석으로 작용하고 있음이 누차 확인되고 있다. 한편 이상에서 열거한 사항들에 추가하여 본서에서는 타력신앙인 정토불교(淨土佛敎)나 계율(戒律)에 대한 인식과 실천의 문제, 그리고 인과응보(因果應報)·업설(業說) 따위와 같은 불교의 대표적인 교설들도 교학체계의 범주에 포함시키는 차원에서의 보다 폭넓은 논의를 진척시켰음을 부기해 둔다.

두 번째 분석틀인 승려와의 교유 문제는 통상 유(儒)·석(釋) 교유(交遊)로 일컬어지는 사안으로서, 단순히 사교적 차원에서 진행되는 인적 교류라는 의미 그 이상을 함축하고 있는 매우 긴요한 척도에 해당한다. 기실 조선조 유학자들의 경우 숭유억불(崇儒抑佛)로 표방되는 국가 경영의 기본 기조와는 무관하게, 불교계의 고승(高僧)·대덕(大德)들과의 교류에는 매우 적극적인 모습을 보여주었던 바, 대체적으로 이 같은 정황들이 유·석 교유의 특징적인 국면을 형성하는 결과로 이어지고 있다. 따라서 유학자들의 경우 교학과 수행의 정점에 도달한 주변 고승·대덕들과의 의미 있는 교유를 통해서 불교적 세계의 심층을 관규(管窺)했을 뿐만 아니라, 또한 그들과의 상호 대화 과정을 거치면서 평소 품고 있던 의문 뭉치들을 해소하는 방편으로 삼기도 하였던 것이다. 따라서 특정한 유학자가 어떤 승려를 만나서, 과연 어떠한 내용의 대화를 나누면서 지속적으로 교유했던가 하는 문제는 유·불 교섭의 생생한 한 장면을 전시해 주고 있는 것으로 평가할 수 있다.

물론 유·석 교유의 또 다른 내용 중에는 승려들이 지닌 시(詩) 두루마리를 뜻하는 시축(詩軸)·시권(詩卷)에 시를 써주는 식의 소소한 교류도 포함되어 있다. 그러나 본서에 선정된 인물들 중에서 시축·시권을 매개로 한 교유에 임했던 인물로는 김수온과 임훈, 그리고 박세당 등과 같은 3인 정도에 불과하다. 그나마 박세당은 이러한 류의 사교에 탐닉하는 승려들을 구시승(求詩僧)으로 지칭하고 엄정히 배격했던 까닭에, 서계가 추구한 유불 교섭에서 시축·시권을 매개로 한 교유는 그리 큰 의미를 지니지는 못했다. 반면에 김수온과 임훈의 경우는 시축과 시권을 매개로 한 승려와의 교유에 상당한 의미를 부여하였으나, 동기화라는 계기 자체는 상이한 차이가 발견된다.

세 번째 방법론적 장치인 실참 수행이란 '참선(參禪)·좌선(坐禪)·가부좌(跏趺坐)·정좌(靜坐)·독좌(獨坐)' 등과 같이 다양하게 표현되었던 불교적 수행 방면에 대한 몰입과 이해력 정도를 동시에 지칭한다. 왜냐하면 실참 수행의 문제는 그 이론적 배경과 선행 체험 등을 서술한 해당 경전과 선가의 어록 등에 대한 이해를 동시적으로 수반하기 때문이다. 또한 앞서 논급한 불교교학이 신해(信解)라는 문제와 직결되어 있다면, 실참 수행은 수증(修證) 국면을 상징해 주고도 있기에, 유·불 교섭에 관한 한 정점에 해당하는 사안이기도 하다. 동시에 세 번째 분석틀은 불교계의 대표적인 수행법인 '참선·좌선'과 유학의 정좌 수양법 간의 동이(同異) 문제를 둘러싼 부수적인 논의를 추수하기도 한다는 점에서, 다소 복잡한 주제 사안의 성격을 띠고도 있다. 그럼에도 불구하고 실참 수행으로 지칭되는 세 번째 분석틀은 내면적·구도적 세계를 향한 강렬한 열망을 상징해 주고 있으므로, 특정한 유학자의 유·불 교섭의 구체적인 양상을 가늠하기에 매우 중요한 인자로 상정하게 되었다.

물론 본서에서는 적기한 '참선·정좌' 등과 같은 정통적인 수행 방법에 추가하여 염불(念佛)·진언(眞言)·독경(讀經) 등과 같은 수행 방편도 논구 대상으로 설정하였다. 그러나 염불과 진언[다라니(陀羅尼)·총지(摠持)] 암송 수행법에 임한 자취는 스스로 거사(居士)임을 자처했던 김수온 일인의 경우를 제외하면 발견하기 어려웠다. 실제 공맹(孔孟)이 제시한 인의(仁義)와 같은 종지(宗旨)를 받들었던 유학자들이 염불과 진언 암송 등과 같은 불교적 수행법에 임한 사례는 상상조차 하기 어려운 것이었다.

이상에서 소개한 세 종류의 분석틀인 불교의 교학체계에 대한 소양 정도와 주변 승려들과의 교유 양상, 그리고 실참 수행에의 몰입 등과 같은 방법론적 장치들에 힘 입은 결과, 본서는 상이한 시대와 환경·개성 등을 간직한 6인의 유학자들이 선보인 유·불 교섭 양상을 어느 정도 성공적으로 규명해 낼 수 있었다. 반면에 통일된 분석틀을 일괄적으로 적용한 데서 야기된 각 장(章)의 구성과 형식이 대동소이한 피치 못할 결과를 초래하였음을 겸허히 인정하지 않을 수 없다. 이에 본 연구서에서는 이 같은 서술상의 단점을 세부적 차원에서 다소나마 극복하기 위한 고민의 일환으로서, 인접한 분과 학문들에서 일군 일련의 이론적 성과들을 적절하게 원용하는 차원에서의 보다 광범위한 방법론적 장치들을 동시에 원용하게 되었다.

그리하여 본서에서는 서양철학과 종교철학, 사회학·심리학·윤리학 및 해석학(解釋學)·기호학(記號學) 및 텍스트 이론 등과 같은 다수의 개별적 분과 학문들이 축적해 놓은 일련의 이론들을 원용하는 식의 방법론적 조처들을 각 장 내의 세부적인 내용에 따라 적절하게 반영하였다. 물론 이처럼 다양한 현대 학문의 이론적 성과들을 아울러 적용한 이면에는, 실증적 해석에만 치중해 온 전통식 한국철학에 내재된 무미건조함을 초극한 차원에서 현대적 감각에 걸맞는 창의력 있는 해석을 수행하기 위한 필자의 의도를 동시에 반영해 주기도 한다.

이와 동시에 본서에서는 가능한 범위 내에서 문학과 역사, 그리고 철학적 범주들의 유기적 결합과 통섭을 지향함으로써, 시종 문사철(文史哲)이 융해되는 차원에서의 논의가 기저를 형성하도록 각별히 노력하였다. 그러나 필자의 이러한 의도가 과연 제대로 반영되고 실현되었는지 여부에 관해서는 선뜻 장담하기 어렵다.

2. 내용 개관과 구성체계

1) 특징적 내용의 개관

본 연구서가 착지한 시대적 배경인 조선 초·중기 무렵은 통일신라

(統一新羅)에서 고려(高麗) 시대에 이르도록 지배적인 헤게모니를 줄곧 향유해 왔던 불교의 국가사회적인 지배력이 급속히 이완되는 가운데, 거대담론인 정주학(程朱學)이 관학(官學)으로서의 위상을 확고히 점유해 나가던 시기에 해당한다. 이를테면 정여창과 임훈이 활동했던 15~16세기에 이르러 일군의 유학자들에 의해 도통(道統) 담론(談論)이 무성히 제기되기 시작하였던바, 이 같은 정황들은 바야흐로 정주학에 의해 불교나 노장(老莊)으로 대변되는 이단적 사유체계가 서서히 제압되는 국면에 처해졌음을 시사해 주는 것이다.

급기야 김이만이 활동했던 18세기 중·후반 시기에 이르러서는 노론계(老論係) 주도 하의 일당독재(一黨獨裁) 정국(政局)에서, 정주학 독존(獨存)의 기조가 보다 공고화되는 국면을 맞이하기에 이른다. 이에 반해 6인의 유학자들 중에서 15세기 초·중반을 활동기로 삼았던 김수온의 경우만이 유일하게 정주학 독존의 시대적 분위기에서 자유로운 처지에 놓여 있었다. 기실 김수온이 유신(儒臣)들의 갖은 비난에도 불구하고 거사불교(居士佛教)를 독자적으로 추구해 나갈 수 있었던 이유 또한 이러한 시대적 배경과도 무관하지 않았다.

그런 점에서 논급 중인 정주학 독존적인 시대적 배경은 본서에서 취급한 6인의 유학자들이 전시한 유·불 교섭에 대해 일종의 해석학적 선구조(先構造)와도 같은 큰 변수로 작용하였을 것임이 충분히 예상된다. 이제 이상에서 지적한 상이한 시대적 조건과 배경 속에서 추구된 6인의 유학자들이 선보인 유·불 교섭 양상의 대체(大體)를 총론화하여 간략히 제시해 둠으로써, 본서의 구성과 특징 등에 대해서 일정한 선이해(先理解)를 도모할 필요성을 느낀다. 그 구체적인 방식은 일차적으로 이들 유학자들이 선보인 교섭 양상들을 일정한 기준과 관점에 의거하여 횡단(橫斷)하여 가로지르는 식으로 개괄하여 소개하고, 이어서 논급된 인물들의 순서대로 특징적인 내용들을 간추려서 전시해 보이는 방법과 수순을 밟도록 하겠다.

무엇보다 주목되는 점은 본서에서 취급한 6인의 유학자들 중에서 임훈·박수검·박세당·김이만의 경우 심각한 심리적 트라우마(trauma)를 간직한 당사자였다는 사실일 것이다. 즉, 이들 3인의 유학자들은 다양한 원인들에 의해 자신들이 떠안은 연원 깊은 내면의 외상(外傷)을 간직하고 있었고, 이에 그 출구 전략의 일환이자 보다 차원 높은 심리적 전이(轉移, transition)의 대상으로서 불교적 세계 속으로 깊숙이 진입하는 인생 항로를 경험하게 되었던 것이다. 또한 그 극점에서 박수검은 기존의 종교인 유교(儒敎)에서 불교로의 전격적인 종교적 전향(轉向)을 시도하기에 이르렀고, 김이만은 불교의 반야공관을 차츰 수용하면서 상당한 수준의 심리적 치유의 효과를 몸소 체험하는 결실로 이어졌음이 확인되었다. 반면에 근본(根本) 유자(儒者)로서 확고한 이념적 · 사상적 정체성을 지속적으로 견지해 나갔던 임훈의 경우는 불교의 종지인 자비(慈悲) 개념을 암암리에 습합(習合)하는 가운데, 몇몇 승려들과의 친밀한 교유를 통해서 그가 간직한 트라우마를 차츰 해소 · 치유해 나가는 특징적인 양상을 보여주었다. 임훈과 마찬가지로 전술한 김이만의 경우도 끝내 유자적 정체성을 이완 · 각하시키는 단계로까지는 치닫지는 않았는데, 이 같은 정황은 진정한 유 · 불 교섭론자로 평할 만한 박세당의 경우에도 공히 발견되는 현상이다. 다만, 박세당의 경우는 이른바 '천화(荐禍)'로 지칭된 온갖 일신상의 불행한 일들로 인하여 불교의 공관을 차원 높게 수용하였으나, 그와 동시대 인물로 동갑내기이기도 한 박수검이 보여준 전향적 사례와는 다르게, 유학의 경학(經學)과 노장철학에 대한 심도 있는 연찬을 통해서 새로운 세계를 개척해 나간 차이가 있다.

한편 그간 자료 부족으로 베일에 가려져 있었던 정여창이 선보인 유·불 교섭 양상은 고운(孤雲) 최치원(崔致遠, 857~?)을 진리론적 모델로 삼은 결과로서, 진정한 유·불 회통론자(會通論者)로 평할 만한 성질의 것이었다. 정여창이 제시한 "유교와 불교는 도(道)는 같지만, (그) 자취가 다르다."는 의미심장한 테제는, 그가 최치원 류의 메타적 회통론자였다는 사실을 명증하게 입증시켜 준다. 특히 정여창은 숭유억불의 기조가 가일층 심화되어 가던 무렵에 유·불 회통론적 전망을 제창함으로써, 선구적이면서도 양심적 지식인이 응당 응답해야만 하는 역사적 소명의식에 충실할 수 있었다. 일견 정여창의 경우와 마찬가지로 진정한 유·불 교섭 노력을 전개했던 박세당은 메타적 회통론자로 남는 길 대신에, 경전 해석학의 결정(結晶)인 『사변록(思辨錄)』으로 표방되는 이론적 실천이라는 장도(壯途)를 선택함으로써, 그가 펼친 교섭 노력은 부분적인 심진(尋眞) 활동의 일환으로 평가받게 될 전망이다.

이상에서 개괄한 정여창·박세당 두 사상가와는 다르게, 김수온이 추구해 나갔던 거사불교의 길이란, 여타 5인의 유학자가 전개한 유·불 교섭 노력과는 층위(層位) 자체가 다른 사안에 해당한다. 물론 김수온도 회통 담론에 준하는 언술을 남기지 않은 것은 아니지만, 이는 유교와 불교 사이에서 평생 배회·방황하였던 자신의 처지를 의식한 변론(辯論)의 성격이 강한 편이다. 그런 측면에서 김수온이 걸어간 독특한 거사의 길이란, 자신이 설계한 인생 구도 안에서 차선의 의미를 지니는 것으로 평가할 수 있다.

이제 정여창을 제외한 5인의 유학자들이 전개한 유·불 교섭에의 노력이 명백한 한계점에 직면할 수밖에 없었던 중요한 이유에 대해서 몽땅그려서 잠시 논급해 두기로 하겠다. 이 사안과 관련하여 무엇보다 주목되는 사실은 대부분의 유학자들의 경우, 공히 근본 유자로서의 이념적·사상적 정체성을 시종 확고하게 견지하고 있었다는 점일 것이다. 이 같은 정황은 일평생 거사불교의 길을 걸어가고자 했던 김수온도 결코 예외적이지 않았다는 사실도 흥미롭게 여겨진다. 여하간 이들이 근본 유자 자격으로서 견지한 이념적·사상적 정체성은 도통 담론을 통해서도 명증하게 확인되는 바이다. 상대적으로 자료가 빈약한 정여창을 제외하더라도, 김수온이 포함된 5인의 유학자들 중에서 도통론을 제기하지 않은 인물을 찾아보기가 어렵다.

다만, 스스로를 '열외유(列外儒)'로 칭하기도 했던 박세당의 경우는 체계적인 도통 담론을 제기하지는 않았고, 또한 도통론의 가지 담론 격인 벽이단론(闢異端論)을 개진하지 않은 묘한 특징이 아울러 발견된다. 실상 하나의 정연한 자기 완결적인 체계를 구축한 벽이단 담론을 주창하지 않은 정황은 6인의 유학자들에게서 공통적으로 발견되는 특징적인 현상이기도 하다. 이처럼 6인의 유학자들의 경우 공히 문호 개방적이면서도 열린 위학(爲學)적 태도를 견지하고 있었던 까닭에, 동시대 여타의 사대부들과는 다르게 유·불 교섭으로 대변되는 희유(稀有)한 사상적 실험의 장으로 서서히 진입할 수 있었던 것이다. 그와 동시에 이들은 근본 유자로서의 이념적·사상적 정체성을 결코 이완·각하하는 지경으로까지는 치닫지 않았고, 바로 이런 연유로 인해 정여창을 제외한 5인의 유학자들이 펼친 유·불 교섭 노력은 원천적 한계를 지닌 채 진행될 수밖에 없었던 것이다. 특히 본서에서 이 같은 경향은 임훈과 김이만의 사례를 통해서 분명하게 확인할 수 있으며, 이들 두 사람에 비해서 김수온·정여창·박세당·박수검의 경우에는 이념적·사상적 경직성 정도가 상당히 무딘 편에 해당한다.

그렇다면 이상에서 개괄한 총론적인 내용들에 대한 선이해를 토대로 하여, 본 연구서에서 취급한 6인의 유학자들이 선보인 유·불 교섭의 개략적인 내용들을 간략하게 정리해서 제시해 두도록 하겠다. 그 방식은 본서의 제2장에서 제7장에 이르기까지 논급된 인물들의 순서에 따라 진행하도록 한다.

2) 본서의 구성체계

우선, 제1장에서 다룬 괴애 김수온은 세종(世宗)·세조(世祖) 연간의 고승 신미(信眉)의 아우로서, 고려시대 이후로 단절되어 가던 재가(在家) 수행자(修行者)의 삶을 지향하는 거사불교의 전통을 계승한 인물이었음을 새롭게 조명해 낸 결과를 반영해 준다. 즉, 김수온은 정주학이 뿌리를 내리기 시작하던 조선 초기 무렵에 거사불교를 추구한 드문 인물로 재평가가 이뤄진 것이다. 이에 본서에서는 김수온이 견지했던 거사의식의 실체를 면밀하게 분석하는 가운데, 그가 승려들을 대상으로 하여 구사한 다양한 호칭법과 승려들과의 교유 양상을 우선적인 분석 대상으로 설정하였다. 왜냐하면 호칭법은 기호학적 맥락에서의 기표(記標)에 상응하는 의미를 지니고 있기에, 그것에 의해 표상하고자 하는 기의(記意)인 신심과 귀의심의 정도, 그리고 김수온 식 거사불교의 상징적인 신행체계들을 분석하는 작업에서 유용한 소재거리로 작용하기 때문이다. 또한 김수온이 영위한 승려들과의 교유도 그가 추구한 거사불교의 특징적인 일 국면을 형성하고 있다는 점을 논급함으로써, 차후로 진행될 본격적인 논의들을 예비(豫備)해 두는 수준에서 논의를 일단락 지었다.

제2장은 사림파(士林派)의 영수(領袖)인 일두 정여창이 남긴 불교적 자취들을 정밀하게 추적하고, 그 결과 기존의 분분한 논의들과는 달리 나말(羅末)의 고운 최치원이 제시한 유·불 회통론에 대한 진정한 계승자였음을 밝힌 글이다. 이를 위해 그간에 축적된 선행 연구 성과들 중에서 정여창의 불교적 혐의를 다룬 논문들을 축조(逐條) 검토하는 과정을 경유하면서, 그 시시비비를 명확히 가리는 작업에 일차적으로 초점을 두었다. 나아가 선행 논의들에서 제대로 다루지 못한 불교와 관련된 논의들을 추가적로 주입시키는 가운데, 특히 이른바 '사도(思道)의 공(功)'으로 운위된 어휘가 화두(話頭)를 참구하는 좌선(坐禪) 수행법을 지칭하는 의미임을 새롭게 규명하였다. 이 같은 토대 위에서 정여창이 남긴 "유교와 불교는 도(道)는 같지만, (그) 자취가 다르다."는 테제의 지적 원천이 최치원이 진감선사탑비(眞鑑禪師塔碑)에 기록한 진리론적 전망에 연원한 결과였음을 추적해서 밝히기도 하였다. 그리하여 정여창의 경우 16세기에 적용된 정주학적 순정성(純正性)의 기준, 곧 도통(道統) 정맥(正脈)이라는 차원에서는 다소 흠결을 안고 있었다는 점을 지적하기도 했다. 그럼과 동시에 유교와 불교, 지극한 예찬과 볼멘 비판

론 모두를 초극한 차원에서 제시된 정여창 식의 차연(差延)의 진리론이란 작금의 21세기나 그 이후인 먼 미래 시기에서도 유의미한 지적 전망으로 남을 것임을 강조하였다. 따라서 정여창이 제시한 오묘한 회통론적 테제는 전근대 시기에서의 종교 간 대화의 선도자로 재평가할 만한 언명이었음과 동시에, 또한 오늘날에 이르기까지 일두가 동국(東國) 오현(五賢)으로 선정된 진정한 이유에 해당한다는 평론의 기준을 새롭게 제시하는 것으로써 논의를 마무리하였다.

한편 제3장에서 소개한 경상우도 안음현의 재야 유학자인 갈천 임훈의 경우, 오랜 은둔 독서기를 덕유산(德裕山)에 소재한 사찰·암자의 산방(山房)에서 영위하는 과정을 경유하면서 서서히 불교와의 교섭을 시도하였던 인물이다. 이에 근본 유자였던 임훈이 불교교학을 선별적으로 수용했던 정황과 좌선 수행법에 대한 비판적 시각, 그리고 승려들과의 교유 양상이라는 세 측면에 걸친 논의를 전개하게 되었다. 그 결과 임훈은 애초 그가 견지했던 유자적인 이념적·사상적 정체성의 토대 위에서 부분적으로 불교교학을 수용한 정황이 포착되었다. 반면에 임훈은 정주학적 격물치지(格物致知) 공부를 통해 평생토록 경명(經明)·행수(行修)에의 외길을 걸어 나갔던 이유 때문에, 좌선 수행법에 대해서는 일관되게 비판적인 시각을 견지할 수밖에 없었다는 사실도 논급하였다. 그런데 임훈의 경우 유·석 교유라는 측면에서는 전혀 예외적인 면모를 보여주었음이 주목된다. 특히 비구승 도징(道澄)과의 교유는 지음(知音)에 준하는 관계를 형성하였는데, 이 점 점증하는 숭유억불의 시대에서 유·석 교유에 관한 한 뚜렷한 전범으로 평가할 만한 내용의 것이었다. 반면에 임훈은 명종(明宗) 연간에 적극적인 흥불

(興佛) 정책을 펼쳤던 보우(普雨) 화상에 대해서는 시종 강한 비판의식을 표출하고도 있었다. 결과적으로 임훈이 수행한 대(對) 불교인식 정도는 일면 수용과 타면 부정이 동시에 혼재한 형국을 취하고 있었던 것으로 평가된다. 그러나 숭유억불의 시대에서 추구된 임훈의 유·석 교유 양식은 종교와 인간관계의 문제를 별도로 취급한 소중한 선례를 제공해 주는 결과로 남게 될 전망이다.

이어서 제4장에서 다룬 박세당의 유·불 교섭 모형은 가장 진지한 교섭 노력을 기울인 한 전형에 해당하는 의미를 지닌 경우로 평가된다. 물론 그 이면에는 박세당이 구축한 포괄주의적 진리론이 확고하게 터하고 있었고, 또한 이 진리론은 이상사회적 전망과 '관광(寬廣)·락선(樂善)'의 기치가 피력된 『서경(書經)』「홍범(洪範)」편의 황극론(皇極論)의 문맥과도 긴밀하게 결속된 구조를 취하고도 있었음이 주목된다. 박세당이 혜원(慧遠) 선사가 남긴 고사인 '호계삼소(虎溪三笑)'를 불교와 노장철학과의 교섭을 위한 철학적 기초로 채택했던 이유도 바로 이처럼 복합적이면서도 주도면밀한 일련의 이론적 장치들이 선행된 결과였다. 그리하여 박세당은 중국선종사(中國禪宗史)의 주요 흐름과 공관 인식, 그리고 불교의 대표적인 교설들에 대해서 상당한 수준의 지적 소양을 온축한 상태였음을 논구하였다. 뿐만 아니라 박세당은 직접 참선 수행에 몰입함으로써 선불교(禪佛敎)의 극점에 대한 체득을 진지하게 시도하기도 하였다. 기실 박세당이 법력과 수행력을 두루 구비한 고승·대덕들과 교유를 나눴던 정황들도, 그 자신이 온축한 불교교학에 대한 소양과 실참 수행에의 체험 등과 같은 사안들과 서로 맞물린 결과를 반영해 준다. 이와 동시에 박세당은 포괄주의와 이웃한 배타주의 노선에 입각하여 불교교학과 선불교의 세계와 분명하게 선을 긋는 일 또한 결코 망각하지 않았다. 이 같은 정황은 박세당이 견지한 근본 유자적 정체성이 다원주의적 노선 대신에 배타주의와 제휴한 결과를 반영해 준다. 그런데 박세당은 인생 만년(晩年)에 이르도록 불교적 세계를 향한 교섭의 노력을 중단하지 않았던바, 이 같은 정황은 그가 역설한 '관용[寬廣]'의 미덕이 한갓 공허한 울림에 머무는 정도가 아니었음을 반증해 준다. 그런 점에서 박세당의 경우 한국사상사의 자생적 문맥에서 진정한 의미에서의 유·불 교섭론자로 평할 만한 보기 드문 사상가로 남게 될 전망이다.

제5장에서 취급한 임호 박수검의 종교적 '전향(轉向)'을 둘러싼 논의는 전근대 시기에서 가장 극적인 교섭 유형의 하나로 평가될 만한 주제 사안에 해당한다. 왜냐하면 박수검은 기호학적(畿湖學的) 배경 하의 스승들로부터 순차적으로 수업(受業)했을 뿐만 아니라, 특히 노론계의 핵심인 우암(尤庵) 송시열(宋時烈)의 문인으로 애초 엄격한 도통론을 견지했던 정통 정주학자였기 때문이다. 그런 박수검이 불교의 사부(四部) 대중(大衆)의 일원으로 재가(在家) 남자 신도를 뜻하는 '우바새[優婆塞]'를 자처하며 불교에로의 전격적인 종교적 전향을 감행한 이면에는, 그가 떠안은 연원 깊은 심리적 트라우마의 문제가 깊숙이 자리하고 있었다는 점을 우선적으로 해부해 보였다. 이에 20세에 진사 초시에 합격하여 천재적 면모를 과시했던 박수검이 20대 중반부터 시작하여 향후 약 20년 동안에 걸쳐서 감당한 일신상의 불행사들로 인해 입신양명에의 꿈이 무한정 지연된 저간의 사정들을 자세하게 소개하고 분석하였다. 또한 뒤늦은 44세에 가까스로 과거에 급제하였지만, 당쟁으로 순탄치

못했던 관직생활로 인해 박수검이 떠안은 트라우마의 골이 더욱 깊게 각인된 경위도 아울러 추적하였다. 박수검이 불교로 전향을 시도한 시점도 바로 그 즈음이었다. 이에 박수검은 불교교학 전반에 걸친 상당한 수준의 지적 소양을 온축하였고, 늘 정좌(靜坐)[좌선] 수행에 몰입하는 가운데, 한때 출가(出家)를 꿈꾸기도 하였을 정도로 불교에 심취해 있었다는 사실을 상세하게 논구하였다. 법력과 수행력을 겸비한 승려들과 교유를 이어나갔음은 물론이다. 그러나 박수검은 임종을 앞둔 시점에 이르도록 심리적 트라우마의 문제를 여전히 해소·치유하지는 못한 상태였다. 동시에 인생 최만년까지도 정주학적 세계관의 흔적이 감지되기도 하였다. 본 연구서에서는 이 같은 박수검의 생애 마지막 순간에서의 황폐했던 영혼 최후의 풍경에 대한 해명을 실존주의 철학자인 키에르케고르(S. A. Kierkegaard)의 저서인 『죽음에 이르는 병』을 통해 시도하는 것으로 마무리하였다.

마지막 제6장에서 소개한 학고 김이만의 경우는 핍박 받던 18세기 남인계 지식인으로서 감당했던 크나큰 정치적 피해의식과 그에 따른 좌절감 등이 안겨준 심리적 트라우마의 문제를 사찰·암자 등지를 탐방하면서 해소해 나갔던 정황을 예의 추적하고 분석한 결과다. 김이만의 출생지는 호서권(湖西圈)의 제천(堤川)이지만, 애초 그는 경상좌도(慶尙左道) 예천(醴泉) 지역의 망족(望族)의 후손답게 유자적 훈도를 충실하게 받은 인물이었고, 또한 위민의식에 매우 투철한 목민관이기도 했다. 그런 김이만이 퇴계(退溪)의 정론을 따라 한때 이단시하였던 불교적 세계에 대한 인식상의 변화가 차츰 발생하기 시작했던 것이다. 이에 김이만이 성장한 과정과 수학기(修學期)에서 출사기(出

仕期) 및 사환기(仕宦期)에 이르는 전 과정을 상세하게 논의하는 절차를 우선적으로 진행하였다. 나아가 1694년에 발발된 갑술환국(甲戌換局)으로 인해 남인계가 정치적 헤게모니를 완전히 상실하고, 노론계 일당체제가 영구화되면서 남인계 당인(黨人)의 일원인 김이만이 느꼈던 좌절감과 그에 따른 심리적 트라우마의 문제를 심도 있게 해명하였다. 결국 김이만은 전국의 명산 · 대첩을 찾아 유람 길에 나섰고, 겸사해서 사찰 · 암자를 탐방하기에 이르렀던 것이다. 그런데 이처럼 사암(寺庵)을 심방하는 횟수가 증가하면서, 그의 불교인식에도 점차 변화가 발생하기 시작하였음이 주목되었다. 변화의 조짐은 불교교학에 대한 수용과 정좌 수행에의 몰입과 같은 두 방면에서 뚜렷이 감지되었으나, 김이만의 경우 주목할 만한 승려와의 교유는 발견하기 어려운 특징이 있다. 또한 불교교학 방면에 대한 수용 양상은 부분 긍정과 타면 비판적 특성을 띠고 있었는데, 이 점 근본 유자로서 시종 견지하였던 사상적 · 이념적 입각점과 정체성을 동시에 반증해 준다.

그럼에도 불구하고 김이만은 실참 수행을 통해서 차츰 심리적 위안을 회복할 수 있었고, 또한 부분적으로 반야공관을 수용함으로써 세속적 가치 · 대상들을 무화(無化) · 해체(解體)시켜 나감으로써 트라우마를 해소 · 치유하는 결실로 이어지기도 하였다. 즉, 김이만의 경우에 있어서 불교적 세계란 그가 떠안았던 심리적 트라우마를 치유하는 과정에서 의미 있는 힐링의 대안으로 기능하였던 것이다.

이상에서 개괄한 6인의 유학자 중에서 김수온과 정여창을 제외하면, 대부분 근본 유자로서의 정체성 자체를 일관되게 견지한 특징을 보여주고 있다. 다만, 정여창의 경우는 자료 부족으로 인해 해당 내용이 충분히 확인되지 않는 한계가 있으며, 거사로서의 삶을 영위했던 김수온 또한 유자적 정체성 자체를 완전히 망각했던 것은 아니다. 여하간 이들 유학자들이 불교적 세계에 대해 포용력을 발휘했던 정도를 차례대로 열거하자면, 김수온·박수검·정여창·박세당·임훈·김이만의 순서대로 나열할 수 있을 듯하다. 그럼에도 불구하고 6인의 유학자들의 경우 이웃한 이단(異端)의 종교인 불교에 대해 부분적·전면적 차원에서 문호 개방적인 태도를 표명한 가운데, 진지한 교섭에의 노력을 행사했다는 점에서는 모두 영혼이 자유로운 인물들이라는 공통된 특징을 지닌다. 결과적으로 본 연구서는 종교 간 대화의 문제가 시대적 화두로 부상한 작금의 21세기 시점에서 역사적·경험적 차원에서 '대화의 문제'와 관련된 다양한 선례들을 발굴해 내었다는 점에서, 나름의 일정한 연구사적 의의를 획득한 것으로 조심스럽게 자평해 본다.

이와 동시에 본서는 고등종교 간의 대화의 문제와 관련하여 자주 거론되곤 하는 관용(寬容, tolerance)의 미덕이 결코 간단한 층차(層差)를 지닌 단어가 아니라는 점에 대해서도 의미 있는 성찰의 계기를 제공해 주기도 한다. 무엇보다도 6인의 유학자들이 선보인 유·불 교섭 노력의 이면에서는 거부에의 의지가 동시적으로 수반되고 있었다는 사실을 결코 간과할 수 없기 때문이다. 이 같은 정황들은 관용으로 지칭되는 덕목이 그 어떤 고정된 실체를 간직한 추상화된 개념으로 규정하기보다는, 끊임없는 재형성을 요하는 무한한 절차를 예비한 덕목임을 강력히 시사해 주고 있다. 그런 의미에서 본서는 종교 간 대화의 문제와 관련하여 이상적인 대안으로 제시된 관용의 미덕이란 포용력의 발휘라는 극히 낙관주의적인 기대감에 의존하기보다는, 오히려 인내(忍耐)의 덕목과 보다 친연적인 개념일 것임을 일깨워 주는 하나의 의미 있는 촉매제로 다가서게 될 것으로 전망해 본다.

2장

선초(鮮初) 괴애(乖崖) 김수온(金守溫)의 거사불교(居士佛敎) 신행

2장
선초(鮮初) 괴애(乖崖) 김수온(金守溫)의 거사불교(居士佛敎) 신행

지금의 충북(忠北) 영동(永同)[영산(永山)] 출신의 괴애(乖崖) 김수온(金守溫, 1410~1481)은 15세기를 주요 활동기로 삼았던 인물로 훈구파(勳舊派) 계열의 빼어난 관각문인(館閣文人)이자, 또한 유학과 불교 및 도가를 아우른 이채로운 사상가이기도 했다. 지금까지 문학·역사 방면의 전공자들에 의해 김수온에 대한 연구가 주로 유·불 융합론적(融合論的) 특성과 그에 따른 갈등 양상을 규명하는 데 집중되어 온 이유도 가칭 괴애학(乖崖學)에 내재된 사상적 복합성의 문제와 무관하지 않다. 기실 김수온은 그 스스로가 "나의 학문[余學]"이라는 의식적인 표현법을 통해서,[1] 그가 제기한 일련의 학적 담론들이 하나의 정연한 학적 체

1 金守溫, 『拭疣集·補遺』(한국문집총간 9), 「序·碑銘·雜著」, 〈贈敏大選序〉, 민족문화추진위원회, 1986, 141쪽. "敏既熟余學, 言以爲貽, 則余之所以恒道於人者, 敏亦知之."

계의 구축을 지향하고 있었음을 시사해 보인 사실이 있다. 그러나 대부분의 저술들이 불타버린 까닭에, 괴애학의 규모와 대체 및 개성 등을 소상하게 파악하기는 어려운 실정이다.

그런데 기존의 선행 연구에서는 김수온이 추구한 이른바 '거사불교(居士佛敎)'의 실상에 대해서는 거의 논급하지 못한 상태다.[2] 이에 금번 논의에서는 기존 선행 연구들과는 관점을 완전히 달리하여, 김수온이 추구한 거사불교의 실상을 면밀하게 규명해 내기 위한 기초적인 연구를 진행하고자 한다. 주지하는 바와 같이 재가(在家) 상태에서 출가(出家) 수행자에 뒤지지 않는 구도적 세계를 추구하는 거사불교는 삼국시대(三國時代) 이래로 고려시대(高麗時代)에 이르기까지 면면한 전통을 이어 왔다. 그러나 정주학(程朱學)의 공고화가 점차적으로 진행되기 시작하였던 조선(朝鮮) 초기(初期)무렵 이래로 거사불교는 차츰 그 실태가 모호해져만 갔던 것이다. 따라서 비록 김수온으로 표방되는 일 개인적 차원이긴 하나, 괴애가 선보인 일련의 신행(信行)적 자취들은 동방(東方) 거사불교사(居士佛敎史)의 자기 전개와 관련하여 의미 있는 사례를 발굴해 내는 결실로 이어질 것으로 전망된다.

그리하여 이번 제2장의 논의의 장(場)을 빌려서는 김수온이 주변의 승려들을 향해 구사한 다양한 호칭법을 예의 분석하는 작업을 우선적

---

2 다만 장재진의 경우 한국불교의 재가 수행의 역사를 개관하는 과정에서 조선시대의 해당 인물 중의 한 사람으로 김수온을 첫 번째 인물로 지목하고, 약 1쪽 남짓한 분량의 글로 '재가 수행자'로서의 특징을 언급한 사실이 있다. 장재진, 「한국불교에서 재가수행의 역사 개관」, 『불교평론』 61호, (재) 만해사상 실천선양회, 2015, 6~7쪽 참조.

인 과제로 설정하였다. 왜냐하면 모두 다섯 가지 범주로 구획되는 김수온의 호칭법은 통상 유(儒)・석(釋) 교유(交遊)로 일컬어지는 승려들과의 교류 양상과 더불어, 또한 불교의 교학체계 전반에 걸친 소양 정도와 실참(實參) 수행(修行)에의 천착 등과 같은 제반 국면들을 상징적으로 반영해 주는 주제 사안에 해당하기 때문이다. 따라서 김수온이 승려들을 대상으로 하여 구사한 일련의 호칭법을 분석하는 작업은, 그 자체만으로도 괴애가 수행한 거사불교의 특징적인 제 국면들을 가늠할 만한 시금석으로 작용할 것으로 판단된다.

실제 김수온이 유지한 주변 승려들과의 폭넓은 교유 양상 또한 그가 사용한 다섯 가지 호칭법인 범칭과 존칭, 그리고 선(禪) 관련 호칭어와 전문 호칭어 및 기타 호칭어 등과 긴밀히 상응하는 관계를 형성하고 있었음이 확인된다. 이 같은 정황들은 김수온이 추구했던 거사불교의 외연이 결코 간단한 수준의 것이 아니었음을 시사해 주기도 한다. 또한 김수온이 구사한 다양한 호칭어들은, 당시 괴애가 견지했던 종교적 신앙주의(信仰主義)에 입각한 신심(信心)이나 귀의심(歸依心)의 정도를 아울러 짐작케 해주는 기표(記標)라는 맥락을 겸하고도 있다.

이에 제2장의 논의에서는 김수온이 견지하였던 거사의식의 구체적인 실상에 대한 검토 작업을 필두로 하여, 기호학적(記號學的) 맥락에서의 기표에 상응하는 의미를 지닌 김수온의 승려 호칭법에 대해서도 정밀한 분석 작업을 우선적으로 진행할 계획이다. 나아가 김수온이 수행한 주변 승려들과의 교유 양상을 대상으로 한 검토 작업도 아울러 병행함으로써, 괴애가 추구하였던 거사불교의 실체적인 내용들에 차츰 근접해 나가는 계기로 삼고자 한다.

1. 문제의 제기

괴애 김수온은 15세기를 주요 활동기로 삼아 활약했던 탁월한 관각문인이자, 세조(世祖)와 정치적 노선을 같이한 훈구파 계열의 학자로서 일세를 풍미한 인물이다. 조선 초기인 세종(世宗)·세조 연간의 대표적인 고승(高僧)인 혜각존자(慧覺尊者) 신미(信眉)의 아우이기도 했던 김수온은 사대부(士大夫)의 학문인 유학(儒學)은 물론이거니와, 이단적(異端的) 사유체계를 대표하는 불교(佛教)와 도가(道家)[도교(道教)] 방면에 이르기까지 해박한 식견을 겸비한 심히 이채로운 사상가이기도 했다. 특히 김수온이 온축한 불교교학과 노장(老莊)으로 대변되는 도가철학 방면의 식견은 그의 '호건(豪健)'한 문장 역량과 결속되면서, 사환기(仕宦期) 동안에 줄곧 국가적 차원에서의 각종 의례(儀禮)를 주관하거나, 혹은 불교 경전에 대한 역경(譯經)·언해(諺解) 사업에 참여하도록 하는 원동력을 제공해 주면서 명성을 더욱 가중시키는 결과로 이어졌다.

그와 동시에 이처럼 유학과 불교를 동시에 포섭하였던 김수온의 사상적 지형도는 숭유억불(崇儒抑佛)이라는 기조를 국시(國是)로 채택했던 조선조(朝鮮朝)의 사대부 신분으로서 불가피하게 감당해야만 하는 개인사적 갈등과 고충을 예비하고도 있었다. 더욱이 김수온은 30세 때인 1438년(세종 20)에 과거(科舉)에 급제한 이후, 73세(1481, 성종 12)의 나이로 타계하기까지 무려 43여 년 동안이나 환로(宦路)에 머물렀던 인물이다. 자연히 김수온은 유학적 현실주의와 영원주의의 철학을 표방한 불교 사이에서 지속적으로 배회해야만 하는 하는 얄궂고도 묘한 운명에 처하였을 것으로 추정할 수 있다. 실제 김수온이 남긴 문집인 『식우집(拭疣集)』 속에는 그가 생전에 견지했던 종교적 · 사상적 정체성의 문제와 관련된 깊은 고민의 흔적이 도처에 산재(散在)해 있음이 눈에 띈다. 따라서 김수온이 제기한 유 · 불 회통론(會通論)의 기본적인 논조는 나말(羅末)의 고운(孤雲) 최치원(崔致遠, 857~?)이 선보였던 메타적 회통 담론과는 다소 변별될 수밖에 없을 것임이 충분히 예상되기도 한다.

그럼에도 불구하고 스스로를 '광거사(狂居士) · 노거사(老居士) · 거사(居士)' 등과 같은 어휘들로 자처하곤 했던 김수온이 남긴 일련의 삶의 자취들은 선초(鮮初)로까지 전승 · 유지되어 온 면면한 거사불교(居士佛敎) 전통과 관련하여 매우 주목할 만한 장면으로 평가된다. 그리하여 김수온이 제시한 유 · 불 융합적(融合的) 차원의 사상적 지평을 고려(高麗) 말기(末期) 이후로 그 존재의 실체가 모호해져 갔던 거사불교의 문맥에서 전면 재해석해 내고자 하는 것이 금번 논의의 출발점이면서, 또한 궁극적 지향점이기도 하다. 바로 이 점이 기존에 진행된 일련의 선행 연구 성과들과 본 논의가 뚜렷하게 변별되는 부분인 것이다.

따라서 이번 제2장의 논의를 통해서는 승려(僧侶)를 대상으로 하여 구사된 다양한 호칭법과 주변 승려들과의 교유 양상이라는 두 범주에 입각하여 김수온이 수행한 거사불교의 실상을 일차적으로 검토해 보고자 한다. 물론 그 이전 단계에서 김수온이 생전에 견지했던 거사의식(居士意識)의 실상을 우선적으로 추적하여 검토함으로써, 선행 연구들과는 명확히 변별되는 본 논의의 착지점을 설정하는 절차를 진행하도록 하겠다. 그 결과 이번의 논의가 차후 단계적으로 진행될 불교교학에 대한 소양 정도와 실참 수행 양상 등과 같은 본격적인 논의로 이어지는 촉매제로 작용함과 동시에, 또한 아직 충분히 규명되지 못한 조선 초기 거사불교의 실태를 연찬해 가는 도정에도 일조하기를 아울러 기대해 본다.

2. 거사의식(居士意識)과 승려(僧侶) 호칭법

1) 괴애의 거사의식

지금까지 김수온의 생애와 학문세계 등을 대상으로 한 연구는 이호영(1976)에 의한 개척적인 연구가 처음으로 제시된 이래로,[3] 주로 문학·역사 방면의 전공자들에 의해 후속 연구가 간헐적으로 진행되어 왔다. 대체로 1976년 이후의 성과들은 이호영이 제시한 선행 연구의 틀과 자료 범위를 크게 벗어나지 않는 것으로 분석된다. 그런데 김수온이 구축한 이른바 유·불 회통론이 자체적인 이론적 완결성을 구족하였는가? 하는 문제에 대해서는 의견이 양분되는 흐름을 보여주고 있는 편이다.[4] 특히 비교적 근래의 연구 추이는 김수온이 주창한 유·불 회

3 李昊榮, 「乖崖 金守溫의 文名과 崇佛 性格」, 『論文集』 10집, 단국대학교, 1976, 123~145쪽.

4 김수온의 유·불 융통론을 제시한 논의로는 김상일, 「金守溫 시문학의 일국면-불교적 시세계를 중심으로-」, 『한국문학연구』 29집, 한국문학연구학회, 2005; 김상일, 「乖崖 金守溫 산문의 문예적 특질」, 『한국문학연구』 29집, 한국문학연구학회, 2006을 참조할 것.

통론의 이론적 불완전성을 지적해 내는 가운데,[5] 그에 따른 심적 갈등이나 정신적 배회의 문제들을 새롭게 분석해 내는 추이를 보여주고도 있다.[6] 이 같은 연구 추세는 김수온을 대상으로 한 연구가 보다 세부적이면서도 전문적인 차원을 지향해 나가고 있음을 시사해 준다. 다만 김수온이 제기한 유·불 회통론에 대한 상이한 두 시각들은 각기 나름의 일리를 간직하고 있는 것으로 평가되는 바, 바로 이 부분이 괴애학을 연구하는 도정 상에서 가장 긴요하면서도 난해한 장면 중에 하나로 판단된다. 이 문제에 대해서는 후론될 김수온의 소위 '간도인(間道人)' 의식(意識)을 통해서 간략하게 취급될 예정이다.

그러나 선행된 기존의 연구에서는 김수온이 남긴 일련의 불교적 자취들을 이른바 '거사불교'라는 시각에 입각해서는 전혀 논의가 이뤄지지 못한 상태다. 이에 본 논의에서는 일단 '거사'(Kulapati, 迦羅越) 개념을 출가(出家)하지 않고 집에서 불도(佛道)를 수행하는 남성으로 규정한 방식을 수용하되,[7] 더 나아가 여거사(女居士) 층까지를 포함시켜 모든 재가(在家) 신도(信徒)를 포함하는 것으로 정의한 관점도 아울러 참고하도록 하겠다.[8] 다만 후자의 경우는 거사 개념의 핵심적인 정의에

5 李錫柱, 「괴애(乖崖)의 유불론(儒佛論)」, 『韓國思想과 文化』 70집, 한국사상문화학회, 2013.

6 김윤섭, 「金守溫의 佛教的 精神世界에 관한 一考」, 『한국학연구』 43호, 고려대 한국학연구소, 2012가 대표적이다.

7 韓國佛教大辭典編纂委員會 編, 『韓國佛教大辭典(전7권)』, 明文堂, 1995.

8 김진무, 「중국 근대 居士佛教의 성격과 사회적 역할」, 『韓國禪學』 21호, 韓國禪學會, 2008, 428쪽. 김진무는 자신이 규정한 이 같은 개념 정의에 입각하여 거사불교를 출가자가 아닌 모든 재가자들에 의한 교의(教義) 연구와 수행·신행 추구, 그리고 여타의 호법활동(護法活動) 등을 모두 포괄하는 차원에서 논의할 필요성을 제기하였다.

해당하는 '재가 수행자'라는 의미가 다소 희석된 감이 없지 않다. 예컨대 조선시대에 이르러 "승려도 아니고 속인(俗人)도 아닌데, 그 생업(生業)을 폐하고 차역(差役)을 피할 것을 엿보는"[9] 목적으로 거사나 사장(社長) 따위를 '칭탁(稱託)'한 일군의 무리들을 기존 거사불교의 전통에 포함시킨 일부 논의는 재가 수행자라는 핵심적 정의를 간과한 소치인 것이다.[10] 이들의 경우 비록 향(香)을 사르며 예불(禮佛)을 하는 등의 유사 종교 행태를 보이기는 했지만, 명백히 국정(國政)의 혼란이나 당면한 민생 현안의 문제 등이 파생한 사회적 병폐 현상의 일환으로 파악하는 편이 정당한 시각일 것이다.

따라서 이름만을 '거사 · 사장' 등으로 칭탁한 무리들을 '고려적인 의미'에서의 거사불교의 전통에 귀속시킨 견해는 굳이 김수온이 창출한 논리를 빌리자면, "같다는 것이 일찍이 같은 것이 아니었다."라고 설한 명제에 정면으로 반하는 진단인 것이다.[11] 조선 전기에 일부 확인

---

9 睿宗實錄』卷6, 睿宗 1년 6월 29일[辛巳]. "一, 禁社長 …… 近日京外老小男女, 稱爲社長, 或稱居士, 此亦道士之比也。非僧非俗, 廢其生業, 窺避差役。外方則千萬爲群, 上寺燒香, 京中則閭閻晝夜, 男女混處, 錚鼓轟轟, 無所不至." 이 글은 1469년(예종 2)에 당시 공조판서(工曹判書)였던 눌재(訥齋) 양성지(梁誠之, 1415)~1482)가 국정 전반에 걸쳐서 올린 상소문 가운데 한 대목에 해당한다.

10 鄭濟奎, 「高麗 後期의 居士觀과 그 特性」, 『文化史學』 11 · 12 · 13호, 한국문화사학회, 1999, 661~667쪽. 정제규는 자신이 앞서 논급한 『三國史記』·『三國遺事』 속의 사례들이나, 혹은 고려시대의 거사관 및 『朝鮮王朝實錄』에 수록된 그것과의 결정적 차이를 간과한 채 논의를 전개하였다. 장재진이 「한국불교에서 재가수행의 역사 개관」이라는 논제를 설정하고, 조선시대의 '재가 수행자'를 대표하는 인물로서 김수온과 '김시습(金時習) · 허균(許筠) · 김정희(金正喜) · 강위(姜瑋) · 류홍기(劉鴻基) · 이종원(李淙遠) · 방덕권(方德權)'등을 거론 이유도 필자의 지적과 동일한 문제의식을 발휘한 결과를 반영해 주고 있다. 장재진, 앞의 논문, 6~8쪽 참조.

11 金守溫, 『拭疣集 · 補遺』, 「序 · 碑銘 · 雜著」, 〈贈喆首座序〉, 143쪽. "萬法雖異, 融之, 還歸於一本, 本雖同, 散之則分爲萬法, 是則異未嘗異, 而同未嘗同."

되는 거사는 성격이 크게 변질된 모습을 보였을 뿐, 고려적인 의미에서의 거사는 더 이상 아니었다는 평가는 바로 이러한 맥락에서 내려진 결과다.[12]

한편 고려시대의 거사는 다분히 개인적이면서 은둔적(隱遁的)·고답적(高踏的) 특성을 띠고 있었는데, 이러한 경향은 김수온 역시 의식적 차원에서는 강력히 추구되었으나, 실제로는 현실화하지는 못한 엄연한 차이가 존재한다. 바로 이러한 이유 때문에 김수온의 영혼 깊숙한 곳으로부터 불행한 의식이 차츰 움트기 시작했던 것이다.

그럼에도 불구하고 김수온은 "조정에 돌아가거든 '미친 거사'[狂居士]를 말하지 마시게!"라거나,[13] 혹은 다음과 같은 언술들을 통해서 자신의 내면에 은장된 종교적 지향성이나 정체성을 명확하게 '거사'로 천명해 두었음을 간과해서는 안 된다.

> "대사[師]시여, 안부를 물으려 사람을 보내지는 마십시오.
> 거사(居士)는 지금처럼 (유마거사가 그러했듯) 불이(不二)의 침묵을 지킬 테니!"[14]

---

12 李炳熙, 「高麗時期 居士의 生活方式과 그 意味」, 『사학연구』 116호, 한국사학연구회, 2014, 230쪽.

13 金守溫, 『拭疣集』 卷4, 「詩類」, 〈次金牧使韻〉, 117쪽. "歸朝莫說狂居士, 世上昇沈一屈伸."

14 金守溫, 『拭疣集』 卷4, 「詩類」, 〈題學祖上人詩卷〉, 122쪽. "師乎莫遣問候來, 居士如今不二默." 거론된 "居士如今不二默."에서 '불이묵(不二默)'은 『維摩經』의 「文殊師利問疾品」에 나오는 유마(維摩) 거사(居士)의 유명한 침묵에 관한 이야기를 반영한 표현에 해당한다. 즉, "於是文殊師利問維摩詰, 我等各自說已, 仁者當說何等是菩薩入不二法門? 時維摩詰默然無言. 文殊師利歎曰, 善哉, 善哉. 乃至無有文字, 語言, 是真入不二法門. 說是入不二法門品時, 於此衆中, 五千菩薩皆入不二法門, 得無生法忍."에서 나오는 '분별없는 절대적 진리에 관한 법문'을 뜻하는

김수온은 윗 인용문 속에 등장한 학조(學祖) 대사를 두고, “나이는 매우 젊으나, 불도[道]는 심히 높아서, 인도(人道)가 이미 석마모니 경지[室]에 접어들었다.”며 극구 예찬해 마지않았다.[15] 자연히 윗글은 김수온과 학조 대사와의 관계가 한갓 ‘정교(情交)’의 수준[16]을 넘어서 도교(道交)라는 차원을 지향하고 있었음을 시사해 주기도 한다. 보다 더 중요한 사실은 김수온이 견지한 윗글 속의 거사의식(居士意識)이 노년에 이르도록 간단(間斷)없이 지속되었다는 점일 것이다.

이와 관련하여 김수온은 “무슨 일로 괴애(乖崖) 노거사(老居士)는 삼천의 종유석(鍾乳石)과 열 개의 금비녀를 가지고 있는가?”라며 스스로 자문해 보인 사실이 있다.[17] 짐작컨대 이 같은 자체적인 반문은 “삼천의 종유석(鍾乳石)과 열 개의 금비녀”로 상징되는 소유 지향적인 천박한 태도가 바람직한 거사적인 정체성에 심히 모순되는 처사로 간주되었기 때문일 것이다. 물론 이러한 언명과는 다르게 김수온의 경우, 오히려 “천성(天性)이 우활(迂闊)하여 비록 재물을 모으려고 하였으나, 마침내 얻은 바가 없어서 집안이 텅 비도록 가난하였다.”는 사신(史臣)의 논평처럼, 고관대작을 역임하였음에도 불구하고 노년에 이르도록 가난을 면치 못한 인물이었다.[18] 실상 김수온이 자호(自號) 중의 하나를 ‘식우(拭疣)’로 명명

‘불이법문(不二法門)’에 관한 내용을 취한 어휘인 것이다.

15 金守溫, 『拭疣集』 卷4, 「詩類」, 〈題學祖上人詩卷〉, 122쪽. “師年甚少道甚高, 人道已入牟尼室.”

16 金守溫, 『拭疣集』 卷4, 「詩類」, 〈送日本崇悅上人〉, 119쪽. “幸爲道友心無累, 若是情交恨莫窮.”

17 金守溫, 『拭疣集』 卷4, 「詩類」, 〈贈悅和尙闍〉, 133쪽. “臺山和尙一年夏, 聞說如今脫▦才, 何事乖崖老居士, 三千鍾乳十金釵.”

18 成宗實錄』 卷36, 成宗 4년 11월 6일〔癸巳〕. “史臣日, 守溫文章雄健, 爲一時巨擘,

했던 이유도 부귀(富貴) 자체를 "공중에 매달린 사마귀[疣]나 몸에 붙은 혹[贅]처럼 생각하였던" 삶의 지향성을 표상해 주는 상징적인 기호(記號)라는 의미를 지니고 있었다.[19] 이 점 김수온 생전에 추구하였던 거사적 정체성과 부합되는 바가 없지가 않다.

결과적으로 이상에서 적기한 김수온의 거사의식은 사전적 의미에서의 거사 개념에 정히 부합되는 호칭임이 확인된다. 그래서인지 김수온은 자신을 불교의 사부(四部) 대중(大衆)[곧 '사중(四衆)'[20]]의 일원으로 재가 남자 신도를 뜻하는 우파색(優婆塞)[우바새]으로 자처하지는 않았던 것 같다. 현전하는 『식우집』에는 재가 여신도를 뜻하는 '우바이[優姿姨]'[21]에 관한 언급은 보이나, 우바새를 거론한 장면은 포착되지 않는다. 다시 말해서 김수온은 단순히 재가 남자 신도라는 차원을 초극한 층위에서 추구되는 '재가 수행자'로서의 거사적 정체성을 분명하게 의식하고 또한 실행해 나간 인물이었던 것이다.

그런데 김수온이 견지했던 거사의식은 그 개념의 외연이 다소 복잡다단한 층위를 형성하고 있었다. 김수온이 자신을 "태백(太白) 거사(居士)"라는 미명으로 에둘러 칭한 아래의 인용문은 이러한 정황을 잘 확인시켜 주고 있다.

然天性迂闊, 雖喜營生, 卒無所得, 室如懸磬."

19 金守溫, 『拭疣集·補遺』, 「序·碑銘·雜著」, 〈樂閑軒詩序〉, 143쪽. "或日, 古之聖賢, 素富貴而行乎富貴, 未嘗以富貴爲懸9附贅."

20 金守溫, 『拭疣集』 卷2, 「記類」, 〈如來現相記〉, 100쪽. "其上現釋迦金色丈六眞身, 相好圓滿, 威光煜赫, 四衆驚喜, 奔波膜拜."; 같은 책, 〈圓通菴重創記〉, 94쪽. "幢奉王后之旨, 勸於四衆, 爭贊米若布以助."

21 金守溫, 『拭疣集』 卷2, 「記類」, 〈靈鑑菴重創記〉, 92쪽. "於是, 優姿姨金氏寶背, 趙氏石乙今, 隨喜助緣."

"'태백 거사'는 비록 자취를 풍진세간[塵間]에 기탁하고는 있으나, 정신만은 (저) 물외(物外)에서 노닐고 있다. 늘 그 복장은 유가[儒]이나 그 도(道)는 불가[釋]이며, 일찍이 술을 마시지 않은 적이 없으나, 술에 빠져버리는 것은 두려워하였다. 또 고기를 먹지 않은 적이 없지만, (생물을) 죽이거나 해치는 일은 싫어하였다."[22]

윗글 속에는 김수온이 생전에 유가(儒家)와 불가(佛家) 사이에서 줄곧 배회했던 실태의 일부가 그대로 노정되어 있다. 김수온은 그런 자신의 정체성을 현실 세계에 보다 충실한 유학자도 아닐 뿐더러, 또한 본격적인 불교적 수행자도 아닌 어중간한 도인이라는 의미에서 '간도인(間道人)'[23] 개념으로 규정한 사실이 있다. 이 표현 속에는 김수온의 종교적·사상적 정체성 혼란과 그에 따른 내면의 균열 양상이 잘 집약되어 있다.

김수온이 토로한 '간도인'이란 이른바 중간자(中間者) 개념과 유사한 의미를 지니고 있는 것으로 분석된다. 즉, 김수온은 유학이 터전한 현실주의(現實主義)와 영원주의라는 철학의 편에 선 불교와의 '사이[間]'에서, 그 어느 쪽에도 완전히 몰입하지 못한 채 일평생을 지속적으로 배회하면서 고뇌하였던 인물이었던 것이다. 이처럼 그 어느 방향·공간으로든 귀속(歸屬)이 불가능한 방식으로 점철되는 삶이란, 필경 영혼

22 金守溫, 『拭疣集·補遺』, 「序·碑銘·雜著」, 〈告夢文〉, 142쪽. "太白居士雖假迹於塵間, 乃遊神於物外, 于時乎儒其服, 釋其道, 未嘗不飮酒也, 而況酒沈湎是懼, 未嘗不食肉也, 而殺伐是惡." 인용문 중의 '침면(沈湎)'을 한국고전번역원의 DB에는 '황주(況酒)'로 표기하였는데, 이는 명백히 전사(傳寫)의 오류에 해당한다.

23 金守溫, 『拭疣集』 卷4, 「詩類」, 〈次金牧使韻〉, 117쪽. "非佛非儒間道人, 早將三業謝癡嗔, 歸朝莫說狂居士, 世上昇沈一屈伸."

혹은 자아의 균열을 초래하기 십상인 것이다. 이 같은 김수온 생전의 특이한 삶의 정황은 신성(神性)과 본능을 동시에 부여받은 채 상승·초월과 하강·퇴락이라는 두 패턴을 평생 반복하며 삶을 영위해 나가는 실존적 인간의 양태를 지칭하는 중간자 개념과 일맥상통하는 바가 없지 않다. 또한 바로 이 지점이 괴애학을 연구하는 도정에서 가장 혼란스런 대목임과 동시에, 김수온 식의 거사불교가 구도 세계에 오롯이 전념하였던 '고려적인 의미'에서의 그것과는 다소 변별되는 대목이기도 하다는 점을 아울러 지적해 둔다.

한편 인용문에서 거론된 '음주(飮酒)·식육(食肉)'의 문제는 김수온이 계율(戒律)의 구족을 뜻하는 '구계(具戒)'의 중요성을 충분히 숙지하고는 있었지만,[24] 그가 추구한 거사불교가 상대적으로 지계(持戒)의 문제에는 다소 취약했던 정황의 일단이 드러나 있기도 하다. 이에 김수온은 한때 술을 완전히 끊고 '음다(飮茶)'를 대안적 취향으로 진지하게 모색한 적도 있었다.[25] 그러나 당대 최고의 문장가로 '사백(詞伯)'을 자처했던 김수온이 두주불사[一斗]의 면모를 잃은 적은 없었다.[26]

문인이었던 용재(慵齋) 성현(成俔)(1439~1504)은 김수온의 생래적인 품성(稟性)과 관련하여, "성품이 (스스로를 잘) 검속(檢束)하지 못하

24 金守溫, 『拭疣集』 卷2, 「記類」, 〈見性菴法會記〉, 102쪽. "上堂則諸山之韻釋, 無不臻也, 起而趨事, 亦必赴其勤敏具戒."

25 金守溫, 『拭疣集』 卷4, 「詩類」, 〈提壺鳥〉, 123쪽. "終日提壺鳥, 巡簷傍我鳴, 主人曾斷酒, 渴則飮茶淸."

26 金守溫, 『拭疣集』 卷4, 「詩類」, 〈丁丑年, 陪明使陳內翰鑑高太常閏, 遊於漢江, 及楊花渡, 船中次高韻〉, 117쪽. "一斗百篇是詞伯."

였다."고 회고해 보인 사실이 있다.[27] 이 같은 성현의 촌평은 은연중에 김수온의 타고난 성정(性情)이 호방하고 걸림이 없는 문인(文人)의 기풍이 넘쳤던 인물이었음을 시사해 준다. 이처럼 술과 시가 연동된 채 진행된 김수온의 삶이란, 일견 시주(詩酒)로써 평생 스스로의 즐거움을 삼았다던 백운거사(白雲居士) 이규보(李奎報, 1168~1241)가 향유했던 삶의 방식[28]을 연상케도 해준다. 김수온이 『식우집』에서 이규보를 더러 언급하곤 했던 이유도 바로 이런 맥락이 담겨 있지 않을까도 싶다.

그럼과 동시에 김수온은 「고몽문(告夢文)」에서 "다른 사람이 위태롭게 하면, 반드시 편안하게 해주고, 다른 사람이 죽이려고 하면, 반드시 살리고자 하는"[29], 즉 거사로서 응당 실천해야 할 계율 의식을 늘상 자각하고도 있었다. 이 점 재가 수행자의 일원으로서 김수온이 계율을 실천하는 문제의 중요성에 대한 보다 자각된 의식 정도를 여실히 반증해 주고 있다. 당면한 거처와 정신 자세의 문제, 그리고 복장과 음주 및 식육의 문제 따위를 차례대로 열거해 보인 앞의 인용문 속의 '태백 거사'의 고백도 바로 이러한 맥락에서 이해할 수 있다.

한편 김수온은 세조(世祖)에게 3년 동안의 단기(短期) 출가(出家)를 간청했을 정도로 강한 구도심(求道心)을 발휘하기도 하였는데, 기실 괴애는 노년(老年)인 70세(1478년)에 이르도록 독경[念經]이며 예불(禮佛)

---

27 永同鄕土史硏究會, 『國譯 拭疣集』, 「慵齊叢話」, 永同文化院, 2001, 736쪽. "其詩亦豪健, 深得骨髓, 然性不拘檢, 押韻不正, 故皆謂詩不如文."

28 高麗史節要』 卷16, 高宗 28년 9월.

29 金守溫, 『拭疣集 · 補遺』, 「序 · 碑銘 · 雜著」, 〈告夢文〉, 142쪽. "他人危之, 必欲以安之, 他人殺之, 必欲以活之, 豈意太守仁我."

을 일상화하는 이른바 "거가사업(居家事業)"을 충실하게 이어나갔던 것이다.[30] 운위된 '거가사업'이란 바로 재가 수행자인 거사 김수온이 일상적으로 실행해 왔던 신행 생활을 지칭해 보인 어휘인 것이다. 이 같은 정황은 김수온 식의 거사불교가 '재가 수행자' 개념에 정히 부합하는 형식으로 전개되었음을 확인시켜 준다. 물론 김수온의 경우 음주·가무와 기녀(妓女)를 배척하지 않는 관행도 동시에 지속되었으나, 그가 품었던 구도적 진정성을 감쇄하는 수준으로까지 치닫지는 않았다. 아무튼 앞에서 소개한 인용문 속의 "태백(太白) 거사(居士)"는 이처럼 속내가 다소 복잡했던 김수온 생전의 자화상을 반영해 주는 가상의 인물로서 작품 속에 요청되었던 것이다.

2) 승려에 대한 호칭법

그렇다면 이제 김수온이 선보인 조선 초기 무렵의 희유한 거사불교의 실상을 검토하는 절차에 앞서서, 그가 승려들을 대상으로 하여 선보인 다양한 호칭법들을 우선적으로 분석해 보기로 한다. 왜냐하면 호칭법에 대한 분석은 종교적 신행의 주체인 김수온이 견지한 신심이나 귀의심의 양상을 측정하기에 유용한 방식, 곧 일종의 시니피앙(signifiant, 記表)에 해당하는 의미를 다분히 내포하고 있기 때문이다. 즉, 다양하게 구사된 호칭법인 기표에 의해 그것이 표상하고자 하는 의미 체계인 시니피에(signifié, 記意)에 해당하는 신심·귀의심

30 金守溫, 『拭疣集』 卷4, 「詩類」, 〈戊戌年門帖〉, 134쪽. "怪彼乖崖老, 居家事業奇, 念經參繡佛, 把酒對歌姬."

및 교(敎)·선(禪) 양 방면에 대한 소양 정도를 동시에 가늠할 수 있는 것이다. 이 사안과 관련하여 무엇보다 주목되는 사실은 김수온이 승려들을 대상으로 하여 사용한 호칭법이 무척 다채로웠다는 점일 것이다.

김수온은 승가공동체인 승단(僧團)을 승가(僧伽)·승가(僧家)·'승구(僧區)'[31]·'상문(桑門)'[32] 등과 같이 표현하였는데, 그 구성원인 승려들을 향한 호칭법을 극히 다양하게 구사한 특징이 발견된다. 보다 효율적인 논의 전개를 위한 방편상, 이 같은 김수온의 호칭법을 몇몇 범주들로 재구획하여 정리해 두자면 이하와 같다.[33]

① 범칭: '부도(浮屠)'[34]·'부도씨(浮屠氏)'[35] '사문(沙門)'[36]·'치소(緇

---

31 金守溫, 『拭疣集』 卷4, 「詩類」, 〈寧國寺〉, 124쪽. "澗水潺湲瀉路隅, 行人指點是僧區."

32 金守溫, 『拭疣集』 卷4, 「詩類」, 〈贈日本蘭上人(世祖時, 受命通好, 因其國亂三載乃還寧國寺)〉, 127쪽. "早托桑門業學禪."

33 이하의 내용은 金鍾秀, 「괴애 김수온의 승려 호칭법과 교유 양상」, 『인문학연구』 27집, 인천대 인문학연구소, 2017의 274~279쪽을 대폭 보완한 결과다.

34 金守溫, 『拭疣集』 卷4, 「詩類」, 〈戱贈津寬住持學專〉, 130쪽. "高靈茂松兩侍中 …… 無乃浮屠多善幻 …… 杜口毗邪還寂寂."; 같은 책, 〈如來現相記〉, 100쪽. "檜菴, 我國之大刹, 而三和尙浮圖之所在." 밑줄 친 인용문 부위는 『식우집』에는 결락된 상태다. 이 부분은 永同鄕土史研究會, 『國譯 拭疣集(鄕土史料十三輯)』, 660쪽에 실린 원문에서 취했다. 이하부터는 다소 생소한 단어들을 제외하고는 번잡함을 피하기 위한 의도에서 굳이 일일이 각주를 제시하지는 않겠음.

35 金守溫, 『拭疣集』 卷2, 「記類」, 〈靈鑑菴重創記〉, 92쪽. "臺山五朶之峯, 峯峯奇秀, 浮屠氏多屋於其間."

36 金守溫, 『拭疣集』 卷2, 「記類」, 〈正因寺重創記〉, 95쪽. "仁粹王妃殿下, 王大妃殿下親幸於寺, 至沙門下輦."

素)'[37] · '치(緇)'[38] · '치문(緇門)'[39] · '운수납(雲水納)'[40] · '운납(雲衲)'[41] · 운수(雲水) · '운석(韻釋)'[42] · '납승(衲僧)'[43] · '납의(衲衣)'[44] · '행각(行脚)'[45] · 승(僧) · '승니(僧尼)'[46] · 승도(僧徒) · '사승(寺僧)'[47] · '신승(臣僧)'[48] · '석자(釋

37 金守溫, 『拭疣集』 卷2, 「記類」, 〈如來現相記〉, 100쪽. "臣嘗與同願緇素供佛于檜菴寺."

38 金守溫, 『拭疣集』 卷2, 「記類」, 〈觀風樓記〉, 79쪽. "自守令之苛于法令而繫于賦斂, 齊民逃寄於山林, 以緇其服者衆."

39 金守溫, 『拭疣集』 卷2, 「記類」, 〈福泉寺記〉, 76쪽. "文宗賜號慧覺尊者禪敎都揔, 俾領袖于緇門."

40 金守溫, 『拭疣集』 卷2, 「記類」, 〈見性菴安居祖師禮懺記〉, 102쪽. "請雲水衲上堂三七凡衆若干."

41 金守溫, 『拭疣集』 卷4, 「詩類」, 〈簡晉山君。用晉山上李判院事韻〉, 131쪽. "引客每▦雲衲語, 論詩必置酒徒俱."

42 金守溫, 『拭疣集』 卷2, 「記類」, 〈上元寺重創記〉, 90쪽. "世祖聞寺功已畢, 賜米五百石布一千匹, 使衣鉢座具湯藥四事咸備, 聚韻釋五十二員, 大說落成會."; 같은 책, 〈見性菴法會記〉, 102쪽. "開會於廣平大君墓側見性寺, 上堂則諸山之韻釋, 無不臻也."

43 金守溫, 『拭疣集』 卷4, 「詩類」, 〈次登階詩卷韻〉, 135쪽. "天下衲僧同一天, 潑潑橫機臨濟喝, 寥寥面壁趙州禪, 打開入字和盤出."

44 金守溫, 『拭疣集』 卷4, 「詩類」, 〈贈送禪上人〉, 121쪽. "衲衣藍縷半飄然."

45 永同鄕土史硏究會, 『國譯 拭疣集』, 〈送林八禪〉, 549쪽. "春遊南岳夏天台, 行脚生涯問幾回."

46 金守溫, 『拭疣集·補遺』, 「序·碑銘·雜著」, 〈大明朝鮮國大圓覺寺碑銘(金守溫奉敎撰成任奉敎書姜希孟奉敎篆)〉, 139쪽. "日光黃薄, 僧尼道俗瞻仰膜拜者, 以億萬計."

47 金守溫, 『拭疣集·補遺』, 「序·碑銘·雜著」, 〈大明朝鮮國大圓覺寺碑銘〉, 139쪽. "殿下親詣道場 ...... 休祥遝至, 萬目咸覩, 特賜寺僧米布."

48 金守溫, 『拭疣集 · 補遺』 卷2, 「記類」, 〈元通庵重創記〉, 94쪽. "命內需, 更揀幹辦之人, 而臣僧海幢首其選."

子)'[49] · '빈도(貧道)'[50] 등.

② 존칭어: 조사(祖師)· 사(師) · 상인(上人) · 장로(長老) · '도인(道人)'[51] · '도자(道者)'[52] · '도려(道侶)'[53] · 고승(高僧) · 화상(和尙) · '숙로(宿老)'[54] · '법주(法主)'[55] · '화주(化主)'[56] · 방장(方丈) · '명덕 (名德)'[57] · '숙덕(宿德)'[58] · 선덕(善德) · 대덕(大德) · '존자(尊者)'[59] · '고류(高流)'[60] · '고둔적(高

49 金守溫,『拭疣集』卷4,「詩類」,〈次河東府院君韻, 贈正因寺雪峻長老〉, 120쪽. "釋子念禪眞諦妙."

50 金守溫,『拭疣集』卷2,「記類」,〈妙寂寺重創記〉, 83쪽. "宥之言曰, 寺則成矣, 苟無碑記, 後之人何知施主功德, 與貧道創造之勤乎."

51 金守溫,『拭疣集』卷4,「詩類」,〈次河東府院君韻, 贈正因寺雪峻長老〉, 120쪽. "橋陵宮殿翠微邊 ...... 聖恩時與道人詮."

52 金守溫,『拭疣集』卷4,「詩類」,〈贈性哲上人 〉, 120쪽. "寧知道者來, 追思聊把筆."

53 金守溫,『拭疣集』卷2,「記類」,〈靈鑑菴重創記〉, 92쪽. "臺山五朶之峯 ...... 昔普濟尊者, 嗣法平山處林禪師 ...... 由是。道侶贏糧坐禪, 無歲無之."

54 金守溫,『拭疣集』卷4,「詩類」,〈上沈政丞, 約同訪性均〉, 130쪽. "山中宿老性均僧."

55 金守溫,『拭疣集』卷4,「詩類」,〈贈送禪上人〉, 121쪽. "衲衣藍縷半飄然, 云自清涼學此禪, 法主不知何所教, 不知當處十方天." 원래 '법주'는 법문(法門)의 우두머리라는 뜻으로 부처를 높여 일컫는 말이나, 괴애는 교종·선종을 막론하고 존대하는 의미를 부여한 명칭으로 활용하였다.

56 金守溫,『拭疣集』卷2,「記類」,〈見性菴安居祖師禮懺記〉, 102쪽. "化主大禪師義昆袖勸疏."; 같은 책,〈上元寺重創記〉, 90쪽. "不幸廚人失火, 化主力寡, 急於取辦, 僅得庇人."; 같은 책,〈見性菴安居祖師禮懺記〉, 102쪽. "化主大禪師義昆袖勸疏."

57 金守溫,『拭疣集』卷2,「記類」,〈見性菴法會記〉, 103쪽. "其與會名德, 與夫同發大心之姓氏."

58 金守溫,『拭疣集』卷2,「記類」,〈福泉寺記〉, 75쪽. "寺之名, 不由於崇麗, 有高流宿德, 隆道譽於其間則名."

59 金守溫,『拭疣集』卷2,「記類」,〈福泉寺記〉, 76쪽. "尊者臣信眉, 禪德臣斯智."

60 金守溫,『拭疣集』卷2,「記類」,〈福泉寺記〉, 75쪽. "寺之名, 不由於崇麗, 有高流宿德, 隆道譽於其間則名."

遁迹)'[61] · '국사(國師)'[62] · '왕사(王)'[63] · '공(公)'[64] · '옹(翁)'[65] 등.

③ 직급[법계(法階)] 및 선(禪) 관련 호칭어: 대사(大師) · 선사(禪師) · '대선사(大禪師)'[66] · '대선(大禪)'[67] · '대선(大選)'[68] · '노선(老禪)'[69] · '선덕(禪德)'[70] · 수좌(首座) · '승통(僧統)'[71] 등.

④ 고유 호칭어: 주지(住持) · 사미(沙彌) · '필추(苾芻)'[72] · 비구(比

61 金守溫, 『拭疣集』 卷4, 「詩類」, 〈贈性哲上人〉, 120쪽. "愛此山水淸, 況遇高遁迹."

62 金守溫, 『拭疣集』 卷2, 「記類」, 〈妙寂寺重創記〉, 83쪽. "八谷山在楊州治之南, 西距興仁門僅五十餘里, 山中有寺, 名曰妙寂 …… 普照大古兩國師奇覽所在."

63 金守溫, 『拭疣集』 卷2, 「記類」, 〈檜庵寺重創記〉, 84쪽. "有玄陵王師普濟尊者, 受指空三山兩水之記."; 같은 책, 〈靈鑑菴重創記〉, 92쪽. "昔普濟尊者, 嗣法平山處林禪師, 暨其東還, 遂入臺山, 寓于是菴, 恭愍王封爲王師, 具法像就菴以迎, 至今傳爲古事."

64 각주 86) 참조.

65 金守溫, 『拭疣集』 卷4, 「詩類」, 〈送准法主弟子均首座歸淸涼山〉, 129쪽. "淸涼法主陸行翁, 宗也能通說亦通."

66 金守溫, 『拭疣集』 卷2, 「記類」, 〈見性菴安居祖師禮懺記〉, 102쪽. "化主大禪師義昆袖勸疏, 周遊四方, 旣合衆緣, 得粟石數百者."

67 金守溫, 『拭疣集』 卷4, 「詩類」, 〈寄題檜庵西方丈與策卞大禪共笑〉, 126쪽. "普光方丈最淸幽, 山月明時樹揤陰稠, 爲報春霄子規道, 更能啼盡五更頭."

68 金守溫, 『拭疣集·補遺』, 「序·碑銘·雜著」, 〈贈敏大選序〉, 141쪽. "華嚴大選省敏." 김수온은 매월당 김시습을 향해서도 "雪岑大選"이라고 칭했다. 이 점 원래 승과시(僧科試)에 합격한 사람이 처음으로 받는 법계를 지칭한 '대선(大選)'이 개념상의 의미가 전화(轉化)되어 사용된 결과일 것으로 분석된다.

69 金守溫, 『拭疣集』 卷4, 「詩類」, 〈贈性哲上人〉, 120쪽. "圜圝初促膝, 玄機訊老禪."

70 金守溫, 『拭疣集』 卷2, 「記類」, 〈福泉寺記〉, 76쪽. "尊者臣信眉, 禪德臣斯智."

71 金守溫, 『拭疣集』 卷2, 「記類」, 〈水多寺相傳記〉, 98쪽. "始者, 有名和翁, 華嚴僧統也." 거론된 '승통(僧統)'은 승과(僧科) 시험에 합격한 교종(敎宗)의 승려가 오를 수 있는 최상의 지위에 해당한다.

72 金守溫, 『拭疣集』 卷2, 「記類」, 〈見性菴靈應記〉, 101쪽. "先母夫人王氏, 廣平大君, 皆得涅槃之願, 邀苾蒭五十員爲上堂."

丘)・비구니(比丘尼) 및 '강주(講主)'[73]・'법주(法主)'[74]・'화주(化主)'[75] 등.

⑤ 기타: 호승(胡僧)・'갈승(羯僧)'[76]・사승(使僧)・'박가납제(薄伽納提)'[77] 및 '신승(神僧)'[78]・ '우파이(優婆姨)'[우바이][79]・'도속(道俗)'[80] 등등.

이상의 다섯 종류에 걸친 범주나 기준들에 의거하여 나열된 다양

---

73 金守溫, 『拭疣集』 卷4, 「詩類」, 〈空上人受陸行法主詩因題(一首)〉, 124쪽.; 같은 책, 「記類」, 〈見性菴靈應記〉, 101쪽. "廣平大君, 皆得涅槃之願, 邀苾蒭五十員爲上堂, 請圓通智大師爲講主, 設法華道場於是寺."

74 金守溫, 『拭疣集』 卷4, 「詩類」, 〈送准法主弟子均首座歸淸涼山〉, 129쪽. "淸涼法主陸行翁, 宗也能通說亦通."; 같은 책, 〈題明法主詩軸, 戱之也, 次右議政韻, 洪應〉, 126쪽.

75 金守溫, 『拭疣集』 卷2, 「記類」, 〈妙寂寺重創記〉, 83쪽. "密城君則固寺之大檀越, 而貧道不可不謂之化主也."

76 金守溫, 『拭疣集』 卷4, 「詩類」, 〈贈融上人〉, 121쪽. "曹溪六祖有盧能, 暫鬪風幡駭羯僧, 一葉五花, 從此絕, 今人還識古人層." 이 문장 중에서 '갈승(羯僧)'은 갈마승(羯磨僧)의 준말로, 본디 계율을 지키도록 지도하는 승려를 의미하는 개념이다.

77 金守溫, 『拭疣集』 卷2, 「記類」, 〈檜庵寺重創記〉, 84쪽. "昔天曆間, 西天薄伽納提尊者, 見此寺之基, 以爲酷似西天阿蘭陁寺." 거론된 '박가납제' 존자는 원(元)나라 문종(文宗) 때 활약했던 인도 출신의 고승을 지칭하는 듯하다.

78 金守溫, 『拭疣集・補遺』, 「序・碑銘・雜著」, 〈大明朝鮮國大圓覺寺碑銘(金守溫奉敎撰成任奉敎書姜希孟奉敎篆)〉, 139쪽. "東岡竪石鍾, 厝釋迦舍利, 仍設法會, 講圓覺經, 是夕, 如來現相空中, 神僧經行壇上, 瑞氣彌布, 放光照耀, 甘泉普洽." 〈대명조선국대원각사비명〉에서 확인되듯, '신승(神僧)'은 여타 〈如來現相記〉(80쪽)를 비롯하여 종교적 이적(異蹟) 현상을 기록할 때 가끔씩 등장하는 칭호다. "又於石鍾上空中, 神僧五六行道, 若有若亡."

79 金守溫, 『拭疣集』 卷2, 「記類」, 〈靈鑑菴重創記〉, 92쪽. "於是, 優姿姨金氏寶背, 趙氏石乙今, 隨喜助緣." 그런데 『식우집』에는 사부(四部) 대중(大衆)의 일원으로 재가 남신도를 뜻하는 '우바새(優婆塞)'를 지칭한 표현은 보이지 않는다.

80 金守溫, 『拭疣集・補遺』, 「序・碑銘・雜著」, 〈大明朝鮮國大圓覺寺碑銘(金守溫奉敎撰成任奉敎書姜希孟奉敎篆)〉, 139쪽. "日光黃薄, 僧尼道俗瞻仰膜拜者, 以億萬計." 언급된 '도속(道俗)'은 승려[道]와 신도 혹은 속인(俗人)을 뜻하는 표현이다.

한 호칭어들이란 여타의 조선조 사대부들의 경우에서는 좀처럼 그 예를 찾아보기가 어려운 사례임에 분명하다. 다만, 열거된 호칭어들을 편의상 몇몇 범주로 나눠서 재구획하는 조처를 취했으나, 다소 임의적인 판단이 가미된 부분도 없지는 않을 것이다. 그 이면에는 특정한 개념들의 경우 원래적 의미가 전화(轉化)된 채 사용되기도 했기에, 하나의 정형화된 개념으로 고정시켜 유형화하기에는 경계가 애매한 부분들이 많았기 때문이었다.

일단, 상기(上記) 다섯 부류의 카테고리 중에서 첫 번째인 범주 ①은 유학자들에 의한 통상적인 호칭법이나, 특히 정주학자(程朱學者)들에 의해 즐겨 채택되곤 하는 경향을 보여준다. 또한 대개 시문(詩文) 등과 같은 문학적 작품에서 많이 발견되는 편이다. 범주 ①에 드러난 호칭어들은 주로 불교 특유의 시설물들이나 검게 물들인 승려들의 옷차림, 그리고 걸림 없이 사철을 떠도는 행동 양식이며 석가모니(釋迦牟尼)로 음역되는 부처의 이름 등에서 파생된 결과를 반영해 준다. 다시 말해서 범주 ①은 주로 유자(儒者)의 시각에서 타자(他者)인 승려를 바라보고 규정한 결과와 관련된 호칭어들인 것이다.

반면에 범주 ①에 비해 존칭어 위주로 구성된 ②는 단연 김수온이 간직한 불심(佛心)의 일단을 가장 잘 대변해 주는 호칭법으로 평가된다. 물론 동일한 단어를 반복되게 사용하지 않는 문장 구사력도 저절로 확인되는 셈인데, 이 점 여타의 범주에 드러난 호칭어들을 통해서도 동일하게 발견되는 현상이다. 이를테면 후대인 17세기 후반 무렵에 이르러 엄정한 정주학자에서 불교에로 전격적인 종교적인 전향(轉向)을 감행하게 되는 노론계(老論系) 지식인인 임호(林湖) 박수검(朴守儉,

1629~1698)의 경우, 승려에 대한 호칭어로 주로 '치(緇)·석(釋)·석자(釋子)·운납(雲衲)·빈도[貧(道)]·조사(祖師)·화상(和尙)·선사(禪師)·대사(大師)' 따위와 같은 단어들을 즐겨 사용하였다.[81] 재가 남신도인 '우바새[優婆塞]'을 자처했던 박수검[82]이 구사한 호칭법을 통해서도 김수온이 구사한 존칭어나 호칭법의 다채로움이 단연 비교가 되고도 남음이 있을 정도다.

이처럼 다양한 호칭어들을 간택한 이면에는 김수온이 평소 온축한 불교적 소양의 깊이를 확인시켜 줌과 동시에, 또한 불(佛)·법(法)·승(僧)으로 표방되는 삼보(三寶)의 일환인 승려를 향한 나름의 존경심이 투영되어 있었기 때문인 것으로도 분석된다.[83] 이 점 세종·세조 연간에 '삼화상(三和尙)'[84]으로 추앙되었던 나옹혜근(懶翁惠勤, 1320~1376)의 문손(門孫)들인 신미(信眉, 1405?~1480?)와 학열(學悅, ?~1482), 그리고 학조(學祖, 1432~1514?) 상인(上人) 등[85]을 동시에 언급한 아래의 시작(詩作)을 통해서도 분명하게 확인되고 있다.

---

81 金鍾秀, 「전근대 시기 儒學者 佛教로의 轉向 사례-林湖 朴守儉의 경우-」, 『禪文化研究』 17집, 한국불교선리연구원, 2014, 15쪽.

82 朴守儉, 『林湖集』 卷6(한국문집총간 續)39), 「記」, 〈鳳鶴山小馬寺剽鍾記〉, 한국고전번역원, 2007, 287쪽. "紫極懸空, 靈體含圜 … 曆用時憲, 臘屬著雍執徐, 晩谷優婆塞, 强搖柔翰, 駕說禪楣."

83 金守溫, 『拭疣集』 卷2, 「記類」, 〈檜庵寺重創記〉, 84쪽. "自古, 慈母欲保於其孫, 忠臣欲壽於其君, 莫不惟三寶是歸."

84 金守溫, 『拭疣集』 卷2, 「記類」, 〈檜庵寺重創記〉, 84쪽. "檜庵, 東國大伽籃也, 三和尙相繼開山."

85 거론된 삼화상에 관한 논의로는 황인규, 「朝鮮前期 佛教界의 三和尙攷-信眉와 두 제자 學悅·學祖-」, 『한국불교학』 37집, 한국불교학회, 2004, 227쪽 참조.

"불교계[浮圖]에는 근세에 이름 높은 이들이 많은데
존자(尊者)이신 미공(眉公)[신미]과 뒤이은 학열(學悅) 존자가 계셨네.
(학조) 선사(禪師)가 뒤에 출현하여 불도[道]를 기리고 더 높이시어
그 (신미·학열) 양공(兩公)과 견주어 능히 갑을(甲乙)을 다투셨지요!"[86]

김수온은 기문(記文)인 「복천사기(福泉寺記)」에서는 신미를 '존자(尊者)'로 칭하는 가운데, 학열·학조 두 상인은 '대선사(大禪師)'로 호칭한 적도 있다.[87] 위의 인용문은 나옹혜근의 문도(門徒)들인 무학자초(無學自超, 1327~1405)·함허기화(涵虛己和, 1376~1431)와 그 뒤를 이은 신미·학열·학조 등이 성리학자들의 비판에 맞서 불법의 흥성을 위해 갖은 노력을 아끼지 않았다는 평가[88]의 실태를 일부 확인시켜 주기도 한다.

여하간 상인과 존자·선사·공(公) 따위와 같은 유·불의 존칭들이 혼용된 윗 인용문은 김수온이 이들 삼화상에 대해 보여준 존경심의 정도가 호불(好佛)의 군주인 세조에 결코 뒤지지 않는 수준이었음을 짐작케 해준다. 즉, 범주 ②는 불교에 대한 김수온의 입장이 종교철학적 차

86 金守溫, 『拭疣集』 卷4, 「詩類」, 〈題學祖上人詩卷〉, 122쪽. "浮圖近世多名人, 尊者眉公仍學悅, 禪師後出道譽隆, 其在兩公能甲乙." 신미·학열을 '양공(兩公)'으로 칭한 이유는 이들이 선교도총섭(禪敎都摠攝) 등과 같은 관직을 맡았던 환력이 있었기 때문이다.

87 金守溫, 『拭疣集』 卷2, 「記類」, 〈福泉寺記〉, 76쪽. "尊者臣信眉, 禪德臣斯智, 大禪師臣學悅學祖等." 이 호칭법은 〈上元寺重創記〉에도 연속적으로 적용되었다.(같은 책, 90쪽): "遣內官咨於慧覺尊者信眉, 大禪師學悅等."

88 황인규, 「朝鮮前期 佛敎界의 三和尙攷-信眉와 두 제자 學悅·學祖-」, 『한국불교학』 37집, 한국불교학회, 2004, 225~251쪽 참조.

원에서 합리적 이해를 도모하는 종교적 합리주의(religious rationalism)라는 수준을 초극한 차원, 곧 종교적 신행 주체의 주관적 믿음이나 신심의 문제를 보다 더 중시하는 종교적 신앙주의(religious fideism)라는 입장에 상당히 부합한 상태였음을 시사해 준다.

실제 김수온은 「여래현상기(如來現相記)」라는 이적(異蹟) 체험기를 통해서, 그가 직접 목격한 신이한 종교적 이적 현상들을 자세히 기록해 둔 바가 있다. 김수온은 이 기문의 말미 부위에서 이적 현상과 관련된 『법화경(法華經)』의 해당 언술인 "오직 부처와 제불[佛]만이, 능히 알 수 있다."는 구절을 인용하였고, 나아가 "신(臣)은 이로부터 더욱 (더 불교를) 믿게 되었습니다."는 신앙 고백을 행하기에 이른다.[89] 그 연장선에서 김수온은 "한량 없는 제불(諸佛)의 존재를 안다면, 곧 반드시 그 귀의(歸依)를 극진하게 하고자 할 것"이라는 말로써,[90] 그가 평소 견지해 왔던 귀의심의 문제를 직접 드러내 보이기도 하였다. 조선시대 전체를 통틀어서 지금 김수온의 사례처럼 종교적 체험에 입각하여 신앙 고백을 행하거나, 귀의심의 문제를 직접 피력해 보인 사대부를 발견하기란 그리 쉽지 만은 않은 일일 것이다.

이상에서 적시한 범주 ①과 ②에 비해서 '선사(禪師)·대선사(大禪師)·대선(大禪)·대선(大選)·노선(老禪)·선덕(禪德)' 등과 같은 단어들로 구성된 범주 ③의 경우는 다소 복합적인 맥락을 내함하고 있는 호

89 金守溫, 『拭疣集』 卷2, 「記類」, 〈如來現相記〉, 101쪽. "故諸佛應聖上之瑞, 若是其特異也耶. 經曰, 唯佛與佛, 乃能知之, 臣於此而益信焉."

90 金守溫, 『拭疣集』 卷2, 「記類」, 〈見性菴法會記〉, 102쪽. "知諸佛之無量, 則必盡欲其歸依, 知衆生之無邊, 則必盡欲其度脫, 豈徒糜財穀, 美觀聽, 以事夫空虛無用之地者哉."

칭법에 해당한다. 왜냐하면 범주 ③은 한편으로는 고려시대나 조선 전기까지 치르진 교종(敎宗)과 선종(禪宗)의 승과시(僧科試)에 합격한 승려들의 법계(法階)를 반영한 호칭법에 해당하면서,[91] 또 다른 한편으로는 이 같은 직급(職級)들의 의미가 전화(轉化)된 채 활용된 결과를 반영해 주기도 하기 때문이다. 이를테면 적시된 호칭어들 중에서 '대선(大選)'이란 단어는 승과 시험에 합격한 승려가 처음 받는 법계에 해당하지만, 김수온은 매월당(梅月堂) 김시습(金時習, 1435~1493)을 향해서도 "설잠(雪岑) 대선(大選)"이라고 칭하기도 했음이 눈에 띈다. 즉, 김수온은 승과 시험에 한 번도 응한 적이 없었던 김시습에 대해서도 '대선'이란 직급을 적용한 호칭어를 사용한 것이다. 이 점 '대선'이라는 개념의 원래적 의미가 전화(轉化)된 상태에서 활용된 경우의 전형적인 사례에 해당한다. 실제 김수온의 문집인 『식우집』에는 이와 유사한 사례들이 더러 발견된다.

그럼과 동시에 범주 ③은 일면 참선(參禪) 혹은 좌선(坐禪)으로 대변되는 실참(實參) 수행(修行) 방면에 대한 김수온의 깊은 관심과 몰입 정도와 비례적인 관계를 지닌 호칭법에 해당한다는 점에서도 사뭇 주목된다. 즉, 카테고리 ③에 포함된 호칭어들의 경우 공히 실참 수행과

91 선종과 교종에서 승과 시험에 합격한 승려들이 처음으로 받는 법계인 '대선(大選)'은 교종의 경우, '대덕(大德)·대사(大師)·중대사(重大師)·수좌(首座)·승통(僧統)'의 순서로 승진되었다. 한편 선종의 경우에는 '대덕(大德)·대사(大師)·중대사(重大師)·선사(禪師)·대선사(大禪師)'라는 법계의 순서대로 승진되었다. 그러나 조선시대 때 종2품과 정3품 당상관(堂上官)의 품계(品階)를 가진 관인을 높인 칭호인 영감(令監)이 후래로 '노인'으로 그 개념적 의미가 전화되었듯이, 적시된 법계의 명칭들 또한 이미 개념의 원래적 의미가 '전화'되고 있었던 것이다. 이 점 본문에서 제시한 범주들 간의 경계 설정이 부분적으로 애매모호했던 이유와도 직접 연관되어 있다.

유관한 맥락에서 채택되었고, 이 같은 정황들은 실참 수행 방면에 대한 김수온의 관심도가 매우 높았다는 사실을 반증해 주기도 한다. 기실 김수온은 『육조단경(六祖壇經)』과 『임제록(臨濟錄)』·『조주록(趙州錄)』 및 『조당집(祖堂集)』 등과 같은 텍스트들을 위시한 각종 선가(禪家)의 어록(語錄)들을 두루 섭렵하였을 뿐만 아니라, 노경(老境)에 이르도록 진지하게 참선 수행에 몰입하였던 것으로 확인된다.

뿐만 아니라 김수온은 "사람됨이 부처[佛]를 몹시 좋아하여 일찍이 승사(僧舍)[사찰]에 다니며 단식(斷食)을 하면서 좌선(坐禪)한 것이 열흘이 되었는데, 마침내 기운이 탈진하여 끝내 능히 감당하지 못하고, 수레에 실려서 돌아오니, 사림(士林)이 비웃었다."는 『성종실록(成宗實錄)』의 기록이 전언하듯,[92] 실제로 실참 수행 방면에 대해 지극한 의미를 부여하고 몸소 실천했던 인물이었다. 따라서 이러한 실참 수행에의 체험이 김수온으로 하여금 보다 세분화된 '선사(禪師)'의 호칭을 자주 구사하게끔 추동한 요인으로 작용했을 것으로 분석된다. 결과적으로 범주 ③의 호칭어들은 15세기를 전후로 한 시점에서 거사 김수온이 개인적 차원에서 행한 실참 수행의 양상을 가늠케 해주는 의미 있는 소재거리를 겸하고 있는 것으로 평가된다.

한편 여타의 항목들에 비해 고유명사 위주로 구성된 범주 ④는 승단(僧團)의 직제와 조직 등에 대한 자세한 식견과 더불어, 또한 괴애가 온축한 교학적 소양 정도를 드러내 보인 결과로 분석된다. 특히 나열

92 成宗實錄』卷36, 成宗 4년 11월 6일〔癸巳〕. "人酷好佛, 嘗往就僧舍, 絕食坐禪者旬日, 氣息奄奄, 終不能堪, 輿載而還, 士林笑之."

된 단어들 중에서 비구승을 뜻하는 '필추(苾蒭)'[93]라는 단어는 유학자들에 의해 그다지 자주 간택되는 단어가 아니기에, 김수온이 대승불교(大乘佛敎) 경전 전반에 걸쳐서 충분한 소양을 축적하였음을 반증해 준다. 기실 김수온은 국왕인 세조가 "북경[京]에 가서 불교 경전[竺字] 중에서, (우리) 동방(東方)에 전하지 않는 것을 찾아서 오라!"는 명령에 따라 명(明)나라에 사행(使行)을 직접 다녀왔으리 만큼,[94] 당대 조선을 대표하는 교학가(敎學家)로 우뚝 발돋움해 있었던 인물이다. 이 같은 정황은 전술한 실참 수행에의 양상과 더불어, 김수온이 전개한 거사불교의 실상을 가늠할 만한 또 다른 정보를 제공해 주고도 있다.

이상의 ④에 비해 '호승(胡僧)·갈승(羯僧)·사승(使僧)·박가납제(薄伽納提)' 등과 같이 다소 생경한 단어들로 구성된 항목 ⑤는 동방인 조선국 외의 나라들인 중국(中國)·일본(日本)과 인도(印度)[서천(西天)]의 승려들을 지칭한 호칭어에 해당된다. 이처럼 특정한 개인의 문집에 중국·일본·인도의 승려들이 동시에 등장하는 사례 역시 그리 흔치 않다. 이 점 김수온이 행한 거사불교가 상당히 폭넓은 시야를 확보한 가운데 전개되었을 개연성을 암시해 주기도 한다.

우선 김수온은 달마(達磨)를 '호승'으로 지칭하였는데, 이와 관련하여 "육대(六代)에 걸쳐 전해 온 의발(衣鉢)을 헛되이 전하여, 눈이 푸른 오랑캐 승려[胡僧]가 소림사(少林寺)에 면벽[坐]하고 앉았도다!"고 서술

93 金守溫, 『拭疣集』 卷2, 「記類」, 〈見性菴靈應記〉, 101쪽. "先母夫人王氏, 廣平大君, 皆得涅槃之願, 邀苾蒭五十員爲上堂."

94 南孝溫, 『秋江集』 卷7(한국문집총간 16), 「雜著」, 〈冷話〉, 민족문화추진위원회, 1986, 127쪽. "光陵使金乖崖守溫, 赴京尋得梵字不傳東方者, 乖崖入大明投甘露, 而住持中華之名釋." 흔히 '냉화'는 추강 남효온(1454~1492)의 호를 따라 「추강냉화(秋江冷話)」로 칭한다.

한 바가 있다.[95] 이처럼 중국선종사의 일단이 드러나 있는 달마를 향한 논평에서 확인되는 바와 같이, 결국 '호승'으로 비하된 호칭어 역시 김수온이 평소 온축한 선(禪)·교(敎) 양 방면에 대한 지적 소양 정도를 간접적으로 드러낸 호칭으로 기능하고 있음이 확인된다.

뒤이은 '갈승'은 원래 갈마승(羯磨僧)의 줄임말로서, 계율을 지키도록 지도하는 승려를 의미한다. 그러나 김수온이 갈승을 채택한 전후 문장을 살펴보면 다소 평가 절하된 어감을 내포하고 있는 단어로 판독된다. 그 이유는 노능(盧能)[혜능] 대사가 "잠시 '풍(風)·번(幡)'과 싸워 갈승(羯僧)을 놀라게 하였지."라는 일구를 통해서 짐작되듯,[96] 움직이는 주체가 바람도 깃발도 아닌 바로 마음임을 설파해 보인 저간의 사정에서 이 단어가 연원하였기 때문이다. 즉, 이 문장에서 단순한 육안(肉眼)의 소유자를 상징해 주는 단어로 의미가 전화된 '갈승'은 혜능(慧能) 대사가 증득한 지혜로운 안목인 혜안(慧眼)과는 심히 대비되는 어감을 간직한 의미로 활용되었던 것이다. 그래서인지 김수온은 혜능 대사를 두고, "일엽(一葉) 오화(五花)를 따라 끊었으니, 지금 사람들이 고인층(古

95 金守溫, 『拭疣集』 卷4, 「詩類」, 〈日本國王使僧, 十日遊藏義寺, 見大士變現之尊像, 偈曰云云, 次韻〉, 133쪽. "茫茫絕域想徽音 …… 浪傳六代傳衣鉢, 碧眼胡僧坐少林."

96 金守溫, 『拭疣集』 卷4, 「詩類」, 〈贈融上人〉, 121쪽. "曹溪六祖有盧能, 暫鬪風幡駭羯僧, 一葉五花, 從此絕." 이 구절은 이른바 '육조풍번(六祖風幡)'으로 불리는 공안(公案)[본칙(本則)]의 하나다. 어느 날 혜능 대사는 두 학인이 바람과 깃발을 놓고 다투는 것을 보게 되었다. 한 학인은 '바람이 움직인다.'라고 하였고, 또 다른 한 학인은 '깃발이 움직인다.'고 주장했던 것이다. 이를 지켜보던 혜능은 "바람이 움직이는 것도 아니고, 깃발이 움직이는 것도 아니다. 그대들의 마음이 움직인 것이지!"라고 설하자, 이에 두 학인은 놀라 일순 모골이 송연해졌다고 한다.(六祖慧能大師, 在印宗法師會下, 見二僧爭風幡, 一僧曰, 風動. 一僧曰, 幡動. 祖曰, 不是風動, 不是幡動, 仁者心動. 二僧悚然.)

人層)을 알게 되었다."라며 깊은 존경심을 표명해 두었다.[97] 이렇듯 김수온의 경우 '육조풍번(六祖風幡)'으로 일컬어지는 본칙(本則)을 인용한 장면을 통해서도 확인되듯, 선가의 주요 어록(語錄)들을 상당히 폭넓게 섭렵하고 있었음을 거듭 확인시켜 준다.

한편 "일본 국왕의 사신(使臣)으로 (조선에) 온 승려"를 의미하는 '사승(使僧)'[98]이라는 표현은 당시 김수온이 조선을 왕래하였던 일본 승려들을 접대하곤 했던 사정과 관련되어 있다. 김수온의 문집인 『식우집』 속에는 일본 승려들과 수창(酬唱)한 몇 편의 시 작품들이 수록되어 있는 상태다.[99] 기실 김수온은 "조정에서 내려 온 왕명(王命)을 받들어 시편(詩篇)을 지은 것은, 부상(扶桑)[일본]으로 되돌아가는 사자(使者)를 위함이네!"라고 토로하였듯이,[100] 시문의 작성을 통한 문장보국(文章報國)을 위해서 헌신했던 인물이다. 이 사안과 관련하여 김수온 스스로도 "보잘 것 없는 (나의) 풍아(風雅)[시 · 문]로써 (평온한) 승평시대[昇平]에 보답하려는 것"임을 확인해 보인 사실이 있다.[101] 이 같은 김수온

97 金守溫, 『拭疣集』 卷4, 「詩類」, 〈贈融上人〉, 121쪽. "一葉五花從此絕, 今人還識古人層." 운위된 '일엽오화(一葉五花)'란 일심(一心)과 인간의 근본적인 욕망인 오욕(五欲), 곧 재욕(財欲) · 색욕(色欲) · 식욕(食欲) · 수면욕(睡眠欲) · 명예욕(名譽欲)을 지칭한다.

98 金守溫, 『拭疣集』 卷4, 「詩類」, 〈日本國王'使僧', 十日遊藏義寺, 見大士變現之尊像, 偈曰云云, 次韻〉, 133쪽.

99 金守溫, 『拭疣集』 卷4, 「詩類」에 수록된 〈贈日本蘭上人世祖時(受命通好, 因其國亂三載乃還)〉과 〈日本國王使僧, 十日遊藏義寺, 見大士變現之尊像, 偈曰云云, 次韻〉 등을 참조.

100 金守溫, 『拭疣集』 卷4, 「詩類」, 〈謝豐基金公見訪(有華岳上人年八十三, 因上人求文集字, 僕承命述之, 故云)〉, 128쪽. "朝來承命賦詩篇, 爲送扶桑使者旋."

101 金守溫, 『拭疣集』 卷4, 「詩類」, 〈水原東軒, 次獨谷韻〉, 128쪽. "敢道文章屬老手, 等閑風雅答昇平."

의 언술은 가칭 '문시(文施)'[곧 문보시(文布施)]로 칭할 만한 성질의 것이다.

이처럼 문장보국 의지에 충만했던 김수온의 일관된 처사는 불교의 보시(布施) 윤리를 적극 실천하는 모습을 고려시기 거사의 네 가지 생활방식 중에 하나로 파악한 맥락과도 일맥상통하는 바가 엄존한다.[102] 즉, '문시'는 당대를 대표하는 관각문인 신분이었던 김수온의 입장에서 실천할 수 있는 최상의 보시 방편에 상응하는 의미를 지니고 있었던 것이다. 김수온이 전폭적인 차원에서 행해진 시주(施主)나 보시를 뜻하는 '대단월(大檀越)' 개념 이라든가,[103] 또한 그 베푼 주체를 지칭하는 '단주(檀主)'[104]를 언급했던 정황들은 그가 '보시'의 중요성에 대해서 익히 숙지하고 있었다는 사실을 뒷받침해 주기에 충분한 사례들이다.

이상으로 김수온이 승려들을 대상으로 하여 구사한 다양한 호칭어들에 대한 분석 작업을 통해서, 기호학적인 맥락에서의 기표에 상응하

102 李炳熙, 「高麗時期 居士의 生活方式과 그 意味」, 『사학연구』 116호, 한국사학회, 2014, 201쪽 참조. 이병희는 나머지 세 가지 사항으로 불도의 추구와 蔬食·布衣 생활, 그리고 生産과 蓄財에 대한 무관심을 지목하였다. 김수온의 경우는 두 번째 사항을 제외하면, 이병희가 진단한 고려시대 거사불교의 전통과 거의 일치하는 편이다. 그런 점에서 김수온의 경우 '고려적인 의미'에서의 거사불교의 전통을 충실히 계승한 인물로도 평가된다.

103 金守溫, 『拭疣集』 卷2, 「記類」, 〈妙寂寺重創記〉, 83쪽. "密城君則固寺之大檀越, 而貧道不可不謂之化主也."; 같은 책, 〈見性菴靈應記〉, 101쪽. "廣平大君璵, 世宗第五子 ...... 于時大檀越, 則有若貞懿公主, 有若臨瀛大君及夫人, 有若永膺大君及夫人."

104 金守溫, 『拭疣集』 卷2, 「記類」, 〈見性菴法會記〉, 102쪽. "其法筵盛供辦之精, 檀主發願之弘, 緇素輻湊之衆."

는 호칭법이 표상하는 신심이나 귀의심 등을 포함한 일련의 의미망(意味網)들을 차례대로 분석해 보았다. 그 결과 김수온이 구사한 호칭법은 종교적 신앙주의로 대변되는 신심·귀의심의 문제 외에도, 교·선 두 방면에 걸친 투철한 교학적 소양과 실참 수행에 대한 깊은 관심사 정도를 동시에 가늠케 해주는 상징적인 의미 체계들을 아울러 겸하고도 있었음을 확인하게 되었다. 또한 일본 승려들을 대상으로 한 시문 접대 행위를 통해서는 김수온 식의 거사불교 윤리의 한 측면인 '문시'의 실태를 겸사해서 접하게도 되었다.

이제 차후의 순서로 선초의 관인(官人)·유자(儒者) 신분이었던 괴애 김수온이 수행한 유(儒)·석(釋) 교유(交遊)의 구체적인 양상에 대한 검토를 진행하도록 하겠다. 이 사안 또한 단순히 주변 승려들과의 인적 교유라는 수준을 넘어서, 매우 복합적인 함의(含意)들을 간직한 주제 사안에 해당하기 때문이다.

3. 승려와의 교유 양상

조선시대 때 통상 유·석 교유로 지칭되는 유학자와 승려 사이의 교류 문제는 특정한 개인의 불교교학과 참선 수행법에 대한 몰입 정도라는 문제와는 전혀 별도의 사안으로 간주된 전통을 유지해 온 편이다. 예컨대 차후인 명종대(明宗代)에 이르러 사림파(士林派) 계열의 유학자들이 신랄한 어조로 성토해 마지않았던 보우(普雨, ?~1565) 화상만 하더라도, 그의 생전에 당대의 권간(權奸)인 윤원형(尹元衡, ?~1565)을 비롯하여 실로 다양한 인사들과 폭넓은 교분을 맺은 사실이 있다. 또한 조선 중·후기 무렵에 이르러 문명(文名) 높은 사대부 인사들이 승려가 지닌 시 두루마리인 시축(詩軸)·시권(詩卷)에 시(詩)를 써주는 형식을 취한 교유 방식이 뚜렷한 흐름으로 정착하게 되면서, 점증하는 숭유억불의 시대임에도 불구하고 유·석 교유는 전혀 새로운 국면을 맞이하기에 이른다.

이처럼 시축·시권이 매개된 교류 양상은 15세기를 호흡했던 당대의 사백(詞伯) 김수온의 경우도 결코 예외가 아니었다. 김수온의 경우 친분이 두터운 주변 승려들의 시 두루마리에 시를 지어 주거나, 혹은 송별시(送別詩)를 부치기도 했을 뿐만 아니라,[105] 더러는 문집의 서문[序]을 작성해 주는[106] 등의 실로 다양한 이문교유(以文交遊) 활동을 선도적으로 전개하였기 때문이다.

예컨대 김수온은 일본 승려인 숭열(崇悅)을 송별하는 시를 빌려서, "다행히 도우(道友)를 위하여 마음에 누(累)가 없으니, 이 같은 정교(情交)로 한(恨)이 무궁하누나!"라며 자신의 심경을 피력해 보인 바가 있다.[107] 즉, 김수온은 승려들을 은연중 도반(道伴)[도우]으로 생각하면서

105 金守溫, 『拭疣集』 卷4, 「詩類」, 119쪽. 〈送日本崇悅上人〉; 같은 책, 121쪽. 〈贈送禪上人〉; 같은 책, 122쪽. 〈贈上人歸五臺〉; 같은 책, 129쪽. 〈送淮法主弟子均首座歸淸凉山〉; 같은 책, 133쪽. 〈送文郁沙彌入香山〉 등을 들 수 있다.

106 金守溫, 『拭疣集』 卷4, 「詩類」, 〈謝豐基金公見訪(有華岳上人年八十三, 因上人求文集字, 僕承命述之, 故云.)〉, 145쪽. ; 『拭疣集補遺』, 「序·碑銘·雜著」, 〈送法冏道者序〉, 144쪽. "有冏道者跫然見訪, 余喜之甚, 延以上座, 語未竟, 冏知余喜, 以詭言解人頤, 授之以簡而求選其序引. 余於是操筆之, 欣然不復辭文辭之偃蹇産也." 이 외에도 〈贈敏大選序〉·〈贈喆首座序〉 등이 있다.

107 金守溫, 『拭疣集』 卷4, 「詩類」, 〈送日本崇悅上人〉, 119쪽. "幸爲道友心無累, 若是情交恨莫窮."

다양한 형식의 '정교'를 나누었던 것이다. 김수온이 승려들과 교류하면서 증여한 시들이 지닌 경향 중의 하나로 교유의 정이나 사귐의 도를 주제로 한 그것을 지적해 보인 진단은 바로 이러한 맥락에서다.[108]

한편 이상에서 적시해 보인 사례들 속에 드러난 김수온의 시문 중에는 그가 승가공동체 특유의 사승관계(師承關係)에 대한 정보에도 매우 투철한 상태였음을 확인시켜 주고 있음이 주목되기도 한다. 당연하게도 이처럼 다채로운 유·석 교유 양상은 김수온이 평소 견지했던 불심이나 귀의심의 문제와도 무관하지 않았을 것으로 추정된다. 이 점 김수온이 경향(京鄕) 각지의 사찰(寺刹)·암자(庵子) 등지에서 자주 유숙(留宿)하곤 했던 정황을 통해서도 거듭 입증된다. 다시 말해서 사찰·암자에서의 유숙 행위도 의미 있는 유·석 교유의 한 방식으로 새롭게 이해할 필요가 있는 것이다.

따라서 김수온이 추구한 거사불교의 특징적인 양상을 규명하기 위한 본 논의의 의도를 효율적으로 실현하기 위한 방편상, 앞에서 적시한 시축·시권을 통한 교유 양상과 승단(僧團) 내부의 사승관계를 둘러싼 정보를 언급한 장면들, 그리고 사암(寺庵) 등지에서 유숙하곤 했던 정황 등과 같은 세 가지 사항들을 대상으로 한 기초적인 논의들을 순차적으로 진행하도록 하겠다. 왜냐하면 이 같은 사안들을 대상으로 한 분석 작업은 김수온이 전개했던 거사불교의 실상을 보다 다양하게 규명하는 결과로 이어질 것으로 전망되기 때문이다.

108 김상일, 「金守溫 시문학의 일국면-불교적 시세계를 중심으로-」, 『한국문학연구』 29집, 한국문학연구학회, 2005, 309~310쪽. 김상일은 나머지 하나를 '進學을 권유하는 것'으로 보았다. 그러나 이 같은 김상일의 분석이 김수온 불교시의 특징적인 면모를 적확하게 적출(摘出)해 낸 것으로는 보기 어려운 측면도 존재한다.

한편 이번 제3장의 논의는 김수온과 불교와의 관계를 연찬한 선행 연구에서 주의 깊게 다루지 않았던 사안일 뿐만 아니라, 심지어 '괴애자(乖崖子)'[109]의 유·석 교유가 다소 빈약했던 것으로 평한 일부 연구의 잘못을 바로잡는 의미를 겸하기도 한다.

1) 시축(詩軸)·시권(詩卷)을 매개한 교유

김수온의 문집인 『식우집』은 원래 총 24권에 이르는 방대한 분량의 저술이었다. 그런데 성종(成宗) 연간에 교서관(校書館)에서 『공신록(功臣錄)』 1권과 함께 인출(印出)할 것을 명(命)받은 시점에서 종손(宗孫) 김득하(金得河)의 가택에서 화재로 인해 소실(燒失)되는 바람에,[110] 그중에서 잔존한 제2권과 4권만을 간행할 수밖에 없었다. 당대 최고의 문장가의 저술이 화재로 사라진 것은 큰 손실이 아닐 수 없으나, 현전하는 『식우집』에는 불교와 관련된 다수의 내용들이 수록되어 있어 그나마 다소의 위안을 느끼게 된다.

김수온의 경우 사찰·암자를 '범궁(梵宮)'[111]이나 불찰(佛刹)·불우(佛

109 金守溫, 『拭疣集』 卷2, 「詩類」, 〈悅雲亭記〉, 85쪽. "亭何在乎, 在乎伊川. 亭何景乎, 在乎白雲. 乖崖子停驂於縣 ...... 乖崖子悅而樂之."

110 金守溫, 『拭疣集·拭疣集題後』, 「題後」, 〈敬題拭疣集後[金禹濬]〉, 150쪽. "嗚呼此篇, 維我先祖文平公乖崖先生遺集也. 伏惟我成宗大王特嘉乃其文章勳業, 命校書館, 印出二十四卷, 與功臣錄一卷, 頒賜於其時諸臣及嗣孫者, 而傳及于宗孫得河家矣, 盡入於灰燼, 餘存者此二卷而已, 不肖不勝其嗟惜."

111 金守溫, 『拭疣集』 卷4, 「詩類」, 〈題朴中樞山水短屏〉, 122쪽. "五岳須分一幅中, 問從何處出形容, 山如覆鼎鎭珠殿, 寺若香林輝梵宮."

宇)·가람(伽藍)·승창(僧窓)·승방(僧房)·승당(僧堂)·'난약(蘭若)'[112]·'승구(僧區)'[113]·승거(僧居)·산문(山門) 등과 같이 매우 다양한 어휘들로 표현해 보임으로써, 다시 한 번 더 "수레를 물 위에 띄워 가로 세로로 휘저어 다녔다.[汎駕縱橫]"고 비유되었듯이,[114] 거침이 없는 그의 문장 구사력을 입증시켜 주었다.

또한 그에 상응하는 차원에서 중국[115]과 서천(西天)[인도][116]의 사찰들을 포함하여 다수의 사찰·암자들이 문집에 등재되어 있다.[117] 이러한 정황들은 김수온이 승려들과 유지한 교유의 폭이 상당히 광범위한 수준이었을 것임을 짐작케 해준다. 실제 늘 "화상(和尙) 미공(眉公)[신미]의 아우"임을 자부했던 김수온은 그가 불교계의 고승대덕들과 맺은 교유의 폭이 상당히 넓은 수준이었다는 점을 아래처럼 밝혀 두었다.

> "나는 화상 미공(眉公)의 아우로서 산문(山門)에 다니면서, 유자로서의 겉모습[毳]을 잊은 채, 불교계의 고승대덕[宿老]들과 사귄 일이 (무척) 많았다."[118]

---

112 金守溫, 『拭疣集』 卷4, 「詩類」, 〈題鄭府尹山水屏〉, 123쪽. "籬下長江家上山, 山中蘭若入雲端." 거론된 '난약(蘭若)'이란 한적한 수행처라는 뜻으로, 사찰이나 암자 따위를 일컫는 말이다.

113 金守溫, 『拭疣集』 卷4, 「詩類」, 〈寧國寺〉, 124쪽. "澗水潺湲瀉路隅, 行人指點是僧區."

114 永同鄕土史硏究會, 『國譯 拭疣集』, 736쪽. "金文平文章雄渾, 泛駕縱橫, 專倣司馬子長之軌."

115 鶴樹林[鶴林寺]·少林寺·道林寺·甘露寺·曹溪寺 등.

116 金守溫, 『拭疣集』 卷2, 「詩類」, 〈檜庵寺重創記〉, 84쪽. "昔天曆間, 西天薄伽納提尊者, 見此寺之基, 以爲酷似西天阿蘭陁寺."

117 각주 160) 참조.

118 金守溫, 『拭疣集·補遺集』, 「序·碑銘·雜著」, 〈贈喆首座序〉, 143쪽. "余也以和尙

위의 고백처럼 김수온은 주로 장로[老]·숙덕[宿]으로 대변되는 고승대덕들과의 교유를 추구하였던 자취들이 문집 도처에서 발견되고 있다. 마침 시대적 흐름도 승려들이 문명 높은 사대부 인사에게 시를 요청하는 형식을 취한 교류 방식이 유행하면서, 김수온도 승려들이 지닌 시권·시축에 시를 써주는 식의 교류에 동참하게 되었고, 이 경우에도 주된 대상은 고승들인 경우가 많았다. 특히 김수온의 경우 '김희청(金喜晴)'이란 별명으로 명(明)나라 사신들에 의해 중국에까지 자자한 문명을 떨쳤던 인물이었기에,[119] 친분이 두터운 승려들로부터 시를 요청받는 일이 상당히 빈번했던 듯하다.

그런데 이처럼 승려들이 지닌 시축·시권에 써준 작품들 속에는 당시 김수온이 은장하고 있던 다양한 내면 풍경들이 부지불식간에 노출되고 있었다는 점을 놓칠 수 없다. 이를테면 '산수헌(山水軒)'이라는 명칭을 부여한 어느 상인의 시권에 차운(次韻)한 아래의 작품은 당시 김수온이 줄곧 감당해 왔던 내면적 갈등의 일단이 그대로 노출되어 있음이 주목된다.

"나는 눈앞을 향해 공연하게 장애[碍]를 짓는데,

대사[師]는 마음을 좇아 온몸으로 원증[圓]을 행하시군요.

眉公之弟, 遊於山門, 而忘形於毳, 流之老宿者, 衆矣."

119 大東野乘』, 「龍泉談寂記(金安老 撰)」, "陳鑑見之, 果大加稱賞, 而指點改下處曰, 非本人手段. 自是乖崖之名, 大播中朝, 後乖崖入覲帝庭, 翰林院帶牙牌學士環立賞見曰, 此金喜晴也." 언급된 '金喜晴'이란 별명은 조선에 온 명(明)나라 사신인 진감(陳鑑)에게 화답(和答)한 〈喜晴賦〉에서 연유한 별명에 해당한다. 김수온이 화답한 이 작품에 탄복한 진감은 "향(香)을 사르고 손을 씻은 뒤에, '희청부'를 읽었다."고 한다."(永同鄕土史研究會, 『國譯 拭疣集』, 〈叢話〉, 728쪽.): "乖崖文章, 雄渾泛駕 ...... 華使鑑, 東來作喜晴賦, 乖崖和之, 陳鑑嘆服, 焚香盥手, 讀之."

한 자루 지팡이 그림자는 원숭이 울음 밖에서 한가한데,
육척의 이 몸은 명속(名俗)으로 시끄러운 사이에 있구나!"[120]

윗시는 '나/대사'가 엄연히 이분화된 구도를 취한 가운데, '안전(眼前)/심상(心上) · 지팡이/장애 · 원증(圓證)/명속(名俗) · 한적/번잡' 등과 같이 상이한 조어들로 형성된 대립적인 구도를 취하고 있음이 간취된다. 물론 '나 · 안전 · 장애 · 명속 · 번잡' 등과 같이 극히 부정적인 시어(詩語)들로 표상되는 작가(作家)의 내면 세계가 이 같은 대립적 구도의 설정을 통해서 전달하고자 하는 메시지는, 당연히도 후자인 '대사 · 심상 · 원증 · 지팡이 · 한적' 계열을 지향하고픈 강렬한 염원에 초점이 맞춰져 있다. 증여시(贈與詩)가 많은 김수온의 불교시가 대체로 이원적 구조로 시상(詩想)을 배치하고 있다는 분석이나,[121] 그 이유로서 위의 시 등을 근거로 삼아 괴애의 내면적 대립·갈등 의식을 제시한 견해[122] 또한 바로 이러한 맥락에서 이해함이 정당하다. 이는 그만큼 당시 김수온의 내면 풍경이 불안하면서도 균열된 양상을 노정해 보이고 있었다는 사실을 반증해 준다.

이에 김수온은 위의 시를 통해 불온한 자신의 내면 풍경을 상인에

120 金守溫, 『拭疣集』 卷4, 「詩類」, 〈次上人山水軒詩卷韻〉, 117쪽. "屋頭蒼翠壓潺湲, 聲想溪流色想山, 我向眼前空作礙, 師從心上肉爲圓, 一枝笻影猿啼外, 六尺身名俗鬧間, 明日野橋分袂處, 忙忙留與去閑閑." 제3구인 "師從心上肉爲圓" 중의 '원(圓)'이란 "망념도 참됨도 떠나니 부처의 뜻이 원만[圓滿]하구나![離妄離眞佛意圓]"라고 운위한 '원(圓)'자와 유사한 맥락으로 이해된다(같은 책, 124쪽. 〈松月軒〉).

121 김상일, 「金守溫 시문학의 일국면-불교적 시세계를 중심으로-」, 『한국문학연구』 29집, 한국문학연구학회, 2005, 313쪽 참조.

122 김윤섭, 「金守溫의 佛敎的 精神世界에 관한 一考」, 『한국학연구』 43호, 고려대 한국학연구소, 2012, 377쪽.

게 솔직히 토로해 보였던 것이다. 이러한 이유 등으로 인하여 유·불 양가(兩家) 사이에서 정신적으로 방황하고 고뇌했던 김수온이 과연 뜻하는 바의 경계에 얼마나 근접하였는지를 문제시 삼은 일리 있는 의견이 제기되기도 하였다.[123] 더 나아가 김수온의 사상체계를 유·불에 대한 '회통(會通)·원융(圓融)' 등과 같은 시각으로 규정한 방식에도 이의를 제기한 이유 있는 반론도[124] 위의 인용문에 노출된 괴애의 내면적 분열 의식과도 직결되어 있다는 점도 부기해 둔다.

물론 김수온은 국왕인 세조에게 "3년 동안의 기한을 정하고 만일 불도[道]를 이루지 못하면" 운운하는 간곡한 어조로써 단기 출가를 요청하는 상소(上疏)를 올렸을 정도로 불교적 정신세계를 향해 강렬한 구도(求道) 의지(意志)에 충만해 있었던 특이한 사대부였다.[125] 뿐만 아니라 김수온은 세조에게 "신(臣)의 뜻이 본디 연하(煙霞)[자연]에 있었다는 것을 양찰하시어, 특별히 윤음(綸音)을 내리시어 시골집으로 돌려보내주시기를" 몇 번씩이나 간절하게 요청한 사실도 있다.[126] 이처럼 에두른 표현으로 장식된 김수온의 「걸해전(乞骸箋)」 또한 은연중 출가 수행을 염두에 둔 비장한 결단에서 비롯된 것이다.

---

123 김윤섭, 「金守溫의 佛教的 精神世界에 관한 一考」, 『한국학연구』 43호, 고려대 한국학연구소, 2012, 387쪽.

124 李錫柱, 「괴애(乖崖)의 유불론(儒佛論)」, 『韓國思想과 文化』 70집, 한국사상문화학회, 2013, 294~295쪽 참조. 이러한 이석주의 문제 제기는 기존의 연구 성과 중에서 김상일(2005)과 김윤섭(2012)의 논의를 직접 겨냥한 것으로 보인다.

125 世祖實錄』 卷32, 世祖 10년 3월 15일[戊辰]. "伏望憐臣孝母之至情, 許臣求道之至意, 特免臣職, 遣使優閑。限以三年, 如道不成, 付諸有司, 以治誣妄之罪, 以彰非孝之罰."

126 金守溫, 『拭疣集·補遺』, 「箋」, 〈乞骸箋〉, 145쪽. "伏望知臣之言出肺腑而無他, 諒臣之志在煙霞者有素, 特下綸綍, 放歸田廬."

실제 문집 속에는 이처럼 임천(林泉)을 갈구하는 언술과 출가 의지가 결속된 장면들이 심심찮게 발견되곤 한다.[127] 이 같은 정황들은 김수온의 내면에 잠복한 세상과 일정한 거리를 유지하려는 심리적 성향의 표출, 곧 이른바 염리심(厭離心)과 출가 의지가 긴밀하게 결부되어 드러난 현상으로 해석할 수 있다.

그럼에도 불구하고 김수온은 자신이 품었던 출가라는 비장한 각오를 끝내 실행하지는 못하였고, 자연히 그에 따른 깊은 자괴감을 자주 노정해 보일 수밖에 없었다. 그리하여 김수온은 마침내 그가 작정하고 관직을 사직하기 위해 작성한 「걸해전」을 올리게 된 경위를 어느 상인의 시권을 빌려서, 아래처럼 진솔하게 피력해 두기에 이르렀던 것이다.

> "회암사(檜菴寺)를 가고자 하였으나 한해 여름을 (그렇게 또) 보냈고,
> 장차 금강산[楓岳]으로 접어들려 하였지만, 또 삼 년을 허송하였네.
> 더디고 더딘 이 괴애가 늙었다고 비웃지는 마시게나.
> '(고향에) 뼈 묻기를 비는 전(箋)'을 지금 이미 임금님께 올렸다오!"[128]

그러나 김수온이 윗시을 통해 단호한 논조로 천명해 보인 '걸골(乞骨)[사직]' 의지와는 달리, 그는 끝끝내 출가라는 일대사(一大事) 인연(因

---

127 金守溫, 『拭疣集』 卷4, 「詩類」, 〈贈性哲上人〉, 120쪽. "多斯紅塵中, 俗累顧莫釋, 愛此山水淸, 況遇高遁迹."; 같은 책, 〈還南原梅軒集, 戲爲謾語, 用前韻〉, 125쪽. "此去欲從高遁客, 一生長在水雲間."; 같은 책, 〈戲贈津寬住持學專〉, 130쪽. "簪笏縱然居紅塵, 本自膏肓愛泉石."

128 金守溫, 『拭疣集』 卷4, 「詩類」, 〈題上人詩卷〉, 121쪽. "欲往檜菴經一夏, 將歸楓岳又三年, 遲遲莫咲乖崖老, 乞骨如今已上箋."

緣)의 꿈을 현실화하지를 못했다. 이에 김수온은 "해임(解任)을 진실하게 깨닫는 것은 어느 가을에나 있을까? 새장을 벗어난 새처럼 자재(自在)한 노님이 있을 지니!"라는 말로써 스스로를 위안하면서,[129] 치사(致仕)를 통한 자재유(自在遊)를 단행하지 못하는 자신의 처지에 대해 심히 안타까운 심정을 다시 한 번 더 토로해 두었던 것이다. 즉, 김수온이 수행한 시권·시축 교유는 주로 장로·숙덕들을 대상으로 삼는 가운데, 주로 자신이 직면한 불온한 처지를 고백하고 토로하는 수단의 일환으로 활용되었음이 거듭 확인되는 셈이다.

이 같은 사례들은 김수온이 추구한 거사불교가 자신이 구상한 인생 설계도 안에서 차선의 의미를 지니는 것이었음을 은연중 시사해 주기도 한다. 좀 더 부연하자면, 김수온은 자신의 인생 행로에서 가장 지대한 영향력을 행사한 인물인 친형 신미(信眉) 존자(尊者)처럼 출가라는 일대사 인연의 실현을 통해서, "푸른 산 어느 곳에 가부좌(跏趺坐)로 좌정[定]한"[130] 채 세속적 명리(名利) 자체를 완전히 초극한 환경에서 진지하게 오롯이 수행 정진에 몰입하는 식의 구도적 삶을 가장 이상시한 인물이었던 것이다. 그런 점에서 김수온이 행한 시축·시권 교유가 이 같은 꿈을 즉각적으로 이행하지 못한 자신의 슬픈 내면 풍경을 타자인 숙

129 金守溫, 『拭疣集』 卷4, 「詩類」, 〈題明法主詩軸, 戲之也, 次右議政韻, 洪應〉, 126쪽. "病骨支離已數秋 …… 津覺解任問何秋, 如鳥離籠自在遊."

130 金守溫, 『拭疣集』 卷4, 「詩類」, 〈憶兄〉, 112쪽. "去年鄉國添襟別, 不識何時更見無, 秋夜沈沈明月靜, 碧山何處定跏趺." 문종(文宗)에 의해 '혜각존자(慧覺尊者)'로 사호(賜號)된 형인 신미를 향한 김수온의 자부심과 존념(存念) 정도는 실로 대단한 것이었다. 이 점 모친의 사후(死後)에 지은 만장(挽章)인 〈母夫人挽章〉 속에도 여실히 드러나 있다.(같은 책, 121쪽): "欲識家門慶, 當觀子道賢, 三郎齊出守, 一佛獨探玄, 白髮期頤壽, 青松峴岫巓, 人人爭共說, 世上福兼全."

노[宿老]들에게 전달하기 위한 수단의 일환으로 활용하게 된 이유를 어느 정도 이해하게 된다.

2) 사승관계(師承關係)에 대한 식견

김수온이 추구하였던 거사불교의 실상을 추적하고 검토하기 위한 본 논의와 관련하여 눈길을 끄는 또 다른 사안으로는, 괴애의 경우 승단 특유의 사승관계가 전승되는 맥락을 매우 소상히 파악하고 있었다는 점도 아울러 지목할 수 있다. 즉, 김수온은 승가공동체 내부에서 스승으로부터 제자에게로 전수(傳授)되는 법맥(法脈)의 전승 양상에 관한 풍부한 정보와 식견을 아울러 갖추고 있었던 것이다. 이 과정에서 김수온은 특정한 사승관계를 예의 주시하면서 '스승[師]'이 구비한 특장(特長)에 대해서도 간략한 촌평을 가해 두기도 했는데, 이 같은 정황들은 괴애가 15세기를 전후로 한 조선 승단의 내부 사정에 매우 정통한 상태였음을 시사해 준다.

예컨대 「준 법주의 제자인 균 수좌를 청량산으로 보내다[送准法主弟子均首座歸清涼山].」라는 제하의 아래 시는 지금 논급 중인 사안을 가장 잘 대변해 주는 대표적인 작품으로 감상된다.

> "청량산(淸涼山)의 법주이신 육행(陸行) 노스님은
> 종지[宗]에도 능통하고 설법[說]에도 막힘이 없구나.
> 늘상 '금산(金山)의 저구어(豬狝語)'[화두]를 좋아하시어
> 말씀을 하시면 참으로 저 고인(古人)과도 같도다!"[131]

---

131 金守溫, 『拭疣集』 卷4, 「詩類」, 〈送准法主弟子均首座歸淸涼山〉, 129쪽. "淸涼

위의 시 속에는 준(准) 법주가 제자인 균(均) 수좌를 굳이 청량산에 소재한 모 사찰로 보낸 이유가 명시적으로 잘 드러나 있다. 즉, 그 구체적인 이유는 육행옹(陸行翁)이 온축한 차원 높은 교학적 역량과 사자후(獅子吼)와도 같이 막힘이 없는 유창한 설법 방식, 그리고 옛 조사(祖師) 스님[곧 고인]을 방불케 할 정도의 증득(證得)된 실참 수행력 등을 두루두루 겸비한 인물이었기 때문이다. 이처럼 육행옹이 구족한 여러 장점들이 잘 기술되어 있는 위의 시는 김수온이 갖춘 불교적 식견도 동시에 묻어나고 있다는 점에서 의미 있는 작품으로 평가된다.

그 외에도 김수온은 "설잠(雪岑)은 방외(方外)의 벗"이라는 말로써,[132] 매월당(梅月堂) 김시습(金時習, 1435~1493)과 자신과의 친밀한 관계를 확인해 둔 사실이 있다. 또한 김수온은 바로 이 "설잠(雪岑) 대선(大選)의 제자인" 법란(法蘭) 도자(道者)에게도 시 한 수를 증여하기도 했다. 그리하여 김수온은 김시습과 그의 제자인 법란 두 사람과 관련하여, "난초꽃과 난초 잎이 다 향기로우나, 숱한 화초 가운데 외로운 봉황(鳳凰)과도 같구나!"라며 극구 예찬해 보였다.[133] 이 시 또한 김시습과 법란 두 사람 사이의 사승관계를 포착해 둔 작품에 해당한다.

동일한 맥락에서 김수온은 육행(六行) 법주의 제자인 나우(懶牛) 사

法主陸行翁, 宗也能通說亦通, 常愛金山猪㹠語, 出言眞箇古人同." 제3구 가운데 "金山猪㹠語"란 『祖堂集』 중의 '저구(猪㹠)'라는 단어와 유관한 단어로 짐작된다. 아마도 공안(公案)〔화두〕에 해당하는 구절일 것으로 추정된다. 한편 『國譯 拭疣集』에서는 제1, 2구를 "청양법주가 육지로 가는 행색은, 종교도 능히 통하고 불설(佛說)도 증히 통하였구나."로 전혀 엉뚱하게 번역하였다.

132 金守溫, 『拭疣集』 卷4, 「詩類」, 〈贈李生(自云家在安東, 欲受莊子於公, 贏粮上來)〉, 127쪽. "擧世趨名利, 惟君好古先 …… 雪岑方外友(伴雪岑大選故云."

133 金守溫, 『拭疣集』 卷4, 「詩類」, 〈贈法蘭道者, 雪岑大選弟子也〉, 132쪽. "蕙花蘭葉皆爲香, 衆草之中孤鳳凰."

미(沙彌)를 언급하면서, 그가 스승으로부터 "『능엄경(楞嚴經)』과 『법화경(法華經)』을 물려받아 완독[畢讀]하였는데, (육행) 법주는 또한 열반[逝]하셨다."는 정보를 채록해 두기도 하였다.[134] 곧장 이어서 김수온은 "스님을 만나 비로소 육행 노스님[翁]을 믿었더니, 금년 2월 어느 날에 열반[垂化]하셨다네!"라는 부연 설명을 가해두었다.[135] 부연된 구절 속에는 자신과 육행옹과의 인연이 더는 연속될 수 없는 현실에 대한 안타까운 심경이 잘 피력되어 있다. 결과적으로 「나우 사미에게 증여함[贈懶牛沙彌]」이라는 작품 역시 김수온이 당시 조선사회의 승단 내부에서 법맥이 전승되는 관계에 대해서 풍부한 정보와 식견을 두루 갖추고 있었음을 입증시켜 주고 있다.

한편 김수온은 특정한 승려의 최근 동향과 여타의 정보 따위에 대해서도 매우 소상하게 파악하고 있었다. 예컨대 「부 상인을 송광사에 전송함[送涪松廣]」이라는 제하의 아래의 시는 이러한 경우에 대해 하나의 전형을 제시해 준 작품으로 꼽힌다.

> "상인(上人)의 마음은 부강(涪江)의 강물마냥 맑고
> 상인의 행실이란 부강처럼 아득하도다.
> 지난해에 송광사(松廣寺)를 나왔는데
> 금년 여름에는 봉선사(奉先寺)에 머무르셨지.
> 올해 봄까지 봉선사에서 지내다가
> 금년 여름에는 다시 복천암(福泉菴)으로 향하셨지."[136]

---

134 金守溫, 『拭疣集』 卷4, 「詩類」, 〈贈懶牛沙彌(六行法主弟子也, 受楞嚴法華畢讀, 法主亦逝.)〉, 135쪽.

135 金守溫, 『拭疣集』 卷4, 「詩類」, 〈贈懶牛沙彌〉, 135쪽. "逢僧始信六行翁, 垂化今年二月中. 寂滅性中還寂滅, 虛空界上却虛空."

136 金守溫, 『拭疣集』 卷4, 「詩類」, 〈送涪松廣〉, 133쪽. "上人心似涪江水, 上人行似

윗시에 곧바로 이어서 김수온은 속리산(俗離山) 산중의 복천암에 주석(駐錫) 중인 "복천(福泉) 화상(和尙)은 눈이 밝은 분이시니, 업(業)을 붙들고 생(生)을 윤택케 하여 인천(人天)을 열 것이로세."라는 전망적 견해를 표명해 두기도 하였다.[137] 즉, 김수온은 또 한철을 보내기 위해 "눈이 밝은" 복천 화상이 머무르고 있는 속리산의 복천암에 방부(房付)한 부(涪) 상인의 사려 깊은 선택에 큰 기대감을 표명해 두었던 것이다.

그 외에도 김수온은 그가 '임(林) 팔선(八選)'으로 지칭한 어느 선승(禪僧)의 동향에 대해서도 훤히 파악하고 있는 상태였다. 이와 관련하여 김수온은 "봄철에는 남악산[南岳]을 유람하고, 여름에는 천태산[天台]을 올랐으니, 행각승[行脚]의 생애를 묻노니, 몇 번이나 떠돌았는가?"는 질문을 던졌다.[138] 물론 김수온은 이 선승이 "조사의 관문[祖關]을 타파하여 열기 위해" 철따라 산천을 회유(回遊)한다는 사실도 익히 숙지하고도 있었다. 결국「임 팔선을 전송함」이라는 시 역시 친분 있는 승려의 최근 동태를 둘러싼 정보와 함께, 조사선(祖師禪)이 지향하는 실참 수행의 극점에 관한 김수온의 식견을 동시적으로 확인시켜 주고 있는 작품인 셈이다. 물론 이와 유사한 사례들이『식우집』에 다수 수록되어 있으나, 굳이 일일이 열거하는 식의 수고로움은 피하도록 한다.

다만 마지막 사례로써 김수온 스스로가 "주지승인 학의(學誼)는 나의 벗이다."고 밝힌 바가 있는 경상도(慶尙道)의 상주(尙州)·선산(善山)

涪江杳, 去年出松廣, 今夏居奉先, 今春過奉先, 今夏向福泉."

137 金守溫,『拭疣集』卷4,「詩類」,〈送涪松廣〉, 133쪽. "福泉和尙明眼人, 扶業潤生開人天."

138 金守溫,『拭疣集』卷4,「詩類」,〈送林入選〉, 121쪽. "春遊南岳夏天台, 行脚生涯問幾回, 渡盡千山與萬水, 欲令打破祖關開."

사이에 위치한 연악산(淵岳山) 자락에 터했던 수다사(水多寺)에 얽힌 사승관계의 이면사를 잠시 들추어 보이도록 하겠다.[139] 그런데 김수온의 벗인 주지 학의는 이 수다사를 일으킨 인물이자 "화엄(華嚴)의 승통(僧統)인" 화옹(和翁) 스님의 법손(法孫)이었다.[140] 주지 소임을 맡아 수다사에 오랫동안 머물렀던 화옹은 이 사찰의 영건(營建)을 통한 중흥을 위해 각고의 노력을 기울였고, 그 결과 "승려[道]·대중[衆]들이 거처한 수효가, 일찍이 100여 명을 밑도는 일이 없었다."고 전할 정도로 대단한 사세(寺勢)를 유지하기에 이른다.[141]

그러나 노년에 접어든 화옹이 이제 더 이상은 일을 진행해 나갈 수 없게 되었고, 이에 문생(門生)인 승 해유(海乳)에게 그 모든 것들을 전수해 주게 되었다.[142] 차후 열반[寂]을 맞이한 해유는 다시 그의 문생인 성관(性寬)에게 법(法)을 차례로 전하게 되었는데, 성관은 바로 김수온의 벗인 "학의의 스승"인 인물이었다.[143] 이렇듯 화옹·해유·성관·학의의 순서로 전승되어 온 사승관계를 소개한 뒤에, 김수온은 다시 아래와 같이 자신의 소견을 추가적으로 피력해 두기도 하였음이 주목된다.

---

139 金守溫, 『拭疣集』 卷2, 「記類」, 〈水多寺相傳記〉, 98쪽. "尙善兩邑之間, 有山蔚然深秀, 延袤數十里, 名曰淵岳, 其下有僧居, 號水多 ...... 寺亦以之爲號云, 見菴住持學誼, 吾友也."

140 金守溫, 『拭疣集』 卷2, 「記類」, 〈水多寺相傳記〉, 98쪽. "始者, 有名和翁, 華嚴僧統也."

141 金守溫, 『拭疣集』 卷2, 「記類」, 〈水多寺相傳記〉, 98쪽. "久住是寺, 繕理門閣, 不使頹敗, 道衆之居, 嘗不下百餘."

142 金守溫, 『拭疣集』 卷2, 「記類」, 〈水多寺相傳記〉, 98쪽. "和翁老不治事, 傳門生海乳."

143 金守溫, 『拭疣集』 卷2, 「記類」, 〈水多寺相傳記〉, 99쪽. "及乳之將寂, 又傳門生性寬, 寬乃誼之師也."

"승려[僧]에게 제자(弟子)가 있는 것은, 흡사 세상에 부자(父子)가 있는 것과도 같아서, 스승이 제자에게 전하고, 제자가 또 그 제자에게 전해 준다. 이렇게 해서 끊이지 않는 것을 이르기를 '법손(法孫)'이라고 하니, 이것이 (바로) 승가(僧家)에서 전수(傳授)하는 방식[道]인 것이다."[144]

윗글 속에는 이른바 "전수(傳授)의 도(道)"로 지칭된 승가공동체 내부의 사승관계에 대한 김수온의 식견이 잘 반영되어 있다. 앞서 논급한 몇몇 사례들은 바로 이러한 김수온의 식견이 개별적 사례마다 적용된 경우에 다름이 아니었다.

그 연장선에서 김수온은 "달마(達磨)가 서쪽에서 온 뒤로부터 문자(文字)를 세우지 않고, 다만 직지(直指)의 도(道)를 전하여, 양조(梁朝)에서 주창되어 대대로 전수된 끝에, 육대(六代)[육조] 혜능(慧能) 대사에 이르렀다. …… 이로부터 교학 외[教外]에 별전(別傳)하는 지의(旨義)가 천하에 크게 미치게 되었다."는 해박한 설명을 통해서,[145] 중국선종사(中國禪宗史)가 유지되어 온 이면에 대한 투철한 이해력을 선보이기도 했다. 즉, 김수온이 선보인 조선 승단 내부에서의 사승관계에 대한 인식은 중국선종사에서 이뤄진 그것과 같은 시각이 투영되어 있었음을 이해할 수 있다.

144 金守溫, 『拭疣集』 卷2, 「記類」, 〈水多寺相傳記〉, 99쪽. "僧之有弟子, 猶世之有父子, 師傳之弟子, 弟子又傳於其弟子, 如是不絕, 謂之法孫, 此僧家傳授之道也."

145 金守溫, 『拭疣集』 卷2, 「記類」, 〈見性菴安居祖師禮懺記〉, 102쪽. "自達磨西來, 不立文字, 單傳直指之道, 唱於梁朝, 相傳至于六代惠能大師, 居于曹溪, 片言辨於風幡, 一句折於身心, 於是, 教外別傳之旨, 大被天下矣."

결과적으로 승단의 사승관계를 둘러싼 김수온의 이상의 언술들은 이른바 미묘한 '정법안장(正法眼藏)'[146]이 끊임없이 이어지는 이유에 관한 이해와도 맞닿아 있음을 이해하게 된다. 결국 이는 상호 연관된 개념 체계인 불·법·승 삼보(三寶)를 향한 김수온의 귀의심의 문제와도 직결된 사안인 것으로,[147] 그가 추구했던 거사불교의 돈독한 신심 정도를 가늠케 해주는 사례를 겸하고도 있었던 것으로 분석된다. 물론 승단 내부의 사승관계를 둘러싼 김수온의 언술들 속에는, 그가 평소 온축한 교학·수행 두 방면에 관한 소양 정도도 동시에 확인시켜 주기도 한다.

결국 이상과 같은 분석들은 김수온이 생전에 추구하였던 거사불교가 상당히 차원 높은 수준을 지향하였다는 사실을 반증해 준다. 이처럼 품격 높은 거사불교를 지향하고자 했던 자취들은 김수온이 더러 사찰·암자 등지에서 유숙하면서 이런저런 고승들과 나눈 대화를 통해서도 거듭 확인되고 있다.

3) 사찰(寺刹)에의 유숙(留宿)

이제 마지막으로 김수온이 사찰에서 유숙하곤 하였던 정황들을 간략히 소개하고 검토해 보도록 하겠다. 실상 조선시대에 이르러 사대부들이 사찰(寺刹)·암자(庵子) 등지에서 독서를 겸한 과거업(科擧業)에 열중하거나, 혹은 지친 심신의 휴양을 위해 일시 머무르곤 했

146 金守溫, 『拭疣集』 卷2, 「記類」, 〈檜庵寺重創記〉, 84쪽. "迦文氏之王索訶也, 發慈悲淸淨之政 …… 及其化緣旣周, 則以正法眼藏, 付於摩訶迦葉, 以大法隆興."

147 金守溫, 『拭疣集』 卷2, 「記類」, 〈檜庵寺重創記〉, 84쪽. "自古, 慈母欲保於其孫, 忠臣欲壽於其君, 莫不惟三寶是歸."

던 경향은 극히 일반적인 현상이었다. 이 같은 양상은 불교에 대해 심히 비판적 인식을 견지하였던 순정(純正) 정주학자(程朱學者)들의 경우도 결코 예외가 아니었다.

다만 김수온의 경우 대부분의 문집들이 화재로 불타버린 사정 때문에, 그가 관직생활을 영위하기 이전 시점인 청소년기나 사환(仕宦) 직전 무렵에 사암을 드나든 기록은 전무한 실정이다. 현전하는 『식우집』은 김수온이 병조정랑(兵曹正郎, 42세)에 임명된 1450년(세종 32)을 전후로 한 시기 이후로부터 노년에 이르기까지의 기간 동안에 저술된 것으로 추정된다. 자연히 『식우집』에는 김수온이 관직생활 도중에 사암에 출입한 기록들이 대부분을 차지하고 있다.

김수온은 사찰·암자 등지에 대하여 불찰(佛刹)·'불우(佛宇)'[148]·'불여(佛廬)'[149]·가람(伽藍)·'정사(精舍)'[150]·'범궁(梵宮)'[151]·'승구(僧區)'[152]·승거(僧居)·'승당(僧堂)'[153]·'승료(僧寮)'[154]·승방(僧房)·'승창(僧

148 金守溫, 『拭疣集』 卷2, 「記類」, 〈奉先寺記〉, 105쪽. "陵室之南, 有一奧區, 山回水洌, 允宜佛宇之壤, 臣顯祖等奏蒙允可."; 같은 책, 〈中隱菴記〉, 89쪽. "平之申氏, 大族也, 至齊靖公, 奕世富貴 ...... 創佛宇幾間, 極其明淨, 名曰中隱."

149 金守溫, 『拭疣集』 卷2, 「記類」, 〈檜庵寺重創記〉, 84쪽. "我國山川之勝, 名於天下, 而佛廬之處于其間者, 又不知其幾百十."

150 金守溫, 『拭疣集』 卷2, 「記類」, 〈道成庵記〉, 87쪽. "徘徊顧瞻, 欲構精舍, 間以是咨於貞懿公主."

151 金守溫, 『拭疣集』 卷4, 「詩類」, 〈題朴中樞山水短屛〉, 122쪽. "五岳須分一幅中, 問從何處出形容, 山如覆鼎鎭珠殿, 寺若香林輝梵宮."

152 金守溫, 『拭疣集』 卷4, 「詩類」, 〈寧國寺〉, 124쪽. "澗水潺湲瀉路隅, 行人指點是僧區."

153 金守溫, 『拭疣集』 卷2, 「記類」, 〈正因寺重創記〉, 95쪽. "僧堂三間, 名探玄堂."

154 金守溫, 『拭疣集』 卷2, 「記類」, 〈奉先寺記〉, 105쪽. "佛殿僧寮, 暉映洞達, 鈴鐸琴筑."; 같은 책, 〈道成庵記〉, 87쪽. "僧寮之不足者, 又添造之."

窓)’[155] · ‘승가(僧家)’[156] · ‘난야(蘭若)’[157] · ‘인사(仁祠)’[158] · ‘도량(道場)’[159] 등등과 같이 실로 다양한 명칭들을 번갈아 사용한 사실이 포착된다. 이처럼 다양한 사암의 명칭들은 앞서 소개한 승려들에 대한 다채로운 호칭법을 언뜻 떠올리게도 한다. 또한 김수온은 이처럼 다양한 사찰 · 암자의 명칭에 상응하는 수준에서 숱한 사찰 · 암자들의 이름을 문집인 『식우집』에 수록해 두기도 하였다.[160] 이렇듯 김수온의 경우 사암의 명칭을 다채롭게 구사하였고, 또 수많은 사찰 · 암자들의 이름이 문집에 등재

155 金守溫, 『拭疣集』 卷4, 「詩類」, 〈贈上人歸五臺〉, 122쪽. “萬二千峯眞面目, 蒼藤古木映僧窓, 皓首厖眉僧面壁, 鬱鬱深深百川洞.”

156 金守溫, 『拭疣集』 卷4, 「詩類」, 〈松月軒〉, 124쪽. “有松有月僧家境, 離妄離眞佛意圓.”

157 金守溫, 『拭疣集』 卷4, 「詩類」, 〈題鄭府尹山水屛〉, 123쪽. “籬下長江家上山, 山中蘭若入雲端.”; 같은 책, 「記類」, 〈圓通菴重創記〉, 94쪽. “山之中有巨刹, 名曰淸溪 …… 悉贍悉新, 無不具備, 遂爲畿右諸山蘭若之勝.” 거론된 ‘난야(蘭若)’이란 한적한 수행처라는 뜻으로, 사찰이나 암자 따위를 일컫는 말이다.

158 金守溫, 『拭疣集』 卷2, 「記類」, 〈正因寺重創記〉, 95쪽. “寢園有寺, 何也. 蓋嗣王追孝先王, 側近陵寢, 制爲仁祠, 以崇三寶, 以導冥遊也.”; 같은 책, 〈見性菴法會記〉, 102쪽. “仁祠遍於天下, 故趨仁祠而事仁祠者, 又有以遍於天下.” 운위된 ‘인사(仁祠)’란 주로 왕의 능침(陵寢)에 부속된 사찰을 지칭할 때 사용된다. 이와 관련하여 〈正因寺重創記〉(95쪽)에서는 “침원〔능침〕에 절이 있는 것은 어째서인가?(寢園有寺, 何也)”라고 운을 떼고 있다.

159 金守溫, 『拭疣集』 卷2, 「記類」, 〈見性菴安居祖師禮懺記〉, 102쪽. “燈燭之輝煌, 未始不爲淸淨無爲之道場也.”

160 〈사찰〉: 妙寂寺 · 檜庵寺 · 報恩寺 · 上元寺 · 上院寺 · 正因寺 · 水多寺 · 奉先寺 · 福靈寺 · 寧國寺 · 藏義寺 · 圓覺寺 · 福靈寺 · 妙積寺 · 觀音寺 · 水岾寺 · 松廣寺 · 臧義寺 · 雙林寺 · 天壽寺[廢寺] · 勝場寺 · 興福寺 · 正陽寺 · 龍門寺 · 見性寺 · 神勒寺[梵寺] · 重恩寺 · 淸溪寺 등. 〈암자〉: 道成庵 · 中隱菴 · 靈鑑菴 · 圓通菴 · 見性菴 · 寶庵 · 福泉庵 · 大慈庵 등등. 이들 사암 중에서 ‘보은사(報恩寺)[신륵사] · 봉선사(奉先寺) · 원각사(圓覺寺)’는 국가로부터 사액(賜額)을 받은 사찰임이 주목된다. 유교적 기반 위에 정초한 조선왕조에서 서원(書院)이 아닌 사찰이 국가로부터 공인을 받은 경우는 극히 드문 사례에 해당하기 때문이다.

되어 있음이 확인되고 있다. 당연히도 이 같은 정황들은 김수온이 추구하였던 거사불교의 특정한 실상과도 무관하지 않을 것임을 짐작케 해준다.

이들 사찰·암자들 중에서 특히 경기도(京畿道) 양주(楊州)에 위치한 "동국(東國)의 대가람(大伽藍)인"[161] 회암사와 인연이 많았던 김수온은 한때 이곳으로 출가할 의향을 내비친 바가 있었는데, 그래서인지 그는 이 사찰을 수시로 드나들었던 듯하다. 회암사는 김수온의 형인 신미 대사와도 인연이 깊은 사찰이다. 그리하여 김수온은 회암사에서 자신의 심정을 자규새에게 이입시킨 시를 빌려서, "봄날 밤에 자규(子規) 울음소리 들리니, 날 밝을 오경(五更) 무렵까지 울음 그치지 않으리!"라고 읊조렸음이 확인되고 있다.[162] 그 어느 봄날에 김수온은 회암사에서 새벽녘에 이르도록 잠을 이루지 못한 상태에서, 자규새가 말하고 울부짖는 소리에 스스럼없이 동화되고 있었던 것이다. 그런데 시제(詩題)가 「회암사의 서(西) 방장(方丈)과 책변(策卞) 대선에게 부치어 같이 웃다.」이고 보면, 심신을 위안하기 위한 목적으로 잠시 회암사를 찾은 뒤에, 이곳의 고승대덕인인 방장·대선과 함께 담소를 나눈 뒤의 일일 것으로 사료된다.

또 다른 기록으로는 김수온이 상주(尙州) 목사(牧使)로 재직 중이던 1460년(52세)에 관음사(觀音寺)를 소재로 삼아서 지은 아래의 작품을 지목할 수 있겠다.

161 金守溫, 『拭疣集』 卷2, 「記類」, 〈檜庵寺重創記〉, 84쪽. "檜庵, 東國大伽藍也."

162 金守溫, 『拭疣集』 卷4, 「詩類」, 〈寄題檜庵西方丈與策卞大禪共笑〉, 126쪽. "爲報春霄子規道, 更能啼盡五更頭."

"연래로 '그윽한 일'이 자못 서로 관계되어,
우연히 승창(僧窓)에 이르니 꿈이 한결같이 쇠잔하누나.
또 밝은 아침을 맞이하면 현(縣)을 향해 떠나리니,
숲도 부끄럽고 냇물도 부끄러워 청산과 작별하리로세."[163]

위의 시에는 김수온이 관음사를 찾게 된 경위와 소감, 그리고 숲·냇물로 지칭된 대자연과 대비되는 "부끄러운" 자신의 처지 등이 대조적으로 잘 묘사되어 있다. 다만 "그윽한 일[幽事]"이 과연 그 무엇을 뜻하는지는 알기 어려우나, 쇠잔한 꿈과 부끄러움 운운한 표현으로 미뤄 보건대, 그가 갈망해 왔던 불교적 정신세계와 유관한 단어일 것으로 추측된다. 그런데 김수온은 공무로 인해 관음사에서의 유숙은 단 하루만에 그쳤지만, 때로는 여러 나날들을 사찰에서 그대로 유숙하면서 고승들과 담화를 나누기도 했던 정황들도 동시에 포착되고 있다.

예컨대 김수온은 43세 때인 "1452년[壬辰] 가을 7월에, (유급) 휴가를 얻어 동쪽 성곽[東郭]으로 나갔던" 일이 있었다.[164] 그런데 이번의 휴가는 전년인 1451년에 사가정(四佳亭) 서거정(徐居正, 1420~1488)·사숙재(私淑齋) 강희맹(姜希孟, 1424~1483)·용재 성현 등과 같은 인사들과 함께 호당(湖堂)에 뽑히어 사가독서(賜暇讀書)를 행할 수 있는 여유로운 기회를 확보했기 때문에 가능한 일이었다. 이때 김수온은 양주의 평구역(平丘驛)에서 멀찌감치 떨어진 위치에 새로 창건된 묘적사(妙積寺)를

163 金守溫, 『拭疣集』 卷4, 「詩類」, 〈題觀音寺(庚辰年尙州牧時作)〉, 121쪽. "年來幽事頗相關, 偶到僧窓夢一殘, 又被明朝行縣去, 林慙澗愧謝靑山."

164 金守溫, 『拭疣集』 卷4, 「詩類」, 〈贈性哲上人〉, 120쪽. "壬辰秋七月, 休沐出東郭." 그런데 언급된 '임진'은 1452년(44세) 때인 '임신(壬申)'을 잘못 표기한 기록일 것으로 판단된다.

장마철 뒤의 지독한 "더위를 무릅쓰고" 몸소 찾아 나서게 되었던 것이다.[165] 당시 김수온은 "때가 바로 큰 장마 뒤인지라, 길에는 반이나 모래며 자갈들이 깔렸고, 숲에는 큰 나무들이 넘어져 있는" 심히 황량한 상황이었음에도 불구하고, 무더위 속에서 길을 "가고 또 가 깊숙한 산기슭으로 드는" 식의 노고를 기꺼이 감수하였다.[166]

이처럼 김수온이 몹시도 수고로운 여정을 감내하면서까지 묘적사를 심방(尋訪)하게 된 이유로는 '노선(老禪)'으로 칭한 성철(性哲) 스님과 함께 "도란도란하게 무릎을 처음 맞댄" 채 진행된 다담(茶談)을 통해서, 아득한 "현기(玄機)를 물어도 보고, 미묘한 말[微言]과 묘한 비결[妙訣]을 해소하기" 위한 다목적인 의도에 따른 것이었다.[167] 아마도 운위된 '현기(玄機)·미언(微言)·묘결(妙訣)'이란 앞서 관음사를 탐방했을 때 사용한 시어인 "그윽한 일[幽事]"과 내용상 동의어일 것으로 짐작된다.

다시 말해서 김수온은 그가 평소 품고 있던 불교교학이나 실참 수행 방면의 의문점들을 사찰에서 고승대덕들과의 대화를 통해서 곧잘 해소하곤 했던 것이다. 그 결과 김수온은 "사랑스런 이 맑은 산수(山水)에서, 더구나 고둔적(高遁迹)[고승]을 만났네."라고 밝힌 바와 같이,[168] 그가 평소 지니고 있던 여러 의단(疑團)들이 눈 녹듯 해결된 데 따른 크나큰 희

---

165 金守溫, 『拭疣集』 卷4, 「詩類」, 〈贈性哲上人〉, 120쪽. "東望有靑山, 上有浮雲白, 似聞大伽藍, 新創號妙積 興言跨鞍馬, 草草觸炎熱, 惟時大潦後." '평구역'은 지금의 남양주시 삼패동 평구 마을임.

166 金守溫, 『拭疣集』 卷4, 「詩類」, 〈贈性哲上人〉, 120쪽. "惟時大潦後, 道途半沙磧, 高林偃喬木, 指點平丘驛, 行行入深麓."

167 金守溫, 『拭疣集』 卷4, 「詩類」, 〈贈性哲上人〉, 120쪽. "煮茗接軟語, 團圝初促膝, 玄機訊老禪, 微言扣妙訣."

168 金守溫, 『拭疣集』 卷4, 「詩類」, 〈贈性哲上人〉, 120쪽. "愛此山水淸, 況遇高遁迹."

열을 느낄 수 있었다.

그런데 당시 김수온이 만끽한 만족감의 정도가 상당히 컸던 모양으로, 애초 잠깐 묵겠다던 마음속의 일정을 어느새 훌쩍 넘기고야 말았던 것 같다.

> "말을 멈추고 잠시 일산(日傘)을 기울였으나,
> 연이은 유숙이 돌연 며칠째,
> 마부[僕夫]가 가자고 나를 재촉하니,
> 돌아가야 할 기일이 두 뺨처럼 촉박하구나!"[169]

이에 김수온은 두 손을 모아 "합장[叉手]하고 법주께 작별을 고한 뒤에, 절문을 나서니 내 다시 어디로 갈꼬?"라며, 성철 상인과의 작별에 큰 아쉬움을 표해 두었다. 또한 김수온은 으레 "숲도 부끄럽고 계곡물도 부끄러우니, 여전히도 옛날 그 모습."이라는 말로써, 구면목(舊面目) 그대로인 숲·계곡물과 홍진(紅塵) 세상으로 향하는 자신을 절묘하게 대비시켜 두었다.[170] 즉, 앞서 설정한 '나·상인' 사이의 대비가 나와 '자연(林·澗)'과의 구도로 전격 전환되면서, 풍진세상을 등지지 못하는 자신의 전도(前途)에 대한 모종의 불안감을 재차 예감해 보인 것이다. 이러한 류의 불안감이란 앞서 지적한 귀속 불가능성과도 궤를 같이하는 것으로, 기실 김수온이 영위한 삶의 기본 결을 형성하고 있는 상태였음이 거듭 확인되는 셈이다.

169 金守溫, 『拭疣集』 卷4, 「詩類」, 〈贈性哲上人〉, 120쪽. "停驂暫傾蓋, 留連忽數夕, 僕夫催我行, 歸期迫頰促."

170 金守溫, 『拭疣集』 卷4, 「詩類」, 〈贈性哲上人〉, 120쪽. "叉手解法主, 出門更何適, 林慙與澗愧, 依依舊面目."

물론 한때 김수온은 자신과 친분이 두터웠던 사미승 문욱(文郁)의 사려 깊은 배려 덕분에 의해, 북녘 땅 묘향산(妙香山) 깊은 산중에 "바위를 시렁삼아 나를 위해 석실(石室)을 축조하려" 했던 일도 있었던 것으로 전한다.[171] 그러나 김수온은 그 당시에도 끝내 단기 출가에의 간절한 꿈을 이행하지는 못했다. 이처럼 김수온의 경우 그가 거주한 저택 외에 별도로 정사(精舍) 형식의 건물을 짓고 오롯이 수행에 열중하고자 했던 의지는 "문득 40년 전의 일을 생각하노니, 도리어 봄 하늘의 한마당 꿈만 같도다."고 회고했던 인생 최만년인 70세 무렵에 이르도록 지속되었던 듯하다.[172]

김수온은 관직에서 은퇴한 이후로는 꿈에 그리던 고향 영산(永山)〔영동〕에서, "옛날에는 금전(金殿)〔궁궐〕에서 반열(班列)을 바꾸곤 하였다."며 기나긴 관직생활을 회고하는 가운데, "청산(靑山)에서 원숭이·새와 더불어 짝을 하는" 식의 임천(林泉) 속에서의 생활을 마음껏 구가하고 있던 터였다.[173] 즉, 김수온의 경우 은퇴 이후 시기에 이르러서야 과거 그가 국왕에게 누차 올렸던 「걸해전」에 상응하는 대자연 속에서 영위되는 여유로운 삶을 만끽할 수 있었던 것이다.

그럼에도 불구하고 김수온은 지난날 미처 이루지 못한 '정사' 영건에의 간절한 꿈의 실현을 통해 좀 더 안온한 수행 공간을 확보하고 싶은 염원을 말년에 이르도록 여전히 떨치지 못한 상태였음을 아래 시는 확인시켜 주고 있다.

---

171 金守溫, 『拭疣集』 卷4, 「詩類」, 〈送文郁沙彌入香山〉, 132쪽. "架岩爲我築石室, 忍使塵埃滅蠓蠛."

172 金守溫, 『拭疣集』 卷4, 「詩類」, 〈還南原梅軒集, 戲爲謾語, 用前韻〉, 125쪽. "却思四十年前事, 還似春霄一夢間."

173 金守溫, 『拭疣集』 卷4, 「詩類」, 〈還南原梅軒集, 戲爲謾語, 用前韻〉, 125쪽. "老作靑山猿鳥伴, 昔曾金殿易于斑."

> "(저 멀리) 백리 밖에서 서로 바라보이는 감악산(紺岳山)에서,
> 그 아래에 거처를 정하여 먼지 낀 말안장을 털리라!"[174]

그러나 비교적 젊은 시절에도 실현하지 못했던 정사(精舍) 경영(經營)에의 꿈을 인생 최말년에 이른 시점에서 어떻게 감행할 수 있겠는가? 결국 이번의 다짐도 한갓 마음속으로만 가득한 아쉬운 기대감에 그치고 말았던 것 같다.

그런데 이처럼 김수온이 가택 외에 별도로 수행 공간을 건립하기를 갈망했던 이면에는 고려시대 때 전개되었던 거사불교 전통과도 무관하지 않은 바가 엄존하고 있어 보인다. 이를테면 고려시대 때 용맹정진했던 거사들 중에는 수도인 개경(開京)에서 먼 곳을 택하여 새로 거처를 정하거나, 혹은 선(禪)에 조예가 깊었던 청평거사(淸平居士) 이자현(李資玄, 1061~1125)의 경우처럼 아예 사원(寺院)에 들어가 수도 생활을 영위하는 일들이 빈번하였기 때문이다.[175] 그 결과 고려시대의 거사들 가운데는 승려들보다 훨씬 더 우월한 수행력과 교학적 소양을 증득한 이들이 많았던 것으로 알려져 있다. 따라서 김수온이 별도의 수행 공간인 석실·정사 등과 같은 건물을 축조함으로써, 보다 본격적인 차원에서 수행에 임하려 했던 정황들은 일견 고려시대 거사들이 추구했던 방식의 일면을 연상케도 해준다.

그러나 김수온은 끝끝내 고려시대의 거사들이 선보였던 본격적인

174 金守溫, 『拭疣集』 卷4, 「詩類」, 〈還南原梅軒集, 戲爲謾語, 用前韻〉, 125쪽. "百里相望紺岳山, 卜居其下卸塵鞍." 언급된 '감악산'은 지금의 충북 제천시 봉양읍 명암리와 강원도 원주시 신림면 황둔리에 걸쳐 있는 감악산(해발 945m)을 지칭하는 것 같다.

175 李炳熙, 「高麗時期 居士의 生活方式과 그 意味」, 『사학연구』 116호, 한국사학회, 2014, 205~206 및 212쪽 참조.

수행 방식을 실질적으로 계승하지는 못했다. 그 대신에 김수온은 회암사·관음사·묘적사 등과 같은 사찰들을 심방하고, 그곳에 체류 중이던 고승대덕들과의 담화의 장을 통해서, 그가 평소 품고 있었던 여러 의문 뭉치들을 해소하는 간접적인 방식을 즐겨 채택하였던 것이다.

이 같은 정황들은 비록 김수온이 좀 더 적극적이면서도 본격적인 수행자의 길로 접어들지는 못하였으나, 그가 추구한 거사불교가 그 나름의 강렬한 구도 의지에 충만한 방식으로 진행되었다는 점을 확인시켜 주기에 충분한 사례들이다. 따라서 김수온이 간간이 행한 사찰에서의 유숙 행위 또한 괴애가 추구한 거사불교의 특징적인 일 국면을 형성하고 있었다는 사실을 이해하게 된다.

4. 맺음말

이상의 논의를 통해서 일차적으로 김수온이 생전에 견지했던 강한 거사의식의 일단을 추적하고 분석해 보았다. 그리하여 김수온의 경우 분명한 거사적 정체성으로 무장한 상태였음을 확인하게 되었다. 이 같은 선행 작업의 토대 위에서 김수온이 주변 승려들을 대상으로 하여 구사한 다양한 호칭어들을 면밀하게 검토하는 후속 절차를 진행하게 되었다. 나아가 승려들에 대한 호칭법과 긴밀히 상응하는 관계 맥락 하에 놓여 있는 유·석 교유의 특징적인 몇몇 사례들을 선별적으로 검토해 보기도 하였다. 그 결과 우리는 김수온이 추구한 거사불교의 외연이 상당히 다채로운 층위(層位)를 구축하고 있을 개연성에 대해 보다 실체적 차원에서 근접해 나갈 수 있게 되었다.

무엇보다 주목되는 점은 스스로 거사적 정체성에 입각한 거사의식에 충만해 있었던 김수온의 경우, 주변의 승려들을 대상으로 한 호칭어 구사가 무척 다양했다는 사실이다. 범칭과 존칭어·직급 및 선 관련 호칭어·고유 호칭어·기타 호칭어 등으로 구획되는 다섯 범주에 이르는 김수온의 호칭법은 조선시대 전체를 통틀어도 극히 그 유례가 드문 사례임에 분명하다. 그와 동시에 김수온이 사용한 실로 다양한 호칭어들은 괴애가 당대 최고의 문장가인 '사백(詞伯)'으로 지목된 구체적인 이유에 대해서도 시사해 주는 바가 적지 않다. 이 점 김수온이 채택한 다채로운 사찰·암자 호칭법을 통해서도 거듭 확인된 사실이 있다.

한편 이토록 다양하게 구사된 호칭법과 긴밀히 조응하는 관계 하에 놓인 승려들과의 교유 양상 또한 상당히 다채로운 형식으로 전개된 특징이 발견된다. 즉, 김수온은 그와 친분이 두터운 주변 승려들이 지닌 시축·시권에 시를 써주는 식의 문학적 교유 방식을 지속하였을 뿐만 아니라, 전국 각지에 산재한 주요 사찰·암자들을 심방하여 고승대덕들과 진지한 대화를 나누기도 하였던 것이다. 다만 전자가 주로 김수온의 내면에 은장된 갈등과 고뇌를 은밀하게 토로하는 수단으로 활용되었다면, 일종의 도교(道交)의 의미를 지닌 후자의 경우는 괴애가 견지했던 강렬한 구도심의 일단을 명료하게 확인시켜 준 계기로 작용하였다.

이에 추가하여 김수온은 조선 승단 특유의 사승관계에 대해서도 풍부한 정보와 식견을 두루 축적하고도 있었음이 확인되었다. 특히 김수온이 특정한 사승관계를 언급하는 과정에서 해당 고승들을 상대로 행한 논평들은, 괴애가 구족한 교(敎)·선(禪) 양 방면에 걸친 풍부한 식견과 실참 수행에의 관심 정도를 동시에 가늠케도 해준다. 이상의 논의를 종합해 보자면, 우리는 김수온이 수행한 거사불교가 일면 '고려적인 의미'에서의 그것과 상당히 부합되는 형식으로 전개되었다는 사실에 공감을 표하게 된다.

그렇다면 조선 초기 무렵의 관인·유자 신분이었던 김수온이 추구한 거사불교가 과연 그 스스로가 생각하기에도 원만(圓滿)·자족(自足)한 성질의 것으로 마무리되었던 것일까? 이처럼 중요한 의문점과 관련하여 김수온이 임종(臨終) 직전에 자손들에게 남긴 아래의 유언을 잠시 음미해 보기로 하자.[176]

> "너희들은 삼가 『중용[庸]』과 『대학[學]』을 절대 읽지 말거라! 내가 지금 괴롭게 번민(煩悶)을 하는데, 내 눈 속에 빽빽하게 벌려져 있는 것들이, 죄다 『대학·중용』 가운데의 글자들이구나!"[177]

윗 인용문은 "늙어가면서 정토(淨土)에 초생[生]하기를 갈구하면서, 새벽이며 저녁나절마다 예불[禮]하면서 서방(西方)(의 아미타불 명호)를 외웠다."던 '거가사업'과는 사뭇 다르게,[178] 놀랍게도 생애 최후의 순간

176 이하의 한 단락은 金鍾秀, 「乖崖 金守溫의 居士佛教 信行體系」, 『원효 탄신, 1400주년 기념 한국불교학회 춘계학술대회 논문집』, (사) 한국불교학회, 2017, 113~114쪽을 적절하게 재구성한 결과다.

177 永同鄕土史硏究會, 『國譯 拭疣集』, 〈魚叔權稗官雜記〉, 733쪽. "金乖崖守溫, 時閉門讀書 …… 後病極將易簀謂子弟曰, 爾輩愼勿讀庸學, 我今煩悶, 眼裏森羅者, 皆庸學中字也."

178 金守溫, 『拭疣集』 卷4, 「詩類」, 〈贈檜庵哲首座六言〉, 124쪽. "老去求生淨土, 晨昏禮念西方, 且問年來程課, 寶塔龜文畢黃." 운위된 '서방(西方)'이란 아미타불(阿彌陀佛)이나, 혹은 그 명호(名號)를 우회적으로 표현한 단어일 것으로 추정된다.

에 『대학(大學)』·『중용(中庸)』으로 대변되는 유학의 경전들만이 그의 뇌리를 가득 채웠음을 확인시켜 준다. 이 같은 현상은 거사 김수온이 직면한 일종의 아이러니이면서, 또한 최후의 순간까지 배회하고 고뇌하였던 그의 영혼 깊숙한 풍경을 스스로 불현듯 노출해 보인 것이다. 물론 그렇다고 해서 김수온이 평생 추구하였던 거사불교의 실상 자체가 결코 희석되는 것은 아니다. 이 점 노년에 이르러 새롭게 타력(他力) 신앙인 정토불교를 수용했던 정황을 통해서도 충분히 방증(傍證)되고 있기 때문이다. 다시 말해서 김수온의 경우 "열흘 동안 미타회(彌陀會)에서 정진(精進)을 하니, 걸음걸이 마다 그대가 곧 정토(淨土)와 같음을 알겠노라!"고 밝혔듯이,[179] 노년에는 매우 진지한 자세로 정토신앙에도 새롭게 몰입하였던 충실한 거사였던 것이다.

그럼에도 불구하고 죽음 직전의 순간에 토로된 상기 인용문 속의 발언들은 김수온이 수행한 거사불교가 자신의 영혼 혹은 식(識)의 심층부위까지를 푹 적시지는 못한 상태였음을 반증해 주고도 있다.

어쨌거나 금번 논의는 고려 후기 무렵 이래로 존재의 실체가 차츰 모호해져만 갔던 거사불교의 실상을 선초의 관인·유자였던 김수온의 사례를 통해서, 조선 초기 무렵에서도 확인하게 된 계기를 채굴한 것으로 자체 평가해 본다. 그러나 이번의 논의는 다분히 기초적인 연구라는 특성과 한계를 동시에 지니고 있다. 따라서 차후로 김수온이 온축한 불교교학 방면에 관한 소양의 정도라든가, 혹은 좌선(坐禪)으로 표방되는 실참 수행 양상 등과 같이 큰 주제 사안들을 대상으로 한 보다 본격적

179 金守溫, 『拭疣集』 卷4, 「詩類」, 〈題上人詩卷〉, 121쪽. "十旬精進彌陁會, 步步知君淨土同."

인 논의를 진척시킬 필요가 있다. 그리하여 김수온이 추구하였던 선초 거사불교의 특징적인 실상에 대한 여실한 윤곽을 건립해 내어야 할 것이다.

3장

15~16세기 사림파의 영수 일두(一蠹) 정여창(鄭汝昌)의 불교적 혐의와 유불(儒佛) 회통론(會通論)

3장

15~16세기 사림파의 영수 일두(一蠹) 정여창(鄭汝昌)의 불교적 혐의와 유불(儒佛) 회통론(會通論)

15세기 중·후반을 주요 활동기로 삼았던 일두(一竇) 정여창(鄭汝昌, 1450~1504)은 사림파(士林派)의 영수로서 동국 오현(五賢)에 추숭되어 문묘(文廟)에 배향되었던 인물이다. 율정(栗亭) 이관의(李寬義)에 이어 점필재(佔畢齋) 김종직(金宗直)의 문하에서 수업했던 정여창은 4대 사화(士禍)로 점철된 불행한 시대를 호흡하면서, 결국 권간(權奸) 유자광(柳子光)의 책략에 동조한 연산군(燕山君)의 무지몽매함이 빚어낸 무오사화(戊午士禍)에 연루된 나머지 함경도(咸鏡道) 종성(鍾城)에서 삶을 비극적으로 마감하고야 만다.

그러나 정여창은 도학(道學)·리학(理學) 방면에서 당대 최고의 학자로 추존되었을 뿐만 아니라, 그가 일군 고매한 학문[學]·도덕[行]으로 인하여, 마침내 중종조(中宗朝)에 이르러 본격적인 신원(伸寃)·포증(褒贈) 국면을 맞이하기에 이른다. 물론 그 이면에는 정여창이 구축한 학문세가 순정성(純正性)을 획득했다는 평가도 한몫 담당하였음은 주지의 사실이다.

한편 더는 감당할 수 없는 사화의 여파를 우려한 부인(婦人)에 의한 고의적인 저술 소실(燒失) 행위로 인하여, 지금까지 정여창의 학문세계를 대상으로 한 연구는 줄곧 일정한 한계를 안은 채 진행되어 왔다. 그럼에도 불구하고 문학·역사·철학 등과 같은 제 방면에 걸쳐서 가칭 일두학(一蠹學) 연구는 이미 상당한 연구 성과가 축적되어 있는 상태다.

특히 최근의 몇몇 연구에서는 정여창 생전에 보여준 불교적 혐의(嫌疑)에 대한 연구까지 진행되고 있어서, 그 귀추가 사뭇 주목된다. 왜냐하면 이 같은 정황들은 유학적 맥락에서 도통(道統) 정맥(正脈)을 계승하였다는 일두학의 순정성 문제와는 전혀 다른 문맥이기 때문이다. 그러나 선행 연구에서는 정여창과 불교와의 문제를 주로 유학적 관점 안에서만 해석한 명백한 한계점을 노정해 보이고 있다. 즉, 기존의 연구에서는 정여창이 통섭(通攝)하고자 했던 불교적 세계라는 또 다른 시각에 의거해서는 이 문제에 대해 제대로 접근하지 못했던 것이다.

이에 이번 제3장의 논의의 장(場)을 통해서는 정여창이 남긴 불교적 자취를 다루었던 기존의 연구 성과들을 축조(逐條) 검토하는 방식을 취함과 동시에, 나아가 새로운 해석 기준인 유(儒)·불(佛) 회통론(會通論)의 견지에서 일두학의 개성과 윤곽을 전면적으로 재규명해 내고자 한다. 물론 이 같은 작업의 이면에는 정여창이 지리산(智異山) 자락에 소재한 하동(河東) 쌍계사(雙溪寺) 일대에서 이른바 '장수지계(藏守之計)'를 실행하던 당시에, 고운(孤雲) 최치원(崔致遠)이 작성한 진감선사탑비(眞鑑禪師塔碑)에 드러난 유·불 회통론적 진리론에 고무되었던 정황들을 새롭게 연찬해 낸 필자의 연구 성과가 크게 관여하고 있다.

결과적으로 이번 제3장에서 제기된 새로운 해석 기준을 따르게 되면, 조선 후기의 대표적인 실학자인 성호(星湖) 이익(李瀷) 등이 문제시하였던 "유교와 불교는 도(道)는 같으나, (그) 자취가 다르다."는 테제는, 바로 최치원에서 정여창으로 전승된 회통론적 함의를 간과한 평론에 불과하였던 것으로 판정된다. 좀 더 부연하자면, 정여창이 견지했던 극히 문호 개방적이면서도 열린 학문적 입장에서 볼 때에, 유학과 불교는 동시적으로 통섭·회통(會通)이 가능한 진리 체계로 인식되었던 것이다.

따라서 우리는 이번 장(章)의 논의를 경유한 결과로서 정여창의 학문세계가 16세기 식의 엄정한 도통 정맥의 기준의 일환인 순정성 문제에는 다소 논란의 소지를 안고 있었다는 점을 주저 없이 인정하게 될 것이다. 그럼과 동시에 서로 다른 거대 사유체계들을 원융(圓融)하고자 했던 정여창의 선구적이면서도 심히 개방적인 위학(爲學) 태도야말로, 주요 고등종교 간의 대화의 문제가 시대의 화두로 부상한 작금의 21세기 초반 무렵이나, 혹은 그 이후 시대에서도 영원한 반향(反響)을 드리울 만한 하나의 전범을 제시한 것으로 정당하게 재평가할 수 있을 것이다.

1. 문제의 제기

경상우도(慶尙右道) 안음현(安陰縣)의 지리산(智異山) 자락에 소재한 함양(咸陽)에 연고를 둔 일두 정여창은 4대 사화로 점철된 15세기

중·후반 무렵을 주요 활동기로 삼은 사림파를 대표했던 지식인이다. 대단한 호학지사(好學之士)이기도 하였던 정여창은 순차적으로 율정(栗亭) 이관의(李寬義, ?~?)와 점필재(佔畢齋) 김종직(金宗直, 1431~1492)의 문하를 거치면서, 학문[學]·도덕[行] 두 방면에 걸쳐 당대 최고의 인물로 부상되었던 인물이었다. 그러나 유자광(柳子光, 1439~1512)을 위시한 권간(權奸)들의 책략에 동조한 연산군(燕山君)의 무지함이 빚어낸 1498년의 무오사화(戊午士禍)에 연루된 나머지, 정여창은 유배지인 함경북도(咸鏡北道)의 종성(鍾城)에서 삶을 비극적으로 마감하고야 만다. 물론 유배지에서 정여창은 시종 생사(生死)의 문제를 초탈한 듯이 태연하고도 담담한 처신으로 일관함으로써, 그가 일군 고매한 학(學)·행(行)의 일단을 드러내 보였다.

이미 널리 알려진 사실처럼 정여창의 경우 3대 저서에 해당하는 『용학주소(庸學註疏)』·『주객문답(主客問答)』·『진수잡저(進修雜著)』 등이 무오사화 당시에 부인(婦人)에 의해 고의로 소실(燒失)되었던 까닭에, 지금까지 정여창의 학문세계를 대상으로 한 연구는 줄곧 일정한 한계를 간직한 채로 진행될 수밖에 없었다. 더욱이 현전하는 문집인 『일두집(一蠹集)』 가운데 일부 자료들에 대한 진위(眞僞) 문제가 근래에 명확하게 판명되면서,[1] 바야흐로 일두학 연구는 완전히 새로운 국면에 직면

1 김용헌에 의해 『一蠹續集』에 수록된 〈理氣說〉·〈善惡天理論〉·〈立志論〉이 호남의 명유(名儒)인 곤재(困齋) 정개청(鄭介淸, 1529~1590)의 저술로 판정되었다. 실제 이 세 편의 저술은 정개청의 문집인 『愚得錄』 권1의 「論學」에 〈論立志〉·〈善惡皆天理論〉·〈理氣說〉이라는 제하(題下)의 글로 등재되어 있는 상태다. 이 점에 대해서는 김용헌, 「도학의 형성, 점필재 김종직과 그의 문생들의 도학사상」, 『한국학논집』 권45, 계명대 한국학연구원, 2011의 178쪽 참조. 한편 이 사실을 앞서 파악했던 김영우는 『一蠹續集』에 수록된 서간문 중에서 〈答或人〉·〈與或人〉도

하게 되었다. 자연히 학문적 해석이 실증적 자료라는 현주소를 무리하게 이탈해서는 안 되기에, 기존에 수행된 상당한 연구 성과들이 자칫 문학 장르의 소설과도 같은 얄궂은 운명 앞에 덩달아 처해지게도 된 것이다. 여하간 이제 일두학 연구는 다시 처음부터 가닥을 잡아야만 하는 상황이다.

그럼에도 불구하고 정여창의 생애와 학문세계를 대상으로 한 기존의 연구는 가칭 일두학(一蠹學)의 윤곽과 개성 등을 상당한 수준까지 건립해 낸 것으로 평가된다. 즉, 선행 연구에서는 철학 분야가 주도적인 역할을 수행하는 가운데, 여타의 문학 · 정치 · 역사 · 교육학 등과 같은 분야에 이르기까지 연구의 범위가 상당히 세분화된 양상을 보여주고 있기 때문이다. 이 같은 연구 성과들은 일두학 연구가 이미 정상적인 궤도에 진입하였음을 반증해 주고 있다.

이에 더하여 최근의 연구 추세는 정여창이 생전에 남겼던 미묘한 학문(學問) 역정(歷程), 곧 불교적(佛教的) 혐의(嫌疑)로까지 논의의 외연이 확장되는 경향을 보여 주고 있어서 매우 주목된다. 이 같은 최근의 연구는 주로 정여창의 연대기(年代記)에서 포착되는 불교와 관련된 자료들을 예의 주시하고, 또한 일두가 남긴 불교적 자취에 대한 성호(星湖) 이익(李瀷, 1681~1763) 등의 평가를 근거로 하여 진행되고 있다. 이러한 연구 동향은 기존의 연구 성과와는 논의의 성격 자체를 달리하고 있기에, 일두학 연구의 장(場)에 새로운 활력을 불어넣는 계기를 제공해 주고 있다. 왜냐하면 '도학(道學) · 리학(理學) · 사문(斯文)'의 사표(師表) 혹은 종장(宗匠)으로 추숭되어 동국(東國) 오현(五賢)의 한 사람으로

정여창의 것이 아니라는 사실을 추가적으로 제기하였다. 김영우, 「일두 정여창의 성리설 고찰」, 『嶺南學』 24호, 경북대 영남문화연구원, 2013, 221~230쪽 참조.

문묘(文廟)에 배향(配享)된 정여창이 남긴 불교적 혐의점들은 사안 자체가 매우 예민하면서도 중차대한 담론의 성격을 지니고 있기 때문이다. 그러나 바로 이 부분에만 초점을 맞춘 결과, 논의의 차원이 유교(儒敎)라는 특정한 이념적·사상적 울타리 안에서만 맴돌고 있는 한계 또한 부인하기가 어렵다.

이에 금번 논의를 통해서 첫째, 정여창의 불교적 혐의 문제를 취급한 기존의 논의들을 정밀하게 재검토하는 방식을 취함과 동시에, 둘째, 또한 선행 연구에서 누락된 새로운 논의거리들을 주입(注入)하여 논의의 지평을 보다 확장시키고자 하며, 셋째, 이와 같은 토대 위에서 정여창이 보여준 불교적 혐의점들을 전혀 새로운 관점인 유(儒)·불(佛) 회통론적 견지(見地)에서 전면적으로 재규명해 내고자 한다. 그 결과 이번의 논의가 정여창이 구축한 학문세계를 연찬해 나가는 일련의 도정(道程)에서 의미 있는 하나의 징검돌로 가설되기를 바람과 동시에, 또한 한국사상사의 자생적 문맥에서 구축된 유·불 대론(對論)이라는 장의 외연(外延)을 보다 확장하는 계기로도 작용하기를 아울러 기대해 본다.

2. 학문[學]·도덕[行]과 사후(死後) 평가

정여창이 타계한 지 3년여 만에 전개되기 시작한 일련의 신원(伸冤) 노력 및 포증(褒贈) 상소문들은[2] 역설적으로 일두 생전에 이룩한 학문

2 무오사화에 희생된 인사들에 대한 신원·포증 노력은 1507년(중종 2년) 6월에 김흠조(金欽祖)·정충렴(鄭忠梁)·이희증(李希曾)·김영(金瑛) 및 권벌(權橃)·이말(李沫)·정

[學]·도덕[行][곧 경명(經明)·행수(行修)]의 깊이와 그 반향 정도에 대한 생생한 징표를 접하는 느낌을 갖게 한다. 그 중에서 1517년(중종 12) 8월에 나헌(懶軒) 김전(金詮, 1458~1523)이 국왕인 중종(中宗)에게 진달(進達)한 아래의 언술은 통상 '김(金)·정(鄭)'으로 지칭되었던 한훤당(寒暄堂) 김굉필(金宏弼, 1454~1504)과 정여창 두 사람의 학문[學]과 도덕[行]을 향한 평가의 핵심적인 기준을 제시해 주고 있다.

> "그 사람들은 배운 바가 순정(純正)하고 명예와 권세[勢]를 추구하지 않아서, 그 정파(正派)[정맥]를 얻은 이들입니다. 배우는 자들이 종사(宗師)로 삼았는데, 끝내 그 학행(學行)으로 인해 재앙이 미쳤으니, 매우 안타깝고 애석한 일입니다."[3]

이윽고 김전의 의견에 적극 동조한 음애(陰崖) 이자(李耔, 1480~1533)는 "김굉필과 정여창은 학술이 순정하여 동국(東國)에 이들만 한 사람이 없습니다. 유자(儒者)들이 향방(向方)을 알게 된 것은, 오로지 이 두 사람의 공로에 힘 입은 것입니다."라는 말로써,[4] 김굉필·정여창 양인(兩人)이 생전에 구축한 조선 지성계에서의 지대한 위상을 재차 확인해 보였다. 이후에 전개된 상소문들도 대체로 김전·이자가 주달(奏達)한 내용과 대동소이한 편이다.

웅(鄭熊)·윤인경(尹仁鏡)·윤지형(尹止衡) 등의 상소에 의해 처음으로 시도되었다.(鄭汝昌, 『一蠹集』 卷2, 「褒贈祀典」, 7쪽)

3 鄭汝昌, 『一蠹集』 卷2(한국문집총간 15), 「褒贈祀典」, 민족문화추진위원회, 1986, 8쪽. "金詮日, 其人所學醇正, 不趨名勢, 得其正派之人也, 學者以爲宗師, 終以其學行而禍及之, 甚可痛惜." 이 글에서는 정여창(박헌순 譯), 『국역 일두집』, 민족문화추진위원회, 1981의 뒤편에 수록된 원문인 『一蠹集』에 따라 쪽수를 표기하였다.

4 鄭汝昌, 『一蠹集』 卷2, 「褒贈祀典」, 8쪽. "李耔日, 金宏弼鄭汝昌, 學術純正, 東國無如此人. 學者知所向方, 專賴二人之功也."

그런데 김전과 이자의 언술에서 공통적으로 발견되는 사실 중에 하나는 김굉필·정여창이 이룩한 학문세계가 지극히 '순정'했다는 점일 것이다. 16세기 당시의 기준에서 보았을 때 학술상의 순정성(純正性) 문제는 유학적(儒學的) 맥락에서의 도통(道統) 정맥(正脈)을 획득했다는 평가와 내용상 동의어에 해당하고, 바로 이 점 때문에 정여창 생전에 보여주었던 불교적 혐의가 논의의 초점으로 부각될 수밖에 없었던 것이다. 주지하다시피 불교는 노장철학(老莊哲學)보다 더욱 사이비(似而非)한 대표적인 이단적(異端的) 사유체계로 지목되었고, 자연히 정여창 생전의 불교적 혐의는 그가 이룩한 학문세계가 순정했다는 후대의 평가와는 정면으로 배치되는 심각한 결과를 초래할 수밖에 없기 때문이다.

물론 후일인 1858년에 철종(哲宗)이 내린 「사제문(賜祭文)」 중에는 정여창이 "이단[異]을 물리치자 도(道)가 높아졌다."는 구절이 발견되기도 한다.[5] 그러나 이 기록은 일두학이 도통의 정맥을 계승했다는 전제하에 가해진 미사(美辭)에 불과하며, 실제 현전하는 『일두집』 범위 내에서는 정여창이 도통 담론의 가지 담론 격인 벽이단론(闢異端論)을 개진한 흔적을 찾아보기가 어려운 실정이다. 물론 스승인 김종직과는 다르게 정여창의 경우 "시(詩)를 이단(異端)으로 여겼다."는 남효온의 불평이 기록으로 남아있으나,[6] 이 역시 벽이단론의 문제와는 전혀 별개의 사안에 해당한다. 남효온의 이 촌평은 정여창이 소위 작문자(作文

5 鄭汝昌, 『一蠹集·續集』 卷2, 「附錄」, 〈賜祭文(哲宗戊午), 知制教 製進〉, 45쪽. "闢異道尊, 遇屯守堅."

6 南孝溫, 『秋江集』 卷7, 「雜著」, 〈冷話〉, 136~137쪽. "鄭自勗有周·程·張·朱之見, 窮通五經, 獨不取功詩之士曰 …… 自勗以詩爲異端, 則亦異端周·邵乎."

字) 활동인 시문 창작을 배격하는 가운데, 철저히 의리(義理) 탐구 위주의 학문적 세계를 추구하였다는 사실을 간접적으로 확인시켜 주고 있다는 점이 주목된다.

뿐만 아니라 『일두집』에는 몇몇의 소략한 자료들을 제외하면, 정여창이 불교에 깊이 경도되었음을 입증할 만한 자료 역시 충분하지가 않은 편이다. 그런 점에서 사화로 인한 화근(禍根)의 여파가 더 이상 엄습하는 사태를 차단하기 위한 의도에서, "선생(先生)이 평소 저술한 일기(日記)·잡설(雜說)·운어(韻語) 등과 같은 약간 편(篇)은 무오년(戊午年) 사화(士禍) 때에, 부인(婦人)이 죄다 불 속에 던져 넣은"[7] 저간의 사정이 여러모로 아쉽게만 여겨진다.

그럼에도 불구하고 문집의 해당 자료들과 이미 축적된 선행 연구들을 면밀하게 재검토하는 방식을 취함과 동시에,[8] 또한 불교와 관련된 새로운 논의거리들을 적절히 재주입시키는 방법을 통해서 정여창이 보여준 불교적 혐의의 실상을 좀 더 명확하게 규명할 수 있으리라 본다. 이 작업에 앞서 차후의 논의 전개를 위한 효율적인 방편상, 정여창이 구축한 경학세계(經學世界)의 대체(大體)를 간략히 적시해 두도록 하겠다.

---

7 鄭汝昌, 『一蠹集』 卷3, 「附錄」, 〈行狀〉, 25쪽. "先生之平生著述, 日記雜說韻語若干篇, 戊午之禍, 夫人盡投之火中, 聞者多歎之."

8 정여창과 불교의 문제를 다룬 선행 연구는 이하와 같다. 崔英成, 「一蠹 鄭汝昌의 生涯와 學問歷程-諸家記述을 중심으로-」, 『東洋哲學硏究』 38집, 동양철학연구회, 2004 ; 노의찬, 「유학자 정여창의 불교적 삶」, 『嶺南學』 24호, 경북대학교 영남학연구원, 2013 ; 노의찬, 「一蠹 鄭汝昌의 불교적 자취」, 『열상고전연구』 39집, 열상고전연구회, 2014. 한편 부분적으로 이 주제 사안을 다룬 글로는 安在淳, 「一蠹 鄭汝昌의 修養論」, 『東洋哲學硏究』 38집, 동양철학연구회, 2004 ; 金起賢, 「鄭汝昌 道學의 특색에 관한 小考」, 『東洋哲學硏究』 38집, 동양철학연구회, 2004 등이 있다.

정여창은 부친상(父親喪)과 그에 따른 삼 년 동안의 시묘(侍墓)를 마친 이후 시점에 이르러, "학문은 천리[天]와 인도[人]를 궁구하여 당대의 으뜸이었으나, 누항(陋巷)에 살면서 남이 알아주기를 구하지 않았던"[9] 경기도(京畿道) 이천(利川) 지역의 유일(遺逸)이었던 "진사(進士) 이관의(李寬義)가 후진(後進)을 가르친다는 말을 듣고, 책 상자를 짊어지고 가서 배운 끝에, 학문이 날로 성취되었다."고 전한다.[10] 다만 이 기록에는 당시 정여창이 스승 이관의 문하에서 수업(受業)했던 경서(經書)의 목록은 누락된 상태다. 대신에 정여창은 "남이 알아주기를 구하지 않았던" 스승 이관의의 문하에서 군자유(君子儒)를 강력히 지향하는 위기지학(爲己之學)의 정수를 맛보면서, 학문이 진정 지향해야 할 숭고한 세계를 인도받으면서 한껏 향학열에 불타올랐을 것으로 짐작된다.

차후 정여창은 김종직의 문하에 나아가 배움을 청했고, 이에 점필재는 "옛사람들이 공부한 차제(次第)에 따라" 아래와 같은 단계적인 교육 과정을 전수하였던 것으로 기록되어 있음이 눈에 띈다.

> "먼저 『소학(小學)』과 『대학(大學)』을 읽고, 드디어 『논어(論語)』와 『맹자(孟子)』에 이르기까지 날마다 가르침을 받았다. 이에 (유학의) 강령(綱領)과 지취(旨趣)[종지]를 깊이 찾아보고 도의(道義)를 끝까지 연구하며, 여러 해를 갈고 닦았는데, (특별히) 『중용(中庸)』과 『대학』을 더욱 정밀하게 공부하였다."[11]

9 鄭汝昌, 『一蠹集 · 續集』 卷1, 「詩」, 〈謹次栗亭李先生寬義韻〉, 37쪽. "學究天人冠一時, 而居陋巷不求知."

10 鄭汝昌, 『一蠹集』 卷3, 「附錄」, 〈行狀(三), 姓名逸〉, 23쪽. "聞利川有李進士寬義訓後進, 負笈往從, 所學日就."

11 鄭汝昌, 『一蠹集』 卷3, 「附錄」, 〈行狀(三), 姓名逸〉, 23쪽. "厥後詣佔畢齋門下請

윗글은 정여창이 김종직의 문하에서 사서(四書) 범주에서의 학문적 기본 골격을 완성해 나갔음과 더불어, 또한 유학의 핵심적 가르침에 대한 철학적 깊이를 심화시켜 나갔음을 전언해 주고 있다. 특히 김종직으로부터 유학적 맥락에서의 율신(律身)과 수기(修己)를 위한 텍스트인 『소학』을 전수받은 사실과 『중용』·『대학』을 대상으로 하여 정밀한 연찬을 수행한 일은 차후 정여창의 삶과 학문세계에서 중요한 변인으로 작용할 전망이다. 전자와 관련하여 김굉필·정여창 "두 사람의 조행(操行)은 『소학』으로 스스로를 규율하여" 깊은 조예를 이루었다는 탁영(濯纓) 김일손(金馹孫, 1464~1498)의 증언이나,[12] 혹은 "모름지기 『소학』 공부에 다시 힘써야 하리니, 양현(兩賢)의 규범을 어찌 잊으랴?"고 회고했던 모재(慕齋) 김안국(金安國, 1478~1543)의 추모 시(詩)가 시사해 주듯이,[13] 실로 중대한 학문적 계기로 다가섰음을 확인시켜 주고 있다.

한편 후자의 경우는 소실된 주저(主著) 『용학주소(庸學註疏)』로 결실을 보기에 이른다. 물론 그 이전 시기에 정여창이 성균관(成均館)에 유학하던 1483년(34세)에 『대학』과 『중용』을 강론하던 그곳의 장관(長官)을 압도한 경학적 역량에 관한 기록을 통해서도, 『용학주소』에 담긴 학문적 깊이를 간접적인 차원에서나마 어느 정도 가늠할 수 있겠다.[14]

學, 先生以古人爲學次第敎之. 先讀小學大學, 遂及語孟, 日承指敎. 尋知綱領旨趣, 硏窮道義, 屢年磨礱, 尤精於庸學."

12 鄭汝昌, 『一蠹集』 卷3, 「附錄」, 〈讚述〉, 33쪽. "金大猷鄭伯勗 …… 二公操履, 以小學自律, 其所造實與秋江異."

13 鄭汝昌, 『一蠹集』 卷3, 「詩章」, 〈咸陽鄕校〉, 23쪽. "金公治化鄭公鄕 …… 小學工夫須更勉, 兩賢遺範詎宜忘."

14 鄭汝昌, 『一蠹集·續集』 卷1, 「附錄」, 〈讚述 〉, 73쪽. "汝昌嘗遊太學, 長官會儒生, 講論庸學, 汝昌講問疑難, 長官不能對."

그러나 "배움 좋아하기를 기욕(嗜欲)같이 하였다."던[15] 절세의 호학지사이자, 또한 "성인(聖人)을 배우는 공(功)"에 목말라했던[16] 정여창으로서는 이관의와 김종직 문하에서 순차적으로 온축한 학적 역량에 만족한 채 결코 안주할 수가 없었다. 이에 정여창은 결연히 두류산(頭流山)[지리산] 행을 선택하였고, 주자(朱子)의 백록동(白鹿洞) 학규(學規)에 의거하여 "발분(發奮)하여 뜻을 가다듬고" 아래처럼 3년 동안의 공부를 지속하는 난행의 길을 추가로 감당하게 된다.

> "본원(本源)을 함양(涵養)하는 것으로 진덕(進德)의 기반을 삼고, 성리(性理)를 탐구하는 것으로 수업(修業)의 근본을 삼았다. 독서하고 사색하기를 반복하여 소견이 고명(高明)해졌는데도, 오히려 자만하지 않고 밤낮을 쉬지 않고 부지런히 수양하였다. 그렇게 3년을 보냈다."[17]

정여창이 지리산(智異山)에서 보낸 3년 동안의 기간은 부분적으로 불교적 혐의를 추정하는 자료로 활용되기도 했으리만큼, 다양한 해석과 상상의 여지를 제공해 주고 있다. 그러나 윗 인용문 속에서는 불교와 관련된 그 어떠한 흔적도 감지되지 않는다. 결코 간단하지 않은 이 사안에 대해서는 뒤에서 다시 재론토록 하겠다.

---

15 鄭汝昌, 『一蠹集』 卷3, 「附錄」, 〈行狀(三)〉, 25쪽. "好學如嗜欲, 樂善如不及."

16 鄭汝昌, 『一蠹集 · 續集』 卷1, 「雜著」, 〈立志論〉, 41쪽. "學者之立志, 其强如是 …… 而將見其學聖之功矣." 이 구절은 유학자들의 공통된 지향의식에 해당하는 글이므로, 기존 〈입지론〉의 내용을 그대로 인용한다.

17 鄭汝昌, 『一蠹集』 卷3, 「附錄」, 〈行狀(三)〉, 23쪽. "然不以爲有得, 入頭流山, 發奮勵志, 依朱子學規, 以涵養本源, 爲進德之基, 以窮探性理, 爲修養之本, 俯讀仰思, 所見高明, 猶不自滿, 夜以繼晷, 勤修不倦, 至於三年."

다만 정여창의 조카인 정희삼(鄭希參)은 「행장(行狀)」을 통해서 정여창이 지리산에서의 3년 동안의 용맹정진 기간 중에, "굳은 의지로 오경(五經)을 밝혀 그 귀취(歸趣)를 연구하였으며, 『노론(魯論)』[『논어』]을 더욱 정밀히 공부하였다."는 추가적인 정보와 함께, 또한 "성리(性理)의 근원을 깊이 탐구하여, 드디어 체용(體用)의 학문을 궁구하였다."는 사실을 겸하여 밝혀 두었다.[18] 즉, 이제 정여창은 사서경학(四書經學)과 『소학(小學)』 중심의 기존 경학세계에서 오경학(五經學)과 정주(程朱) 성리학(性理學)의 세계로까지 그 학문적 외연을 확장시킴으로써, 보다 호호탕탕(浩浩蕩湯)한 학문세계에로 진입하기에 이르렀던 것이다.

정여창이 31세가 되던 1480년(성종 14년)에 왕의 하유(下諭)에 따라 성균관에서 그를 경명행수(經明行修)[곧 학·행]의 제일인자로 천거한 일은 결코 우연한 일이 아니었던 것이다.[19] 그로부터 3년 뒤인 1483년에 정여창이 사마시(司馬試)에 합격하고 정식으로 학궁(學宮)[성균관]에 유학했던 무렵에는, 이미 "여러 동료들이 리학(理學)으로 공(公)을 추존(推尊)할" 정도로 온축된 정주학적(程朱學的) 학문세계의 역량을 과시하기에 이른다.[20] 뿐만 아니라 동향 출신의 남계(南溪) 조효동(趙孝仝, 1420~1499)이 정여창의 보여준 "제행(制行)의 고상함과 입심(立心)의 원대함" 등과 같은 사항을 조목조목 지목하면서, "정여창과 같은 사람은

---

18 鄭汝昌, 『一蠹集』 卷3, 「附錄」, 〈行狀(二), 從子希參〉, 21쪽. "然不以爲有得, 入智異山三年, 發奮勵志, 明五經, 究其歸趣, 尤精於魯論, 深探性理之源, 遂窮體用之學."

19 鄭汝昌, 『一蠹集』 卷3, 「附錄」, 〈行狀(二)〉, 21쪽. "歲庚子, 成廟諭成均館, 求經明行修, 館中擧公爲第一."

20 鄭汝昌, 『一蠹集』 卷3, 「附錄」, 〈行狀(二)〉, 21쪽. "癸卯, 入上庠, 同列以理學推尊之."

세상에 흔치 않으니, 단지 한 고을의 선사(善士)일 뿐만이 아닙니다."라며 성종(成宗)에게 상언(上言)한 내용 등도 이미 30세를 전후한 무렵에 일두가 성취한 탁월한 학문·도덕 수준을 아울러 짐작케 해준다.[21]

그럼에도 불구하고 정여창은 "과거 시험을 위한 공부에는 힘쓰지 않았고", 때문에 "나이가 거의 마흔이 되도록 홀로 성세(聖世)의 일민(逸民)"으로 남아 있었던 것이다.[22] 이 점과 관련하여 실록은 다음과 같이 기록해 두고 있다.

> "정여창은 제자백가[子]와 사서[史]에 널리 통하였으며, 예경(禮經)에 정통(精通)하고, 더욱 성리학(性理學)에 조예(造詣)가 깊었는데, 글을 읽으면 반드시 힘써 행하며 실천하는 것을 위주로 하여 구구하게 과거업[擧業]을 다스리지 아니하니, 나이가 거의 40인데도 홀로 성세(聖世)의 일민(逸民)이 되었습니다."[23]

그러던 정여창이 뒤늦게나마 과거에 응하게 된 계기는 진사시(進士試)에 이어 "모친이 또 과거(科擧)에 급제(及第)하는 영화를 보고자 한" 간곡한 마음을 헤아렸기 때문이었다.[24] 기실 정여창은 모친이 타계한 이후에 고을 사람들이 가지고 온 시(詩)에 대한 자문에 응하던 도중에,

21 鄭汝昌, 『一蠹集』 卷3, 「附錄」, 〈薦學行疏〉, 20쪽. "其制行之高, 立心之遠 ...... 如汝昌輩, 世不多得, 非特一鄕之善士而已."

22 鄭汝昌, 『一蠹集』 卷3, 「附錄」, 〈薦學行疏〉, 20쪽. "不規規爲擧業, 年幾四十, 獨爲聖世之逸民."

23 『成宗實錄』 卷242, 成宗 21년 7월 26일(丙子). "汝昌傳通子史, 精於禮經, 而尤深於性理之學, 讀書必以力行實踐爲主, 而不規規爲擧業, 年幾四十, 獨爲聖世之逸民."

24 鄭汝昌, 『一蠹集』 卷3, 「附錄」, 〈薦學行疏〉, 19쪽. "癸卯, 爲其母擧進士, 有成. 母又欲見登科之榮, 遂遊太學."

"말이 (『시경(詩經)』의) 「육아(蓼莪)」편에 이르면 번번이 주르륵 눈문을 흘려, 스스로 주체하지 못하였다."고 할 정도로 타고난 효자(孝子)였음은 익히 잘 알려진 사실이다.[25] 그리하여 정여창은 41세가 되던 해인 1490년 겨울에 마침내 문과(文科)에 급제하여 예문관(藝文館) 검열(檢閱)에 보임되었다가 시강원(侍講院) 설서(說書)로 옮기게 되었다.[26]

이상의 논의를 통해서 정여창이 41세 이전 시기에 남긴 학·행 두 방면에 걸친 자취들과 경학론적 세계를 개괄적으로 추적하고 검토하여 보았다. 그 결과는 대체로 앞서 소개한 김전·이자·김안국 등이 수행한 평가와 극히 부합하고 있다는 사실을 확인할 수 있었다. 특히 후대의 우암(尤庵) 송시열(宋時烈, 1607~1689)이 『소학』과 사자서(四子書) 및 정주학(程朱學) 등으로 표방되는 정여창의 학문세계와 관련하여, "아, 선생은 아마도 염락(濂洛)을 거슬러 올라가 궁구하여, 수사(洙泗)[공·맹]에 도달한 분일 것"으로 추정한 사실이 사뭇 주목된다.[27] 왜냐하면 순정(純正) 주자학자(朱子學者)인 송시열의 논평 속에도 불교와 관련된 그 어떠한 혐의점도 제기되지 않았기 때문이다.

---

25 鄭汝昌, 『一蠹集』 卷3, 「附錄」, 〈行狀(三)〉, 24쪽. "每於鄕中執詩來問者, 語及蓼莪篇, 則輒滋然出涕, 不能自禁."

26 鄭汝昌, 『一蠹集』 卷3, 「附錄」, 〈行狀, 李勣〉, 20~21쪽. "是年冬, 登科, 選補藝文館檢閱, 遷侍講院設書." 이때 정여창은 "동궁[연산군]을 보필하여 인도하기를 근실히 하고 간절하게 하니, 동궁이 꺼리는 기색이 있었다.(輔導勤切, 東宮有憚色, 遂求補外, 安陰縣監)"고 한다. 그리하여 정여창은 외직(外職)인 경상우도의 궁벽진 향리인 안음현의 현감(縣監)을 자청하게 되었는데, 당시 연산군과의 악연은 기어이 후일의 무오사화로 덧나고야 만다.

27 宋時烈, 『宋子大全 Ⅵ』 卷144(한국문집총간 113), 「記」, 〈安陰縣光風樓記〉, 민족문화추진위원회, 1986, 117쪽. ; 鄭汝昌, 『一蠹集·續集』 卷3, 「附錄」, 〈光風樓記〉, 62쪽. "噫, 先生其溯濂洛, 而達之洙泗者乎."

또한 63세가 되던 해에 함양의 남계서원(濫溪書院)을 찾았던 남명(南冥) 조식(曺植, 1501~1572)이 "우리나라의 여러 현인(賢人)들 가운데, 오직 이 선생(先生)만이 거의 흠이 없는 분일 것이다."[28]고 극찬한 이면에도 일두학이 이단적 혐의와는 무관하다는 확신이 짙게 배여 있다. 그렇다면 과연 뭐가 문제인가?

이제 정여창의 생애 중에서 특징적인 연대기적 자료들을 집중적으로 분석하는 방식을 통해서, 이 물음에 순차적으로 답하는 절차를 진행하도록 하겠다. 그 이전 단계에서 본 논의에서는 우선적으로 정여창의 생래적 성정(性情)과 그에 따른 염리심(厭離心), 그리고 이 같은 심리학적 기초 위에서 빚어진 유다른 산수벽(山水癖) 등과 같은 문제들을 간략히 검토하도록 한다. 왜냐하면 적시된 사안들은 정여창의 불교적 혐의를 해명하는 작업에 있어서 가장 기본적인 사항들에 해당하는 의미를 간직하고 있기 때문이다.

28 鄭汝昌, 『一蠹集』 卷3, 「附錄」, 〈讚述〉, 31쪽. "至濫溪書院齋宿, 明日夙興謁廟, 退謂二三子曰, 東國諸賢中, 惟此先生, 庶幾無疵累矣." 박인(朴絪, 1583~1640)의 문집인 『无悶堂集』 卷5(한국문집총간 21), 「南冥先生年譜」, 민족문화추진위원회, 1986에는 조식이 65세 때 제자들과 함께 함양의 남계서원(濫溪書院)을 내방했던 것으로 기록되어 있다.(85쪽): "四十二年癸亥, 先生六十三歲 …… 春先生自山居作咸陽安陰之行, 河覺齋沆河應圖柳宗智陳克敬等陪行, 至濫溪, 乃一蠹先生書院也. 遂齋宿, 明日夙興謁廟, 退謂二三子曰東國諸賢中, 唯此先生庶幾無疵累矣."

3. 염리심(厭離心)과 강한 산수 취향

정여창과 불교와의 연관성의 문제를 검토하는 논의에서 우선적으로 거론할 필요가 있는 사안 중에 하나는, 일두의 타고난 성정(性情)과 그에 따른 특별한 심리적 성향을 일컫는 이른바 염리심(厭離心)에 관한 부분일 것이다. 일단 정여창의 생래적 성정과 관련하여 문집의 세 번째 「행장」에 수록된 아래의 내용을 찬찬히 음미해 보기로 한다.

> "아! 선생은 성품이 단정하고 성실하며 깊고 고요하였으며, 말은 해야 할 때에만 하였으며, 분잡[紛]하고 화려한 것을 좋아하지 않았다. 또 남들의 과실을 비평하지 않았고, 사람들과 사귐에 있어서 한 번도 모나게 처신한 적이 없었다."[29]

특히 인용문 후반부에 기술된 내용은 일견 "일체 사람에 걸림이 없어야만, 한 길로 생사(生死)를 벗어날 수 있다."는 원효(元曉)의 무애행(無碍行)을 연상케도 해준다. 그럼과 동시에 평소에 굳이 불필요한 교류를 애써 추구하지 않았던[30] 정여창 생전의 사교 스타일과도 부합되는 평이기도 하다. 금번 논의와 관련하여 보다 중요한 대목은 인용문 전반부에 서술된 "침정(沈靜)"한 성품과 "분잡하고 화려한 것을 좋아하지 않았던" 성향에 관한 묘사일 것이다.

기실 이러한 유형의 성품을 소유한 자들의 경우, 일반적으로 외향적(外向的)인 관심을 표출하기보다는 내면 지향적이면서도 구도적(求道

29 鄭汝昌, 『一蠹集』 卷3, 「附錄」, 〈行狀, 姓名逸〉, 25쪽. "嗚呼, 先生性端慤沈靜, 言語有時, 不喜紛華, 不評人過失, 與人接, 未嘗崖異."

30 鄭汝昌, 『一蠹集』 卷3, 「附錄」, 〈行狀(從子希參)〉, 22쪽. "公性端重沈靜, 不喜交遊."

的) 경향으로 정향(定向)되는 특징을 보여준다. 정여창이 "읊조리는 것을 일삼고, 꾸밈과 기교를 위주로 하는" 식의 세속적인 학문을 과감히 배척하고, 그 대신에 철저히 도덕철학적 차원에서의 도의(道義)를 지향하는 학문을 강력히 추구했던 정황 또한 그의 타고난 성정과 무관하지가 않다.[31] 동일한 의미의 리듬에서 아래 인용문 역시 정여창의 타고난 "깊고 고요한" 성품과 함께 강한 내면 지향적 성향을 제대로 잘 확인시켜 주고 있다.

> "음란한 음악은 귀에 닿게 하지 않았으며, 호화롭고 사치스러운 색깔은 눈으로 보지 않았다. 의복은 좋은 옷과 나쁜 옷을 따지지 않았으며, 음식은 좋은 것과 나쁜 것을 가리지 않았다. 이것이 선생의 평소의 성품이자 학문의 결과였다."[32]

윗글은 "항상 『논어』를 좋아하여 쉬지 않고 읽었고",[33] 또한 줄곧 도덕적 실천에 투철했던 정여창이 온축하고 연마한 평소 학·행의 당연한 귀결일지도 모른다. 겸하여 위의 글은 앞의 인용문과 함께 정여창이 얼마나 내면 지향적인 성향의 인물인가 하는 점도 재차 확인시켜 주고도 있다. 이처럼 내면 지향적·구도적 성향을 지닌 인사들의 경우, 일

---

31 鄭汝昌, 『一蠹集』 卷3, 「附錄」, 〈行狀〉, 25쪽. "俗學以記誦爲務, 以組繪爲工, 而先生則以推求道義爲本."

32 鄭汝昌, 『一蠹集』 卷3, 「附錄」, 〈行狀〉, 25쪽. "至於鄭衛之音, 不屬于耳, 華靡之色, 不接於目. 衣而不以精粗爲去就, 食而不以美惡爲揀擇, 此先生之素性, 而學力之所致也." 공자는 음란한 망국(亡國)의 음악인 이른바 '정위지음(鄭衛之音)'과 관련하여 『論語』, 「陽貨」편에서 "惡鄭聲之亂雅樂也."라고 평한 바가 있었다. 또한 「里仁」편의 제9장에서는 "子曰, 士志於道而恥惡衣惡食者, 未足與議也."라고 설하기도 하였다.

33 鄭汝昌, 『一蠹集』 卷3, 「附錄」, 〈行狀〉, 25쪽. "常好論語, 讀之不倦."

반적으로 세상과 일정한 거리감을 유지하려고 하는 심리적 성향의 표출을 뜻하는 '염리심'을 견지하는 공통된 특징을 보여준다. 대승(大乘) 불교의 한 유파인 유가행파(瑜伽行派)의 주요 문헌의 하나인 『유가사지론(瑜伽師地論)』에서는 3취정계(聚淨戒) 가운데 세 번째인 요익중생계(饒益有情戒)를 설파하는 과정에서 염리심의 문제를 아래처럼 간접적으로 거론한 바가 있다.

> "모든 보살(菩薩)은 모든 유정(有情)들에 대해 능히 옳고 이롭게 이끌어야 한다 ...... 모든 유정들이 불선(不善)한 것에는 '싫증을 내어 여의게' 해야 한다."[34]

물론 염리심은 그 자체적인 의미보다는 이를 전제로 하여 추구되는 치열한 구도적 세계를 위한 일종의 필요조건에 상응하는 의미를 지닌다. 즉, 염리심이란 "옳고 이로운" 방향을 지향해 나가기 위해서 "불선(不善)한 것에는 싫증을 내어 여의는", 곧 일종의 방편(方便) 가설(加設)에 해당하는 의미를 지니는 심리적 성향의 표출을 지칭하는 개념인 것이다.

이를테면 적암(適菴) 조신(曺伸, 1454~1528)이 안음(安陰) 현감(縣監)에 임명된 정여창에게 축하 인사를 전하면서 창작한 시 속에는, 과거 일두가 하동(河東)의 섬진강(蟾津江) 변에 은거했던 당시의 행적을 추

34 『瑜伽師地論』 卷40(『大正藏』 30, 511b), "云何菩薩饒益有情戒 ...... 謂諸菩薩於諸有情能引義利 ...... 令諸有情厭離不善." 깨끗한 3종류의 계율이라는 의미인 3취정계는 '율의계(律儀戒)·섭선법계(攝善法戒)·요익유정계(饒益有情戒)'로 이뤄져 있다. 신순남(적연), 「菩薩戒의 受持와 慈悲實現에 관한 考察」, 『禪文化研究』 17집, 한국불교선리연구원, 2014, 17~20쪽 참조.

억하면서, "본디 세상을 피한 것은 아니었지만, 절로 속세의 일과는 멀어졌다네!"라고 읊조린 대목이 언뜻 눈에 띈다.[35] 이 시구(詩句) 속에는 정여창이 견지했던 염리심의 일단이 여실하게 잘 포착되어 있기 때문이다. 실제 정여창 본인도 뇌계(㵢溪) 유호인(俞好仁, 1445~1494)을 추도한 「제문(祭文)」에서, "이곳 가야산[伽倻] 한 번 유람하며, 우리네 속세 먼지 씻어내세 하시더니"라며 읊조린 사실이 있다.[36] 이 구절 역시 유호인·정여창 두 사람이 발휘하였던 염리심의 일단을 간접적으로 전언해 주고 있다.

그런데 "정(鄭) 선생(先生)은 젊은 나이 때에 두류산(頭流山) 자락에 터를 잡아 집을 짓고, 평생을 살 계획을 세웠다."고 한 「찬술(讚述)」의 기록으로 미뤄 보자면,[37] 정여창의 경우 비교적 이른 시기부터 염리심을 지속적으로 발휘하였다는 사실을 확인하게 된다. 겸하여 모친 생전에 정여창이 집안의 "살림살이[生産]를 (전혀) 다스리지 않았던" 물질 경시의 정황이라든가,[38] 혹은 가난한 누이를 위해 "자신의 재물과 노복[僕]·전답을 거의 모두 누이에게 주면서도, 조금도 꺼리는 기색이 없었다."는 전언에서 확인되듯이,[39] 세속적 물욕(物欲) 자체를 초월한 품격 높은 처신 역시 염리심과 동일한 좌표상에 배치할 수 있는 성질의

35 鄭汝昌, 『一蠹集』 卷3, 「詩章」, 〈賀宰安陰(又), 曺伸〉, 34쪽. "舊業蟾津上, 茅簷八九居 …… 本不避時世, 自與塵事疎."

36 鄭汝昌, 『一蠹集』 卷1, 「祭文」, 〈祭俞㵢溪好仁文〉, 3쪽. "山花未落, 一遊伽倻, 洗我塵跡, 胡負此期, 使我心惻."

37 鄭汝昌, 『一蠹集』 卷3, 「附錄」, 〈讚述〉, 32쪽. "鄭先生, 早年卜築頭流山麓, 以爲終老之計."

38 鄭汝昌, 『一蠹集』 卷3, 「附錄」, 〈薦學行疏〉, 20쪽. "母在時, 常悶汝昌不治生産."

39 鄭汝昌, 『一蠹集』 卷3, 「附錄」, 〈敎書, 柳夢寅製進〉, 17쪽. "女第貧不能家 …… 罄己財若僕若田, 與之不色難, 於是乎悌矣."

것으로 분석할 수 있다.

한편 두류산에 복거(卜居)하기 위한 계획에 충만했다는 「찬술(讚述)」의 기록에서 확인되는 바와 같이, 세상과 일정한 거리를 유지하려는 염리심은 또 다른 한편에서 타고난 "성품이 산수(山水)를 좋아하는" 식의 유별난 산수 취향으로 발출되는 심리적 전이(轉移, transition) 현상을 보여주기도 한다.[40] 이른바 연하고질(煙霞痼疾) 혹은 천석고황(泉石膏肓)으로도 지칭되는 유별난 산수 취향과 관련하여, 정여창은 "평생 연하(煙霞)[자연]의 벽(癖)을 가지고 있었는데, 진산(晉山)[하동]의 악양동(岳陽洞)을 매우 사랑하였다."고 기록되어 있다.[41] 이 구절은 정여창이 견지한 염리심이 빚어낸 유다른 산수 취향을 정확히 묘사한 대목에 해당한다.

이제 정여창이 표출한 "연하(煙霞)의 벽(癖)"을 곁에서 지켜본 추계(楸溪) 윤효손(尹孝孫, 1431~1503)의 아래 지적을 가만히 음미해 봄으로써, "젊은 나이에 두류산 자락에 터를 잡아 집을 짓고, 평생을 살 계획을 세웠던" 일두의 특별한 연대기적 기록에 대한 보다 적절한 이해를 제고하도록 한다.

> "임천(林泉)으로 물러나 수양[養]하면서, 두류산(頭流山) 연하(烟霞)[산수]의 빼어난 경치[勝]를 홀로 즐기는 것이, 실로 일사(逸士)의 고상한 절개에 부합되는 것 같습니다."[42]

40 鄭汝昌, 『一蠹集』 卷3, 「附錄」, 〈行狀〉, 20쪽. "性愛山水, 卜居晉山岳陽洞."

41 鄭汝昌, 『一蠹集』 卷3, 「附錄」, 〈行狀(三)〉, 24쪽. "平生素有煙霞之癖, 酷愛晉山岳陽洞." 운위된 '진산(晉山)'은 조선시대 때 지금의 경남(慶南) 진주(晉州)의 이명(異名)인 '진강(晉江)·청주(菁州)·진산(晉山)'을 지칭한 것이다. 진주시의 서쪽 방면에 위치한 하동(河東)이 이 '진산'에 포함된 문장인 셈이다.

42 鄭汝昌, 『一蠹集·續集』 卷3, 「附錄」, 〈書(尹孝孫)〉, 60쪽. "然退養林泉, 獨樂於頭

윤효손의 표현대로 정여창은 갈등이 부재한 대자연을 텍스트로 삼아 독서와 사색, 그리고 수양(修養)하는 삶을 영위하는 "일사(逸士)의 고상한 절개"를 간직한 유형으로 분류됨직한 인물이었음에 분명해 보인다. 한편 정여창이 섬진강과 바로 인접한 악양현(岳陽縣)에 악양정(岳陽亭)이라는 정자(亭子)를 건립하고, "날마다 여유롭게 지내면서 시(詩)를 읊조리며 즐겼다."[43]는 기록 또한 충분한 음미를 요하는 부분이다. 겸하여 김일손과 두류산 유람을 마친 후에 악양정에서 지은 일명 '풍포시(風蒲詩)·섬진부(蟾津賦)'로도 불리는 작품인 「악양(岳陽)」의 마지막 시구를 향한 후대의 노사(蘆沙) 기정진(奇正鎭, 1789~1879)의 논평도 충분히 반추할 만한 여지를 지니고 있다.

> "선생이 지은 '조각배는 또 섬진강 물결 따라 내려가네!'라는 몇 구절을 음미함에 이르러서는, 무우(舞雩)에서 바람 쐬고 기수(沂水)에서 목욕한 증점(曾點)의 기상이 은은히 배여 있으니, 이 어찌 사모하고 바라서 된 것이겠습니까?"[44]

왜냐하면 앞의 "날마다 여유롭게 지내면서 시(詩)를 읊조리며 즐겼다."는 구절과, 또한 윗 인용문 중에서 "무우(舞雩)에서 바람 쐬고 기수(沂水)에서 목욕한 증점(曾點)[증자]의 기상"이란, 공자학(孔子學)의 이색

流煙霞之勝, 實副逸士之高節."

43 鄭汝昌, 『一蠹集』 卷3, 「詩章」, 〈岳陽亭〉, 33쪽. "亭在晉之岳陽縣 ...... 嘗造別墅於此, 仍起亭, 遂名之曰, 岳陽, 日厭飫以嘯詠自娛."

44 鄭汝昌, 『一蠹集·續集』 卷3, 「附錄」, 〈風詠樓重修記〉, 64쪽. "及味孤舟河江數句, 則隱然有風浴氣像, 此豈懸慕企望, 而得之哉. 거론된 '풍욕기상(風浴氣像)'이란 증점(曾點)이 『論語』의 「先進」편 제25장에서 "冠者五六人, 童子六七人, 浴乎沂, 風乎舞雩, 詠而歸."라고 공자에게 답한 사실을 일컫는다.

적인 일 국면인 저 이른바 무위유학(無爲儒學)을 표상한 언술에 해당하기 때문이다. 인위적(人爲的) 도덕의 세계 너머에서 무위적 초탈(超脫)을 지향하는 무위유학은 도덕적 당위(當爲)를 추구하는 증자(曾子)·맹자(孟子) 류의 유위유학(有爲儒學)과는 분명한 거리를 유지하고 있다.[45] 자연히 증점과 안연(顔淵) 등으로 대변되는 무위유학[46]은 인간의 천연적 정감과 이성적 의식을 갈등이 부재한 대자연의 조화로운 리듬 속으로 투사·승화시킬 수 있는 매력과 장처를 발휘하게 된다.

기정진의 표현대로라면 무위유학은 "비파[瑟]를 놓고 대답한 경계"로 지칭될 수도 있고,[47] 혹은 "증점[點]의 뜻을 허여한" 공자의 의중으로 표상되기도 한다.[48] 실제 정여창은 앞서 논급한 두어 가지 정황 외에도, 가까운 벗에게 전한 시 속에서 큰 소리로 노래하며 "애오라지 한 곡조를 거문고[絃]에 올리니, 멀리 의탁한 청음(淸音)에는 백아(伯牙)의 선율이 흐르네!"라고 읊조렸으리만큼, 증점처럼 고품격의 그윽한 풍류(風流)를 구가하였던 인물이었음은 세상에 그리 잘 알려져 있지 않다.[49]

앞서 송시열이 "선생은 아마 염락(濂洛)을 거슬러 올라가 궁구하여,

45 김형효, 『물학 심학 실학』, 청계, 2003, 489쪽.

46 鄭汝昌, 『一蠹集·續集』 卷3, 「附錄」, 〈風詠樓重修記〉, 64쪽. "曾氏之沂上風詠, 與顔子之巷居如愚, 規模氣象, 雖有不同, 而學者不可廢一而不講也."

47 鄭汝昌, 『一蠹集·續集』 卷3, 「附錄」, 〈風詠樓重修記〉, 64쪽. "舍瑟之對, 在吾方寸間矣." 거론된 "舍瑟之對"란 『論語』, 「先進」편에서 안연(顔淵)이 취한 행동인 "鼓瑟希, 鏗爾舍瑟而作" 이구(二句)를 일컫는다.

48 『論語集註』, 「先進」편의 25장. "...... 點, 爾, 如何 ...... 日 暮春者, 春服旣成, 冠者五六人, 童子六七人, 浴乎沂, 風乎舞雩, 詠而歸. 夫子 喟然歎日 吾與點也."

49 鄭汝昌, 『一蠹集·續集』 卷1, 「詩」, 〈江頭詩贈友人權(名欠攷)〉, 37쪽. "駐馬江頭發浩歌 ...... 聊將一曲移絃上, 遙託淸音有伯牙."

수사(洙泗)에 도달한 분일 것"[50]으로 정여창의 학문세계를 진단한 이유 또한 일두학의 행간에 내함된 무위유학적 특징을 예리하게 해독해 낸 결과였다. 당시 송시열은 안음(安陰) 현감(縣監) 장세남(張世南, ?~?)으로부터 그곳에 정여창이 창건한 "광풍루(光風樓)와 제월당(霽月堂)이 있다."는 편지를 접하고, 광풍제월(光風霽月)의 이면에 담긴 사실(史實)을 찬찬히 반추하면서 공자가 "증점[點]을 허여한" 의미를 환기시킨 사실이 있었다.[51] 그리하여 송시열은 장세남의 편지로 인하여, "전날에 듣고 마음에 질정(質正)하였던 것이, 지금 모두 얼음이 녹듯이 완전히 풀렸다!"는 말로써,[52] 자료 부족으로 베일에 가려져 있던 일두학의 독특한 개성에 대한 의혹이 말끔히 해소되었음을 토로해 두기도 했다.

금번 논의와 관련하여 보다 더 중요한 점은, 정여창이 추구했던 무위유학은 자신의 학문세계 안에서 불교나 노장철학(老莊哲學) 등과 같은 방외(方外)의 학문과 접속·상감할 만한 여지(餘地)를 자체적으로 예비(豫備)하고 있었다는 사실일 것이다. 실상 이처럼 무위유학이 제공한 소통의 가교(架橋)를 통해 노장·불교 방면으로까지 학문적 외연을 확장시킨 사례는, 정여창의 학문세계에서 큰 영향을 받은 바 있는 후대의

50 宋時烈, 『宋子大全 VI』 卷144, 「記」, 〈安陰縣光風樓記〉, 117쪽. ; 鄭汝昌, 『一蠹集·續集』 卷3, 「附錄」, 〈光風樓記〉, 62쪽. "噫, 先生其溯濂洛, 而達之洙泗者乎."

51 宋時烈, 『宋子大全 VI』 卷144, 「記」, 〈安陰縣光風樓記〉, 117쪽. "今年春, 安陰縣監張候世南, 以書來謂曰, 縣有光風樓霽月堂, 乃一蠹先生之所創也 …… 夫光風霽月, 乃黃魯直形容無極翁之氣象者也. 其後兩程夫子有言曰, 再見周茂叔吟風弄月而歸, 有吾與點之意." 언급된 장세남(張世南)은 1642년에 생원시(生員試)에 합격하였고, 1673년(현종 14)에 치르진 식년시(式年試)에 급제하였다.

52 宋時烈, 『宋子大全 VI』 卷114, 「記」, 〈安陰縣光風樓記〉, 117쪽. "余渙然而應曰, 前日之得於聞, 而質於心者, 今皆氷解而凍釋矣."

갈천(葛川) 임훈(林薰, 1500~1584)의 경우를 통해서도 그 구체적인 양상이 확인된 바가 있다.[53] 이는 당위유학의 경우 불교와 도교에 대해 대결적 자세를 취하지만, 무위유학은 불교와 도교를 포용하려 한다는 주장과도 그 궤를 나란히 하는 구체적인 일례에 해당한다.[54] 여하간 결과적으로 이번 제3장의 논의는 제2장에서 논급한 정여창의 학행과 그에 따른 사후(死後) 평가와는 층차(層差)가 전혀 다른 맥락으로서, 일두학의 범주 속에 불교가 정위(定位)될 수 있는 가능성을 모색한 논의라는 의미를 지닌다.

그렇다면 이제 정여창의 생애에서 특별한 쟁점을 형성했던 기존의 연구 성과들을 축조(逐條) 검토(檢討)하는 절차를 밟도록 하겠다. 또한 이와 동시에 불교적 담론과 관련된 새로운 소재들을 주입함으로써, 정여창이 남긴 불교적 혐의의 실상에 보다 근접해 나가도록 하겠다.

4. 불교적 혐의점들에 대한 재검토와 해명

1) 불교교학(佛教教學) 이해

정여창의 삶의 족적이 담긴 기록으로는 문집에 게재된 세 편의「행

53 金鍾秀,「葛川 林薰의 불교인식」,『南冥學』20집, (사)남명학연구원, 2015, 298~305쪽.

54 이주행,『무위 유학: 왕기의 양명학』, 소나무, 2005, 149~151쪽 참조. 나아가 이주행은 당위유학이 수기(修己)·치인(治人)의 점수(漸修)를 공부 방법론으로 삼는 데 비해서, 무위유학은 치양지(致良知)나 돈오(頓悟)를 공부 방법론으로 삼는다고 설명하였다.

장(行狀)」과 이를 간략히 「연보(年譜)」[55]로 정리해 둔 14대 후손인 정재경(鄭在景) 씨의 글 등을 지목할 수 있다. 물론 대체적으로 「행장」과 「연보」의 내용은 대동소이한 편이다. 그런데 정여창의 경우 여타 유학자(儒學者)들의 불교인식을 살피는 작업에서 유용하게 적용되는 분석 범주인 불교교학에 대한 이해와 실참(實參) 수행(修行)에의 자취, 그리고 유(儒)·석(釋) 교유(交遊)로 지칭되는 승려(僧侶)와의 교류 양상 등과 같은 방법론적 접근 틀로는 근접하기 어려운 난점이 존재한다. 그만큼 정여창과 불교 관련 논의는 그 흔적이 희미하고, 해당 자료 또한 불충분한 상태이기 때문이다.

이러한 사정으로 인해 정여창의 불교적 혐의를 취급한 선행 연구에서는 전반적으로 특정한 사안들을 반복해서 취급하는 식의 다분히 제한된 논의의 특징을 노정해 보이고 있다. 그 결과 정여창과 불교와 관련된 논의에 관한 한 쟁점이 될 만한 소재들은 사실상 모두 다 드러나 있는 상태다. 그럼에도 불구하고 정여창이 보여준 불교적 혐의점(嫌疑點)들에 대한 명쾌한 결론을 도출하지 못한 이면에는 불교와 관련된 전문적 지식의 부족과 함께, 보다 체계적이면서도 정합적인 논의를 개진하지 못한 이유 때문인 것으로 분석된다.

따라서 정여창의 불교적 혐의점들을 면밀하게 재검토하기 위한 본 논의의 목적을 효율적으로 실현하기 위한 방편상, 앞서 적시한 세 범주에 걸친 분석 틀을 잠정적 차원에서 적용하는 방식을 취하도록 하겠다. 또한 추강(秋江) 남효온(南孝溫, 1454~1492)의 문집인 『추강집(秋江集)』

55 鄭在景, 「일두연보(一蠹年譜)」, 『鄭汝昌 研究』, 집문당, 1988, 573~575쪽 참조.

등의 기록에 근거하여 정여창의 학문적 순정성을 비판했던 성호 이익의 비판적 언술을 재음미하는 절차를 빌려서, 일두가 떠안은 불교적 혐의를 전혀 새로운 각도인 회통론적(會通論的) 견지(見地)에서 전면 재해석해 내는 지평을 제시하고자 한다.

정여창이 남긴 불교적 혐의점들을 검토하는 과정에서 확인된 또 다른 특징으로는, 해당 자료 속에 등장하는 사찰(寺刹)·암자(庵子) 및 승려들에 대한 언급이 극히 한정된 상태라는 점도 지적할 수 있다. 특정 인물의 문집 속에 등재된 사암(寺庵)의 분포와 승려들을 향한 호칭법 등은 그 자체만으로도 논의의 전개를 위한 일정한 발판을 제공해 준다. 그런데 정여창과 불교와의 관계를 간헐적으로 제시한 문헌들에 등장하는 사찰·암자 목록에는 '승안사(昇安寺)[56]·법계사(法界寺)·향적사(香積寺)·단속사(斷俗寺)·상원사(上元寺)·등구사(登龜寺)·영신사(靈神寺)·쌍계사(雙溪寺)·금대암(金臺菴)·불일암(佛日菴)' 등과 같은 소수의 명칭들이 직·간접적으로 등장하고 있을 뿐이다.[57] 물론 적시된 사찰·암자들 대부분이 지리산 권역인 함양·산청·하동 등지에 소재한 특징이 발견된다.

한편 실록(實錄)과 『일두집』·『추강집』 및 『탁영집(濯纓集)』 등에 등장하는 승려로는 '탄(坦) 선사(禪師)·석해(釋該) 상인(上人)' 및 '일승(一僧)·승(僧)' 따위로 표기된 신원 미상의 몇몇 인물들에 불과하다. 이 같

56 노의찬은 승안사(昇安寺)가 정여창이 모친상을 치를 당시에 묘소 바로 앞에 있던 사찰로서, 이 집안과 유래가 깊은 공간으로 설명했다. 노의찬, 「유학자 정여창의 불교적 삶」, 『嶺南學』 24호, 경북대학교 영남학연구원, 2013, 256쪽 참조.

57 이들 사암(寺庵) 중에서 『일두집』에 등재된 것으로는 '등구사(登龜寺)·영신사(靈神寺)·쌍계사(雙溪寺)·금대암(金臺菴)' 등에 불과하다.

은 정황으로 인하여 정여창의 경우 인연(因緣)을 맺은 사암과 승려들의 면면 및 호칭법에 대한 분석을 통해서, 그가 견지한 불교인식의 일단을 규명하는 식의 접근 방법은 애당초 무용한 착상에 그치게 된다. 그렇다면 이제 『일두집』과 여타의 문헌들 속에 드러난 불교교학 방면에 대한 정여창의 이해의 흔적들을 대략적으로 살펴보기로 한다.

그런데 정여창의 경우 불교교학에 대한 이해 정도를 가늠할 만한 본격적인 언술들이 별로 발견되지 않는다. 대신에 업(業)·인과응보(因果應報)·계율(戒律)을 둘러싼 언명들이 정여창의 특정한 연대기와 맞물린 상태에서 더러 거론되고 있는 정도다. 그러므로 업·인과응보설 및 계율 방면에 대한 정여창의 언술들을 불교의 교학체계에 상응하는 내용으로 간주하는 차원에서의 논의를 우선적으로 진행하도록 하겠다.

먼저, 업설(業說)과 인과응보설(因果應報說)과 관련된 정여창의 인식 정도는 일두가 37세가 되던 해인 1486년(성종 14)에 직면한 모친상(母親喪)을 전후로 해서 집중적으로 노출된 사실이 있다. 진사시(進士試)를 치른 이후로 서울의 성균관(成均館)에서 유학(遊學) 중이던 정여창은 여름 휴가 기간에 모친을 위해 고향인 함양으로 내려왔으나, 마침 최씨(崔氏) 부인은 당시 횡행하던 여역(癘疫)[전염병]으로 인해 생사(生死)의 중대 고비를 맞이하고 있던 참이었다. 이에 "속기(俗忌)를 다시 돌아보지 않고" 취했던 정여창의 지성어린 간호에도 불구하고, 10여 일만에 모친이 타계(他界)하시자 일두는 "통곡을 하다가 피를 토하였고, 거의 목숨을 잃을 지경에까지 이른 끝에, 한 숟갈의 미음도 입에 넣지 않을” 정도로 깊은 슬픔에 잠기게 되었다.[58] 당시 정여창이 보여준 눈물겨운 거상(居喪) 태도는 후일에 이르도록 주변인들에게 큰 반향을 미친 결과로 이어졌음을『성종실록(成宗實錄)』은 아래처럼 확인시켜 주고 있다.

> “사신(史臣)이 논평하기를, 정여창이 거상(居喪)을 잘하자 향리[鄕閭]가 감화되었는데, 어떤 갑사(甲士)가 정여창을 본받아 상중에 있으면서 죽을 먹으니, 백정(白丁)이 기롱(譏弄)하기를, ‘정여창을 본받고자 하여 죽을 먹으니, 얼마나 고생스러운가?’라고 하였다.”[59]

이에 장례(葬禮)를 즈음하여 정여창의 행실에 감동한 경상(慶尙) 감사(監司)가 군(郡)에서 긴 속 널빤지인 관판(棺板)을 마련해 주도록 조처를 취했다. 그러나 이를 단호하게 사양하면서 정여창이 남긴 아래의 변(辯)은 업보(業報)의 문제에 대한 그의 투철한 이해 정도를 여실히 확인시켜 주고 있다는 점에서 매우 주목되는 대목에 해당한다.

> “‘백성들을 고생시켜 관판(棺板)을 마련하면, (그) 원망이 반드시 작고하신 어머님께로 돌아갈 것입니다.’라고 답하고는, 이에 집안의 재물[貨]을 내어, 속 널빤지를 사서 사용하였습니다.”[60]

그 연장선에서 정여창은 “사람들이 무덤 구덩이[壙] 만드는 일을

58 鄭汝昌,『一蠹集』卷3,「附錄」,〈薦學行疏〉, 18쪽. “居十餘日而母沒, 哭泣嘔血, 幾至滅性, 勺飮不入口.”

59 成宗實錄』卷242, 成宗 21년 7월 26일(丙子). “史臣曰, 鄭汝昌善居喪, 鄕閭化之, 有甲士效汝昌而居喪食粥. 白丁譏之曰, 欲效汝昌食粥, 何其艱苦也.”

60 鄭汝昌,『一蠹集』卷3,「附錄」,〈薦學行疏〉, 19쪽. “時監司, 聞其行, 令郡辦給棺板, 辭而不受曰, 煩民取辦, 怨必歸於先母, 乃出家貨, 貿易而用之.”

도와 주려 하였으나, 그 도움조차도 받지 않고" 아우들이며 집안의 노복(奴僕)들과 함께 자체적으로 해결하는 등의 솔선수범을 보이기도 하였다.[61] 그런데 정여창이 보여준 업설에 입각한 인과응보설 이해와 실천을 반증해 주는 사례란 비단 상기 인용문의 사례에서 그치는 정도가 아니었다.

모친의 경제적 역량 덕분에 평소 정여창 집안은 "함양(咸陽) 사방에 이웃한 백성들 모두가 빚을 내다 썼으리만큼" 대단한 재산가로 알려져 있었다.[62] 동향 출신의 조효동의 전언에 의하면, "그 집에 본래 노비(奴婢)가 많아서 한 가문(家門)에 거의 1백 구(口)가 되었으나, 항상 화합하고 다투는 일이 없었다."고 할 정도였다.[63] 그런데 모친이 타계(他界)한 이후에 정여창은 아우들에게 "어머님께서 꿔주고 받아들이고 하셨을 때에, 반드시 백성들에게 원망(怨望) 들을 일이 있었을 것이다!"라고 예단한 뒤에, 그간에 거래 내역이 담긴 문서상의 기록인 문기(文記)를 죄다 불 속에 던져버리는 비상한 결단을 감행하였던 것이다. 이 같은 정여창의 행동에 고을 사람들이 놀라운 반응을 보인 일 또한 지극히 당연한 인과의 이치였으리라.[64] 또한 주변의 반향은 문서상의 기록으로 축척된 악업(惡業)을 선업(善業)으로 전회(轉回)시킨 정여창의 지혜로운

61 鄭汝昌, 『一蠹集』 卷3, 「附錄」, 〈薦學行疏〉, 19쪽. "人欲營壙, 亦不受其助, 與其弟汝裕汝寬, 率家隷而襄事

62 鄭汝昌, 『一蠹集』 卷3, 「附錄」, 〈薦學行疏〉, 19~20쪽. "母家蓄積有餘, 咸陽四隣之民, 皆出債焉."

63 成宗實錄』 卷242, 成宗 21년 7월 26일(丙子). " 其家素多臧獲, 一門幾百口, 常和好無爭競, 隣里之化而爲善良者亦多."

64 鄭汝昌, 『一蠹集』 卷3, 「附錄」, 〈薦學行疏〉, 20쪽. "汝昌謂其弟曰, 母氏斂散之際, 怨必及民, 於是斂散文記, 投諸烈火之中, 鄕人以爲難也."

안목이 옳았음을 반증해 준다.

한편 정여창의 모친인 최씨 부인은 생전에 집안 살림살이를 뜻하는 "산업(産業)을 다스리지 않는 아들을 늘 딱하게 여긴 나머지, 별도로 창고 하나에 면포(綿布)며 곡식 · 세비[租] 등을 저축하여, 자신이 죽은 후에 정여창이 쓸 수 있도록 준비해 두었다."고 한다.[65] 이는 조금의 물욕도 없이 오직 학문에만 전념해 온 큰 아들을 위한 모친의 지극한 배려가 아닐 수 없다. 모친 사후에야 집안 사람들로부터 그런 사실을 접한 정여창의 아래 발언은 업설에 의거한 인과설 이해 정도가 매우 투철한 상태였음을 재차 확인시켜 주기에 족한 사례로 평가된다.

> "'어머님이 살아 계실 때에, 어찌 내 몫의 사사로운 재화가 있을 수 있겠는가? 내 죄(罪)를 더는 무겁게 하지 말라!' 하고는, 드디어 상례(喪禮) 비용으로 남김 없이 나누어 사용하게 하였습니다."[66]

윗 인용문은 문집 단위에서 확인되는 정여창이 보여준 업설에 입각한 인과응보의 도리에 대한 이해의 정점(頂點)에 해당하는 사례로 평가된다. 다만 윗 사례 등이 여타의 조선조 유학자들에게서는 전혀 찾아볼 수 없는 언술인양 단정하는 식의 성급한 평가는 보다 박람(博覽)이 요구된다 하겠다.[67] 대신에 상기 인용문 등에 드러난 정여창의 업설

65 鄭汝昌, 『一蠹集』 卷3, 「附錄」, 〈薦學行疏〉, 20쪽. "母在時, 常悶汝昌不治生産, 別儲綿布栗租於一庫, 以爲身後汝昌之資."

66 鄭汝昌, 『一蠹集』 卷3, 「附錄」, 〈薦學行疏〉, 20쪽. "母沒, 家人指以告汝昌, 二弟亦讓於兄, 汝昌歎曰, 母在時, 予豈有私財耶. 無重吾罪. 遂分供喪費無餘焉."

67 노의찬, 「유학자 정여창의 불교적 삶」, 『嶺南學』 24호, 경북대학교 영남학연구원, 2013, 259쪽.

에 의거한 인과응보설 이해는 분명 과거・현재・미래를 관통하는 불교적 시간 단위인 삼세(三世)에 걸쳐서 적용되는 업설에 대한 투철한 이해 정도를 잘 전시해 주는 사례들임에 분명하다. 이는 또한 평소 알고 이해한 바를 독실하게 실천하려 했던 정여창 특유의 면모가 아울러 묻어나고 있다는 점에서, 종교철학적 이해를 도모하는 종교적 합리주의(religious rationalism)를 초극한 차원에서 종교적 구성원들의 신심・신앙의 문제를 더 중시하는 종교적 신앙주의(religious fideism)의 뉘앙스가 감지되기도 한다. 즉, 일견 정여창은 불교의 사부(四部) 대중(大衆)의 일원으로 재가(在家) 남신도(男信徒)를 뜻하는 우바새[upasaka]의 면모를 다분히 풍겨주고 있었던 것으로 분석된다.

다음으로 정여창의 경우 계정혜(戒定慧)로 표방되는 불교의 삼학(三學) 중에서 계율 방면에 대해서도 나름의 이해에 도달하고 있었던 듯하다. 일단 이 사안과 관련하여 쟁점을 형성해 왔던 아랫 구절을 자세히 음미해 보기로 한다.

> "백욱(伯勗)[정여창의 자(字)]의 사람됨은 성품이 단아하고 정중하였다. (그리하여) 술을 마시지 않았고, 냄새 나는 훈채(葷菜)를 먹지 않았으며, 소고기와 말고기도 먹지 않았다."[68]

정여창에 대해 일면 존중과 타면 질투의 감정이 묘하게 교차했던 인물로 보이는 추강 남효온은 일두를 위해 「전(傳)」을 찬술하기도 했으

68 南孝溫, 『秋江集』 卷7, 「雜著」, 〈師友名行錄〉, 137~138쪽. "鄭汝昌字伯勗 ...... 伯勗爲人, 性端重, 不飮酒醴, 不茹葷菜, 不食牛馬肉." 운위된 '백욱(伯勗)'은 정여창의 자(字)다.

나, 현재 전하지는 않는다.[69] 대신에 『추강집』에 등재된 「사우명행록(師友名行錄)」은 일실(逸失)된 「전」의 내용을 짐작케 해주고 있기에, 일두학 연구에서 대단히 중요한 자료적 가치를 내장하고 있다. 다만 상기 인용문에 서술된 정여창의 "단중(端重)한 성품"과 계율과 관련된 내용 간에는 반드시 논리적 인과 관계가 성립하는 것은 아니다.

또한 "술을 마시지 않았고, 냄새 나는 훈채(葷菜)를 먹지 않았으며, 소고기며 말고기를 먹지 않았다."고 적시된 내용 모두를 불교식 지계(持戒)의 실천인양 호도한 일부 논의는 미리 정해진 논의 목적을 실현하기 위해 견강부회의 오류를 범한 것으로 평가된다.[70] 왜냐하면 이 대목 중에서 파·마늘처럼 특이한 냄새가 나는 "훈채(葷菜)를 먹지 않은" 사실을 제외하면, 정여창의 삶에서 모두 그럴 만한 개인사적 이면사들을 묻혀 두고 있었기 때문이다. 일단 "훈채를 먹지 않았던" 사실은 대승계(大乘戒)의 경전인 『범망경(梵網經)』의 「보살계본(菩薩戒本)」에 명기된 48종류의 경계(輕戒) 중에서 제4계인 '불식오신계(不食五辛戒)'와 극히 부합된다는 점에서, 정여창이 간직했던 불심(佛心)과 그에 따른 지계(持戒) 정도를 일정 부문 가늠케 해주기에 충분한 사례인 것으로 분석할 수 있다.

그러나 '불음주(不飮酒)'의 문제는 정여창이 한때 젊은 시절에 "소주(燒酒)를 과도하게 마셔, 모친이 창황히 달려가 구제한 적이 있었는데, 이로부터는 술을 마시지 않았다."는 저간의 사연을 반영한 실천 사

69 鄭汝昌, 『一蠹集』 卷3, 「附錄」, 〈行狀(二)〉, 22쪽. "秋江嘗立傳家藏, 而人鮮知者."

70 노의찬, 「一蠹 鄭汝昌의 불교적 자취」, 『열상고전연구』 39집, 열상고전연구회, 2014, 333~335쪽 참조. 노의찬은 본문의 인용문 등을 근거로 삼아 "정여창의 삶 속에는 불가적 습성이 익숙히 자리 잡고 있었던 것으로 이해된다."는 결론을 도출하였다.

항에 해당한다.[71] 이 즈음에 최씨 부인은 정여창에게 "아비 없는 자식이 학문을 아니하면, 어쩌자는 것인가?"라며 크게 나무라며 꾸중하였고, 이에 "선생은 강개(慷慨)한 마음으로 뜻을 독실이 하여, 밥 먹는 일도 잊을 정도로" 학업에 열중하였다고 한다.[72] 정여창의 삶에 있어서 모친은 아들인 자신으로 하여금 일개 자연인에서 정신적 삶으로의 일대 반전(反轉)을 재촉케 한 역할 모델을 수행하였던 매우 각별한 존재였던 것이다. 정여창이 이천 지역의 이관의(李寬義) 문하에 나서게 된 시점도 그 즈음이었다. 모친을 향한 정여창의 지극한 효심은 바로 이러한 맥락에서 이해될 수 있다. 그리하여 차후 정여창은 과거에 급제한 후에 국왕인 성종(成宗)이 내린 어주(御酒)마저도, "술을 마시지 말라!"는 어머님에 대한 약속을 지키기 위해 감히 마다했으리만큼, 성종의 지적처럼 진유(眞儒)다운 고상한 제행(制行)을 일관되게 실천해 나갔던 것이다.[73]

한편 소고기와 말고기를 입에 대지 않은 일 역시 지난날의 어떤 계

---

71 鄭汝昌, 『一蠹集』 卷3, 「附錄」, 〈行狀〉, 21쪽. "公中年, 飮燒酒過度, 慈堂蒼皇奔救, 自此不飮酒."

72 鄭汝昌, 『一蠹集』 卷3, 「附錄」, 〈行狀(三)〉, 23쪽. "一日母夫人責之曰, 無父之子, 不學何爲. 於是先生慷慨篤志, 至於忘食." 임보신(任輔臣)이 지은 『大東野乘』 卷3에는 정여창을 향한 모친의 책망과 관련하여 보다 상세하게 묘사해 두었다.(「丙辰丁巳錄」); "정백욱 선생이 젊었을 때 술을 너무 좋아하여, 하루는 친구와 함께 실컷 마시고 취하여 들 가운데 쓰러져 밤을 새고 돌아왔다. 선생의 어머니가 책망하기를, 너의 아버지가 돌아가시고, 이 홀어미가 믿을 사람이라고는 너 하나뿐인데, 지금 이 모양이니 (도대체) 누굴 믿고 살란 말이냐?(鄭先生伯勗, 少時嗜酒, 日與友人痛飮, 醉倒廣野, 經宿而返. 母夫人責曰, 爾父旣沒, 未亡人所賴者, 唯爾也, 今爾如此, 吾誰賴乎.)

73 鄭汝昌, 『一蠹集』 卷3, 「附錄」, 〈行狀(三)〉, 24쪽. "是年冬, 擢別試文科 …… 成廟於筵上賜酒, 先生伏地曰, 臣母在時, 嘗責飮, 臣以不飮許母, 玆不敢奉命, 上許以眞儒."

기적 사건에서 촉발된 결과였다는 점도 참고할 필요가 있다. 즉, 정여창과 고을 사람들이 고을 모임인 "향회(鄉會)에서 소고기를 마련하여 먹자, 어떤 이가 금물(禁物)을 사용했다고 하여 고발을 했고", 이 일로 노심초사한 모친을 곁에서 지켜본 일두는 두 번 다시 "이로부터 소고기를 먹지 않았던" 것이다.[74] 이후 정여창은 성균관 유학 시절에도 "학궁(學宮)의 노비가 항상 조석으로 소를 잡아서 유생(儒生)들을 먹이자, 정여창이 의리(義理)에 어긋난다 하여 홀로 먹지 않으니, 여러 동류들이 공경하고 어려워하였다."고 전한다.[75]

그런데 여기서 "의리(義理)에 어긋난다."는 판단은 이시애(李施愛, ?~1467)의 난(亂)으로 절명한 부친 정육을(鄭六乙)[76]의 삼년상(三年喪) 이후에 관례에 따라 제수(除授)된 군직(軍職)을 사양했던 변과도 일맥상통하는 변론임에 유의해 본다. 즉, 당시에 정여창은 "아비가 패하여 목숨을 잃었는데, 아들이 그 영광을 받는 것은, 나라의 은혜가 비록 중대하긴 하나, 마음에 실로 차마 못할 일입니다."며 극구 사양하였던 것이다.[77] 따라서 정여창이 성균관에서 소고기를 먹지 않은 일은 의리(義理) 소관(所關)의 문제에 대해 투철한 인식을 견지해 온 평소의 처신이 재차 노

74 鄭汝昌, 『一蠹集』 卷3, 「附錄」, 〈行狀(三)〉, 21쪽. "鄉會設牛肉, 或者有以禁物發訟, 慈堂深以爲憂, 公自此不食牛肉."

75 『成宗實錄』 卷242, 成宗 21년 7월 26일(丙子). "學宮婢僕, 常於朝夕, 殺牛餉儒生, 汝昌以爲不義, 獨不食, 諸輩敬憚."

76 鄭汝昌, 『一蠹集』 卷3, 「附錄」, 〈薦學行疏〉, 19쪽. "年十八世時, 父六乙遇害於逆賊李施愛."

77 鄭汝昌, 『一蠹集』 卷3, 「附錄」, 〈薦學行疏〉, 19쪽. "旣闋, 朝廷以爲國亡身之子, 例署軍職, 汝昌尤不能爲懷, 乃日 父受其敗, 而子受其榮, 國家之恩雖重, 而心實不忍, 遂辭之."

정된 사안에 해당한다. 좀 더 부연하자면 이 건은 "고의로 고기를 먹는 자는 경구죄(輕垢罪)를 범하는" 이유를 설한 『범망경』의 아래 언명과는 동기화의 계기 자체가 전혀 달랐던 사안인 것이다.

> "불자(佛子)라면 고의[故]로 일체 중생(衆生)의 고기를 먹지 말아야 한다. (식육하는 자는) 대자비(大慈悲)의 불성(佛性) 종자(種子)를 끊게 되어, 일체 중생이 보면 버리고 도망을 가게 된다."[78]

오히려 정여창이 보여준 불식육계(不食肉戒)의 실천과 불음주 문제는 평소에 "독실(篤實)로써 근본을 삼고, 자신을 속이지 않는 것[不自欺]으로 주의[主]를 삼았다."[79]고 일두의 학문을 평가한 미암(眉巖) 류희춘(柳希春, 1513~1577)의 언술에 대한 적확한 근거를 접한 감이 없질 않다.

이상에서 정여창이 축적한 불교교학 방면의 소양을 대체하는 의미에서 업·인과응보설 및 불음주·불육식의 문제들을 개괄적으로 소개하고 검토해 보았다. 이들 사항 중에서 냄새 나는 "훈채(葷菜)를 먹지 않은" 식습관과 업·인과응보설에 투철했던 사례들은 지식인 불자로서의 정여창의 면모를 어느 정도 입증시켜 준 사례로 평가된다. 반면에 정여창이 실행한 불음주·불육식 문제의 시발점은 불교적인 계율의 실천[持戒]과는 다소 거리를 유지한 사안이었음을 확인하였다.

그러나 정여창의 경우 불음주·불육식을 종신토록 실천하여 몸에

78 『梵網經(下)』(『大正藏』 卷24, 1005b), "若佛子, 故食肉一切肉不得食, 斷大慈悲佛性種子, 一切衆生見而捨去, 是故一切菩薩不得食一切衆生肉. 食肉得無量罪, 若故食者, 犯輕垢罪."

79 鄭汝昌, 『一蠹集』 卷3, 「附錄」, 〈讚述〉, 32쪽. "公之學, 以篤實爲本, 以不自欺爲主."

완전히 체득한 상태였으므로, 결과적으로 불음주계(不飮酒戒)와 불식육계(不食肉戒)를 파지하고 실행한 것과 전혀 다를 바가 없는 것으로도 판단된다. 특히 지계의 실천은 청정(淸淨)한 범행(梵行)에 기초하여 심체(心體)를 뜻하는 "본원(本源)을 함양(涵養)하는" 수행의 문제와도 직결되는 사안이기에, 정여창 스스로도 이 점을 익히 인지하고 있었을 것으로도 추측된다.

2) 승려와의 교유와 실참(實參) 수행(修行)

(1) 승려와의 교유 양상

그렇다면 이제 정여창과 승려와의 교유 양상과 좌선(坐禪) 수행에 몰입한 자취들을 추적해 보기로 하자. 물론 통상 유(儒)·석(釋) 교유(交遊)로 지칭되는 전자와 실참 수행을 둘러싼 문제는 별도의 사안에 해당하지만, 해당 자료가 빈약한 관계로 이번 절(節)에서 동시적으로 취급하도록 하겠다.

대체로 조선조(朝鮮朝)의 유학자들이 불교와 대면(對面)하게 된 주요 경위로는 사찰·암자 등지에서 유숙(留宿)하면서 과거 공부나 독서를 병행했던 전력과 그에 따른 불경(佛經)의 접촉, 그리고 승려와의 교류 등과 같은 몇몇 요인들이 동시에 거론되곤 한다. 정여창의 경우에는 열거된 제반 요인들이 동시에 관여하고 있었을 뿐만 아니라, 또한 가전(家傳)의 내력까지 가세하고 있었다는 점이 주목된다.

일단 후자인 집안 내력과 관련하여 눈에 띄는 부분은 정여창의 경우 선친(先親)의 불연(佛緣)을 그대로 상속한 사연이 있었다는 점이다. 의주(義州) 통판(通判)을 지낸 부친 정육을(鄭六乙)(1460)의 생전에 탄(坦)

선사와 맺은 교분이 아들인 정여창에게로 그대로 전승된 일은, 일두가 불교와 친화적인 인연을 형성하는 데 다소간의 영향을 끼쳤을 것으로 추정된다.[80] 다만 기존의 논의와는 달리 정여창은 탄 선사를 두고, "선사[禪]는 본디 농담이 많아서 믿기가 어렵다."는 소견을 피력해 둔 사실도 충분히 감안할 필요가 있다.[81] 이 같은 언술로 미뤄 볼 때 탄 선사와의 만남이 정여창의 인생에서 일대 계기적 사건에 준하는 정도의 의미를 제공한 것으로 보기는 어려울 듯하다. 물론 그렇다고 해서 정여창이 탄 선사로부터 전혀 영향을 받지 않았던 것으로 섣불리 단정해서도 안 될 것이다. 여하간 탄 선사 외에 문집 등에 등장하는 승려들은 불과 두세 명에 지나지 않으므로, 정여창이 맺은 유·석 교유의 폭은 상대적으로 매우 제한된 편이랄 수 있다.

먼저, 탄 선사는 세조(世祖)에 의해 계유정난(癸酉靖難)이 거행되었던 1453년 당시에 희생되었던 인사 중에 한 사람인 우의정(右議政) 정분(鄭苯, ?~1454)이 지금의 전남(全南) 광양(光陽)으로 귀양을 갔다가 기어이 교형(絞刑)에 처해지자, 그의 시신을 거두어서 땅에 묻어주었을 정도로 대단히 호기(豪氣)로운 인물이었다. 이러한 사실을 정여창은 김일손과 함께 한 지리산 유람 길에서 우연히도 접하게 되었고, 그 뒤 김일손은 사초(史草)에 이 사실을 자세히 기록해 둘 목적으로 당시 안음현감으로 재직 중이던 정여창에게 탄 선사에 관한 일을 편지로 요청하

80 이하의 내용은 노의찬, 「유학자 정여창의 불교적 삶」, 『嶺南學』 24호, 경북대학교 영남학연구원, 264~267쪽에서 자세히 취급하였다.

81 『燕山君日記』 卷30, 燕山君 4년 7월 19일(癸丑). "臣意謂, 禪本詼諧難信, 而其所言晴天忽雨."

게 되었다.[82]

그러다가 연산군 4년(1498)에 발발된 무오사화로 김일손이 윤필상(尹弼商, 1427~1504) 등과 같은 훈척대신들에게 국문(鞫問)을 받는 사태로 이어지게 되었고, 이때 탄 선사가 정분의 시구(屍軀)[시체]를 보호한 의도와[83] 그 증언자들에 대한 힐문(詰問)도 아울러 수반되기에 이른다.[84] 정여창이 경상우도의 안음현에서 긴급 체포되어 서울로 압송된 사건의 시말의 한 편에서는 이 사안도 부분적으로 계루되어 있었던 것이다. 그리하여 정여창은 공초(供招)를 받던 현장에서 탄 선사와 선친 및 자신과의 인연을 아래처럼 비교적 자세하게 밝혀 두었다.

> "지난 1489년[己酉] 연간에 김일손과 함께 지리산을 유람하면서, 대화가 선가(禪家)의 일에까지 미쳤다. 이에 신(臣)이 김일손에게 이르기를, '탄(坦)이라는 선사(禪師)는 젊어서 우리 부친과 교유하던 사이로, 부친이 작고하신 뒤에는 자주 나를 찾아왔다."고 했다. 인하여 말하기를, '정분(鄭苯)이 여묘[廬]를 지키고 있을 적에 처음으로 서로 사귀었고, 선사가 광양(光陽)에 부처(付處)되면서부터 또한 찾아가 상종했었다.'고도 하였다."[85]

위의 인용문은 선친과 탄 선사와의 교유가 아들인 정여창에게로

82 燕山君日記』 卷30, 燕山君 4년 7월 19일(癸丑). "乙卯年臣爲安陰縣監, 馹孫通書於臣, 請錄示坦禪事."

83 『燕山君日記』 卷30, 燕山君 4년 7월 13일(丁未). "一書坦禪護鄭苯屍柩事, 其意安在."

84 『燕山君日記』 卷30, 燕山君 4년 7월 13일(丁未). "臣史草世祖朝事, 或聞諸許磐, 或聞諸鄭汝昌, 或聞諸崔孟漢李宗準, 此輩皆可信者, 故意謂實而書之."

85 『燕山君日記』 卷30, 燕山君 4년 7월 19일(癸丑). "鄭汝昌供, 去己酉年間, 與馹孫遊智異山, 語及禪家事, 臣語馹孫云, 有坦禪者, 少與吾父遊, 父旣歿, 數來見我, 仍語曰, 鄭苯之守廬也, 始與相交, 及付處光陽, 亦往從之."

그대로 전승된 내력과 함께, 또한 차후로 전개된 일두 개인 차원의 교유 내용까지도 잘 드러나 있다. 특히 후반부에 기술된 "선사가 광양(光陽)에 부처(付處)되면서부터 또한 찾아가 상종했었다."는 대목은 보다 자세한 음미를 요하는 부분이다. 왜냐하면 전남의 광양은 지금의 경남(慶南) 하동(河東)의 악양(岳陽)과 섬진강 하나를 두고 인접한 지역이기에, 정여창이 지리산 악양 권역에서 두 번에 걸쳐 장수지계(藏修之計)를 영위하던 도중에 수시로 탄 선사와 접촉하였음을 확인시켜 주고 있기 때문이다. 이 과정에서 정여창이 탄 선사로부터 불교적 세계관이나, 혹은 그에 기초한 수행 방면 등에 걸쳐서 일정한 영향을 받았을 가능성이 충분히 점쳐지기도 한다. 기실 정여창이 불교의 수행론(修行論)으로부터 영향을 받았을 가능성에 대해서는 이미 선행 연구자들에 의해 더러 지적된 바가 있다.[86] 다만 선행 연구에서는 그 구체적인 근거를 설득력 있게 제시하지는 못했다.

한편 정여창이 김일손과 동행한 지리산 유람(遊覽) 길에서 만난 단속사(斷俗寺)의 석해(釋該) 상인(上人)도 매우 친분이 두터운 사이였다. 즉, 석해 상인은 산행에 서툰 정여창을 위해 친절하게도 길잡이 역할을 자처했을 정도로 두터운 정분을 유지해 왔던 것이다.[87] 지금의 경남

86 崔英成, 「一蠹 鄭汝昌의 生涯와 學問歷程-諸家記述을 중심으로-」, 『東洋哲學研究』 38집, 동양철학연구회, 2004, 21쪽; 安在淳, 「一蠹 鄭汝昌의 修養論」, 『東洋哲學研究』 38집, 동양철학연구회, 2004, 92쪽 참조. 다만 안재순은 정여창이 自强不息의 功, 誠의 모습을 불교로부터도 배운다고만 평했다. 앞서 소개한 노의찬(2013·2014)의 연구도 여기에 포함된다.

87 金馹孫, 『濯纓集』 卷5(한국문집총간 17), 「錄」, 〈頭流紀行錄〉, 민족문화추진원회, 1986, 257쪽. "伯勖足繭, 憚於登陟, 逐留一日, 有釋該上人者可語 …… 黎明, 細雨絲絲, 簑笠以行, 伶執笙笛先路, 而釋該爲鄕導出洞."

산청군(山靑郡)의 단성면(丹城面)에 위치한 단속사는 신라(新羅) 때의 고승(高僧)인 신행(神行, 704~779)을 위해 건립한 신행선사비(神行禪師碑)가 있었던 만큼, 나름의 수행 가풍을 전승한 사찰이었을 것으로 추정된다. 또한 단속사에는 최치원(崔致遠, 857~?)의 독서당(讀書堂)이 소재하고 있었을 뿐만 아니라, 절 근처에는 고운(孤雲)이 쓴 '광제암문(廣濟嵒門)'이라는 각석(刻石)도 전해져 오고 있다.[88] 그렇다면 이즈음에 정여창이 최치원의 존재와 그의 사상적 지형도를 일정 부문 이상 인지하고 있었을 가능성은 매우 높았을 것이다. 정여창이 최치원을 역사적 무대 위에서 조우한 중차대한 계기적 사건에 대해서는 뒤에서 다시 재론될 예정이다.

일행이 다시 지리산의 최정상인 천왕봉(天王峯)으로 향하던 도중에 힘에 지친 정여창을 위해 "허리에 새끼줄 하나를 묶고 승려 한 사람으로 하여금 앞에서 당기면서 전진했다."고 김일손은 묘사해 두었는데, 이는 일두와 주변 승려들과의 교유가 꽤나 유래가 깊었음을 확인시켜 주고 있다.[89] 물론 그 시기를 전후로 한 조선사회에서 승려들이 사대부(士大夫)들을 위해 의무적으로 산행 안내에 나섰고, 심지어 거여(車輿)로 실은 채 정상에 오르는 일도 다반사였다. 이 같은 정황에 비춰 보자면, 정여창의 경우는 보다 인간적인 교유의 면모가 짙게 풍겨나고 있다는 점에서 상당한 차이가 발견된다.

이윽고 정상에 도착한 후에 치제(致祭)를 위해 제문(祭文)을 작성하는 문제와 관련하여 정여창과 김일손 두 사람은 다소 심각한 언쟁을 벌

---

88 李荇 외, 『新增東國輿地勝覽』 卷30, 「慶尙道」, 〈晉州牧〉 참조.

89 金馹孫, 『濯纓集』 卷5, 「錄」, 〈頭流紀行錄〉, 257쪽. "余健步先待於一潤石, 伯勖力熯, 腰繫一索, 使一僧挽而前."

인 끝에, 결국 사당(祠堂)에 제사(祭祀)를 올리는 일을 포기하고야 만다. 결과적으로 이 일은 지식인 불자로서의 정여창의 면모를 거듭 입증시켜 준 실례로 남게 되었다. 당시 김일손은 스승인 김종직이 동국(東國)의 역사를 고증(考證)한 의견을 따라 치제할 "혼령[神]의 대상이 고려(高麗) 태조(太祖)의 비(妃)인 위숙왕후(威肅王后)"로 명시할 것을 주장했다. 이러한 김일손의 주장에 대해 김일손보다 14살이나 연장자였던 정여창은 아래처럼 이채로운 소견을 피력해 두었음이 새삼 눈길을 끈다.

> "세상에는 전부 마야부인(摩耶夫人)이라고들 함에도 불구하고, 그대는 그 위숙왕후(威肅王后)임을 밝혔으니, 세상 사람들의 의심을 면치 못할까 두려우니, 그만두는 것만 같지 못할 듯하네!"[90]

그러자 김일손은 "위숙왕후냐, 마야부인이냐를 제쳐 놓고서라도, 산신령(山神靈)에게는 잔을 올릴 수 있지 않을까요?"라며 나름의 대안을 제시했다. 그러나 정여창은 곧장 "또 나라에서 향(香)을 사를 때 산신령에게 하지 않고, 매양 성모(聖母)나 가섭(迦葉)에게 올렸는데, 그대는 장차 어찌 하려는가?"라는 말로써, 탁영이 제시한 대안을 한마디로 일축했다.[91] 이처럼 불교를 대변해 주는 인물들인 마야부인·성모·가섭 등을 옹호한 정여창의 언술 속에는 평소 온축된 불교적 소양의 일단

---

90 金馹孫, 『濯纓集』 卷5, 「錄」, 〈頭流紀行錄〉, 257쪽. "問諸居民, 以神爲摩耶夫人者誣. 而佔畢金公, 吾東方之博通宏儒, 徵諸李承休之帝王韻紀, 以神爲麗朝之妃威肅王后者信也 ...... 伯勖曰, 世方以爲摩耶夫人, 而子明其威肅王后, 恐未免世人之疑, 不如已之."

91 金馹孫, 『濯纓集』 卷5, 「錄」, 〈頭流紀行錄〉, 257쪽. "余曰, 且除威肅摩耶, 而山靈可酹. 伯勖曰 ...... 且國家行香, 不於山靈, 而每於聖母或迦葉, 子將奈何."

이 자연스럽게 묻어나고 있을 뿐더러, 또한 일두가 형성했던 불심 혹은 귀의심(歸依心)에 입각한 종교적 신앙주의 면모도 아울러 감지되고도 있다.

이상에서 살펴본 바대로 정여창이 수행한 유·석 교유의 폭은 그리 넓은 편은 아니었다. 그러나 정여창은 비록 제한된 범위이긴 했지만, 주변 승려들과의 의미 있는 교분을 유지한 자취들을 남겨 놓았다. 특히 김일손과 함께 한 지리산 유람 길에서 남긴 행적들은 지식인 불자로서의 정여창이 견지한 종교적 신앙주의의 실상을 어느 정도 가늠케도 해주고 있다. 이처럼 결코 간단하지 않은 의미의 편린들이 수반된 유·석 교유를 나눴던 정여창이 불교의 실참 수행과 관련하여 남긴 자취는 또 어떠했던가?

(2) 실참 수행: '사도(思道)의 공(功)'

이 사안과 관련하여 가장 빈번하게 논자들의 이목을 집중시킨 대목은 정여창이 성균관 유학 시절에 남긴 자취 중에서 이른바 "사도(思道)의 공(功)"으로 표현된 어휘에 관한 것이다.[92] 후대의 우복(愚伏) 정경세(鄭經世, 1563~1633)도 정여창을 기리는 제향(祭享) 축문(祝文)을 통해서 "마음속에 사도(思道)를 보존하고, 실질을 이행하는데 힘썼다."고 회고한 사실이 있다.[93] 이처럼 알 듯 말 듯한 정여창의 "사도(思道)의 공(功)"이라는 어휘에 대해 추강 남효온은 아래처럼 보다 상세한 묘사를

---

92 鄭汝昌, 『一蠹集』 卷3, 「附錄」, 〈行狀(三)〉, 21쪽. "癸卯入上庠 …… 嘗與羣友寢, 齋中鼾睡而獨不寢, 人無知者, 惟崔鎭國知之, 播告諸友, 館中以爲有思道之功, 尤加敬焉."

93 鄭汝昌, 『一蠹集·續集』 卷2, 「附錄」, 〈道南書院春秋享祝文〉, 48쪽. "心存思道, 務在踐實, 持敬之功, 夷險若一."

가해 둠으로써, 의문의 해소를 위한 중요한 단서를 제공해 주었다.

> "(정여창은) 겉으로는 늘 (사람들과) 이야기를 나누면서도 안으로는 (항상) 정신이 깨어 있었다. 젊은 시절에 성균관[館]에 있으면서 남들과 같이 잠자리에 들었지만, 코만 골고 잠을 자지는 않았다. 대부분 이 사실을 몰랐는데, 어느 날 밤 최진국(崔鎭國)에게 들키고야 말았다. 관중(館中)에 널리 소문나기를, '정(鄭) 모(某)는 참선(參禪)을 하느라고 잠을 자지 않는다.'고들 하였다."[94]

이로써 남효온의 「사우명행록」에서 "참선(參禪)을 하느라고 잠을 자지 않는다."고 표현한 구절은 바로 「행장」에서 언급된 "사도(思道)의 공(功)"과 내용상 동의어에 해당하는 어휘들임을 알 수 있다. 정여창이 행한 "사도(思道)의 공부[功]"와 관련하여 안음현 출신의 동계(桐溪) 정온(鄭蘊, 1569~1641)은 "매일 밤이 깊으면 반드시 오뚝하게 단좌(端坐)하였다."고 좀 더 구체적으로 서술해 둠으로써,[95] 성균관 유학 시절에 일두가 참선(參禪) 혹은 정좌(靜坐) 수행을 일상화한 사실을 재차 확인해 두었다.

실제 정여창은 합천(陜川) 출신으로 귀양지인 종성에까지 따라 와서 수학했던 열렬 문인(門人)인 월휘당(月暉堂) 이희증(李希曾, 1486~1509)의 부친 이수공(李守恭)에게 보낸 서신을 통해서도, "등불의 심지를 돋우고 바보처럼 밤새도록 묵좌(默坐)하고 있었다."고 술회해

---

94 南孝溫, 『秋江集』 卷7, 「雜著」, 〈師友名行錄〉, 138쪽. "外爲常談, 內惺惺也. 少時, 居館與人寢, 鼻睡而不寢, 人不知也. 一宵見獲於崔鎭國, 館中喧傳, 以爲鄭某參禪不寢." 언급된 '진국'은 자(字)며, 성명은 최하림(崔河臨, 1455~1486)이다. 명문장가로 알려졌던 최하림은 저서로 『안택기(安宅記)』를 남겼다.

95 鄭汝昌, 『一蠹集』 卷3, 「附錄」, 〈神道碑銘并序(鄭蘊)〉, 26쪽. "癸卯, 中進士試 …… 乃遊太學, 每夜深, 必兀然端坐, 於是, 泮中知其有思道之功."

보였으리만큼, 생애 마지막 시절까지도 정좌 수행에 열중했던 인물이었다.[96] 따라서 정여창이 "칠년 간 종성(鍾城)에 유배되었으나, 정력(定力)은 조금도 꺾이지 않았네!"라는 말로써,[97] 선정(禪定)의 힘에 충만했던 일두의 생애 마지막 장면을 전언한 시구도 결코 근거가 빈약한 빈말이 아니었음을 알 수 있다.

그 연장선에서 상기 인용문 중에서 "겉으로는 늘 이야기를 나누면서도 안으로는 (항상) 정신이 깨어 있었다."고 기술된 부분도 보다 자세하게 반추할 필요가 있다. 왜냐하면 이 구절은 정여창이 행주좌와(行住坐臥) 어묵동정(語默動靜) 사이에도 늘 깨어 있는, 곧 선가 어록의 이른바 "상성성(常惺惺)"의 경지를 체득했음을 시사해 주고 있기 때문이다. 달리 이를 「행장」에서는 "여러 사람들과 함께 있을 때에는, 언어(言語)·기상(氣象)을 보통 사람들과 같게 하고, 일찍이 달리하지 않았으나, (항상) 속마음은 맑게 깨어[惺惺] 있었다."고 좀 더 자세하게 부연해 두기도 했다.[98] 그렇다면 이상의 사실들을 종합해 보건대, 거론된 "사도(思道)의 공(功)"이란 정여창이 줄곧 "화두(話頭)를 참구(參究)한"[곧 사도(思道)] 사실을 우회적으로 표현한 어휘일지도 모르겠다. 만약 이 분석이 근사하다면, "늘 깨어 있음"으로 표현된 경지란 항상 화두를 놓치지 않는 수행의 경계(境界)를 의미하게 된다.

---

96 鄭汝昌, 『一蠹集·續集』 卷1, 「雜著」, 〈答李仲平守恭〉, 38쪽. "挑燈終宵, 默坐如癡."

97 鄭汝昌, 『一蠹集 · 續集』 卷2, 「附錄」, 〈賜祭文(太上甲子), 知製敎 製進〉, 45쪽. "七年鍾城, 定力不摧."

98 鄭汝昌, 『一蠹集』 卷3, 「附錄」, 〈行狀(三)〉, 22쪽. "與衆處則言語氣象如恒人, 未嘗有異, 而內實惺惺焉."

짐작컨대 정여창은 성균관에 유학하기 이전에 하동의 악양 권역에서 "본원(本源)을 함양(涵養)하는 것으로 진덕(進德)의 기반을 삼았던"[99] 장수(藏修) 기간 동안에 참선이 인도하는 정신세계에 본격 입문했을 것으로 추정된다. 진주(晉州) 출신의 문신인 춘간(春磵) 강대수(姜大遂, 1591~1658)가 읊은 하동의 "화개동(花開洞)에 집을 지어, 맑은 봄날 정좌(靜坐)하고"라는 시구는 이러한 추측을 뒷받침 해준다.[100] 앞서 "탄(坦) 선사(禪師)가 광양(光陽)에 부처(付處)되면서부터 또한 찾아가 상종했었다."고 술회한 기간도 바로 이 무렵이었다.

또한 기존의 분분한 논의와는 달리, 정여창이 지리산 유람 도중에 "사람 마음속의 잡념이 조금도 남김없이 다 없어진" 지경(地境)을 『맹자(孟子)』, 「고자장구(告子章句)(上)」편에 연원한 '야기(夜氣)'에 빗댄 부분도[101] 적정(寂靜)한 심체(心體)를 에둘러 표현한 개념으로 파악함이 정당한 이해 방식일 것이다. 그리하여 정여창은 성균관에 유학한 1480년(31세)을 전후하여 "참선(參禪)을 하느라고 잠을 자지 않을" 정도로 불교적 실참 수행에의 세계에 가일층 몰입하기에 이르렀고, 또한 선정력(禪定力)이 선사하는 삼매(三昧)의 경지에도 자주 접어들었던 것으로 분석된다.

한편 남효온이 정여창과 논쟁을 벌였던 이른바 '심출입설(心出入

99 鄭汝昌, 『一蠹集』 卷3, 「附錄」, 〈行狀(三)〉, 23쪽. "入頭流山, 發憤勵志, 依朱子學規, 以涵養本源, 爲進德之基, 以窮探性理, 爲修業之本."

100 鄭汝昌, 『一蠹集·續集』 卷2, 「附錄」, 〈伊淵書院奉安文(姜大遂)〉, 48쪽. "花開一室, 靜坐春晴."

101 鄭汝昌, 『一蠹集』 卷3, 「附錄」, 〈行狀(三)〉, 30쪽. "伯勗曰, 人心夜氣, 於此都無查滓矣." 『맹자』, 「고자장구(상)」 제8장의 해당 구절은 이하와 같다. "其日夜之所息, 平旦之氣, 其好惡與人相近也者幾希, 則其旦晝之所爲, 有梏亡之矣. 梏之反覆, 則其夜氣不足以存, 夜氣不足以存, 則其違禽獸不遠矣."

說)' 역시 "참선(參禪)을 하느라고 잠을 자지 않았던" 일두의 실참 수행 이력과 관련하여 재해석이 요구되는 사안이다. 일단 "형체가 있는 것은 모두 마음이 있다."라거나,[102] 혹은 "학문을 하면서 마음을 알지 못한다면, 공부하여 뭣하겠는가?"는 반문에서 확인되듯이,[103] '마음'[心]을 둘러싼 논의는 정여창이 가장 큰 관심을 기울였던 철학적 주제라는 위상을 점유하고 있었다. 이 주제는 인간의 내면 세계를 향한 정여창의 지대한 철학적 관심이 투영된 사안에 해당했던 것이다.

그런데 남효온은 정여창이 "마음을 가리켜 출입(出入)하는 물건이라 한" 일두의 설(說)을 심하게 힐난(詰難)하면서 "마음이 어찌 출입을 하겠는가?"라는 말로써, 의미 있는 반문을 제기하게 된다.[104] 이에 남효온의 따갑고도 이유 있는 비판에 직면한 정여창의 결론을 논의의 단순화를 위해 미리 앞당겨서 소개하면 다음과 같이 정리된다.

> "자신의 몸은 여기에 앉아 있는데, 마음은 천리(千里) 밖을 노닐다가, 잠깐 사이에 돌아와 몸속에 있으니, 출입(出入)하는 것이 아니겠는가?"[105]

102 鄭汝昌, 『一蠹集』 卷3, 「附錄」, 〈讚述〉, 30쪽. "心者, 可行於空虛之地乎. 必盛於形質, 然後行也, 故有形者, 皆有心也."

103 鄭汝昌, 『一蠹集』 卷3, 「附錄」, 〈行狀(三)〉, 25쪽. "嘗與寒暄言曰, 學而不知心, 何以學爲."

104 鄭汝昌, 『一蠹集』 卷3, 「附錄」, 〈讚述〉, 30쪽. "自勗用是說, 亦指心出入之物, 余嘗詰之曰, 心豈出入乎." 잘못 언급된 '자욱(自勗)'은 정여창의 자(字)인 백욱(伯勗)의 오자다. 정여창과 남효온 간의 '심출입설' 논쟁에 관한 내용은 『秋江集』 권5의 〈心論〉, 103~105쪽에 보다 자세하게 소개되고 있다.

105 鄭汝昌, 『一蠹集』 卷3, 「附錄」, 〈讚述〉, 30쪽. "自勗曰, 自身坐於此, 而心遊千里之外, 須更卷在腔子裏, 非出入乎."

마음의 드나듦 문제와 관련하여 정여창이 내린 위의 결론은 유학의 주요 경전과 정주학에 의거하여 "마음이 몸을 떠나버리면, 몸은 곧바로 죽는 것이니, 다시 들어올 리가 없다."는 결론 하에, 정여창의 설을 "말로써 뜻을 해친 것[이사해의(以辭害意)]"으로 단정한 남효온의 해석[106]과는 양립 불가능한 성질의 것이다. 왜냐하면 정여창의 상기 설명은 삼매지경(三昧之境)에서 명백히 마음이 육체를 벗어난 상태를 설파한 구체적인 장면에 다름 아니기 때문이다. 좀 더 부연하자면 후대 노론(老論) 계열의 지식인인 임호(林湖) 박수검(朴守儉, 1629~1698)은 상기 인용문과 같은 문맥과 관련하여, "정신[神]은 우주의 팔표(八表)를 노닐면서 조용히 천계(千界)를 관(觀)하니, 저 (仙家의) 방사(方士)들이 사모하는 바라오!"[107]라고 설한 바가 있는데, 이는 삼매지경에서 유체(流體)가 이탈(離脫)한 상태를 지목한 대목에 해당한다.

정여창이 마음의 소재(所在)를 묻는 김굉필의 질의에 대해서, "있지 않은 곳이 없으며, 또한 머물러 있는 곳도 없다."고 답한 대목 역시 상기 인용문과 밀접한 문맥 하에 놓여 있음을 이해하게 된다.[108] 다시 말하여 정여창은 선정(禪定) 삼매(三昧)가 제공하는 논리로써『맹자』의「고자장구(告子章句)」[109]에 연원하는 '심출입설'을 앞의 인용문처럼 설명했

106 鄭汝昌,『一蠹集』卷3,「附錄」,〈讚述〉, 30쪽. "纔出身則身便斃矣, 無復入之理. 若夫孔孟伊洛出入之說 …… 自朂無乃以辭害意乎."

107 朴守儉,『林湖集』卷6(한국문집총간 續39),「記」,〈皆骨山寂默堂記〉, 민족문화추진위원회, 2006, 291쪽. "今者和尙慶秀 …… 我自絶粒, 靈藥何用, 我自絶交, 仙子何求. 冥然杳然, 恍兮忽兮, 神遊八表, 靜觀千界, 彼方士者所慕."

108 鄭汝昌,『一蠹集』卷3,「附錄」,〈行狀(三)〉, 25쪽. "寒暄曰, 心在何處. 先生曰, 無乎不在, 亦無有處."

109『孟子集註』,「告子章句(上)」의 제8장. "孔子曰 操則存, 舍則亡, 出入無時, 莫知其

고, 그 결과 유학적 전거에 의거한 남효온의 따가운 비판을 몸소 감수해야만 했던 것이다.

이제 마지막으로 정여창의 불교적 협의와 관련하여 자주 거론되는 지리산 권역 함양의 금대암(金臺菴)에서 목도한 이른바 "정진도량(精進道場)"에 대한 일두의 평을 재음미해 보기로 한다. 김일손은 정여창과 지리산 유람 도중에 금대암에서 "누더기로 만든 법복 차림의 승려 20여 명이 막 가사(袈裟)를 걸치고, 범패(梵唄)를 부르며 서로 줄지어 도는데, 그 속도가 매우 빠른", 곧 이른바 "정진도량(精進道場)" 중인 상황과 우연히 조우하게 되었던 것이다. 이 수행법에 대해 정여창은 아래와 같은 설명을 가해둠으로써, 그가 축적한 폭넓은 불교적 소양의 일단을 거듭 확인해 두었다.

> "그 법(法)이 정미하여[精] 잡됨이 없으며, 나아가기만 하고 물러나지는 않는 것입니다. 밤낮으로 쉬지 않아서, 부처가 되는 공력을 쌓는 것이지요!"[110]

위의 글에 추가하여 정여창은 정진도량 도중에 "차츰 혼미[昏]하거나 나태[惰]해지면, 그 무리 중에서 민첩한 자 한 사람이 기다란 나무막대기로 쳐서 경계하여, 괴로워서 졸지 못하게끔 합니다."라는 부연설명도 아울러 덧붙여 두었다.[111] 범패 소리를 앞세운 정진도량은 현전하

鄕, 惟心之謂與."

110 金馹孫, 『濯纓集』 卷5, 「錄」, 〈頭流紀行錄〉, 258쪽. "百結衲子卄餘, 方荷袈裟, 梵唄相逐, 回旋甚疾, 余問之, 云, 精進道場也. 伯勖頗解之曰, 其法精而無雜, 進而不退, 晝夜不息, 以爲作佛之功."

111 金馹孫, 『濯纓集』 卷5, 「錄」, 〈頭流紀行錄〉, 258쪽. "稍有昏惰, 其徒中捷者一人,

는 한국 불교의 4대 수행법인 독경과 염불, 참선과 진언 암송법과는 다소 거리를 둔 집단적 차원에서 진행되는 불퇴전(不退轉) 수행법의 일환이었던 듯하다. 아무튼 일종의 무기(無記) 상태에 준하는 '혼타(昏惰)'의 문제를 거론한 이 기록은 정여창이 지리산 산중 생활을 통해서 다양한 불교적 수행법에 상당히 익숙한 상태였음을 분명하게 확인시켜 준다. 뿐만 아니라 정각(正覺)을 이룬 "부처가 되는 공력을 쌓는" 불교의 수행법을 매우 긍정적인 시선으로 주시하고 있었다는 정황 또한 예사롭게 여겨지질 않는다.

이상에서 논급한 정여창이 보여준 불교적 수행법과 관련된 족적(足跡)들은 일두가 타계한 이후에 쏟아진 일련의 평가는 물론이거니와, 문집이나 여타의 관련 저술에서 드러난 유학적 학문·도덕의 전범(典範)으로서의 면모와도 전혀 차원이 다른 자취들임에 분명하다. 즉, 고금(古今)의 논자들이 지적한 바와 같이, 정여창의 경우 정주학적 도통 정맥의 핵심적 기준인 학적 '순정성'의 문제에는 다소 문제의 소지를 안고 있었던 것이다.

그렇다면 이처럼 정여창 생애에서 산발적으로 발견되는 유(儒)·불(佛)이 혼재(混在)한 듯한 초점 불일치의 현상을 설득력 있게 설명할 수 있는 방법은 과연 무엇인가? 이제 정여창이 남긴 불교적 혐의점들을 지금까지 축적된 기존 연구 성과들과는 전혀 판이한 차원인 회통론에 입각한 진리론적(眞理論的) 전망에 의거하여 전면 재해석하는 절차를 진행하도록 하겠다.

以木長板, 拍而警之, 使不得惱睡."

5. 최치원(崔致遠)의 진감선사탑비(眞鑑禪師塔碑)와 일두의 유·불 회통론

⑴ 일단, 앞 절에서 논급한 내용들과 관련하여 정여창이 남긴 생전 행적(行蹟)에 대해서 심히 비판적인 태도를 취했던 성호 이익의 『성호사설(星湖僿說)』 가운데 「인사문(人事門)」의 해당 언술을 우선적으로 소개하고 검토할 필요가 있다.

> "(정여창이) '유교와 불교[釋]는 도(道)는 같지만, (그) 자취가 다르다.'고 한 논설은 지극히 의심스럽다. 공적(空寂)하고 윤리[倫]가 없는 학설을 우리 유교의 성명(性命)의 학(學)에 비겨 '도(道)가 같다.'고 한 것이 (과연) 타당하겠는가? ...... (그가) 사화(士禍)에 원통하게 죽은 것만을 사람들 마음에 울분해하고 격발(激發)하여, 그 평생에 한 일까지도, 감히 비판하기를 용납하지 않는다면, 이 또한 (분명) 잘못이리라!"[112]

윗글에 이어서 이익은 으레 "그는 평소에 훈채(葷菜)를 먹지 않았고, 말고기며 소고기도 먹지 않았다."는 사실을 새삼 확인해 보임과 더불어, 또한 "정(鄭) 아무개는 참선(參禪)을 하느라고 잠을 자지 않았다."며 성균관에서 남긴 정여창의 미묘한 수행 흔적도 아울러 적기해 두었다.[113] 이익은 남효온의 『추강집』에서 제공한 기록들을 바탕으로 하여 정

112 李瀷, 『星湖僿說』 卷11, 「人事門」, 〈鄭一蠹〉, 107쪽. "鄭一蠹 ...... 知儒釋之道同迹異, 其說極可疑. 以空寂無倫之說, 比之於吾儒性命之學, 而謂之道同可乎 ...... 寃死於士禍, 人心憤鬱激發, 並與其生平, 而無敢容議, 則又過矣." 원문은 한국고전번역원의 DB에서 취했음.

113 李瀷, 『星湖僿說』 卷11, 「人事門」, 〈鄭一蠹〉, 107쪽. "居常不茹葷, 不食牛馬肉, 少

여창 생전의 불교적 혐의점들에 관한 사항들을 조목조목 지적하고 비판하였던 것이다. 다만 이익은 정여창이 중년 이후로 철저히 이행한 불음주건에 대해서는 일체 함구했다. 아마도 이는 이익이 그 이면에 간직된 특별한 사정들을 충분히 파악했기 때문일 것으로 추정된다. 그 대신에 이익은 정여창이 훈채를 먹지 않은 특별한 식습관과 육식을 금한 사실을 예의 주시하고, 이 두 사례들을 준엄한 비판의 대상에 포함시켰던 것이다.

그러나 이처럼 정여창의 불교적 혐의에 대해 축조(逐條) 비판을 가한 성호 이익이었으나, 예외적으로 정여창이 창작한 시작(詩作)에 한해서는 극찬을 아끼지 않았다. 즉, 이익은 정여창이 남긴 드문 작품인 시 「악양(岳陽)」에 대해서는 대본으로 참고한 북송(北宋)의 시승(詩僧)인 참료자(參廖子, 1043~?)의 원시(原詩)에 비해 "백달보검(白獺補臉)의 솜씨"를 발휘한 작품으로 높이 평가하였던 것이다.[114] 특히 이익은 「악양」의 기구(起句)가 참료자의 시와 비슷한 것은 작가 나름의 창작 "의도가 있어 그대로 인용한 것이니 무방하다."고 호평한 사실이 눈에 띈다. 따라서 정여창의 생전 행적에 대해 엄정한 태도를 견지했던 이익의 논평 태도를 고려해 볼 때에, 시승이자 선승(禪僧)이었던 참료자의 작품을 참

時入學舍, 鼾息而不寢, 同寢者覺之, 遂喧以爲鄭某參禪不寢, 盖當時已有此論矣."

114 李瀷, 『星湖僿說』 卷28, 「詩文門」, 〈鄭一蠹詩〉, 21~22쪽. "其起句意到, 不防相襲, 收殺得完好, 是白獺補臉手. 參廖則第二句卑劣, 不脫胡釘鉸張打油套." 언급된 '白獺補臉'은 흰 수달의 뼈로써 빰에 난 상처를 낫게 치료한다는 뜻이다. 한편 거론된 '참료자(參寥子)'는 별호로 원래 이름은 도잠(道潛)이다. 도잠은 송대의 대문장가인 소식(蘇軾)과도 친분이 두터운 사이였다. 도잠이 지은 「임평우화(臨平藕花)」라는 시 중에서 기구(起句)가 "산들바람에 부들이 한들한들거려 살짝 부드러이 희롱하누나!(風蒲獵獵弄輕柔)"라는 구절이 있었던 까닭에, 성호 이익이 위의 본문의 해당 내용처럼 평론했던 것이다.

고한 사실 자체를 문제시하여 불교적 혐의를 가중시킨 일부 선행 연구는 다소 논리적 무리를 범한 것으로 판단된다.[115]

금번 논의와 관련하여 보다 중요한 사항은 정여창이 남효온에게 전언한 논설 중에서 "유교와 불교는 도(道)는 같으나, (그) 자취가 다르다.(儒釋道同而迹異)"고 설파된 일구에 내재된 미묘한 함의에 관한 것이다. 기실 성호 이익에 앞서 기호학파(畿湖學派)의 거유(巨儒)였던 탄옹(炭翁) 권시(權諰, 1604~1672) 또한 정여창이 "더구나 유교와 불교가 도는 같고, (그) 자취가 다르다."고 한 것은 극히 이치에 해로운 듯하다."는 소견을 피력한 사실이 있었다.[116] 더 나아가 권시는 남효온의 고의(高義)로운 지적에도 불구하고, 당시까지 정여창의 해당 언명에 대해 "감히 비판[議]을 용납하지 않았던" 역사적 현실에 대해 조심스러운 불만을 표시해 두기도 하였다.[117]

그런데 이상의 권시·이익 두 사람이 가한 엄중한 비판적 언술과는 달리, 다분히 회통론적 함의가 읽혀지는 "유석도동이적이(儒釋道同而迹異)"라는 일구는 그 어떤 특별한 유래를 반영한 테제(these)라는 사실에 각별히 유의할 필요가 있다. 다시 말하여 이 오묘한 진리론적 테제에 관한 지적 원천을 제공한 주인공은 바로 나말(羅末)의 고운 최치원이었던 것이다. 또한 최치원이 회통론적 전망을 제시한 무대는 정여창이

115 노의찬, 「一蠹 鄭汝昌의 불교적 자취」, 『열상고전연구』 39집, 열상고전연구회, 2014, 346~349쪽 참조.

116 權諰, 『炭翁集』 卷6(한국문집총간 104), 「答尹吉甫(乙未十二月 ○三」, 민족문화추진위원회, 1993, 8쪽. "秋江集所謂 ...... 至於儒釋道同而迹異者, 似極害理."

117 權諰, 『炭翁集』 卷6, 「答尹吉甫」, 8쪽. "秋江高義, 百世興起, 聞道淺深, 未敢容議. 況一寒兩賢儒宗, 誠何云云哉, 而後生創聞, 不能不駭心."

"때때로 혹 소를 타고 쌍계(雙溪)와 청학동(青鶴洞) 사이를 오가기도 하였다."고 기록된 바대로,[118] 하동 쌍계사(雙溪寺)와 지근한 거리에 위치한 청학동 일대 지역이었다는 사실도 겸사해서 환기할 필요가 있다.[119] 뿐만 아니라 오래 전 시기인 887년(정강왕 2)에 최치원은 왕명(王命)으로 하동 쌍계사에 진감(眞鑑, 774~850) 선사의 탑비(塔碑)의 비문(碑文)을 지었고, 또한 전서(篆書)로 된 제액(題額)과 글씨를 직접 쓴 사실(史實)이 있었다는 점도 아울러 상기할 필요가 있다.

신라(新羅) 말엽 당시에 최치원은 진감선사탑비(眞鑑禪師塔碑)의 비문를 통해서, "무릇 도(道)란 사람에게서 멀리 있지 않으며, 사람에게는 나라의 다름이 없다."는 극히 주체적인 진리관을 피력해 보이면서, 일종의 사해동포주의(四海同胞主義, cosmopolitanism)에 준하는 의미심장한 선견(先見)을 동시에 천명해 두기도 하였다. 나아가 최치원은 이 같은 전제 하에, "우리 동인(東人)의 자손들이 불교(佛敎)를 배우고 유교(儒敎)를 배우는 것은 필연이다."는 진리론적 전망을 제시해 둔 사실은 이미 널리 알려진 내용이다.[120] 이에 최치원은 그 일례로 『예기(禮記)』의 "이른바 말이 어찌 하나의 단서일 뿐이겠는가? 무릇 제각기 타당한 바

118 鄭汝昌, 『一蠹集』 卷3, 「附錄」, 〈行狀(三)〉, 30쪽. "時或騎牛往來雙溪青鶴洞間 ...... 臨湖又搆小亭, 扁曰岳陽, 以爲藏修之所."

119 청학동의 위치와 관련하여 혹자는 지금의 하동군 화개면 쌍계사 뒤편의 불일암(佛日庵) 근처로 추정하기도 하고, 또 어떤 이는 악양면 매계리의 어느 곳을 특정하기도 한다. 이에 관해서는 최헌섭, 「青鶴洞 位置考」, 『경남발전』 83호, 경남발전연구원, 2006, 116~132쪽 참조. 한편 현재는 관광지로 변신한 하동군 청암면 묵계리의 도인촌이 청학동의 공식적 소재지로 세간에 널리 소개되고 있는 실정이나, 본 논의에서 말하는 청학동은 맨 첫 번째 언급된 지역을 일컫는다.

120 韓國古代社會研究所, 『譯註 韓國古代金石文 Ⅲ(신라 2·발해 편)』, 五政印刷株式會社, 1992, 82쪽. "夫道不遠人, 人無異國. 是以, 東人之子, 爲釋爲儒, 必也."

가 있다."는 한 구절을 인용하는 방식을 빌려서,[121] 서로 다른 두 사유체계가 접목(接木)·상감(相感)할 수 있는 회통(會通)과 통섭(通攝)에의 길을 진지하게 모색하기에 이르렀던 것이다.

그리하여 마침내 최치원은 호계삼소(虎溪三笑)라는 유명한 일화를 남긴 동진(東晋)의 혜원(慧遠, 335~417) 선사의 논(論)을 원용하는 형식을 취하면서, 유교와 불교가 회통·통섭하는 길과 그 난관을 다음과 같이 동시에 천명해 두었다.

> "여래(如來)[부처]가 주공[周]·공자[孔]와 드러낸 이치는 비록 다르지만, 돌아가는 바는 한 길이다. 극치를 체득함에 있어 아울러 응(應)하지 못하는 것은, 만물을 함께 받아들일 수 없기 때문이다."[122]

최치원은 회통론에 입각한 진리론적 전망이 제시된 윗글에 곧장 이어서, "공자(孔子)는 그 실마리를 열었고, 석가(釋迦)는 그 이치를 밝혔다."는 양(梁)나라 심약(沈約, 441~513)의 말을 추가로 소개하는 가운데, "참으로 그 대요(大要)를 안다고 이를 만한 사람이라야, 비로소 더불어 지선(至善)의 도(道)를 말할 수 있다."는 진리론적 소견을 추가적으로 덧붙여 두었다.[123]

따라서 이상으로 소개한 비문 내용만으로도 우리는 정여창이 설파한 "유교와 불교는 도(道)는 같지만, (그) 자취가 다르다."는 논설이 연

---

121 韓國古代社會硏究所, 『譯註 韓國古代金石文 Ⅲ(신라 2·발해 편)』, 82쪽. "禮所謂, 言豈一端而已, 夫各有所當." 이 구절은 『禮記』 권22, 「祭衣」에 나오는 말임.

122 崔致遠, 『孤雲集』 卷2(한국문집총간 1), 「碑」, 〈眞監和尙碑銘並序〉, 민족문화추진위원회, 1986, 175쪽. "故廬峰慧遠著論謂, 如來之與周孔, 發致雖殊, 所歸一揆. 體極不兼應者, 物不能兼受故也."

123 崔致遠, 『孤雲集』 卷2, 「碑」, 〈眞監和尙碑銘並序〉, 175쪽. "沈約有云, 孔發其端, 釋窮其致, 眞可謂識其大者, 始可與言至道矣."

원한 특별한 유래와 함께, 또한 이 명제 안에 담긴 "그 대요(大要)를 알고" "지선(至善)의 도(道)를 말하는" 회통론적 함의를 해독해 내기에 전혀 부족함이 없는 상태다. 즉, 정여창의 해당 언술은 최치원이 제시한 불교와 유교가 "드러낸 이치는 비록 다르지만, 돌아가는 바는 한 길이다."는 유교·불교 간의 회통론을 주체적으로 계승한 진리론적 테제였음이 명백해진 셈이다.

그런 점에서 족제(族弟)인 둔재(遯齋) 정여해(鄭汝諧, 1450~1530)[124]가 "방장(方丈)이 머무르던 쌍계(雙溪)의 산수에서, 높은 자취에 반연[攀]되었다." 고 술회한 대목은 대단히 중요한 정황 증거상의 전거(典據)가 아닐 수 없다.[125] 왜냐하면 정여해가 남긴 이 기록은 정여창이 한때 "높은 자취[高躅]"로 지칭된 최치원의 회통·통섭적 진리론에 크게 매료되었던 정황을 간접적으로 입증해 주는 귀중한 자료적 가치를 발휘하고 있기 때문이다.

또한 정여창이 김일손과 함께 지리산 산행 도중에 경유한 산청의 단속사 부근에서 접한 "세상을 널리 구제해 주는 바위 문[廣濟嵓門]"이

124 둔재(遯齋) 정여해(鄭汝諧)는 호남(湖南)[전남]의 화순(和順) 출신으로 정여창과는 8촌 동갑나기 아우 관계인 인물이다. 정여창·김굉필과 함께 김종직의 문하에서 수학하였고, 1480년에 진사시에 합격한 뒤에 삭주(朔州) 교수(敎授)를 지냈다. 1487년에는 사헌부(司憲府) 지평(持平)에 제수(除授)되었으나 취임하지는 않았다. 퇴은(退隱)하여 화순에서 바다가 바라보이는 정사(精舍)에서 후진 양성에 힘썼고, 이로 인해 김종직의 문인임에도 사화를 면할 수 있었다. 『一蠹集·續集』 卷1에는 정여창이 정여해에 전한 시 〈題族弟汝諧海望幽居〉가 수록되어 있다.

125 鄭汝昌, 『一蠹集·續集』 卷2, 「附錄」, 〈祭文(族弟汝諧)〉, 46쪽. "源源追隨, 嶺湖咫尺, 方丈雙溪, 得攀高躅." 『국역 일두집』에서는 "방장산 쌍계의 산수에서, 높은 자취를 우러렀습니다."로 번역하였다. 방장(方丈)은 유마(維摩) 거사(居士)의 거실이 '일장사방(一丈四方)'이었던 데서 유래하여, 화상(和尙)·국사(國師)처럼 고승의 처소를 일컫는 개념으로 그 의미가 전화되었다. 여기서는 진감선사를 지칭하는 단어이며, 또한 존귀한 족적(足跡)을 뜻하는 '고촉(高躅)'은 쌍계사와 청학동 일대에서 일시 체류했던 최치원의 행적을 말한다.

라는 글귀는 『탁영집』에 수록되어 있는 상태다.[126] 김일손의 문집인 『탁영집』 속의 이 자료는 정여창이 최치원의 존재와 사상적 지형도 등에 대해서 이미 충분히 인지하고 있었을 가능성을 확인시켜 주는 또 다른 문헌 자료에 해당한다. 즉, 『탁영집』의 해당 기록은 정여창이 최치원의 회통론적 전망으로부터 영향을 받았을 개연성을 뒷받침해 주는 간접적인 자료적 가치를 지니고 있는 것이다.

⑵ 기실 깊고 고요한 성정의 소유자로서 "말은 해야 할 때에만 하였던" 정여창의 성향상, "선가(禪家)의 일"이라든가, 혹은 "유교와 불교는 도(道)는 같지만, ㈀ 자취가 다르다."는 등의 언술들은 가까운 지인 중에서도 극히 한정된 몇몇 이들에게만 토로되었던 듯하다. 게다가 무오사화 때에 부인에 의해 "세 종류 손때 묻은 책, 불에 타서 재가 되고야 만"[127] 사정 등으로 인해 정여창이 고운 최치원의 회통적 진리론의 전망으로부터 영향을 받았음을 확인해 줄 만한 직접적인 전거는 사실상 전무한 실정이다.

그럼에도 불구하고 우리는 『일두집』에 산재(散在)한 이런저런 자료의 편린들을 수습(收拾)하여 검토하는 방식을 통해서 정여창이 견지했던 융회(融會)·통섭(統攝)·회통(會通) 지향적 취향이라든가, 혹은 그럴 만한 개연성 등과 같은 요소들을 추가적으로 더 타진해 볼 수도 있을 것이다.

126 金馹孫, 『濯纓集』 卷5, 「錄」, 〈頭流紀行錄〉, 257쪽. "自丹城西行十五里, 歷盡阻折, 得寬原, 一淸泠注其原之西, 緣崖而北三四里, 有谷口, 入谷有削巖面, 刻廣濟嵒門四字, 字畫硬古, 世傳崔孤雲手迹也."

127 鄭汝昌, 『一蠹集 · 續集』 卷2, 「附錄」, 〈祭文(隆熙己酉, 尹喜求製進)〉, 45쪽. "三書手澤, 蕩于劫灰."

이 사안과 관련하여 무엇보다 주목되는 점은 "백욱(伯勗)은 어려서부터 스스로 매이기를 싫어하였고, 산수(山水)를 지나치게 좋아하는 병통이 있었다."고 평한 유호인의 보고성 언술에 관한 것이다.[128] 동향(同鄕) 출신인 유호인의 기록은 정여창이 생래적으로 이른바 걸림이 없는 '불기(不羈)'의 기상을 타고난 인물로서, 지극히 자유로운 영혼의 소유자였다는 사실을 방증(傍證)해 준다. 또한 유별난 산수벽을 발휘했던 정여창이 "인자(仁者)와 지자(智者)가 즐기는 대상"인 산과 물을 아울러 지적하면서도, "산(山)은 공자(孔子)가 '물이여, 물이여!'라고 한 물[水]만큼은 못하다."는 말로써,[129] 산보다는 물을 더욱 예찬했던 이유 또한 그의 성정에 내재된 걸림 없는 '불기'의 기상과 무관하지 않아 보인다.

이러한 정여창의 물 예찬론은 구한말(舊韓末)에 의당학파(毅堂學派)를 창시했던 의당(毅堂) 박세화(朴世和, 1834~1910)가 제시한 지극한 산중(山中) 예찬론, 즉 "드높고 크면서 확중(確重)한 도량을 지닌 자가 산(山)을 보면, 자연히 그 즐거움을 이기지 못한다."[130]는 언술과는 묘한 대조를 연출하고 있다. 정여창이 선보인 물 예찬론이 시사해 주듯이, 진정한 영혼의 자유를 희구하는 인물의 경우 특정한 사유체계가 구획한 하나의 닫힌 범주 안에서 고착되기를 거부하는 것은 너무나 자연스러운 현상이다. 이는 지극한 산 예찬론자였던 박세화가 정통(正統) 주자학자(朱子學者)를 정중하게 자처하는 가운데, "노불(老佛)은 진리를

128 鄭汝昌, 『一蠹集』 卷3, 「詩章」, 〈岳陽亭〉, 33쪽. "伯 少自不羈, 有泉石煙霞之疾."

129 鄭汝昌, 『一蠹集』 卷3, 「附錄」, 〈讚述〉, 31쪽. "山與水, 俱仁智者所樂也, 而不若水哉水哉."

130 朴世和, 『毅堂集』 卷2(奈堤文化資料叢書 3), 「書」, 〈答尹君瑞〉, 奈堤文化研究會, 2002, 73쪽. "高大確重之量者見山, 自然有不勝其樂."

기만하며 덕성을 멸한다."는 말로써,[131] 도가(道家)와 불교를 아울러 비판하며 이 땅 마지막 주자학자로 남기를 바랐던 정황과는 단연 대비되는 사례인 것이다.

이렇듯 정여창이 은연중에 드러낸 '불기(不羈)'의 기상과 같은 현상을 20세기 후반 프랑스의 철학자인 질 들뢰즈(Gilles Deleuze, 1925~1995)는 저서 『차이와 반복』을 통해 유목민적 사유체계의 유형인 노마디즘(nomadism)으로 체계화시킨 바가 있다. 즉, 특정한 가치와 삶의 방식에 얽매이지 않고 끊임없이 자기를 부정하면서 새롭고도 보다 확장된 자아를 찾아가는 철학적 개념인 노마디즘과 정여창이 견지했던 '불기'의 기상 사이에는 명백한 친연성이 감지되고 있는 것이다.

이에 정여창은 단순한 배불(排佛)의 차원을 넘어 무원칙한 파불(破佛)의 시대를 재촉한 끝에, 본격적인 산중(山中) 승단(僧團)의 시대를 열었다는 평을 받는[132] 연산군 재임 기간임에도 불구하고, 최치원이 제시한 회통론적 진리론에 대한 무언의 계승자로 자처하기에 이르렀던 것 같다. 즉, 정여창이 구축한 진리론적 전망에 있어서 "부처가 되는 공력을 쌓는 것"과 유학적 맥락에서의 "성인(聖人)을 배우는 공부"란 "지선(至善)의 도(道)"를 지향하는 회통론적 설계도 안에서 동시적으로 통섭가능한 진리론적 사안으로 인식되었던 것이다.

따라서 우리는 정여창이 구축한 학문세계를 평론하는 공통된 어휘

131 朴世和, 『毅堂集』 卷4, 「雜著」, 〈溪山問對(下)〉, 283쪽. "所謂道也, 是所謂正學也 …… 老佛之誣道滅德, 古之人, 已有辭以闢之矣."

132 이봉춘, 『조선시대 불교사 연구』, 민족사, 2015, 484쪽 참조.

중에 하나인 "체용(體用)의 학"이라든가,[133] 혹은 "체용(體用)을 겸비(兼備)하였다."[134]는 수사어가 유학적 범주를 초극한 수준, 즉 유·불로 대변되는 '진리[道] 일반과 그 자취들'이라는 회통론적 전망까지를 망라하는 의미로 외연을 확장하여 재해석할 필요가 있다. 김일손이 막 등과(登科)한 정여창을 자신의 후임인 검열(檢閱)에 천거하면서 올린 상소문에서도, "새로 급제한 정여창은 그 도(道)가 천인(天人)에 통하고, 학문이 체용(體用)을 갖추었습니다."라고 운위한 구절 역시 동일한 맥락에서 이해될 수 있다.[135] 그런데 이처럼 '진리[道] 일반과 그 자취들'을 동시에 아우르려고 했던 회통론적 전망은 필경 거기로 접근하는 그 어떤 방법론적 장치들이 요구되기 마련이다.

그런 측면에서 앞서 논급한 '심출입설'을 제기하는 과정에서 정여창이 원용(援用)한 이경증경(以經證經) 식의 원숙한 경학론적(經學論的) 방법론은 시사해 주는 바가 적지 않다. 왜냐하면 이 입론(立論)을 제출하는 과정에서 정여창은『논어』·『맹자』·『대학』및『이정유서(二程遺書)』등과 같은 다수의 텍스트들을 동시에 원용하였기 때문이다.[136] 이 같은 정여창의 경학론적 방법론은 일종의 간(間)텍스트성

133 鄭汝昌,『一蠹集』卷3,「諡狀」,〈實紀跋〉, 35쪽. "冊中所載, 亦足以推測先生之體用之學."

134 鄭汝昌,『一蠹集 · 續集』卷2,「附錄」,〈龍門書院(顯廟壬寅), 賜額祭文(知製敎李殷相), 製進〉, 43쪽. "德器夙成, 體用兼備, 施自家政, 化行鄕里."

135 鄭汝昌,『一蠹集 · 續集』卷2,「附錄」,〈薦檢閱疏(金馹孫)〉, 49쪽. "新及第臣鄭汝昌, 道通天人, 學備體用."

136 鄭汝昌,『一蠹集』卷3,「附錄」,〈讚述〉, 30~31쪽. "孔子所謂捨則亡, 孟子所謂引之, 大學所謂不在 ...... 程子所謂使反復入身來."

(intertextuality)[137]에 기댄 경전 상호 간의 대화 방식의 한 전형을 전시해 주고 있다는 점이 주목된다. 일견 정여창이 적용한 원숙한 경학적 방법론은 최치원이 진감선사탑비를 통해 개진한 회통론적 담론에 원용된 숱한 텍스트들의 목록들을 연상케도 해준다.[138] 즉, 최치원은 유교·불교·도가는 물론이고 한(韓)·중(中)의 각종 역사서를 넘나드는 방대한 텍스트를 원용하는 방식을 통해서, 각각의 개별적 텍스트에 담지된 의미망(意味網)의 차이(差異)를 초극하는 차원에서의 심원한 회통적 진리론을 피력할 수 있었던 것이다.

물론 이에 비해 정여창의 경우는 유학의 경전들에만 텍스트 목록이 한정된 차이가 발견된다. 그러나 15~16세기를 전후로 한 조선 지성계의 평균적인 추이나 자료 부족 등과 같은 제반 요인을 감안할 때에, 정여창이 선도적으로 적용한 이경증경(以經證經) 식의 경학 방법론이 추수하는 의미란 결코 간단한 성질의 것이 아니다. 왜냐하면 이처럼 원숙한 경학적 방법론을 적용하는 일이란 그 자체 내에서, "유교와 불교는 도(道)는 같으나, (그) 자취가 다르다."로 설파된 회통론적 전망을 충

---

137 이른바 상호 텍스트성 혹은 텍스트 상호성으로도 번안되는 간(間)텍스트성(intertextuality)이란 텍스트다움[性]을 판정하는 기준인 응집성(coherence)과 응결성(cohesion)의 혼합 기준을 말한다. 이때 응집성은 하나의 텍스트를 텍스트답게 만들어 주는 의미상의 조건에 해당하며, 응결성은 텍스트다움(textuality)의 언어적 조건을 지칭한다. 따라서 양자의 혼합 기준을 의미하는 간텍스트성은 텍스트 사용자가 텍스트를 생산하고 수용하는 과정에서, 이미 확보하고 있는 여타의 지식을 포괄하는 개념을 뜻하게 된다. 고영근, 『텍스트이론: 언어통합론의 이론과 실제』, 아르케, 1999, 137~188쪽 참조.

138 최치원이 진감선사탑비에서 인용한 텍스트 목록으로는 유학의 경전 류인 『論語』·『中庸』과 육경(六經)을 위시하여 불서(佛書)인 『沙門不敬王者論』·『維摩經』·『祖堂集』·『高僧傳』, 그리고 『老子』·『莊子』·『淮南子』와 『三國史記』·『梁史』 등과 같은 한·중의 도가(道家) 및 역사서들이 망라되어 있는 상태다.

분히 예비(豫備)할 만한 절차적 가능성을 내포하고 있기 때문이다.

분명 정여창은 본격적인 억불(抑佛)로 접어들기 시작한 무렵에, 장차 봉착할 숭유(崇儒) 독존(獨尊)이라는 경직된 이념화의 추이에 무성찰적인 태도로 편승하는 대신에, 유교·불교가 공존하는 길에 대한 진지한 지적 모색을 "방장(方丈)이 머무르던 쌍계(雙溪)의 산수에서" 최치원이 남긴 고촉(高躅)을 반추하는 방식을 통해서 진지하게 실험하였을 것으로 추정된다. 그리하여 정여창은 "유교와 불교는 도(道)는 같으나, (그) 자취가 다르다."는 회통론적 진리론이 담지된 하나의 명확한 결론을 도출하기에 이르렀던 것이다.

(3) 겸하여 이처럼 유교와 불교를 회통론적 견지에서 '융화(融和)'[139]·회통하려 했던 정여창의 관용적 태도는 평생토록 그와 "뜻이 같고 도(道)가 합치되었던"[140] 김굉필이 보여준 불교에 대한 인식과는 분명한 차이가 존재했다는 사실도 부기해 둔다. 김굉필은 그가 성균관의 생원(生員)으로 유학할 당시에 아래와 같은 준엄한 배불 상소문을 제출한 사실이 있다.

"지금 대저 유교와 불교는 그 도(道)가 같지 않고, 그 문(文)이 같

139 김기현은 정여창의 도학사상이 지닌 '융화적(融和的)' 특성에서 현대적 의의를 찾는 논의를 개진했다. 金起賢, 「鄭汝昌 道學의 특색에 관한 小考」, 『東洋哲學研究』 38집, 동양철학연구회, 2004, 150~153쪽.

140 金宏弼, 『國譯 景賢錄(全)』, 「景賢錄(天) 上」, 寒暄堂先生記念事業會, 2004, 20쪽. "與咸陽鄭一蠹汝昌志同道合, 特相友善, 每相遇與之講磨道義, 商確古今, 或至達曙."

지 않고, 그 법(法)이 같지 않고, 그 행실이 같지 않으니 ……"[141]

김굉필의 상기 상소문은 "요즈음 원각사(圓覺寺) 승려들이 도성(都城) 가운데에서 무리를 모아 임의로 허무한 교(敎)를 베푸는 것"을 접하고 비분강개한 논조로 올린 글 중의 서두 부위에 해당한다. 보다 주목되는 부분은 일종의 유·불 대론(對論)의 형식을 취한 윗글 중에서, "대저 유교와 불교는 그 도(道)가 같지 않고, 그 문(文)이 같지 않다."고 운위한 대목일 것이다. 이 같은 김굉필의 견해는 앞서 접한 정여창의 회통론적 유·불 대론과는 명백히 대비되는 인식상의 차이가 선명하게 드러나 있기 때문이다.

실상 김굉필이 견지했던 극히 비판적이면서도 엄정한 불교관(佛敎觀)은 "동방(東方) 리학(理學)의 비조[祖]"로서,[142] "세인들의 믿음과 존경을 받고 있는 처지여서, 그 행위가 사도(斯道)[유학]의 폐흥(廢興)에 계루된 바가 있다."[143]는 평판을 받았던 포은(圃隱) 정몽주(鄭夢周, 1337~1392)가 견지했던 극히 친화적인 불교인식과도 단연 대비된

141 『成宗實錄』 卷118, 成宗 11년 6월 16일(乙丑). "今夫儒也, 釋也, 其道不同, 其文不同, 其法不同, 其行不同 ……豈意今者, 圓覺寺僧徒, 聚群都城之中, 恣設虛無之敎乎." 한편 鄭在景, 「일두연보(一蠹年譜)」, 『鄭汝昌 硏究』, 집문당, 1988, 244쪽에서는 일명 '성화경자상소(成化更子上疏)'로도 불리는 이 글이 동년 6월 14일자의 것으로 잘못 기록되어 있으므로, 차제에 바로잡는다.

142 『高麗史』 卷117, 「列傳 30·鄭夢周傳」. "李穡亟稱之曰, 夢周論理, 橫說竪說, 無非當理, 推爲東方理學之祖."

143 鄭道傳, 『三峯集』 卷3(한국문집총간 5), 「書」, 〈上鄭達可書〉, 민족문화추진위원회, 1996, 328쪽. "達可爲人所信服, 其所爲繫於斯道之廢興, 不可不自重也." 이 편지는 당시 "'달가(達可)[정몽주]가 『능엄경(楞嚴經)』을 읽고 있으니, 부처에 아첨하는 것만 같다.'"(近聞往來之言, 達可看楞嚴, 似佞佛者也.)는 전언자의 말을 접한 후에 깊은 우려감을 표명한 편지글 중의 일부에 해당한다.

다. 정몽주는 문종(文宗) 1년(1451)에 완성된 관찬(官撰) 사서(史書)인 『고려사(高麗史)』에 기술된 "염락(濂洛)[정주학]을 선양[倡鳴]하고, 불교[佛]·도가[老]의 말을 배척하였다."[144]는 기록과는 전혀 다르게, 불교 교리나 불경에 대한 폭넓은 소양 정도와 함께 심히 우호적인 유·석 교유를 지속적으로 전개하였던 것으로 재규명된 바가 있다.[145] 물론 정몽주의 경우 정여창이 제시한 회통적 진리론과 유관한 언술을 남기지는 않았으나, 유교와 이웃한 종교인 불교에 대해 지극히 관용적인 태도를 발휘했던 것만큼은 엄연한 사실이다.

여하간 단호한 척불론(斥佛論)을 제시하였던 지기인 한훤당 김굉필에 비해 일찍이 최치원이 설파한 "부처[如來]가 주공[周]·공자[孔]와 드러낸 이치는 비록 다르지만, 돌아가는 바는 한 길이다."라는 인식이나, 혹은 이를 주체적으로 재소화한 정여창의 "유교와 불교는 도(道)는 같으나, (그) 자취가 다르다."는 언명은 서로 상반된 두 개의 의미가 자기 고유성을 주장하지 않고 얽히는 자크 데리다(Jacques Derrida, 1930~2004)의 이른바 차연(差延, la différance)의 존재론을 연상케도 해준다. 차이(la différence)와 연기(延起, le délai)의 합성어인 차연의 존재론은 일방의 것이 타방의 것에 대해 각기 연기·상감·접목되어 있는 것과 같이 산종(散種)의 양태를 취하고 있다.[146]

결과적으로 유교·불교와 관련하여 정여창이 도출한 잠정적인 결

144 『高麗史』 卷117, 「列傳 30」, 〈鄭夢周傳〉. "倡鳴濂洛之道, 排斥佛老之言."

145 崔永好, 「포은 정몽주의 불교와의 교류」, 『圃隱學硏究』 9집, 포은학회, 2012, 139~147쪽 참조.

146 김형효, 『老莊 사상의 해체적 독법』, 청계, 1999, 320쪽 참조.

론은 그의 죽음 이후에 내려진 조선 지성계의 일련의 평가들과는 결코 모순되는 성질의 것이 아닌, 즉 이 담론이 궁극적으로 지향하는 의도나 차원 자체가 전혀 판이한 새로운 지평의 제시와 관련된 테제였음을 정당하게 이해할 필요가 있다. 정여창은 유배지인 종성에서 미천한 관노(官奴)로 지내면서 생애 마지막 7년을 보내는 동안에도, "처신이 태연하여 말이나 안색에 원망하고 후회하는 빛이 없었으며, 고요히 자신을 지켜 곤궁함 속에서도 더욱 가다듬는 절조가 있었다."고 한다.[147]

지금의 현생(現生)을 중시한 유교와 영원주의(永遠主義)의 철학 편에 선 불교가 차연(差延)의 방식으로 서로 얽혀져 있다는 정여창의 회통적 진리론의 행간(行間)에 담긴 의미처럼, 생애 마지막 순간에 보여준 일두의 모습은 생사(生死)의 문제 또한 불이(不二)한 양태로 그렇게 서로 맞물려 있음을 여실히 통찰한 것만 같은 느낌을 안겨 준다.

6. 맺음말

이상의 개괄적인 논의를 통하여 정여창이 남긴 불교적 혐의를 둘러싼 일련의 논점들을 재검토하여 취급함과 동시에, 또한 "유교와 불교는 도(道)는 같으나, (그) 자취가 다르다."는 언술의 유래와 그 안에 담긴 철학적 의미 등을 집중적으로 검토하고 분석해 보았다. 그 결과 우리는 정여창이 제시한 회통론적 테제와 그의 사후(死後)에 쏟아진 조선

147 鄭汝昌, 『一蠹集』 卷3, 「附錄」, 〈讃述〉, 32쪽. "公謫鍾城七年, 處之怡然, 無怨悔言色, 恬靜自守, 有固窮之節."

지성계의 평판들이 상호 모순적인 성격을 내포하고 있다기보다는, 오히려 담론의 차원과 전망 자체가 전혀 판이한 성질의 것임을 확인하게 되었다. 이하의 내용은 전술한 본론의 내용들을 간략히 정리하고 재음미하는 형식을 취하게 될 것이다.

정여창이 타계한 이후에 가해진 유림(儒林)의 일련의 평가들은 일두가 생전에 학·행 두 방면 걸쳐 구축한 학문적 깊이와 고매한 정신세계의 실상을 동시에 대변해 주고 있다. 또한 이러한 사후 평가는 율신(律身)·수기(修己)의 텍스트인 『소학』에 의거한 도덕적·제도적 실천에 투철한 가운데, 사서·오경 및 정주학의 세계를 자유롭게 유영(遊泳)했던 정여창의 경학적 세계와도 지극히 부합되는 것이었다. 다만 정여창의 학문적 순정성과 관련하여 내려진 긍정적인 평가들은 일두 생전에 보여준 불교 방면의 족적과는 명백한 괴리가 있었다는 점에서, 후대에 이르러 분분한 추수적인 논의를 파생하기에 이른다.

이에 정여창의 불교적 혐의점들을 명확하게 진단하기 위한 방편상 업·인과응보설 및 계율 인식으로 대변되는 불교교학에 대한 이해 정도와 승려들과의 교유 양상, 그리고 실참 수행에의 흔적 등과 같은 세 범주의 분석 틀을 적용해 보았다. 그 결과 정여창의 경우 업·인과응보설·계율이라는 세 방면에 걸쳐서 상당히 투철한 이해와 실천 양상을 동시에 보여주고 있었음을 확인할 수 있었다. 또한 비록 다소 제한된 범위이긴 했지만, 정여창은 주변의 승려들과 나름의 의미 있는 교유를 지속한 정황들도 더러 포착할 수 있었다. 그 결과 정여창은 불교에 대해 친화적인 태도 그 이상의 의미, 곧 지식인 불자이자 우바새로서 종교적 신앙주의에 근접한 면모를 견지하고 있었음이 분명해 보였다.

한편 "사도(思道)의 공(功)"으로 지칭된 참선 수행과 관련된 자취들은 정여창이 불교의 실참 수행에 매우 진지하게 몰입하였음을 반증해 주는 중요한 단서였다. 특히 참선 수행은 "본원(本源)을 함양(涵養)하는 것으로 진덕(進德)의 기반을 삼았다."는 주자학적 미발시(未發時) 심체(心體)를 겨냥한 함양(涵養)[곧 거경(居敬)] 공부론과 접점을 형성할 만한 수행법이었다는 점도 주목된다. 실제 "사도(思道)의 공(功)"이라는 표현에서 확인되듯, 정여창은 30대를 전후로 한 시기에 유교·불교로 표상되는 상이한 거대 사유체계를 향해 소통(疏通)과 통섭의 가능성에 예의 주목했던 것으로 추정된다. 더욱이 그 즈음에 정여창은 "방장(方丈)이 머무르던 쌍계(雙溪)의 산수에서, 높은 자취에 반연된" 끝에, 최치원이 진감선사탑비를 통해 제시한 회통론적 전망에 한껏 고무되고도 있었다.

따라서 우리는 "유교와 불교는 도(道)는 같으나, (그) 자취가 다르다."고 설파한 정여창의 언명이란 탄옹 권시·성호 이익 등이 가한 비판적 언술과는 전혀 다르게, 최치원을 진리론적 모델로 삼은 가운데 회통적 진리론을 천명한 테제라는 주장에 충분히 공감하게 된다. 또한 정여창이 제기한 진리론적 테제는 그의 죽음 이후에 줄기차게 쏟아졌던 조선 지성계의 지극한 예찬론마저도 초극한 제3의 지대에 정위(定位)될 만한 성질의 것이라는 지적에도 아울러 동의하게 된다. 왜냐하면 정여창의 해당 언명은 양변(兩邊)으로 치닫는 식의 극단적인 예찬과 비판, 그리고 유교와 불교 사이의 개별적 차이들을 초극한 차원에서 영접(迎接)됨직한 차연(差延)의 존재론이 투영된 회통론적 전망을 제시한 테제임이 명백하기 때문이다.

그런 점에서 정여창은 진정 동국 오현의 일원으로서 자격을 획득할 만한 인물이었음을 새롭게 이해하게도 된다. 정여창이 제시한 회통론적 전망은 상이한 두 유파 간의 갈등이 첨예해지는 극단의 시대에서 소통과 화해, 공존과 동거가 가능한 길에 대한 의미심장한 단서를 제공해 주고 있다는 점에서, 영원히 반추할 만한 지혜(智慧)의 철학으로 남게 되리라 본다.

4장

16세기 경상우도(慶尙右道) 안음현(安陰縣)의 재야(在野) 유학자 갈천(葛川) 임훈(林薰)의 불교인식

4장
16세기 경상우도(慶尙右道) 안음현(安陰縣)의 재야(在野) 유학자 갈천(葛川) 임훈(林薰)의 불교인식

경상우도(慶尙右道)의 안음현(安陰縣)에 연고를 둔 갈천(葛川) 임훈(林薰, 1500~1584)은 16세기를 주요 활동기로 삼은 전형적인 재야(在野) 사림파(士林派) 유학자의 일원이었다. 당시 기존의 훈구파(勳舊派)와 신진 사림파 사이에 빚어진 갈등의 역학으로 인하여 초래된 일련의 사화(士禍)는 임훈의 삶과 출처관(出處觀) 형성에도 큰 영향력을 드리우게 된다. 특히 임훈의 경우 청년 시절부터 고향과 바로 인근한 남도의 명산인 덕유산(德裕山) 일대에서 기나긴 은둔 독서 생활을 영위하였고, 너무나 뒤늦은 사환기(仕宦期)를 맞이한 인생 역정 또한 매우 주목된다. 이러한 임훈의 특이한 연대기적 이력으로 인하여 애초 근본(根本) 유자(儒者)라는 신분을 초극한 사상적 실험의 장으로 인도되면서, 금번 논의를 촉발하는 직접적인 계기를 제공해 주었기 때문이다.

임훈이 수행한 사상적 교섭의 범주들 속에는 대표적인 이단적 사유체계인 불교적 세계와 노장철학(老莊哲學) 등이 모두 포함되어 있다. 또한 그 이면에는 임훈이 간직한 생래적 염리심(厭離心)과 결속된 유다른 산수 취향, 그리고 대자연 속에서 무위적 초탈을 지향하려는 무위유학(無爲儒學)의 추구 등과 같은 여러 변인들이 내밀히 관여하고도 있었다. 특히 유학의 현인(賢人)들인 안연(顔淵)·증점(曾點) 등과 같은 인물들로 표상되는 공자학(孔子學)의 이색적인 일 국면인 무위유학은 노장철학·불교 등과 같은 방외지학과 접점(接點)을 형성할 만한 사상적 밑그림을 제공해 주었던 것으로 분석된다. 즉, 임훈이 도덕적 당위의 세계인 유위유학(有爲儒學)의 너머에서 추구한 무위유학은 방외지학(方外之學)인 불교와 노장철학과 접점을 형성하는 일종의 가교(架橋) 역할을 수행하였던 것이다.

이에 임훈의 불교인식 혹은 대(對) 불교 수용 정도를 가늠할 만한 주요 인자들로서 불교교학 전반에 걸친 소양과 실참(實參) 수행에의 흔적, 그리고 통상 유(儒)·석(釋) 교유(交遊)로 지칭되는 주변 승려들과의 교류 양상이라는 세 가지 측면을 예의 주시하게 되었다. 그 결과 임훈은 불교교학 방면에 대해서도 일정한 수준 이상의 지적 소양을 축적하고 있었음이 확인된다. 반면에 임훈은 선불교(禪佛敎)의 좌선(坐禪) 수행법을 향해서는 심히 비판적인 인식을 일관되게 견지하고 있었던 바, 이 점 앞의 두 경우와는 완전히 대비되는 면모였다. 물론 이처럼 임훈이 좌선 수행을 엄중히 비판했던 이면에는 일신(一身) 상의 안일(安逸)만을 추구하는 탈속적 수행법이라는 인식을 일관되게 견지하고 있었기 때문이었다. 그리하여 임훈은 좌선 수행법 대신에 이른바 독서(讀書)

궁리(窮理)를 통한 격물치지(格物致知) 공부에 한껏 몰입함으로써, 평생토록 치열한 경명행수(經明行修)의 길을 오롯이 걸어 나가게 된다.

한편 임훈의 경우 주변 승려들과의 교유에는 매우 적극적인 모습을 보여주었는데, 갈천이 맺은 유·석 교유는 그의 불교 수용에서 한 극점을 전시해 주고 있을 정도였다. 특히 임훈은 덕유산 삼수암(三水庵)에 머무르던 비구승 도징(道澄)과 매우 각별한 교분을 지속적으로 유지해 왔음이 주목된다. 도징과 임훈은 덕유산의 산방(山房)에서만 무려 12년에 달하는 긴 세월을 함께 하였고, 차후로도 지속적으로 정분(情分)을 이어나갔던 것이다. 임훈과 지음(知音)의 관계를 형성했던 승려 도징과의 사례는, 점증하는 숭유억불(崇儒抑佛)의 시대에서 유·석 교유에 관한 한 하나의 전범을 제시했던 것으로 평가할 수 있다.

그러는 또 다른 한편에서 임훈은 시종 근본(根本) 유자(儒者)이자 "사림(士林)의 일원"으로서 그가 착지한 사상적·이념적 입각점을 결코 망각하지는 않았다. 예컨대 명종(明宗) 연간에 보우(普雨) 화상(和尙)이 추진해 온 일련의 흥불(興佛) 정책을 강도 높게 성토한 임훈의 매서운 통고문(通告文)은, 애당초 그가 견지했던 사상적 정체성을 명증하게 확인시켜 준 구체적인 사례에 해당한다.

그럼에도 불구하고 점차 싸늘한 숭유억불의 기조가 심화되어 가던 16세기를 전후로 한 시점에 임훈이 보여준 비교적 포용적인 불교 수용 양상은, 그가 강력하게 추구하였던 학적 강령(綱領)인 성경(誠敬) 철학의 개방성과 진정성을 확인시켜 주기에 충분한 사례였다.

1. 들면서

경상우도의 안음현의 갈계리(葛溪里)에 연고를 둔 갈천 임훈은 16세기를 주요 활동기로 삼은 전형적인 재야 사림파의 일원이었다. 이 시기를 전후로 한 조선사회는 기존의 훈구파와 신진 사림파 간에 유발된 일련의 사화로 점철된 실로 비극적인 시대를 영위하고 있었다. 자연히 이처럼 암울했던 시대적 분위기는 청년 임훈의 삶과 출처관 형성에도 크나큰 변수로 작용하기에 이른다. 특히 임훈의 경우 청년기 시절부터 고향 갈계리[치내]와[1] 바로 인접한 덕유산(德裕山) 일대에서 은거한 채 독서와 수양(修養)을 병행해 왔기에, 그가 구축한 사상적 지형도에 불교(佛敎)와 노자(老子)·장자(莊子) 철학을 채색케 하는 이채로운 결과를 맞이하기에 이른다.

임훈은 다소 뒤늦은 나이인 41세(1540, 중종 35)에 사마시(司馬試)에 응시하여 진사(進士) 신분을 획득하였고, 차후 54세 때에 성균관(成均館)의 공천에 의해 사직서(社稷署) 참봉(參奉)에 임명되기 이전 시기와 그 이후 무렵에도 실로 기나긴 재야 생활을 감내했던 인물이다. 임훈의 경우처럼 오랜 은둔기를 영위한 인물들의 경우, 공히 유학(儒學)의 범주를 초극한 사상적 실험을 영위한 흔적이 감지되곤 한다. 특히 임훈이 구축한 학문세계의 경우 불교·노장철학 두 방면에 걸친 부분적인 교섭(交涉)의 흔적이 뚜렷하게 포착되고 있음이 주목된다. 물론 임훈은 자신의 사상적·이념적 정체성을 명확히 "사림(士林)의 일원[間]"으로 규정

1 지금의 경남 거창군 북상면 갈계리 1167번지에 위치한 세칭 '임씨고가(林氏古家)' 마을을 일컫는다.

하고 있었기에, 그가 시도한 교섭 양상 또한 극히 제한적·부분적 특성을 띨 수밖에 없었다. 뿐만 아니라 임훈은 철저히 근본 유자라는 처지에서 사상적 실험을 병행하였던 까닭에, 신라(新羅) 말엽의 고운(孤雲) 최치원(崔致遠)이 연출한 바가 있는 회통론적(會通論的) 교섭 양상과는 분명한 거리를 유지하였을 것임이 충분히 예상되기도 한다.

그럼에도 불구하고 임훈이 시도한 불교와의 교섭 양상을 면밀하게 연찬하는 일은 16세기를 전후로 하여 사림파 구성원의 한 사람으로서 견지했던 대(對)불교 인식의 일단을 규명하는 결과로 이어진다는 점에서, 일정한 연구사적 의의를 획득하게 된다. 특히 16세기를 전후로 한 시기에서 불교나 노장철학 등과 같은 이단적 사유체계를 대상으로 하여 사상적 교섭 노력을 전개한 사례를 발굴해 내기란 그리 용이한 일이 아니다. 때문에 임훈이 견지했던 불교인식의 특징적인 면모를 규명해 내는 일은, 그가 교섭을 시도했던 도가철학 방면의 수용 양상과 더불어 매우 중요한 사상사적 의의를 지니게 되는 것이다.

이에 이번 제4장의 논의를 통해서는 임훈이 접한 불교의 교학체계에 대한 소양 정도와 좌선(坐禪) 수행법에 대한 비판적 인식, 그리고 통상 유·석 교유로 지칭되는 승려(僧侶)와의 교류 등과 같은 세 범주를 집중적인 분석 대상으로 설정하고자 한다. 물론 그 과정에서 우리는 임훈의 경우 그가 애초 착지했던 근본 유자적 입장과 정체성을 일관되게 견지하고 있는 모습도 동시에 접하게 될 것이다. 그 결과 이번 장(章)의 논의가 갈천 임훈의 사상적 지형도를 세부적인 차원에서 보다 정밀하게 판독해 냄과 동시에, 또한 16세기 사림파 구성원들이 형성했던 불교인식의 전모를 규명해 내는 도정에도 일조하기를 아울러 기대해 본다.

2. 임훈의 도통(道統) 담론과 벽이단론(闢異端論)

16세기 전·후반을 걸쳐서 활동했던 임훈의 시대는 퇴계(退溪)·율곡(栗谷)으로 상징되는 주자학적(朱子學的) 체계가 조선사회에 본격적으로 정착되기 시작하면서, 자연히 주자학이 심화기로 접어드는 새로운 국면을 맞이하게 된다. 그리하여 난해하면서도 복잡다단하기 짝이 없던 거대담론(巨大談論)인 주자학의 주요 갈래와 그 핵심적 쟁점들에 대한 이해가 차츰 심화되던 추이에 편승해서, 정통(正統)과 이단(異端)을 명증하게 가늠하기 위한 호교론적(護教論的) 담론인 도통론(道統論)이 일군의 유학자들에 의해서 서서히 제기되기에 이른다.

비록 세부적인 차원에서 다소간의 양상의 차이는 존재하지만, 도통론은 유일신관(唯一神觀)을 전제한 종교인 기독교·가톨릭교·이슬람교는 물론이고, 다분히 범신론적(汎神論的) 성향을 띤 불교 종단 내부에서도 매우 중시된 담론에 해당하는 위상을 점유해 왔다. 일반적으로 도통 담론은 특정 종교가 심화기에 접어들거나, 아니면 그 어떤 특별한 시대적 환경 등과 같은 중대한 요인들에 의해 종교적 헤게모니가 심히 위협 받는 상황에서 무성하게 직조되는 경향을 보여준다. 이 같은 정황들은 도통 담론이 호교론적 특성을 강하게 띨 수밖에 없는 중요한 이유와도 직결되어 있다. 특히 유학[유교]의 경우 도통론은 필경 그 가지 담론 격인 벽이단론(闢異端論)을 대동하는 경향을 보여주고 있는데, 이는 유학의 역사가 이웃한 이단적 사유체계들과의 기나긴 투쟁의 과정을 경유하였음을 시사해 준다.

이렇듯 도통론과 벽이단론은 하나의 짝을 이룬 채로 정연한 담론적 체계를 형성하게 되는데, 이러한 경향은 경상우도 안음현의 재야 유학자였던 임훈의 경우도 유사한 경향을 보여주었다. 다만 임훈이 구축한 학문세계는 정주학(程朱學)보다는 사서경학(四書經學)과 『시경(詩經)』·『서경(書經)』 위주의 고학(古學)의 비중이 더 높았던 까닭에,[2] 여타의 순정(純正) 정주학자들의 도통 담론에 비해 노선의 선명성과 배척도 등과 같은 몇몇 측면에서는 다소 변별되는 부분이 존재한다.

일단, 이 주제 사안과 관련하여 임훈이 타계한 지 약 300여 년만인 1861년(철종 12)에 그의 증시(贈諡)를 요청한 「갈천첨모당양선생증시상언초(葛川瞻慕堂兩先生請贈諡上言草)」를 우선적으로 참고해 보기로 한다. 적기한 「갈천첨모당양선생증시상언초」 속에는 갈천학(葛川學)의 요체인 성경(誠敬) 철학과 함께, 임훈이 생전에 즐겨 연찬했던 유학의 주요 텍스트들이 모두 망라되어 있기 때문이다.

> "그 학문은 성경(誠敬)을 근본으로 삼은 가운데, 사자서(四子書)와 육경(六經)에 (더욱) 심력을 쏟았고, 『심경(心經)』과 『근사록(近思錄)』 및 낙(洛) · 민(閩)의 여러 서적들을 더욱 좋아하였습니다."[3]

위의 인용문에 곧장 이어서 상언초는 임훈이 생전에 "오로지 향상

---

2 金鍾秀, 「葛川 林薰의 佛敎認識」, 『南冥學』 20집, (사) 남명학연구원, 2015, 294쪽.

3 林薰, 『葛川先生文集(國譯)·附錄』, 「葛川瞻慕堂兩先生請贈諡上言草(辛酉二月)」, 恩津林氏大宗親會, 1994, 508쪽. "…… 而其學以誠敬爲本, 從事乎四子六經, 而尤喜心經近思錄洛閩諸書." 거론된 '낙민(洛閩)'이란 이정(二程)[정이천(程頤川)·정명도(程明道)]과 주자(朱子)[주희(朱熹)]의 고장인 낙양(洛陽)과 민중(閩中)을 각기 지칭한 표현으로, 곧 정주학(程朱學)을 상징하는 표현에 해당한다. 이하부터는 간략히 『葛川集』으로 약칭하도록 한다. 임훈의 『葛川集』은 2010년에 한국고전번역원에서 발간한 한국문집총간 134에 등재되어 있는 상태다.

(向上)하는 공부에 뜻을 두고, 속으로 받은 책무를 저버리지 않아, 실천의 독실함과 조예(造詣)가 정밀하고 깊음을 가히 증험할 수 있습니다."는 부연 설명도 추가해 두었다.[4] 이로써 우리는 임훈이 생전에 즐겨 천착했던 유학의 주요 경전 목록들인 사서(四書)·육경(六經)·『심경』·『근사록』 및 정주학 관련 서적들과 "성경(誠敬)을 근본으로 삼은" 학문의 궁극적 지향처를 동시적으로 확인하게 되었다.

한편 위의 인용문에서 거론된 "속으로 받은 책무"란 곧 "사람이 (진정) 사람이 되기 위한 조건인 인(仁)"을 가리키는 표현에 해당한다는 점도 충분히 음미할 필요가 있다.[5] 임훈은 인간의 도덕적 본질[性]인 바로 이 인의(仁義)를 체득하기 위한 부단한 노력을 일평생 동안에 걸쳐 경주하였고, 이를 "오로지 향상(向上)하는 공부에 뜻을 두었다."고 에둘러 표현하였기 때문이다. 이는 간략히 "실질[實]에 힘 써는 위기지학(爲己之學)"이라는 기치로 치환될 수 있는데,[6] 임훈은 그가 닮아야 할 동일시 모델로 요청했던 현인(賢人)인 안연(顔淵)이야말로 이 도(道)를 완벽하게 구현한 역사적 인물로 평했다.[7] 달리 임훈은 위기지학 공부의 극점에 도달한 주변의 인물에게 '철인(哲人)·고인(高人)'[8] 등과 같이 지

4 林薰, 『葛川集·附錄』, 「葛川瞻慕堂兩先生請贈諡上言草」, 508쪽. "專意向上之工, 不負受中之責, 其踐履造詣之篤實精深, 從可驗得矣."

5 林薰, 『葛川集』 卷2, 「擬魯仲連遺燕將書」, 201쪽. "夫人之所以爲人者, 仁也."

6 林薰, 『葛川集·附錄』, 「葛川書堂重修記」, 489쪽. "凡厥衆美, 無一非學問中做出者, 而至若爲己務實 ……" 이 평은 아우인 임운에 대한 것이나, 임훈의 경우에도 그대로 적용 가능하다.

7 林薰, 『葛川集』 卷2, 「陋巷記」, 247쪽. "是固顔氏之所以爲賢也 …… 況乎仁以爲宅, 其居廣矣, 義以爲路, 其行正矣."

8 林薰, 『葛川集』 卷1, 「挽金生員彦謇」, 33쪽. "運丁辰巳哲人萎 …… 史官應撰高人傳."

극히 영예로운 호칭을 부여하기도 했다. 따라서 이상의 논급만으로도 우리는 임훈이 착지한 근본 유자로서의 사상적·이념적 입각점과 그 학문적 지향처 등을 어느 정도 확인할 수 있게 되었다.

자연히 근본 유자로서 임훈 역시 노장·불교 및 양주(楊朱)·묵자(墨子) 등과 같은 당시의 주요 이단군(異端群)의 사유체계를 배척하기 위한 호교론적 담론인 벽이단론을 견지하고 있었을 것임이 충분히 예상된다. 다만 임훈의 경우 남당(南塘) 한원진(韓元震, 1682-1751)으로 대변되는 17세기 무렵의 정통(正統) 정주학자들이 견지했던 과격한 기조의 벽이단 담론과는 다르게,[9] 체계적이면서도 단호한 벽이단 담론을 개진했던 것은 아니다. 물론 이에 앞서 임훈도 정자(程子)·주자(朱子)가 쇠락한 세상[衰世]에서 수행한 도통(道統) 상전(相傳)의 공로에 대해서는 익히 숙지하고 있었다.

대체로 임훈의 경우 요(堯)·순(舜)·공자(孔子)·안자(顔子)·맹자(孟子)·정자·주자로 이어지는 도통 상전의 계보를 중시했던 것으로 파악된다. 이는 안음현 출신의 동계(桐溪) 정온(鄭蘊, 1569-1641)이 "수수(洙水)로 달리고 사수(泗水)로 걸어가며, 낙양[雒]에서 읊조리고 민중[閩]에서 거문고 타네!"로 요약한 바대로,[10] 수사학(洙泗學)과 정주학을 위주로 한 임훈의 경학론적(經學論的) 무대와도 잘 부합되는 도통 계보인 것으로 분석된다. 그런데 실제로는 정주학보다는 공맹(孔孟) 중심의 원

---

9 韓元震,『南塘集 Ⅱ』卷27(한국문집총간 202),「雜著」,〈禪學通辨〉, 민족문화추진위원회, 2000, 83쪽. 한원진은 〈선학통변〉에서 "釋氏之原初發心, 只在於惜生怕死, 慨然有超越生死之志."라는 말로써, 선불교 비판 작업에 착수하고 있다.

10 林薰,『葛川集·附錄』,「葛川書堂銘」, 471쪽. "洙趍泗步, 雒誦閩絃, 圖已爲國, 垂五百年."

시유학(原始儒學)[곧 수사(洙泗)]과 『서경』·『시경』으로 대변되는 고학(古學)을 실질적으로 더 중시했던 임훈의 학적 개성은 갈천학의 특성을 규명하는 작업에서 보다 세밀히 규명해야 할 과제로 남아있다.

이제 도통 담론의 가지 담론에 해당하는 벽이단론의 문제와 관련하여 임훈이 국왕의 집무실인 사정전(思政殿)에서 선조(宣祖)에게 한문제(漢文帝)를 논평한 아래 구절을 우선적으로 살펴보기로 한다.

> "한(漢)나라 문제(文帝)는 진실로 현군(賢君)이었습니다. 다만 황노(黃老)의 학(學)을 숭상하여 이단(異端)에 유혹되었던 것 같습니다. 제왕(帝王)의 학술이 순정(純正)하지 못하였기 때문에, 신(臣)은 감히 어진 군주로 평가하지는 않습니다."[11]

윗 인용문에서 임훈은 학문적 순정성(純正性)이라는 나름의 명확한 기준에 입각하여 황제(皇帝)[도교]와 『노자』에 심취했던 한나라 문제를 이단에 감염된 군주로 규정하였음이 눈에 띈다. 나아가 임훈은 "한나라 무제(武帝)의 경우는 외도(外道)만 즐기다가, 끝내는 해내(海內)의 경제(經濟)가 고갈되고야 만 것을 후회한" 군주로 혹평하였는데,[12] 여기서 적기한 '외도[外施]'란 이단의 또 다른 명칭에 해당한다. 물론 『갈천집』 곳곳에는 임훈이 『노자』·『장자』를 두루 섭렵한 정황들이 산발적으로 포착되고 있다. 그러나 임훈은 국왕이 친히 인견(引見)한 공식적인 자리에서 도교(道教)와 『노자』를 주저 없이 이단 목록에 등록시켰던 것이

11 林薰, 『葛川集』 卷4, 「行狀」, 292쪽. "啓曰 文帝固賢君也, 但不免尙黃老之學, 似有惑於異端, 帝王學術, 未爲純正, 臣不敢以爲賢君也."

12 林薰, 『葛川集』 卷3, 「仁政殿記」, 258쪽. "彼武帝之外施, 終悔海內之虛耗."

다. 그렇다면 임훈이 설정한 '순정-이단'이라는 길항(拮抗) 구도에서 순정성이라는 기준은 과연 어떠한 내포(內包)를 지닌 개념으로 이해할 수 있을까?

일단 이 사안과 관련하여 임훈은 "국가가 유술(儒術)을 돈독하게 숭상하여, 무릇 백성들이 유(儒)로서 호명한 사람들", 곧 유자의 책무가 "경전[經]·사서[史]를 연구하고 문장(文章)을 전문으로 하는 데" 있다는 새삼스러운 사실을 상기시켰다. 이어서 임훈은 또한 비록 이 정도에 미치지 못하는 유자들마저도 "모두 유적(儒籍)에 싣고 상서(庠序)[학교]에 거주하면서 학문을 연구하게 한다."는 엄연한 사실을 들추어 보이기도 하였다.[13] 이어서 임훈은 국가에서 이처럼 유자들을 적극적으로 배려하고 대우하는 중요한 이유를 다음과 같이 역설해 두었다.

> "그 이유는 부자(夫子)[공자]를 존중하고, 사도(斯道)[유학]를 보호하기 위함이며, 교화(敎化)를 세우고 국가를 유지하여, 실로 여기에 힘입으려 함입니다."[14]

윗 인용문 속에는 '사도'로 지칭되는 유학과 그 창시자인 공부자(孔夫子), 그리고 이에 입각한 도덕적 교화 및 국가 경영이라는 네 가지 조목들이 순차적으로 열거되어 있다. 따라서 유자라면 응당 이 네 가지 조항들에 대해 헌신적으로 부응하려는 무조건적이면서도 절대적인 의식이 필요했던 바, 이것이 바로 순정성의 정도를 가늠하는 뚜렷한 기준

---

13 林薰, 『葛川集』 卷2, 「代人擬上免軍疏」, 100~101쪽. "國家敦尙儒術, 凡民之號爲儒者, 雖不至乎窮經史擅文章, 苟有稍解文理, 粗分句讀者, 悉令屬儒籍居庠序."

14 林薰, 『葛川集』 卷2, 「代人擬上免軍疏」, 101쪽. "其所以尊夫子衛斯道, 扶植敎化, 維持國家者, 實惟是賴焉."

으로 기능하였을 것으로 분석된다.

예컨대 임훈이 사림파의 거두(巨頭)인 일두(一蠹) 정여창(鄭汝昌, 1450~1504)을 두고, 그가 온축한 고명(高明)한 도덕세계와 함께 "학문이 순정[醇]하셨다."고 평함과 동시에,[15] 또한 빼어난 학[學]·행[行]으로 인해 "사도(斯道)가 땅에 떨어지지 않고 전해진" 공로를 적시했던 이유 또한 상기 인용문 속에 융해된 순정성이라는 기준이 적용된 구체적인 사례에 해당한다.[16] 뿐만 아니라 임훈이 가상의 기문(記文)인 「누항기(陋巷記)」를 통해서 안연을 향해, "장차 공자의 도[墻]를 위호하고, 사도(斯道)의 맥을 이어 천륜(天倫)과 인기(人紀)가 땅에 추락하지 않도록 할 수 있었던 자란, 그대가 아니면 그 누구였겠는가?"라며 반문하며 극찬해 마지않았던 이유 또한 동일한 맥락 하에 놓여 있다.[17]

이에 추가하여 재위 기간 동안에 정관(貞觀)의 통치를 이루었다는 평을 받는 당(唐)의 태종(太宗)에 대한 임훈의 아래의 언술도 자세히 반추할 만한 여지를 제공해 주고 있다.

"(당나라) 태종(太宗)의 임시방편적 통치행위[假行]는 겨우 바깥

15 林薰, 『葛川集』 卷3, 「文獻公一蠹先生祠堂記」, 278쪽, "先生河東人, 諱汝昌 …… 若其道德之高, 學問之醇, 旣已昭著於國乘, 顯赫於士林."

16 林薰, 『葛川集』 卷3, 「天嶺書院收穀通文」, 216쪽. "故城主鄭先生, 諱汝昌 …… 先生力學修行, 斯道之傳, 賴以不墜." 그런데 동국(東國) 오현(五賢)으로 추숭된 정여창의 학·행에 대한 임훈과 후대의 평가와는 다르게, 일두의 생전 행적 중에는 극히 불교 친화적인 면모가 공존하고 있어 논란의 불씨를 제공해 주고도 있다. 이에 관한 논의로는 崔英成, 「一蠹 鄭汝昌의 生涯와 學問歷程-諸家記述을 중심으로-」, 『東洋哲學研究』 38집, 동양철학연구회, 2004, 38~39쪽; 金鍾秀, 「일두 정여창의 불교적 혐의와 유·불 회통론」, 『禪文化研究』 21집, 한국불교선리연구원, 2016 참조.

17 林薰, 『葛川集』 卷3, 「陋巷記」, 248쪽. "猶將衛夫子之墻, 壽斯道之脉, 使天倫人紀, 不墜於地者, 非子其誰歟."

> 문(門)을 닫지 않는 치효를 이루었으나, 어찌 족히 인의(仁義)와 더불어 말할 수 있겠습니까? 『중용(中庸)』에 이르기를, '성실(誠實)하지 않으면, 사물이 없게 된다.'고 하였으니, 옳은 말씀입니다."[18]

특히 위의 인용문 중에서 임훈이 당나라 태종이 돌궐족(突厥族)을 제압하고 토번(吐藩)[티베트]을 적극 회유한 외치(外治)를 평가절하면서, 이를 유학의 핵심 종지(宗旨)인 인의의 덕목과 대비시킨 점이 주목된다. 물론 이처럼 당 태종이 이룩한 외치와 대비된 인의의 덕목은 앞서 논급한 소위 "속으로 받은 책무"로 지칭된 유학의 종지가 일관되게 관철되고 있음을 시사해 주고 있다. 이 점 "사림(士林)의 일원"이자 근본 유자로서의 임훈이 착지한 사상적·이념적 입각점을 재차 확인시켜 주기도 한다.

더 나아가 임훈은 『중용』 제25장에 전거를 둔 '불성무물(不誠無物)' 일구로써,[19] 당 태종이 취한 가식적 통치 행위를 비판하고 있음도 반추할 만한 부분이다. 기실 성학(誠學)은 갈천학을 구성하는 세부적인 범주들인 학문 · 정치 · 예법(禮法) · 대인관계 등과 같은 제반 영역을 일관되게 관류하는 뚜렷한 학적 기조라는 위상을 점유하고 있다. 이제 임훈은 자신의 학적 강령(綱領)인 성학의 기조를 벽이단 담론과 접속시킴으로써, 하나의 학적 체계가 구족해야 할 이론적 자기 완결성을 보다 강화하는 조처를 취했던 것이다. 또한 후일에 우암(尤庵) 송시열(宋時烈, 1607~1689)이 임훈이 구축한 학문세계와 관련하여, "선생의 학문적 연

18 林薰, 『葛川集』 卷3, 「仁政殿記」, 258쪽. "太宗之假行, 僅致外戶之不閉, 是何足與言仁義哉. 傳日 不誠無物, 旨哉."

19 朱熹, 『中庸集註』의 제25장. "誠者, 物之終始, 不誠, 無物, 是故, 君子, 誠之爲貴."

원은 순정[正]한 것이었다."는 평론을 가한 것은,[20] 이상에서 논급한 제반 사항들을 종합적으로 참작한 결과를 반영해 준다는 점도 부기해 두기로 한다.

그렇다면 이처럼 순정(純正)·정대(正大)한 유학 혹은 정주학의 문로(門路)에서 노닐었던 임훈이 보여준 불교적 세계에 대한 수용 양상은 과연 어떠한지를 고찰할 차례가 되었다. 그 이전 단계에서 임훈의 생래적 성정(性情)에 내재된 이른바 염리심(厭離心)의 문제와 더불어, 오랜 은거 활동기의 이면사 등을 분석하는 절차를 우선적으로 갖도록 하겠다. 왜냐하면 적시된 이들 두 사항은 임훈이 불교와 대면(對面)하게 된 중요한 원인(遠因)으로 작용하고 있었던 것으로 판단되기 때문이다.

3. 염리심(厭離心)과 산수벽(山水癖), 무위유학(無爲儒學)

현전하는 임훈의 문집인 『갈천집(葛川集)』에 산재해 있는 불교와 관련된 자료들을 면밀하게 검토해 본 결과, 대체로 임훈은 불교의 교학체계에 대해서는 최소한 수준 이상의 지적 소양을 온축하고 있었던 것으로 확인되었다. 그런데 이처럼 임훈이 불교적 정신세계와 대면하게 된 이면의 내·외적 요인들에 대한 선행 분석이 요구되는데, 일단 그의 생래적 성정에 내함된 염리심의 문제와 관련된 편린들을 수습(收拾)해서 검토하는 절차를 우선적으로 진행하도록 하겠다. 이른바 '염리심'이란

20 林薰, 『葛川集·序』, 「葛川先生文集序」, 1쪽. "然其學問淵源之正, 仍亦可想."

세상과 일정한 거리를 유지하려는 심리적 성향이 지속적으로 표출되는 현상을 지칭하는 말이다. 원래 염리심은 "모든 유정(有情)들이 불선(不善)한 것에는 '싫증을 내어 여의게 해야' 한다."는 『유가사지론(瑜伽師地論)』에 전거를 둔 개념에 해당한다.[21] 당연하게도 염리심은 그 자체적인 의미보다는, 이를 전제로 하여 차후에 치열하게 전개될 구도(求道) 정진(精進)에의 노력을 위한 일종의 필요조건에 상응하는 의미를 지니게 된다. 이 사안과 관련하여 임훈의 타고난 성정과 기질 등을 기술한 문집의 해당 기록에 잠시 주목할 필요가 있다.

먼저 「시장(諡狀)」의 기록에 의하면, 임훈은 "천성[天分]이 매우 고매하였고", 또한 "기질(氣質)이 순수(純粹)한" 바탕을 타고난 인물로 서술하고 있다.[22] 임훈의 고족(高足)인 역양(嶧陽) 정유명(鄭惟明, 1539~1596)은 「행장(行狀)」을 통해서, 생전에 오랫동안 접했던 스승의 천품에 대해 아래처럼 보다 상세한 묘사를 수행해 두었다.

> "(선생의 타고난) 바탕은 곧으면서도 혼후(渾厚)[원만]하고, 마음은 드넓으면서도 깨끗하였으며, 깊고 고요하고 안정되고 자세하여, 망령된 말이나 웃음을 웃지 않았다."[23]

적시된 성정의 특성들 중에서 원만하면서도 드넓은 생래적 심지(心地)가 빚은 임훈의 포용력과 아량은 평생토록 서로 사이에 경외(敬畏)하

21 『瑜伽師地論』 卷40(『大正藏』 卷30, 511b). "令諸有情, 厭離不善."

22 林薰, 『葛川集·附錄』, 「諡狀」, 531쪽. "公天分甚高, 學行尤篤, 氣質純粹, 儀觀秀偉, 宏深渾厚."

23 林薰, 『葛川集』 卷4, 「行狀」, 298쪽. "先生天分 …… 質直而渾厚, 閑曠而淸夷, 沈靜安詳, 不妄言笑."

는 교분을 유지하였던 남명(南冥) 조식(曺植, 1501~1572)도 인정한 인격적 특질로 정착하게 된다.[24] 이처럼 고매·순수하면서 맑고 깨끗한 천품은 차후인 1574년(75세)에 임훈이 광주(廣州) 목사(牧使)로 재직하던 도중에 관찰사(觀察使)인 정암(正菴) 박민헌(朴民獻, 1516~1586)으로부터 "공정하고 청렴결백하여 백성들이 빙호(氷壺)같이 바라본" 청덕(淸德)한 수령(守令)이라는 극찬을 받는 결과로 귀결되기도 하였다.[25]

굳이 주자학의 세계 도식(圖式)을 빌리자면, 임훈의 타고난 "기(氣)는 맑고 순수하여 조금도 어둡고 탁함이 없는" 경우의 한 전형으로 해석할 수 있다.[26] 기실 이러한 임훈의 천성은 평생 처사(處士)로서 일관했던 부친인 석천(石泉) 임득번(林得蕃, 1478~1561)의 생래적 성품 묘사, 즉 "공(公)의 성품은 단정하고 지조가 있으며 청결하여, 평생에 한 터럭만큼도 물욕(物欲)의 구속[累]이 없었다."고 묘사된 그것과 지극히 닮은 꼴을 취하고 있었다는 점도 참고할 필요가 있다.[27]

그런데 이처럼 맑고 깨끗하여 고매한 천성을 부여받은 인사들의 경우, 공히 "생계[生]를 도모하는 일에 서투른" 성향을 드러낸다는 전래(傳來)의 이치 또한 간과할 수 없다. 그리하여 임훈은 "한 집안의 추

---

24 林薰, 『葛川集』 卷4, 「行狀」, 303쪽. "與南冥曺先生, 亦有敬畏之分, 而南冥每以容量推許之."

25 林薰, 『葛川集·附錄』, 「事實草」, 550쪽. "宣廟朝, 先生嘗守光州牧使, 自上命揀守令之淸德者, 道臣擧先生爲啓, 有公廉潔白, 民目之以氷壺之語." 비유된 '빙호(氷壺)'란 빙심옥대(氷心玉臺)의 약칭으로 마음이 맑고 깨끗한 사람의 인품을 일컫는 표현이다.

26 黎靖德 編, 『朱子語類』 卷4, 「性理(1)」, 〈人物之性氣質之性〉, 北京: 中華書局, 1981, 66쪽. "故上知生知之資, 是氣淸明純粹, 而無一毫昏濁."

27 林薰, 『葛川集』 卷2, 「先府君行狀」, 135쪽. "公性稟端의慤, 志操淸潔, 生平無一毫物欲之累."

위와 굶주림도 해결하지 못한” 끝에, 급기야 “이웃 승려가 동냥한 쌀을 보내오는” 등의 웃지도 못할 촌극을 연출할 지경에 처했던 일은 세상에 그리 잘 알려져 있지 않은 편이다.[28] 이 일화는 후론될 임훈과 주변 승려들과의 교류 양상이 여타의 유학자들의 경우와는 전혀 판이한 특성을 띠고 있을 것임을 은연중에 암시해 주기도 한다.

여하간 때문에 『명종실록(明宗實錄)』에 기재된 바대로, “형인 훈(薰)은 가산(家産)[가계]과 생업(生業)을 다스리지 않고, 처노(妻孥)[처자]를 항상 (아우인) 운(芸)에게 부탁하여,” 동생 덕으로 그럭저럭 겨우 집안 살림살이를 영위해 나갈 수 있었던 것이다.”[29] 차후 임훈이 자신과 유사한 성정의 소유자였던 생원(生員) 이계준(李繼俊)의 사후에 작성한 묘갈명(墓碣銘)을 통해서, “(집안) 경영과 산업을 일삼지 않았던”[30] 사실을 굳이 적기했던 이면에는 자신과 동병상련인 처지를 충분히 실감하였기 때문일 것으로 짐작된다.

대신에 임훈의 성정은 이른바 천석고황(泉石膏肓)으로 대변되는 유별난 산수 취향, 곧 “임천(林泉)을 향한 무궁한 흥취”를 갈구하는 식의 유다른 벽(癖)으로 표출되고 있었다.[31] 이러한 유형의 산수벽(山水癖)에

28 林薰, 『葛川集』 卷2, 「丁丑謝恩奉事」, 87쪽. “臣性本疎迂, 拙於謨生, 一家飢寒之奉, 尙不能自給, 雖隣僧乞米之送 ……”

29 『明宗實錄』 卷33, 明宗 21년 6월 21일[庚辰]. “熏不治産業, 常付妻孥於芸, 芸爲之經理, 俾免餒乏.”

30 林薰, 『葛川集·拾遺』 卷3, 「生員李公墓碣」, 283쪽. “公穎悟殊凡, 學問日就, 襟懷洒落, 肅然淸厲, 性品狷介, 不事營産.” 본관이 연안(延安)인 이계준은 『동국명현록(東國名賢錄)』에 수록되었을 정도로 학·행 모두가 빼어난 인물이었다.

31 林薰, 『葛川集』 卷1, 「五言絶句」, 〈永思亭〉, 10쪽. “孝叔追先志 …… 林泉無盡趣, 樽酒有餘情.”

얽힌 정황들은 『갈천집』 도처에서 숱하게 발견된다.[32] 겸하여 임훈이 보여준 산수 편력은 당시 조선사회의 사림계(士林界)에서 영위되었던 하나의 흐름을 계승·반영하는 것이라는 지적도 참고할 만하다.[33]

한편 이번 제4장의 논의와 관련하여 보다 중요한 사실은 "천성적으로 천석(泉石)[산수]을 사랑했던" 임훈의 성정은 그 자연스런 귀결로써 풍진(風塵) 세속(世俗)을 벗어나려는 심리적 성향인 염리심의 표출로 이어지고 있었다는 점일 것이다.[34] 임훈이 창작한 아래 시인 「도분옥류(到噴玉流)」[35]는 그의 생래적 성정이 빚어낸 유다른 염리심의 일단을 잘 전시해 주는 작품으로 감상된다.

"천성이 연하를 너무 좋아하여, 性癖烟霞趣
어느새 몸이 산수를 따르고 있네. 身隨山水中
하물며 지금은 이경을 찾고 있으니, 況今探異境
속세를 향해선 절로 귀먹어리 되었어라!" 向世自成聾

그런데 이처럼 임훈이 발출하였던 "진세[塵]를 벗어나려는 생각", 즉 구도적 차원의 염리심이 그로 하여금 출세간적(出世間的)인 구도자(求道者)의 길을 암중모색하는 결과로 이어졌던 것은 아니었다. 물론 임훈의 경우 한때 출가(出家)를 감행할 의사를 내비친 적이 없지는 않았지

32 林薰, 『葛川集』 卷4, 「行狀」, 303쪽. "先生雅好山水, 每値良辰美景, 輒邀親舊, 命子姪携卷策杖, 采山釣水, 惟意所適, 往來無의礙."

33 정일균, 『갈천 임훈의 생애와 사상』, 예문서원, 2000, 130쪽 참조.

34 林薰, 『葛川集·附錄』, 「葛川瞻慕堂兩先生請贈諡上言草」, 532쪽. "性愛泉石, 築葛川書堂, 杖屨徜徉, 蕭然有出塵之想, 充然有自得之趣."

35 林薰, 『葛川集』 卷1, 「五言絕句」, 〈到噴玉流〉, 8쪽.

만, 실제 이러한 유형의 본격적인 두타행자(頭陀行者)의 길이란, "군자(君子)는 (누항에서) 민중[衆]과 함께 지내는 것을 가장 즐거워한다."며[36] 안연을 닮아야 할 동일시 모델로 요청했던 근본 유자인 임훈의 입장에서는 상상하기 어려운 극단적인 선택에 해당했기 때문이다.

자연히 임훈은 "후중(厚重)·주류(周流)"한 덕성을 갖춘 산(山)·수(水)에 탐닉하는 취향이야말로 "진실로 인자(仁者)·지자(知者)의 즐거움에 도움이 된다."는 소견을 천명하였음과 동시에, 또한 "이 때문에 세상에서 도(道)를 구하는 자들 중에서, 다만 요(堯)·순(舜)·공자(孔子)의 가르침뿐 아니라 일찍이 산수를 찾지 않은 사람이 없었다."는 말로써,[37] 공자의 언명에 입각한 유학적 전통 안에서의 구도적 산수관을 피력하기에 이르렀던 것이다.[38]

그 연장선에서 임훈은 1534년(35세)에 막연한 사이였던 승(僧) 도징(道澄)에게 전한 글을 통해서, "대저 천하의 기관(奇聞)·장관(壯觀)을 두루 유람[求]하면서, 자신의 호연지기(浩然之氣)를 더욱 굳건하게 하는 것은, 또한 우리 유가(儒家)에서도 하는 일"임을 여실히 설파하기에 이르렀던 것이다.[39] 이는 『맹자(孟子)』에 연원하는 "그 기(氣)됨이 지극히 크고 지극히 강(剛)하니, 직(直)으로 길러 해침이 없으면, (이 호연지기가) 천지의 사이에 꽉 차게 된다."는 언명을 유람(遊覽)을 통해

36 林薰,『葛川集』卷3,「陋巷記」, 247쪽. "夫人之所處, 固厭其阨陋, 而君子之樂, 莫大於與衆共之. 顔氏之子必於此而樂之, 何歟."

37 林薰,『葛川集』卷3,「書俞子玉遊頭流錄後」, 219쪽. "山水者 …… 而厚重周流, 實有資於仁智之樂矣, 是以世之求道者, 不特於堯舜孔氏, 而未嘗不之此焉."

38 朱熹,『論語集註』,「雍也」篇의 제21장. "子曰, 知者樂水, 仁者樂山, 智者動, 仁者靜, 智者樂, 仁者壽."

39 林薰,『葛川集』卷2,「送澄上人遠遊序」, 179쪽. "夫求天下之奇聞壯觀, 以壯吾浩然之氣者, 亦吾儒之事."

직접 터득코자 하는 산수관이 피력된 결과인 것이다.[40] 임훈은 또 다른 글에서도 남명 조식이 지은 『유두류록(遊頭流錄)』을 읽은 소감을 피력하면서, "호연지기[浩氣]가 열 배나 더하여, 천하가 눈 안에 작게 들어오는 듯했다."고 토로하기도 했다.[41] 이처럼 임훈이 견지한 산수관은 공자·맹자 등과 같은 유학의 성현(聖賢)이 증득한 경지를 몸소 체험하는 현장 학습의 의미가 병행되고 있었음이 재차 확인된다.

나아가 청정(淸靜)한 내면의 소유자였던 임훈이 발출한 산수 취향이 빚어낸 또 다른 접점을 묘사한 아래의 글은 갈천학에 내재된 독특한 학적 개성의 일환인, 곧 이른바 무위유학(無爲儒學)의 일단을 전시해 주고 있다는 점에서 매우 의미심장한 만한 대목으로 읽혀진다.

> "선생은 매양 한가한 날이면 지팡이를 짚고 혼자 가기도 하고, 동료들이 함께 동행하기를 청해서, 수석(水石)[자연]의 사이에서 배회(徘徊)[소요]하셨다. 또 그늘진 숲 속에서 나뭇잎이 드물게 흩날리며 떨어지는데, (나도) '공자(孔子)께서 증점(曾點)을 허여하노라!(吾與點也)'고 한 그 뜻이 있다.'고도 하셨다."[42]

---

40 朱熹, 『孟子集註』, 「公孫丑章句(上)」의 제2장. "敢問, 何謂浩然之氣, 曰 難言也. 其爲氣也, 至大至剛, 以直養而無害, 則塞于天地之間."

41 林薰, 『葛川集』 卷3, 「書俞子玉遊頭流錄後」, 220쪽. "讀了斯錄, 怳然如身登天王, 眼俯澣海, 浩氣增其什倍, 天下小於目中."

42 林薰, 『葛川集』 卷4, 「行狀」, 304쪽. "先生每以暇日, 或携笻獨往, 或命侶偕隨, 徘徊於水石之間, 蔭翳乎林樾之中, 蕭疎飄散, 有吾與點也志意." 운위된 "吾與點也"란 『論語』, 「先秦」편 제25장의 증점의 대답에 대한 공자의 논평에 해당한다. 공자는 제자들에게 차례대로 간직한 뜻을 물은 후에, "증점아 너는 어떻게 하겠느냐?(點, 爾, 如何)"며 증점의 발언을 유도했던 것이다. 이에 증점은 "비파 타기를 드문드문 하더니, 쨍그렁 하고 비파를 놓으면서 일어나 대답하였다. (저는) 저 세 사람이 갖고 있는 뜻과는 다릅니다.(鼓瑟希, 鏗爾舍瑟而作, 對曰 異乎三子者之撰)"라고 운을 뗀 다음, 이하와 같이 대답하였다. "늦봄에 봄옷이 이미 이루

임훈은 윗 인용문을 통해서 드러낸 심중의 내밀한 취지를 달리, 안연이 "증점[點]의 거문고 소리에 화답했으니, 그 즐거움은 지극하다 하겠다."라며 다소 우회적인 기법으로 표현한 사실도 있다.[43] 이 같은 정황들은 임훈이 안연에서 증점으로 이어지는 공자학(孔子學)에 내재된 이색적인 한 국면을 형성하고 있는 무위유학을 계승할 의지가 있음을 스스로 천명해 보였다는 점에서 대단히 주목되는 대목인 것이다. 무위적(無爲的) 초탈(超脫)을 지향하는 무위유학은 도덕적 당위(當爲)를 추구하는 증자(曾子)와 맹자 류의 유위유학(有爲儒學)과는 일정한 거리를 유지하고 있다.[44] 따라서 무위유학은 인간의 원천적인 정감과 이성적 의식을 갈등이 부재한 대자연의 조화로운 리듬 속으로 투사·승화시킬 수 있는 매력과 장처를 발휘하게 된다. 이 점 공자가 증점이 간직한 고상한 의도를 존중한 이유이기도 하다.

임훈이 비록 제한적인 차원이나마 노장철학과 불교 방면으로까지 학문적 외연을 확장시킬 수 있었던 이면에는 갈천학을 구축하는 세부적인 한 갈래인 무위유학과 이들 방외(方外)의 학이 접속·상감되었기 때문인 것으로 분석된다. 예컨대 임훈이 달팽이의 일상을 예의 관찰하면서 "무위(無爲)하여 자연(自然)스럽게 살아간다."라거나, 혹은 무욕(無欲)의 가치를 체화한 처신을 예찬하고 자신의 그것으로 적극 수용하려

어지면 관(冠)을 쓴 어른 5~6인과 동자(童子) 6~7명과 함께 기수(沂水)에서 목욕하고 무우(舞雩)에서 바람을 쐬고 노래하면서 돌아오렵니다.(曰 暮春者, 春服旣成, 冠者五六人, 童子六七人, 浴乎沂, 風乎舞雩, 詠而歸. 夫子 喟然歎曰 吾與點也.)" 그러자 공자는 "아! 하고 감탄하면서, '나는 증점을 허여[與]한다.'고 하였다.(夫子 喟然嘆曰 吾與點也.)"

43 林薰, 『葛川集』 卷3, 「陋巷記」, 247쪽. "顔氏子 …… 和以點瑟, 則其樂可謂至矣."

44 김형효, 『물학 심학 실학』, 청계, 2003, 489쪽 참조.

했던 대목도,[45] 바로 "증점(曾點)의 뜻을 허여한" 공자의 언명 속에 담지된 무위유학과 도가(道家)의 사상이 접점을 형성한 구체적인 장면에 해당한다. 또한 세부적인 논의는 차치하고서라도, "부도씨(浮屠氏)는 청정(淸淨)·담박(淡泊)함을 가르치고 있다."는 불교관도 임훈이 추구한 무위유학과 접속할 수 있는 여지가 충분해 보인다. 여하간 "증점[點]의 거문고 소리에 화답하려" 했던 임훈의 무위유학은 오랜 은거기 동안에 울결(鬱結)한 심사를 감내해야만 했던 그의 처지에서 유의미한 학적 대안으로 다가섰을 것으로 조심스럽게 추정해 본다.

그렇다면 이상에서 논급한 임훈의 생래적 성품이 빚어낸 염리심과 그에 따른 강렬한 산수 취향, 또한 긴 은거 독서 생활과 여의치 못했던 진로 속에서 추구된 무위유학에의 길이라는 독특하고도 특징적인 인생 여정의 또 다른 한편에서 추구된 불교적 세계와의 교섭 양상은 과연 또 어떠했을까? 이 물음에 대한 응답을 임훈이 보여준 불교의 교학체계에 대해 온축한 소양 정도와 실참(實參) 수행에의 자취, 그리고 주변 승려들과의 교유라는 세 국면으로 나눠서 순차적으로 살펴보도록 하겠다.

---

45 林薰, 『葛川集』 卷1, 「賦」, 〈蝸〉, 40쪽. "彼以暴而見禍, 我無爲而自活 …… 彼以欲而見滅, 我無欲而處窮."

4. 불교인식의 세 국면

1) 불교 교학적 소양

자신의 신분적 · 이념적 정체성을 명확하게 "사림(士林)의 일원[間]"으로 귀속시켰던 임훈의 경우,[46] 16세기를 전후로 한 여타의 사림파 구성원들과 마찬가지로 불교 방면에 대한 수용 양상은 극히 부분적 · 제한적 특징을 노정해 보이고 있었다. 실제 임훈 스스로도 "나는 불가(佛家)의 교리(教理)를 (전혀) 본 바가 없다."고 솔직하게 실토해 두었을 정도였다.[47]

물론 그렇다고 해서 이러한 임훈의 언술을 액면 그대로 받아들일 수는 없을 것이다. 비록 임훈의 경우 불교적 세계와의 대면 양상이 다소 제한적인 차원에서 수행되었으나, 이 같은 부분 교섭에의 노력 또한 종교 간 대화의 문제와 관련하여 유의미한 선례를 제공해 주었던 것으로 평가되기 때문이다. 따라서 임훈이 수행한 유 · 불 사이의 교섭 노력을 제대로 규명해 내는 일이란 그 자체만으로도 일정한 연구사적 의의를 획득하는 결과로 이어질 것으로 전망된다.

일단 불교를 '석교(釋教)'로 칭했던 임훈은 부처를 '부도씨(浮屠氏)'로 지칭하는 등의 전통적인 호칭법을 채택하였다.[48] 이러한 종류의 호칭어는 정주학자들이 통상적으로 사용하는 호칭법에 해당한다. 그런데

46 林薰, 『葛川集』 卷4, 「行狀」, 298쪽. "先生天分 …… 質直而渾厚, 閑曠而淸夷, 沈靜安詳, 不妄言笑."

47 『葛川集』 卷2, 「送澄上人遠遊序」, 179쪽. "余於浮屠之教, 無所見."

48 林薰, 『葛川集』 卷3, 「靈覺寺重創記」, 267쪽. "苾蒭有性默者, 釋教所謂幹善人也."; 같은 책, 〈澄上人遠遊序〉, 178쪽. "浮屠人道澄, 與余相好, 投分不淺."

임훈이 선보인 승려에 대한 호칭 중에는 '필추(苾蒭) · 선인(仙人)'[49] 따위와 같이 다소 생소한 개념도 등장하고 있어 눈길을 끈다. 왜냐하면 비구승을 뜻하는 '필추'나 현자(賢者)나 성직자(聖職者)를 지칭하는 개념인 '선인'은 그다지 익숙하게 사용되지 않는 호칭법이라는 점에서,[50] 임훈이 틈틈이 다양한 불교 경전들을 섭렵했을 가능성을 시사해 주고 있기 때문이다. 이를테면 『금강경(金剛經)』에 소개된 부처의 전생(前生) 회고담에도 자신을 "인욕선인(忍辱仙人)"으로 칭한 구절이 엿보인다.[51] 이로써 미뤄 보건대, 임훈의 경우 대승(大乘) 불교를 대표하는 이런저런 경전들을 두루 섭렵하였을 것으로 짐작된다.

한편 조선시대 유학자들이 불교와 대면하게 된 주요 경위로는 대

---

49 林薰, 『葛川集』 卷3, 「靈覺寺重創記」, 267쪽. "苾蒭有性默者, 釋敎所謂幹善人也."; 같은 책, 「五言絕句」, 〈到悟眞菴〉, 9쪽. "訪仙楓樹下, 談笑怪非人."; 같은 책, 「送澄上人遠遊序」, 178쪽. "夫人之遯世棲山, 學仙空眞寂之道者, 豈徒匏繫之爲貴哉."

50 唐 三藏法師 玄奘 奉詔 譯, 『大乘大集地藏十輪經』, 중화전자불전협회[CBETA], 1쪽의 「序品第一」은 "如是我聞, 一時薄伽梵, 在佉羅帝耶山諸牟尼仙所依住處, 與大苾芻衆俱, 謂過數量大聲聞僧, 復有菩薩摩訶薩衆, 謂過數量大菩薩僧."으로 시작된다. 이 문장 중에서 "거라제야산의 여러 선인[仙]들이 사는 곳에서, 수많은 위대한 필추(苾蒭)들과 함께 계셨다."는 구절 속에 '선인 · 필추'가 보인다. 전자인 모니선(牟尼仙) 중의 '선'자는 선인(仙人)의 준말이며, 모니(mmuni)는 인도에서 현자 · 성직자를 뜻하는 단어다. '모니선'이라는 복합어는 이러한 '모니' 개념에 중국의 신선(神仙) 관념을 경전에 도입하기 위한 역경(譯經) 의도가 반영된 것이다. 즉, 선인이 중국의 신선 그 자체를 의미하는 것은 아니며, 『현의(玄義)』나 『필종강요(八宗綱要)』에 의하면 석존(釋尊) · 부처님을 뜻한다고 한다. 이진영 역, 『대승대집지장십륜경』, 「서품」, 동국역경원, http.//www.tripitaka.or.kr/, 1쪽 참조.

51 대한불교조계종 교육원 편역, 『金剛般若波羅密經』, 「제14 離相寂滅分」, 조계종출판사, 2009, 48~49쪽. "須菩提, 又念過去於五百世, 作忍辱仙人, 於爾所世, 無我相, 無人相, 無衆生相, 無壽者相."

개 사찰에서 유숙(留宿)하면서 과거 공부나 독서를 병행했던 전력과 그에 따른 불경의 접촉, 그리고 승려들과의 교유 등과 같은 몇몇 요인들이 동시에 거론되고 있다. 그렇다면 덕유산의 삼수암(三水菴)에서만 "책을 지고 (승 도징과) 같이 지낸 세월이 거의 12년" 세월이었던 임훈의 경우 대승경전(大乘經傳)과 선가(禪家)의 어록(語錄) 등과 같은 텍스트들을 비롯한 다양한 불서(佛書)와 불교의 주요 수행법에 익히 접촉하였을 가능성은 충분하였을 것이다.

뿐만 아니라 문인 정유명이 지은 「행장」의 내용 중에는 과거업(科擧業)을 통한 벼슬길인 환로(宦路)에의 길이 누차 무산되었던 임훈이 한때 세상과 등을 지려는 비장한 결의를 다진 적이 있었다는 사실을 기록해 두었음이 대단히 주목된다.

> "선생은 일찍이 집안이 가난하고 부모님이 연로하시어, 부지런히 과거 공부에 임하여, 거의 입신양명[敭顯]할 만한 기대가 있었으나, 여러 번 나아가 여러 번 실패[屈]하고야 말았다. 이에 개연(慨然)히 자취를 거두어 옷을 바꿔 입으려는 뜻을 품은 적도 있었다. 그런데 오히려 부형(父兄)의 권유에 못 이겨 애써 과거 공부를 지속하였다."[52]

무엇보다도 윗글에서 주목되는 구절은 임훈이 과거에 연신 좌절된 끝에, "개연(慨然)히 자취를 거두어 옷을 바꿔 입으려는 뜻"을 품은 적이 있었다는 사실을 밝혀 둔 부분이다. 짐작컨대 이 결심은 진사(進士)

---

52 林薰, 『葛川集』 卷4, 「行狀」, 300쪽. "先生嘗以家貧親老, 黽勉爲擧子業, 庶有敭顯之望, 而屢進屢屈, 慨然有收蹤反服之意, 猶迫於父兄之勸而勉從之."

신분으로 성균관에 유학하다가 41세에서 낙향하여 고향 갈계리(葛溪里)에 자이당(自怡堂)을 건립하고 은거에 돌입하면서, 다시금 경명행수(經明行修)에의 비장한 결의를 다졌던 46세 사이 즈음일 것으로 추정된다. 다만 언뜻 출가를 암시하는 투의 분연(奮然)한 상기 「행장」의 기록에도 불구하고, 불교의 교학체계 방면에 대해 주목할 만한 교섭에의 흔적을 발견하기 어려운 편이다.

대신에 임훈은 "부도씨(浮屠氏)는 "청정(淸淨)·담박(淡泊)함을 가르치고 있다."는 총평을 가하고, 또한 이처럼 청정·담박한 심체(心體)를 증득하기 위한 방법론인 좌선(坐禪) 수행법을 심히 비판하는 시각을 일관되게 드러내 보였다.[53] 그런데 임훈이 진사 지심원(池深源)에게 전한 서문[序] 속에는 "기꺼이 농촌에 살면서, 외모(外慕)에 담박[泊]하였다." 고 평한 구절이 발견된다.[54] 이로써 미뤄 보자면 '담박'은 바깥 경계[外慕]에 끄달리지 않는, 곧 일종의 '지(止)'와 상응하는 개념으로 파악되며, 청정은 그 결과로서 증득(證得)된 마음의 본체[心體]를 지칭한 표현으로 이해된다. 같은 맥락에서 임훈이 지심원이 겪었던 불운한 과거업을 두고 "저 그 천명(天命)과 때[時]가 어긋나서 여러 번 곤욕을 치렀으나, 그 마음에 기뻐하고 원망하는 기색이 일어남도 없이 휴휴연(休休然)하였다."라고 호평한 부분도 예사롭지가 않다.[55] 왜냐하면 이 구절 중

53 林薰, 『葛川集』 卷2, 「送澄上人遠遊序」, 178쪽. "然浮屠氏以淸淨淡泊爲敎 …… 何用遠遊, 繭雙足, 疲神形也哉."

54 林薰, 『葛川集』 卷2, 「送池廣文深源還鄕詩序」, 173쪽. "深源氏, 騷雅人也 …… 怡然於畎畝, 而泊於外慕."

55 林薰, 『葛川集』 卷2, 「送池廣文深源還鄕詩序」, 174쪽. "彼其命與時違, 屢遭困躓, 而休休然不加喜慍於其心."

에서 '휴휴연'[56]이라는 표현은 선가의 어록 등에서 번뇌 망상이 그친 적정(寂靜)·적료(寂廖)한 심체를 묘사할 때 즐겨 사용하는 표현에 해당하기 때문이다. 실제 『갈천집』에는 '선가설(禪家說)·선가(禪家)' 등과 같은 단어가 빈번하게 등장하고 있다.[57] 다만 선가와 지칭된 실제 내용 간에 의미가 일치하지 않는 경우도 더러 발견되기도 한다.

아무튼 이처럼 임훈이 나름대로 다양한 불서들을 섭렵했던 정황은 "불 속에서 사람을 구하듯[救焚]"으로 비유한 위기적 당대 시국인식을 통해서도 거듭 확인된다.[58] 이 부분은 흡사 『법화경(法華經)』에서 설파된 장자(長者)와 삼계(三界) 화택(火宅)의 비유를 연상케 해주고 있기 때문이다.[59] 불타는 집인 '화택'을 벗어나지 못하는 중생(衆生)들을 바라보는 장자의 애타는 마음이, 삼정(三政)의 문란으로 위기가 가일층 심화되던 시대를 호흡하던 양심적 지식인의 충정으로 대체된 것이다.

그 외에도 임훈이 상소문에 간택한 '지견(知見)'이라는 단어와[60] 지

---

56 물론 '휴휴연'의 출처 중에는 『詩經』, 「小雅·彤弓之什」의 "旣見君子, 我心則休." 대한 해석, 즉 "휴(休)는 휴휴연(休休然)이니, 안정됨을 뜻한다."는 구절도 포함된다. 그러나 이 표현은 오히려 선가의 어록에서 더 즐겨 사용하는 단어다.

57 林薰, 『葛川集』 卷3, 「登德裕山香積峯記」, 227쪽. "訊之則曰 必待彌勒住世, 此香乃發云. 禪家說多類此, 可哂."; 같은 곳, 227쪽. "地勢包容寬閑, 殊不類絕境, 眞禪家所謂福地也." 그런데 앞의 미륵과 뒤의 '복지'라는 개념과 선가 사이에는 내용상 연관성이 희박하다.

58 林薰, 『葛川集』 卷2, 「彦陽陣弊疏」, 53쪽. "臣之殿下心必爲之動 …… 將如救焚拯溺之不暇."

59 大韓佛敎 天台宗 總本山 求仁寺, 『懸吐譯註 妙法蓮華經』, 「제3 譬喩品」, 민족사, 1999, 171쪽. "舍利佛, 如彼長者, 見諸子等, 安隱得出火宅, 到無畏處 …… 如來, 亦復如是, 爲一切衆生之父, 若見無量, 億千衆生, 以佛敎門, 出三界苦, 怖畏險道, 得涅槃樂."

60 林薰, 『葛川集』 卷2, 「彦陽陣弊疏」, 47쪽. "一國臣民, 欽聞德音, 苟有知見, 孰不欲披肝瀝心, 一達於冕旒之下哉."

각 작용력이 부재한 자연계의 구성물을 일컫는 용어인 "무정(無情)한 사물"[61] 등과 같은 표현들도 불교교학에서 연원한 개념의 일환에 해당한다는 점에서, 이 방면에 대해 온축한 임훈의 지적 소양 정도를 일정 부문 가늠케 해주고 있다. 무정한 사물은 "영(靈)을 머금고 꿈틀거리고 움직이는 모든 존재는, 모두 불성(佛性)을 소유하고 있다."고 설명되는 유정(有情)의 존재와는 대비되는 불교적 개념의 일환이다.

또한 무릉도원을 찾아 열뇌(熱惱)[번뇌]의 어지러움을 없게 하였다."는 표현이라든가,[62] 혹은 "승려[緇]가 답답함을 털고 번뇌[煩]를 씻는다."는 등의 구절들은 불교가 지향하는 구도적 세계의 일단이 노출된 장면에 해당한다.[63] 한편 "아! 사물은 폐흥(廢興)·성훼(成毁)하기를 무궁히 되풀이한다."는 말로써,[64] 만물이 변화하는 리듬을 일정한 패턴으로 유형화해 보인 부분은, 일면 무상(無常)한 만물의 변화에 대한 불교의 법칙을 제시한 성주괴멸(成住壞滅)을 부분적으로 연상케 해주기도 한다.

당연하게도 임훈은 불교적 시간 단위의 하나인 전세(前世)와 결부된 인과(因果)의 도리에 대해서도 충분히 숙지한 상태였고,[65] 심지어 덕유산의 최정상인 향적봉(香積峰) 등정에 나서게 된 일 또한 인과의 도리와 무관하지 않다는 소견을 피력해 보이기도 했다.[66] 그 연장선에서 임

---

61 林薰, 『葛川集』 卷3, 「書俞子玉遊頭流錄後」, 219쪽. "山水者, 天地間一無情之物."

62 林薰, 『葛川集』 卷3, 「靈覺寺重創記」, 267쪽. "人之居者, 怳若尋桃源入武陵, 無熱惱之亂, 則所謂奧之宜也."

63 林薰, 『葛川集』 卷3, 「靈覺寺重創記」, 266쪽. "地之寬閑軒豁, 高據平林, 環挹萬象者, 於曠宜, 緇之宣鬱滌煩."

64 林薰, 『葛川集』 卷3, 「靈覺寺重創記」, 267쪽. "物之廢興成毁, 相尋於無窮."

65 林薰, 『葛川集』 卷1, 「挽劉魯叔友參」, 〈又〉, 28쪽. "閥閱輝前世, 公膺積善餘."

66 林薰, 『葛川集』 卷3, 「登德裕山香積峯記」, 232쪽. "雖最勝之地, 無因則未果也."

훈은 불교 교리를 대표하는 인과응보설(因果應報說)에 입각하여 선행(善行)에는 영화(榮華)가 추수된다는 설명을 부연해 두기도 하였다.[67] 물론 이는 『주역(周易)』「문언전(文言傳)」의 해당 구절과 불교 교설 간에 접점을 형성하고 있는 대목에 해당한다.

한편 임훈은 불교의 종지(宗旨)인 자비(慈悲)에 대해서는 직접적인 언술을 남기지는 않았다. 대신에 전방위적인 인(仁)의 구현을 시사한 아래의 인용문과 이하의 몇몇 기록들은 불교의 핵심적 교설인 동체대자비(同體大慈悲) 이념과 별반 차이가 없어 보인다는 점에 특별히 유의해 본다.

> "종족(宗族)에게 인(仁)을 베풀 적에는, 외롭고 어려운 이를 먼저 보살폈다. 지극히 정성스러운 마음에서 우러나와서 사람들과 전혀 간극[間]이 없었다."[68]

또한 임훈이 향리 사회에서 "비록 미천(微賤)한 사람일지라도, 곡진하게 어루만져 동정[恤]해 주지 않음이 없어서, 이에 은혜와 믿음이 행해지게 되었다."는 생전의 행적 역시 상기 인용문과 그 궤를 같이 하고 있다.[69] 심지어 임훈은 "동물을 업신여기거나 능멸하지도 않았을 뿐"만

---

67 林薰, 『葛川集』 卷2, 「劉公李氏上下墓碣銘(并序)」, 123쪽. "意者劉李世積之善, 殆將發於公之後歟." ; 같은 책, 「劉君趙氏雙墓碣銘(并序)」, 119쪽. "家世毓德, 源遠流長." 두 구절 모두 『周易』에 전거를 둔 "積善之家, 必有餘慶, 積不善之家, 必有餘殃."에 연원한다.

68 林薰, 『葛川集·附錄』, 「葛川先生家壯草」, 574쪽. "仁及宗族, 恤先孤窮, 出於至誠, 人無間焉."

69 林薰, 『葛川集·附錄』, 「葛川先生家壯草」, 574쪽. "其處鄕則親親敬愛, 故崇信義務敦朴, 雖微賤之人, 莫不曲加撫恤, 恩信行焉."; 같은 책, 「行狀」, 301쪽. "雖閭巷

아니라,[70] "새우나 미꾸라지 같은 미물(微物)들도 남김없이 사랑하였으리만큼" 넓은 아량으로 만물을 포용하는 태도를 취했다고 한다.[71] 실상 인간 및 동물·새우·미꾸라지 따위란 곧 불교적 의미에서의 중생(衆生) 개념과 정히 부합하는 부류들인 것이다. 따라서 임훈이 이러한 유정의 존재들에 대해 "간극이 없는" 차원에서 구현한 인(仁)이란, 주체와 대상이 미분화된 자타불이(自他不二)라는 전제 하에 동체대자비를 역설한 불교의 종지와도 일맥상통하는 감이 없지가 않다.

문인 정유명이 임훈의 위정(爲政) 활동을 두고 굳이 불교의 자비(慈悲) 개념과 유사한 어감을 지닌 '자서(慈恕)'[72]라는 조어를 간택한 이면에는, 이상에서 논급한 사항들을 어느 정도 감안한 조처였을 것으로 사료된다. 그러나 『갈천집』에 산재(散在)해 있는 불교교학 방면에 대한 임훈의 언술들이 하나의 정연한 담론적 체계를 형성하고 있거나, 혹은 특정한 주제 사안에 대해서 이해의 심층부에 진입한 자취를 끝내 발견해 내기가 어려웠다.

이상으로 불교의 교학체계와 관련하여 문집에 드러난 일련의 자취들을 수습해서 검토해 보았다. 그 결과 임훈은 대승불교의 경전과 선가의 어록들을 나름대로 섭렵하면서, 최소한 수준 이상의 교학적 소양을 갖추고 있었다는 점을 확인하게 되었다. 그런데 임훈의 경우 불교의 해체론적 세계관이자 존재론을 취급한 중관학(中觀學)에 대한 견해와 함께, 또한 식(識, vijnana)의 전변(轉變) 문제를 심도 있게 설파한 유식학

中微賤之人, 無不加撫恤之義."

70 林薰, 『葛川集』 卷4, 「行狀」, 298쪽. "物未嘗被其侵侮陵駕之加."

71 林薰, 『葛川集』 卷4, 「祭文(又)」, 364쪽. "涵河量而容物, 愛不遺於鰕鰍."

72 林薰, 『葛川集』 卷4, 「行狀」, 302쪽. "且其爲政, 淸愼慈恕."

(唯識學)과 관련된 의미 있는 언술을 끝내 찾아볼 수 없었다. 물론 이러한 경향은 여타의 유학자들, 특히 정주학자들에게서 공히 발견되는 공통된 현상이기도 하다. 왜냐하면 전자는 '존재[實]'의 철학에 기초한 정주학적 세계관과는 대척점에 위상하고 있기 때문이며, 또한 영원주의 철학의 편에 선 후자의 경우는 현실주의 철학의 기조를 택한 유학적 입장과 완전히 상반된 입장이 담지되어 있기 때문이다.

다만 전자인 공관(空觀)과 관련하여 임훈은 당시 일반인들이 견지해 온 품격 없는 산수관(山水觀)을 비판하는 과정에서, 산수를 "지나치며 본 뒤로는 내실이 없어[過眼成空], 얻은 바가 전혀 없다.[無有所得]"[73]는 문학적인 기교를 빌려 살짝 언급하고 있었을 뿐이다. 이 문장 뒤편의 '무소득(無所得)'[74]은 부증불감(不增不減)한 심체와 그 작용력에 관한 설명 방식의 일환으로써, 이 구절은 앞에서 거론된 '공(空)'을 부연 설명해 주는 식의 절묘한 문장 작법을 취한 것이다. 따라서 이 대목은 임훈이 평소 축적한 불교의 중관학 방면에 대한 소양의 일단이 불현듯 노정된 장면으로 평할 수도 있겠다.

물론 그렇다고 해서 "천명(天命)을 믿는 것이 내가 구하는 것이니, 여느 사람들이 추구하는 것과는 다르다!"고 역설해 보인 바와 같이,[75] 임훈이 착지한 유자로서의 사상적 · 이념적 입각점이 결코 이완 · 각하

73 林薰, 『葛川集』 卷2, 「送澄上人遠遊序」, 179쪽. "後之遊者 …… 而但觀其淵然者爲水, 蒼然者爲山, 而過眼成空, 無有所得."

74 대한불교조계종 교육원 편역, 『金剛般若波羅密經』, 조계종출판사, 2009, 39쪽. "佛告須菩提, 於意云何. 如來, 昔在然燈佛所, 於法有所得不. 不也世尊, 如來在然燈佛所, 於法實無所得."

75 林薰, 『葛川集·附錄』, 「自怡堂記」, 403쪽. "乃慨然曰 信天有命, 吾之求之也, 異乎人之求之, 遂不復有立功名之志."

된 것은 아니다. 기실 임훈이 견지한 천명관(天命觀)은 그의 종교적 신앙의식을 엿보게 해줌과 동시에, 또한 갈천 경학론의 근간이 공맹 위주의 원시유학과 시[詩]·서[書]로 대변되는 고학적(古學的) 토대 위에 정착하고 있음을 시사해 주고 있다.

이처럼 당당한 근본 유자로서의 임훈의 모습은 덕유산 일대에서 오래 전부터 구전(口傳)되어 오던 불교적 설화(說話)들을 일소(一笑)에 부친 단호한 태도를 통해서도 누차 확인되고 있다. 일단 이와 관련하여 덕유산 향적암(香積菴)에 도착한 임훈은 인근에 위치한 암자터와 향적봉이라는 명칭의 유래를 제공해 준 "서쪽에 즐비한 향림(香林)" 등과 같은 대상물들을 접한 후에[76] 전개된 일화를 반추해 보도록 하겠다.

이때 임훈은 향나무 수풀 속의 "나뭇가지와 잎사귀를 휘어잡아도 향기가 없자", 그 이유를 동행한 승려 성통(性通)에게 질의하게 된다. 이에 성통은 "반드시 미륵(彌勒)이 세상에 거주하는 것을 기다려, 이 향나무의 향기가 풍긴다고 하더군요!"라는 답변을 내놓았다. 그러자 임훈은 곧장 "선가(禪家)의 말에 이런 게 많아서 (참으로) 우스웠다."라며 극히 부정적인 반응을 보였다.[77] 다시 말하여 임훈은 유자가 견지한 합리적 사고방식에 입각하여 덕유산 전래의 구비(口碑) 전승 설화에 심히 냉소적인 반응을 즉각적으로 보였던 것이다. 임훈이 평소 상식을 일탈한 해속(駭俗)을 꺼려했던 점도 이러한 맥락에서 이해 가능한 부분이다.[78]

76 林薰, 『葛川集』 卷3, 「登德裕山香積峯記」, 226~227쪽. "由西偏而上數百步, 得至香積菴, 當中築石如墠, 卽菴基也 ...... 西有香林櫛立, 峯之得名以此."

77 林薰, 『葛川集』 卷3, 「登德裕山香積峯記」, 227쪽. "攬其枝葉, 殊無香氣. 訊之則曰必待彌勒住世, 此香乃發云. 禪家說多類此, 可哂."

78 林薰, 『葛川集·附錄』, 「諡狀」, 532쪽. "莅郡則正己以率物 ...... 不以駭俗悅民爲能, 而其治常有不可及者."

한편 임훈은 자신과 막역한 교분을 나눴던 승려 도징이 "장차 명산(名山)을 편력(遍歷)하여, 기이(奇異)한 승경(勝景)을 탐방하면서, 내 평생의 뜻을 이루려는" 나름의 계획을 세우고, 자신에게 "한 마디 하여 노자[贐]로 삼게 해 달라는" 부탁을 받고,[79] 이하와 같은 답변을 가해 둔 부분도 자세히 음미할 만한 대목에 해당한다.

> "하물며 그대가 원행(遠行)을 나선다면, 친척을 이별하고, 붕우를 멀리 하며, 또한 존망(存亡)[생사]·안위(安危)도 막연해 질 터이니, 첫째로 불의(不義)한 일입니다."[80]

물론 임훈은 윗글에 바로 이어서 "험한 길을 넘고 가자면, 도적도 만나고 질병도 걱정이 되는" 등의 불리(不利)한 상황에도 직면하게 된다는 지적 또한 결코 빠뜨리지 않았다.[81] 이 같은 임훈의 언술 속에는 평소 지극한 "정성으로 사람을 접했다."던 임훈의 진실한 대인 관계의 일면이 그대로 드러나 있다.[82] 그러나 이에 앞서 지적된 "불의(不義)한 일"에 대한 충고는 "성현(聖賢)의 글"을 읽으면서 "의(義)의 소재를 말하는 데까지 엿보았던"[83] 근본 유자인 임훈이 견지해 온 사상적·이념적 입

79 林薰, 『葛川集』 卷2, 「送澄上人遠遊序」, 178쪽. "吾將遍歷名山, 探奇採勝, 以償吾生平之志, 子爲一言以贐."

80 林薰, 『葛川集』 卷2, 「送澄上人遠遊序」, 178쪽. "況爾之遠行, 離親戚遠朋友, 存亡安危之邈然, 一不義也."

81 林薰, 『葛川集』 卷2, 「送澄上人遠遊序」, 178쪽. "艱關跋涉, 草竊疾疹之爲慮, 二不利也."

82 林薰, 『葛川集』 卷4, 「碣銘并序」, 345쪽. "誠以接人, 敬以持身."

83 林薰, 『葛川集』 卷2, 「乙亥謝恩奉事」, 75쪽. "然書生門戶, 無有他技 …… 頗讀聖賢之書, 雖無踐履之實, 嘗窺言義之所在."

각점이 자연스럽게 투영된 결과였다. 이처럼 당당한 근본 유자로서의 임훈의 면모는 앞서 소개한 구전 설화를 접한 후에 표명된 일련의 평론들과 더불어, 갈천이 불교의 교학체계를 수용하는 과정에서 일정한 관건(關鍵)으로 일관되게 작용하였을 것으로 추정된다.

2) 좌선(坐禪) 수행법 비판

정각(正覺)을 이룬 각자(覺者)를 지향하기 위해 한국불교 전래의 수행 방편으로는 대체로 참선과 독경(讀經), 그리고 염불(念佛)과 다라니[진언] 암송 등과 같은 전통적인 방법들이 선호되어 왔다. 이들 방편 중에서 염불과 진언(眞言) 암송법 등은 근본 유자인 임훈의 입장에서 접근조차 하기 어려운 수행 방편이었을 것이다. 실제 『갈천집』에서 염불과 다라니 암송을 언급한 구절은 전혀 찾아볼 수 없었다. 반면에 임훈의 경우 나름대로 불서를 섭렵한 흔적을 더러 남겨 두었으나, 좌선 수행법에 대해서는 일관되게 심히 비판적인 태도를 취하고 있다.

일단, 실참 수행법의 문제와 관련하여 임훈은 절터로 적합한 장소를 두 부류로 나눠 적시하면서, 그중에서 첫 번째인 "산이 우뚝하니 높으면서 웅장하게 빼어나고, 빙 둘러 가려진 채 별도로 한 구역이 된 곳은, 적절이 구석진 듯해서, 승려[緇]가 수정(守靜)·징려(澄慮)하여 마음에 고결함을 성취하게 되는 것도, 다 이유가 있어서이다."는 말로써,[84]

84 林薰, 『葛川集』 卷3, 「靈覺寺重創記」, 266쪽. "寺之適, 大率有二, 曰曠如也, 奧如也, 如斯而已. 山之凌峻雄秀, 廻合關鎖, 別作一區者, 於奧宜, 緇之守靜澄慮, 就心高潔者以之."

‘좌선(坐禪)’ 수행과[85] 그 결실을 동시에 거론한 문장이 눈이 띈다. 왜냐하면 여기서 “정(靜)을 지키고 생각을 맑게 한다.”는 구절은 참선 혹은 좌선 수행법을, 그리고 뒤의 “마음에 고결함을 성취하게 된다.”는 부분은 실참 수행을 통해 증득되는 효과를 각기 지칭한 표현에 해당하기 때문이다. 다만 이 같은 실참 수행의 효과가 일차적으로 지형학적 여건에 의해 결정된다는 듯한 어조는 앞서 거론한 유자의 합리적 사고방식과는 다소 배치되는 감이 없질 않다. 그럼에도 불구하고 해당 구절들은 『갈천집』에서 참선 수행을 긍정적으로 묘사해 보인 드문 자료에 해당한다는 점에서 나름의 의미가 있다.

그런데 임훈이 가한 이 묘사가 참선 수행을 온전하게 설명한 것으로 보기는 어렵다. 이를테면 임훈이 “치류(緇流)[승]들 중에서 이곳에 깃들어 양성(養性)하는 자” 운운한 구절도[86] 적정(寂靜)한 심체를 증득하기 위한 불교의 참선 수행법과 『맹자』의 이른바 “그 마음을 보존하여, 그 성(性)을 기름은 하늘을 섬기는 소이(所以)”[87]로 설명된 존심(存心)·양성(養性) 간에 존재하는 명백한 공부론적 차이를 간과한 언술에 해당한다. 오히려 참선에 대한 임훈의 비판적 시각 정도는 그가 이 수행법을 신랄하게 비판해 보인 아래의 장면을 통해서 더욱 선명하게 드러나 있다.

“옛날에 30년을 여악(廬岳)에서 나오지 않은 사람도 있었고, 팔꿈

85 林薰, 『葛川集』 卷3, 「靈覺寺重創記」, 268쪽. “抑不知其相繼, 而坐禪于玆.”

86 林薰, 『葛川集』 卷3, 「靈覺寺重創記」, 268쪽. “緇流栖迹養性者, 必日 ……”

87 朱熹, 『孟子集註』, 「盡心章句(下)」의 제1장. “存其心, 養其性, 所以事天也.”

치에 잣나무가 나고, 어깨에 새들이 집을 지은 사람도 있었다. 왜 두 발을 누에고치처럼 하여 육신[形]·정신[神]을 괴롭히면서, 먼 곳으로 가려 하는가?"[88]

윗글은 결가부좌(結跏趺坐) 자세를 취한 상태에서 오랜 시간 동안 선정(禪定) 상태에 접어든 실참 수행자의 "정신[神]이 우주의 팔표(八表)를 노닐면서 조용히 천계(千界)를 관(觀)하는",[89] 즉 유체(流體)가 육신을 벗어나 원유(遠遊)하는 경지를 묘사해 보인 장면에 해당한다. 또한 이 같은 참선 수행법을 겨냥하여 임훈은 "부도씨는 "청정·담박을 가르치고 있다."는 총평을 가했음은 앞서 논급한 그대로다.

그러나 한때 "개연(慨然)히 자취를 거두어 옷을 바꿔 입으려는 뜻이 있었던" 임훈이었지만, 굳이 힘들게 두 발을 책상다리 모양새를 취한 채 형신(形神)을 괴롭히는 식의 수행법과 그것이 결실하는 차원 높은 경지에 대해서는 도저히 수용하기가 어려웠던 것이다. 이는 후대의 서계(西溪) 박세당(朴世堂, 1629~1703)이 장차 묘향산(妙香山)으로 접어들려는 승려 만영(萬英)에게 전한 시(詩)를 통해서, "제 아무리 억만 겁을 수미산에 맴돌아도, 비쩍 마른 원숭이며 학(鶴)의 자태만을 이룰 것을!"이라며 비판했던 대목과 동일한 기조를 유지하고도 있다.[90]

---

88 林薰, 『葛川集』 卷2, 「送澄上人遠遊序」, 178쪽. "然浮屠氏以淸淨淡泊爲教. 古有三十年不出廬岳者, 有栢生肘, 而鳥巢肩者. 何用遠遊, 繭雙足, 疲形神也哉."

89 朴守儉, 『林湖集』 卷6(한국문집총간 續39), 「記」, 〈皆骨山寂默堂記〉, 민족문화추진위원회, 2007, 291쪽. "今者和尙慶秀 …… 我自絕粒, 靈藥何用, 我自絕交, 仙子何求. 冥然杳然, 怳兮忽兮, 神遊八表, 靜觀千界, 彼方士者所慕."

90 朴世堂, 『西溪集』 卷4(한국문집총간 134), 「石泉錄(下)」, 〈山人萬英入妙香山學道藥泉有詩其師守源持示走筆次其韻〉, 민족문화추진위원회, 1996, 70쪽. "從渠萬劫繞須彌, 祗成枯槁猿鶴姿."

아무튼 윗글에서 노정된 임훈의 극히 비판적인 입장은 오진암(悟眞菴)이라는 의미심장한 암자 이름을 부여받은 곳에서 접했던 '정좌(定坐)' 수행 중인 어느 승려에 대한 다음과 같은 평가를 통해서도 그대로 재현되고 있다.

> "단풍나무 아래서 스님[仙]을 찾았는데, 訪仙楓樹下
> 담소하니 괴이하여 사람 같지 않구나. 談笑怪非人
> 여기서 '정좌'하여 무엇을 일삼는가? 定坐成何事
> 한갓 속세를 떠난 일신을 자랑할 뿐이네."[91] 徒誇世外身

윗시에서 임훈은 "괴이하여 사람 같지 않은" 구체적인 이유로써, 안정(安定)하여 취한 좌선 수행을 겨냥하고 있었고, 결국 이 수행법은 일신상의 안일만을 도모할 뿐이라는 극히 비판적인 인식으로 귀결되고 있음이 확인된다. 이는 앞서 승 도징이 계획한 원행(遠行)을 두고, "불의(不義)한 일"로 단정했던 대목과 일맥상통하는 대목인 셈이다. 다시 말하여 임훈이 판단하는 한에서 불교의 참선 수행이란 사회성(社會性, sociality)으로 요약되는 유학적 인륜人(倫)[곧 오상(五常)]의 맥락을 심히 일탈한 처사였기에, 정상적인 공부론으로 간주할 수 없다는 입장이 위의 시 속에 융해되어 있는 것이다.

물론 임훈도 "나는 또 일찍이 증(證)을 닦는 것은 직접 체험함만 같질 못하고, 누워서 유람(遊覽)하는 것은 실제로 원유(遠遊)하는 것만 같지는 못하다고 들었다."는 말을 통해서, 참증(參證)의 경지에 대한 중요

91 林薰, 『葛川集』 卷1, 「五言絕句」, 〈到悟眞菴〉, 9쪽.

성을 충분히 인지하고 있던 터였다.[92] 임훈이 드물게 대사[師]라는 존칭을 사용한 인물인 덕유산의 은경(隱囧)을 두고, "은경은 곧 덕유산의 고선(高禪)이다!"고 소개한 이면에는,[93] 이처럼 수행력과 법력을 두루 구족한 고승에 대한 선이해(先理解)가 전제되었기 때문에 가능한 일이었다. 그러나 "사림(士林)의 일원"이면서 근본 유자 자격인 임훈 자신이 직접 이러한 불교적 수행의 장으로 뛰어 들 수는 없었던 것이다. 그렇다면 과연 임훈이 즐겨 몰입한 공부론 혹은 수양론(修養論)의 실상은 어떠했던가?

일단, 이 문제와 관련하여 임훈이 "하루 종일 단정히 앉아 있음에, 엄숙하고 의젓하기가 마치 진흙으로 빚은 소인(塑人)과도 같았다."는 대목이 주목된다.[94] 온종일 진흙으로 만든 인형인 니소인(泥塑人)마냥 단좌(端坐)해 있는 임훈의 모습은 흡사 불교계에서 운위되는 이른바 절구통 수좌(首座)의 치열한 구도 의지를 언뜻 떠올리게도 한다. 보다 더 중요한 부분은 "단정히 앉아 있음"으로 번안되는 단좌의 실상이 과연 무엇인가? 하는 점일 것이다. 임훈과 그의 아우인 임운의 증시(贈諡)를 조정에 요청한 아랫글 속에는 이 같은 의문에 대한 정보를 아래처럼 비교적 상세하게 기술해 두고 있다.

92 林薰, 『葛川集』 卷2, 「送澄上人遠遊序」, 179쪽. "余曰 曾聞修證不如參證, 臥遊不如遠遊."

93 林薰, 『葛川集』 卷3, 「三水菴重創記」, 273쪽. "囧卽德裕之高禪也, 常掛錫于德裕之天王."

94 林薰, 『葛川集·附錄』, 「諡狀」, 532쪽. "終日端坐, 儼然泥塑人." 언급된 '소인(塑人)'이란 소상(塑像)·니소인(泥塑人)과 동일한 개념으로 진흙으로 빚어 만든 인물의 형상인 인형(人形)을 뜻한다.

> "일찍 기상하여 세수하고 머리를 빗질한 후에, 종일 단좌(端坐)한 채 의리(義理)에 관해 담설(談說)하고, 경전[經] · 역사[史]에 대해 토론하였습니다."[95]

임훈 생전의 하루 일상이 소개된 윗글은 그가 종일 '단좌'한 자세로 도덕철학적 사안들인 의리(義理)의 소재에 대해 강설하고, 또한 경전 · 역사를 주제로 삼은 토론에 즐겨 임했다는 사실을 전언해 주고 있다. 이는 이른바 독서를 통한 진지한 궁리(窮理), 즉 "오늘 한 가지 사물을 궁구하고, 내일 (또) 한 가지 사물을 궁구"하는 식의 격물(格物) 공부를 일상화했음을 의미한다.[96] 따라서 해석상에서 오독의 소지를 다분히 간직한 임훈의 '단좌'는 그가 「도오진암(到悟眞菴)」이라는 시에서 승려에게 던진 반문인 "여기서 정좌(定坐)하여 무엇을 일삼는가?"라는 시구 중의 '정좌(定座)'[곧 좌선] 수행법과는 명백하게 구분되는 개념이자 공부론임이 분명해 진 셈이다.[97]

한편 문인 정유명이 작성한 「제문(祭文)」에는 상기 인용문의 내용이 좀 더 상세하게 기술되어 있으므로, 이 글도 아울러 검토해 보도록 한다.

> "(선생의) 성품은 책 읽기를 좋아하여, 노년에 이르도록 피곤한 줄을 몰랐다. 좌우에 서적을 펼쳐 놓고서, 아련히 눈을 감고 턱을 괴고 있으니, 정신을 집중하여 조용히 앉았으며, 마음은 도(道)의 본

95 林薰,『葛川集·附錄』,「葛川瞻慕堂兩先生請贈諡上言草」, 486쪽. "其爲學 …… 早起盥櫛, 終日端坐, 談說義理, 討論經史."

96 朴世堂, 『大學思辨錄』(『西溪全書(下)』本), 「傳 5章」의 註解, 太學社, 1979, 8쪽. "又曰 今日格一物, 明日格一物, 據此則程子所以取義於格者, 明其不與朱子同矣."

97 林薰, 『葛川集』 卷1, 「五言絶句」, 〈到悟眞菴〉, 9쪽. "訪仙楓樹下, 談笑怪非人, 定坐成何事, 徒誇世外身."

체[希夷]를 완미하셨다."[98]

윗글 속에서 "정신을 집중하여 조용히 앉았다.[凝神靜坐]"는 구절은 일견 선정(禪定) 삼매(三昧)의 경지에 접어든 참선 수행자의 모습을 방불케 해주는 표현처럼 느껴진다. 그러나 바로 앞에 나열된 "좌우에 서적을 펼쳐 놓고서, 아련히 눈을 감고 턱을 괴고 있는" 식의 정황을 고려해 볼 때에, 해당 구절 역시 임훈이 진지하게 독서 궁리에 임하는 모습을 포착해 둔 장면임을 알 수 있다. 즉, 두 인용문 모두 임훈이 노년에 이르도록 경명행수를 위해 치열한 독서 궁리를 지속하였다는 사실을 확인시켜 주고 있는 것이다.

따라서 『갈천집』에서 간헐적으로 발견되는 '단좌(端坐)·정좌(靜坐)' 등과 같은 표현들은 수(修)·증(證)을 지향하는 선문(禪門)의 좌선 수행법과는 명백하게 차원을 달리하는 개념들임이 거듭 확인된다. 이를테면 임훈이 행한 '단좌·정좌'는 후대 제천(堤川) 출신의 노론계의 지식인 임호(林湖) 박수검(朴守儉, 1629~1698)이 "곧게 정좌[坐]한 채 어슴푸레한 새벽을 맞이하였다."라거나, 혹은 "정좌(靜坐)한 지도 오래, (문득) 새벽을 알리는 닭 울음소리가 들리누나!"는 대목, 그리고 "정좌한 지도 오래, 서리 기운이 차갑고도 서늘하다."는 등과 같은 언술들[99]에 드러

98 林薰, 『葛川集』 卷4, 「祭文」, 361쪽. "性嗜觀書, 至老忘疲, 左右圖書, 瞑目支頤, 凝神靜坐, 玩心希夷." 맨 뒷 구절에 언급된 '희(希)·이(夷)[미(微)]'란 노자의 『도덕경(道德經)』 제14장에서 도(道)의 특징을 설명한 부분에 해당한다. "視之不見 名曰夷, 聽之不聞 名曰希, 搏之不得 名曰微."

99 朴守儉, 『林湖集』 卷1, 「五言絕句」, 〈次李一卿客中秋夜述懷韻〉, 221쪽. "直坐到天明."; 같은 책, 〈次金進士訪友不遇韻〉, 222쪽. "坐久聽晨鷄." ; 같은 책, 〈秋夜有懷〉, 223쪽. "坐久霜凄淸."

난 진지한 좌선[참선] 수행법과는 전혀 상이한 맥락임이 명백해졌다.

이상에서 선불교(禪佛敎) 방면에 대한 임훈의 이해 정도와 비판적인 인식 등을 아울러 살펴보았다. 그 결과 임훈은 좌선·참선 수행법 자체에 대해서는 나름의 소박한 지적 소양을 갖추고 있었으나, 그 자신이 이 같은 수행법을 수용하는 문제에 대해서는 단호하게 선을 긋고 있었음을 거듭 확인할 수 있었다. 대신에 임훈은 정주학적인 독서(讀書) 궁리(窮理)와 격치(格致) 공부론에 한껏 몰입함으로써, 근본 유자인 자신의 사상적·이념적 정체성을 일관되게 견지하고 있었음을 거듭 환기시켜 주었다.

그럼과 동시에 임훈은 차원 높은 수행력과 법력을 동시에 겸비한 "덕유산의 고선(高禪)"인 은경 대사를 향해서는 깍듯한 존칭을 사용하기도 했다. 이와 같은 정황은 임훈이 생전에 친분을 유지해 왔던 주변 승려들과의 교유 양상에 대한 궁금증을 더욱 자아내게 한다.

3) 비구승 도징(道澄)과 임훈: 유(儒)·석(釋) 교유의 한 전범

조선시대에서 통상 유·석 교유로 지칭되는 유학자와 승려 간의 교류 문제는 앞에서 논급된 불교교학과 참선 수행에 대한 비판적 인식과는 전혀 별도의 사안으로 간주된 전통을 유지해 온 편이다. 예컨대 임훈이 집중 성토했던 보우(普雨) 화상만 하더라도, 그의 생전에 권간(權奸)인 윤원형(尹元衡, ?~1565)을 비롯하여 실로 다양한 인사들과 폭넓은 교분을 맺은 사실이 있다.

특히 조선 초·중기 무렵에 이르러 문명(文名) 높은 사대부(士大夫) 인사들이 승려가 지닌 시 두루미인 시축(詩軸)이나 시권(詩卷)에 시를 써주는 형식의 교유가 시대적 흐름으로 정착하게 되면서, 숭유억불

(崇儒抑佛)로 덧칠된 이념적 분위기와는 무관하게 유·석 교유는 전혀 새로운 국면을 맞이하고도 있었다. 이처럼 시축과 시권을 매개로 한 승려와의 교류 양상은 임훈의 경우도 결코 예외이질 않았다. 그리하여 임훈의 경우도 불교교학이나 참선 수행에 대해 보여주었던 심히 비판적인 시각과는 다르게, 승려와의 교유 양상은 매우 각별한 수준을 유지하고 있었음이 확인된다. 결과적으로 유·석 교유는 임훈의 불교인식에 있어서 가장 특징적인 국면을 전시해 주고 있는 것으로 평가된다.

현전하는 『갈천집』에는 '오진암(悟眞菴)·삼수암(三水菴)·천암(倩菴)[탁곡암]·향적암(香積菴)·영각사(靈覺寺)·견암(見巖)' 등과 같은 다수의 사암(寺庵)들의 명칭들이 수록되어 있는 상태다. 물론 열거된 사찰·암자 대부분이 덕유산이나 안음현 일대 지역에 소재한 공통점도 발견된다. 그 이유는 임훈이 토로한 아래의 기록 속에 잘 드러나 있다.

> "덕유산은 우리 고장의 진산(鎭山)인데다, 더욱이 나의 가택[家]이 그 아래에 자리하고 있다. 나는 이를 갈고 깨물곤 하던 어린 시절부터, 책 상자를 등에 지고 산방(山房)에서 지낸 것이, 그 어느 한 사찰[刹] 정도만이 아니었다. 때문에 나는 일찍이 이 산의 품[中]을 벗어난 적이 없었다."[100]

윗글은 덕유산이 임훈의 성장기와 청년기, 그리고 그 이후 무렵에도 지대한 영향을 미친 공간이었음을 짐작케 해준다. 특히 임훈은 청년기 때부터 돌입한 긴 은거 기간을 그곳 사암의 산방에서 보냈기 때문

100 林薰,『葛川集』卷3,「登德裕山香積峯記」, 224쪽. "德裕, 吾鄕之鎭山, 而吾家又於其下. 余自齠齕, 負笈山房者, 不一其刹, 而未嘗離於是山之中焉."

에, 덕유산은 그에게 더욱 친숙한 자연 공간이자 정신적 공간으로 정착하였을 것이다.

한편 임훈은 승려들에 대해 '부도인(浮屠人) · 승(僧) · 승도(僧徒) · 치(緇) · 치도(緇徒) · 치류(緇流) · 필추(苾蒭) · 비구(比丘) · 선인[仙] · 상인(上人) · 대사[師] · 고선(高禪)' 등과 같이 비교적 다양한 호칭법을 구사한 특징이 발견된다. 적시한 호칭법 중에서 '선인 · 상인 · 대사 · 고선' 등과 같은 호칭어는 존칭에 해당한다. 대체로 임훈이 선보인 승려에 대한 호칭법은 여타 정주학자들의 그것과 크게 다르지 않으나, 존칭을 사용하는 빈도가 상대적으로 높은 편에 해당한다. 이 점 임훈이 맺은 승려와의 교분 정도가 매우 친연적이었을 것임을 짐작케 해줌과 동시에, 비록 부분적인 차원에서나마 불교와의 교섭이 가능했던 이유를 간접적으로 설명해 주고도 있다.

이를테면 임훈이 구사한 호칭법은 17세기 중후반 무렵의 노론계 지식인 임호(林湖) 박수검(朴守儉, 1629~1698)이 즐겨 채택했던 '치(淄) · 석(釋) · 석자(釋子) · 운납(雲衲) · 빈도[貧] · 조사(祖師) · 화상(和尙) · 선사(禪師) · 대사(大師)'로 지칭된 호칭법과 유사한 경향을 보여준 것으로 평가된다.[101] 송시열의 문인이었던 임호 박수검은 애초 엄격한 도통론을 견지한 노론 계열의 정주학자였지만, 자신이 떠안은 연원 깊은 트라우마를 해소 · 치유하기 위한 의도에서 불교에로의 종교적 전향(轉向)을 시도한 인물이다.

여하간 임훈의 경우 비교적 다양한 호칭법을 적용하였던 정황과

101 金鍾秀, 「전근대 시기 儒學者 佛敎로의 轉向 사례-林湖 朴守儉의 경우-」, 『禪文化硏究』 17집, 한국불교선리연구원, 2014, 105~106쪽 참조.

상응하는 수준에서 『갈천집』에는 다수의 승려들이 거론되고 있다. 특히 임훈과 매우 각별한 친분을 유지했던 승려들로는 비구승인 도징(道澄) · 성묵(性默)과 "덕유산의 고선(高禪)"으로 칭한 은경(隱冏) 대사 등을 지목할 수 있다.[102] 이제 이들 세 사람 중에서 비구승 도징과 나눴던 특징적인 교유 내용을 간략히 소개하는 방식을 통해서, 갈천이 형성했던 유 · 석 교유의 특징적인 면모를 대체하도록 하겠다.

임훈이 유지한 유 · 석 교유에서 특정한 승려들과 친밀한 교분을 지속적으로 유지해 온 정황들이 자주 포착되고 있다. 특히 도징의 경우 『갈천집』에서 등장하는 승려들 중에서 가장 막역한 정분을 나눴던 인물로 파악된다. 임훈 스스로도 "부도인(浮屠人) 도징(道澄)은 나와 서로 좋아하여, 의기를 투합한 정도가 매우 깊었다."고 솔직히 토로해 두었을 정도였다.[103] 임훈은 자신과 도징이 이처럼 의기투합하는 사이로 발전한 경위와 관련해서도 아래처럼 간략한 보충 설명을 남겨 두기도 하였다.

> "도징[澄]이 덕유산 삼수암[三水]에 주석[居]할 때에, 내가 이 산에 책 상자를 지고 든 지가, (어언) 거의 12년째인데, 일찍이 도징과 함께 지내지 않은 적이 없었다."[104]

이처럼 임훈은 청년 시절에 덕유산에서 은둔하면서 영위했던 기나

102 이 사안에 대한 자세한 논의로는 최석기 · 정일균 · 김종수, 『갈천 임훈의 학문과 사상』, 보고사, 2017, 306~333쪽 참조.

103 林薰, 『葛川集』 卷2, 「送澄上人遠遊序」, 178쪽. "浮屠人道澄, 與余相好, 投分不淺."

104 林薰, 『葛川集』 卷2, 「送澄上人遠遊序」, 180쪽. "澄之居德裕之三水也, 余之負笈于玆山者, 殆一紀, 而澄未嘗不與之處焉."

긴 독서 기간 동안을 줄곧 도징과 함께 보냈던 것이다. 물론 이후로도 두 사람은 지속적으로 밀착된 관계를 유지하게 된다. 그런데 긴 준비 기간에도 불구하고 과거에 연거푸 실패했던 임훈이 한때 "개연(慨然)히 자취를 거두어 옷을 바꿔 입으려는 뜻을 품은 적도 있었던" 시기에도, 그 좌절감과 그에 따른 출가(出家)에의 뜻을 오직 도징에게만 토로하였던 듯하다. 당시의 몹시도 괴로운 심경과 관련하여 임훈은 아래처럼 토로해 두었다.

> "한적(閑寂)한 회포와 세상에 뜻을 버린 탄식을, 도징[澄]이 아니면 그 누구에게도 말하지 않았다. 이제 도징이 (멀리 유람의) 길을 떠나니, 능히 그 정(情)을 극진히 다하지 않을 수 없는 것도, 이 때문이다."[105]

임훈이 「증금주(贈琴主)」에서 구사한 시어(詩語)대로라면, 도징은 일종의 지음(知音)에 해당하는 '종자기(鍾子期)'에 비유할 만한 관계를 형성해 온 인물이었음에 분명해 보인다.[106] 때문에 임훈은 「등덕유산향적봉기(登德裕山香積峯記)」(53세)를 통해서 함께 덕유산의 최고봉인 향적봉 등반에 동행할 인물로서 단연 도징을 지목하면서, "단 도징(道澄)은 내가 오래 전부터 그와 함께 하기를 바랐던 사람이고, 마침 그가 이 봉우리 근처에 사니, 초청해 오도록 하라!"는 지시를 통해서, 긴 세월 동안

---

105 林薰, 『葛川集』 卷2, 「送澄上人遠遊序」, 180쪽. "閑寂之懷, 終南之嘆, 非澄則無與開喙矣. 於澄之行, 不能不致其情者, 是也."

106 林薰, 『葛川集』 卷1, 「七言絕句」, 〈贈琴主〉, 16쪽. "流水高山已自知, 移諸絃上更淸奇 ...... 得遇鍾期問幾時."

에 변함없이 유지되어 온 막역한 교분을 재차 확인해 보였던 것이다.[107]

실제 도징은 스승인 은경 대사로부터도 "징(澄)의 사람됨이 간선(幹善)하기에 충분하다."는 평을 받았으리만큼 주변의 폭넓은 신뢰감을 획득한 인물이었던 듯하다.[108] 물론 언급된 '간선'이라는 단어는 불사(佛事)를 원만하게 경영해 나간다는 의미를 내포한 단어나, 또 다른 한편으로는 "대죄(大罪) 극악(極惡)함이 천지에 용납될 수 없다."는 말로써,[109] 임훈이 신랄한 논조로 비판하였던 "적승(賊僧) 보우(普雨)"와는 의미의 대척점에 위상한 개념에 해당하기도 한다.[110]

107 林薰, 『葛川集』 卷3, 「登德裕山香積峯記」, 225쪽. "但道澄, 吾所久要, 其居近此峯, 可邀以來." 그런데 임훈(54세)은 1552년(명종 7)에 이뤄진 덕유산 산행 도중에 천암(倩菴)[탁곡암(卓谷庵)]에서 후일 서산휴정(西山休靜)의 심인(心印)을 받고 휴정 문하의 4대 문파 가운데 하나인 정관문(靜觀門)을 창시하기에 이르는 고승 일선(一禪, 1533~1608)의 친절한 협조를 받기도 하였다.(같은 책, 「文」, 〈登德裕山香積峯記〉, 498쪽.) "倩菴僧玉熙一禪, 助齎行具, 令通導行." 일선은 저녁에 구름이 짙게 끼고 하늘이 어둑해지자, 곧 전개될 기상 상태를 예리하게 점치기도 했다. "至夕, 雲藹紛騰, 自南而北, 天日黯然. 禪曰, 如此必雨, 相與悶慮焉." 이 같은 정황은 당시 일선이 덕유산의 제반 여건과 환경 등에 대해 상당히 익숙해진 상태였음을 시사해 준다. 한편 15세에 출가했던 정관일선은 약관의 나이인 당시에 덕유산 탁곡암에서 하안거(夏安居) 결제(結制) 중인 상황이었다. 일선은 하안거가 끝나는 우란분절(盂蘭盆節) 이후에 그곳을 떠날 계획을 세우고 있었다. "禪曰, 吾於今年, 與六士僧結夏于此, 盂蘭後解去云." 다만 아쉽게도 30년이 넘는 많은 나이 차이 때문인지, 차후 임훈과 일선은 더 이상의 의미 있는 유·석 교유 단계로까지는 발전하지 못했다. 일선과 임훈의 만남에 대해서는 한태식, 「靜觀一禪의 생애와 정토사상 연구」, 『淨土學硏究』 21집, 한국정토학회, 2014, 76쪽을 통해서도 간략히 언급된 바가 있다.

108 林薰, 『葛川集』 卷3, 「三水菴重創記」, 273쪽. "囧曰 澄之爲人, 可於幹善, 遂委之以任." 전후 문맥을 감안해 볼 때 '간선(幹善)'이란 성실하게 불사를 주관하거나 경영하는 등의 의미를 내포한 개념으로 파악된다.

109 林薰, 『葛川集』 卷2, 「告湖南司馬所業儒鄕校書」, 191쪽. "賊僧普雨, 罪大惡極, 天地所不容."

110 林薰, 『葛川集』 卷2, 「告湖南司馬所業儒鄕校書」, 191쪽. "賊僧普雨, 罪大惡極, 天地所不容."

그런데 은경 대사가 "도징[澄]의 사람됨이 간선(幹善)하기에 충분하다."고 운운한 이면에는 덕유산의 삼수암(三水庵)이 중건(重建)을 맞이하게 된 일과도 무관하지 않을 뿐더러, 또한 이 불사가 원만히 성사되기까지에는 임훈과 비구 도징·은경 대사 삼인의 노력이 동시적으로 관여하였기 때문에 가능한 일이었다. 결과적으로 이 건은 임훈이 구축한 유·석 교유의 또 다른 정점을 전시해 주고도 있기에, 잠시 삼수암이 중건된 경위를 간략하게 추적해 보고자 한다.

덕유산에 소재했던 삼수암은 "여러 골짜기의 물들이 다투어 흘러서, 세 계곡으로 합해지고, 또 깨끗하며 맑은 물결이 흐르고 흘러서, 이 암자의 남쪽을 휘두르며 비추었던 연유"로 인해 '삼수암'이라는 명칭을 획득하게 된 것이다.[111] 또한 당시 삼수암은 폐허가 된 지가 너무 오래되었던 까닭에, 창건 연대나 그 주역 등에 대한 정보마저 전무한 상태였으나, 마침내 비구 도징에 의해 중건을 맞이하게 되었다.[112] 그런데 이 암자가 중건된 이면에는 도징 외에도, 도징의 은사인 은경과 이 "은경 대사에게 (중건을) 권유한 임훈" 이렇게 삼인이 동시적으로 묘한 시절인연(時節因緣)을 연출한 끝에 중창(重創)이라는 결실로 이어지게 되었던 것이다.[113] 여기서 보다 중요한 사실은 삼수암 중건을 위한 최초의 구상이 임훈에 의해 제시되었다는 점일 것이다. 일단 임훈은「삼수암중

111 林薰,『葛川集』卷3,「三水菴重創記」, 272쪽, "菴之名, 必以三水者, 何也. 盖萬壑爭流, 合爲三澗, 淸瑩潺湲, 暎帶乎菴之南也."

112 林薰,『葛川集』卷3,「三水菴重創記」, 273쪽, "菴之爲墟久矣, 經始之年曁其人, 無以考也. 重創者誰, 有比丘道澄其名者也."

113 林薰,『葛川集』卷3,「三水菴重創記」, 273쪽, "澄之爲其師隱囧之勉也, 而囧之勉, 由余之囑也."

창기(三水菴重創記)」(26세)를 통해서, 그가 이 암자의 중건을 위한 모유(謀猷)를 떠올렸던 정황을 아래처럼 자세하게 술회해 두었다.

> "내가 일찍이 은경[誾] 대사가 거처하는 곳에서 더위를 피하며 지낼 적에, 거기로 가는 길에 이 암자의 옛터를 지나는데, 문득 다시 (삼수암을) 중건하여 세웠으면 하는 생각이 일었다."[114]

이후로도 임훈은 "덕유산의 고선(高禪)"인 은경 대사에게 지속적으로 자신의 계획을 전언하였으나, 미처 이 불사를 감당할 만한 적임자를 만나질 못했다. 그러던 참에 마침 이 불사를 "간선(幹善)하기에 충분한" 적임자인 도징을 발견했고, 마침내 은경은 삼수암 중건을 위한 모든 일들을 그에게 일임하게 된다.[115] 그리하여 도징의 각고한 불사에의 노력에 힘입은 끝에, 채 1년이 경과하지 않은 시점인 1525년(중종 20)에 "제도와 규모가 옛날에 비해 더 웅장해진" 삼수암의 중창을 맞이하게 되었다.[116] 이에 임훈은 "검약하게 지었으나 누추해 보이지 않고, 화려해 보이나 사치스럽지는 않다."는 의미심장한 총평을 내려 두었음이 눈에 띈다.[117]

왜냐하면 이 같은 임훈의 논평은 부(賦)인 「토계(土階)」에서 제시된 동양의 이상적인 제왕(帝王)인 요(堯) 임금의 미덕, 곧 허식(虛飾)·치화

114 林薰, 『葛川集』 卷3, 「三水菴重創記」, 273쪽, "余嘗避暑之誾之居, 道由于菴之墟, 殊有重立之念."

115 林薰, 『葛川集』 卷3, 「三水菴重創記」, 273쪽, "每與誾語, 未嘗不圖之而難其人. 誾曰, 澄之爲人, 可於幹善, 遂委之以任."

116 林薰, 『葛川集』 卷3, 「三水菴重創記」, 273쪽, "澄乃鳩財聚工, 晨夜展力, 不逾年而功告成, 卽乙酉歲也."

117 林薰, 『葛川集』 卷3, 「三水菴重創記」, 273쪽, "儉而不陋, 華而不侈, 眞山中第一福地也."

(奢華) 등과 같은 악덕을 배척한 결과로서 체득된 검덕(儉德)에 대한 찬미와 동일한 기조를 형성하고 있기 때문이다.[118] 이는 임훈이 피력한 "본디 제도[制]란 쓰임이 있는 데 그치나니, 또 어찌 헛된 꾸밈을 일삼겠는가?"로 설명되는 실용적인 제도론이 유·불의 상징적인 건물 두 방면에 걸쳐 동시적으로 적용된 장면에 해당한다.[119] 좀 더 부연하자면, 임훈은 제도론의 구체적 적용이라는 차원에서는 유·불 간에 존재하는 현격한 절연층을 무화·해체켰던 것이다.

한편 "만물[物]이 흥(興)하고 폐(廢)하는 것은 리(理)요, 행복과 불행도 여기에 달려 있다."고 진단하면서도, 나아가 "그러나 흥폐하는 이치는, 진실로 사람에게 달려있다."는 말로써,[120] 도덕적 자아에 부여된 자유의지의 중요성을 역설해 보였던 은경 대사는 삼수암이 중건되기까지의 이면을 아래처럼 간략히 회고해 두었다.

> "그러나 이 암자를 경영(經營)한 자는 도징[澄]이지만, 지으라고 지시했던 사람은 공(公)입니다. 그렇다면 암자가 공을 만난 것이지, 도징을 만난 것은 아닌 셈이지요!"[121]

은경 대사는 윗글에 곧장 이어서 "이 은경[囧]이 위로는 공(公)의 뜻을 이어 받고, 아래로는 도징에게 권면하여, 대략 일찍이 그 방략(方略)

118 林薰, 『葛川集』 卷1, 「賦」, 〈土階〉, 36쪽, "盍自明一己之儉德, 用垂示乎萬葉 …… 又何事乎虛飾, 乃命乃工, 乃築斯階, 勿用奢華, 以駭人視."

119 林薰, 『葛川集』 卷1, 「賦」, 〈土階〉, 36쪽, "制固止於有用, 又何事乎虛飾."

120 林薰, 『葛川集』 卷3, 「三水菴重創記」, 273쪽, "物之興廢 理也, 而幸不幸存焉 …… 而興敗之理, 實存乎人焉."

121 林薰, 『葛川集』 卷3, 「三水菴重創記」, 273쪽, "然經營之者澄也, 而發縱指示者公也, 則菴之遇, 乃公也非澄也."

을 지휘·계획하여, 마침내 도량(道場)을 열어, 우리네 무리들[群倷]을 인솔할 수 있게 되었으나, 나와 암자가 모두 공을 만난 것입니다."는 품격어린 겸사로써,[122] 고승다운 부연 설명을 추가해 두기도 했다. 즉, 은경 대사는 삼수암이 중건된 이면에는 임훈의 모유가 가장 주된 동인(動因)으로 작용했다는 사실을 거듭 지적해 보인 것이다. 이에 대해 임훈은 삼수암이 중건된 경위와 관련한 자신의 입장을 아래처럼 추가로 피력해 두었다.

> "대사[師]의 즐거움은 도량을 여는 데 있으나, 저의 낙(樂)은 산수의 경치에 있습니다. 그 말미암는 바는 다른 듯하지만, 그 만나는 바에 기뻐하는 것은 같습니다. 그렇다면 이는 대사와 제가 암자를 만난 것입니다. 암자가 저를 만났다는 말은 온당치 않습니다."[123]

은연중에 은경과 임훈 간의 도교(道交)의 흔적이 감지되기도 하는 위의 인용문에서 특별히 반추할 만한 부분은 "그 만나는 바에 기뻐하는 것은 같습니다."는 임훈의 발언일 것이다. 비록 암자 중건에 임한 임훈과 은경 두 사람의 동기는 상이했지만, 삼수암이 중창된 결과를 환영한다는 측면에서는 유자나 승려 간에 하등의 차이가 없다는 의미가 담지되어 있기 때문이다. 이른바 유석무분(儒釋無分)의 풍취가 느껴지기도 하는 임훈의 이 언술은 삼수암 중건이라는 불사로 상징되는 유·석 교유의 또 다른 하나의 극점을 전시해 주고도 있는 것이다. 물론 이러한

122 林薰, 『葛川集』 卷3, 「三水菴重創記」, 273~274쪽, "如囧上承于公, 下勉于澄, 粗嘗指畫其方略, 而卒能開道場率群倷, 是囧與菴俱遇公也."

123 林薰, 『葛川集』 卷3, 「三水菴重創記」, 274쪽, "師之樂在於道場之開, 余之樂, 在於山水之景, 其所由則似異也, 而其欣於所遇則一也. 是則師與余俱遇菴也, 不可日菴遇我也."

류의 유·석 교유가 맺어진 근저에는 은경 대사가 구비한 품격이나 법력 외에도, 임훈이 "한적(閑寂)한 회포와 세상에 뜻을 버린 탄식을, 도징[澄]이 아니면 그 누구에게도 말하지 않았다."던 비구 도징이 자리하고 있었음이 재차 확인되기도 한다.

그리하여 임훈은 「삼수암중창기」의 말미 부위를 빌려서, "도징(道澄)이라는 사람은 남을 이롭게 하기를 좋아하는 사람"임을 확인해 보이는 가운데, "도징은 반드시 (후세에) 전해야 한다."고 결심을 구체적인 기록으로 남겨 두기에 이르렀던 것이다.[124] 뿐만 아니라 임훈은 세상만사가 흥폐(興廢)하는 이치에 따라 "삼수암(三水菴)이 다시 무너질 경우", 자신의 후손들에게 "선조(先祖)가 이 터를 만나 지으셨으니, 반드시 다시 동정[恤]해야 한다."는 입언(立言)도 기문으로 남길 것임을 은경 대사에게 다져 보인 대목도 눈길을 끌기에 충분한 대목이다.[125] 이 언약은 유·석 교유에 임하는 임훈 내면의 진정성이 절절하게 묻어나고 있기 때문이다.

기실 임훈은 도징 외에도 비구승인 성묵(性默)을 향해서도, "석교(釋敎)의 이른바 간선인(幹善人)이다."며 매우 긍정적으로 평한 사실이 있다.[126] 임훈이 성묵을 '간선인'으로 평한 이유는 무너진 덕유산 영각사(靈覺寺)의 "옛 자취[古迹]를 이어 나가지 못하여, 좋은 터가 장차 묵히는 것을 깊이 탄식한 끝에, 중수(重修)하는 일을 시작해서, 부지런히 경영(經營)하여 널리 사람들에게 권장하여, 인력을 찾고 목재를 모아, 새

124 林薰, 『葛川集』 卷3, 「三水菴重創記」, 274쪽, "如澄者, 好利人者也 ...... 則是不可不傳."

125 林薰, 『葛川集』 卷3, 「三水菴重創記」, 274쪽, "抑又有一說焉, 物之廢興之理, 則菴之復爲頴焉圮焉者, 又烏可知歟 ...... 使余有後孫則當曰 先祖之所遇, 不可不恤."

126 林薰, 『葛川集』 卷3, 「靈覺寺重創記」, 267쪽, "苾蒭有性默者, 釋敎所謂幹善人也."

벽부터 저녁까지 일해서, 비로소 앞 건물[前廡]이 창건"되었고, 이후에 대웅전[大殿]이 건립되기까지의 힘든 불사를 원만하게 마무리하였기 때문이었다.[127] 그리하여 영각사의 중수가 완료된 후에 성묵은 주변의 "승려들[緇徒] 모두가 성묵(性默)의 원대한 뜻에 탄복했을" 정도로 주변의 칭송을 한 몸에 받았던 인물이었다.[128]

이에 임훈 또한 미래의 영각사 수행승들이 예찬함직한 가상적인 문장의 형식을 빌려서, 성묵이 성취한 공(功)·덕(德)을 거듭 치하해 두기에 이르렀던 것이다.[129] 더 나아가 임훈은 "나는 이미 성묵(性默)의 공(功)을 중히 여기고, 또 이 땅이 폐허되지 않음을 기쁘게 생각하여, 마침내 그 본말을 기록하여 기문[記]을 쓴다."며, 그간의 전말이 담긴 「영각사중창기(靈覺寺重創記)」에 임하게 된 경위도 아울러 밝혀 두었다.[130] 이 점 앞서 소개한 「삼수암중창기」와 동일한 동기화의 과정을 거쳤음을 확인시켜 준다. 더욱이 임훈이 「영각사중창기」를 작성한 시점이 약관의 나이를 다소 초과한 24세 되던 해인 1523년(중종 18년)이었다는 점도 눈여겨 볼 만한 부분이다.

따라서 점증하는 숭유억불의 시대에서 임훈과 승려 도징·성묵 등

127 林薰, 『葛川集』 卷3, 「靈覺寺重創記」, 266쪽, "深嘆古迹無繼, 善地將蕪, 慨然擧重修之役, 經營奔走, 普勸諸人, 求工聚材, 震夜展力, 始創前廡." 영각사 중수 작업은 1509년[己巳]에 시작해서, 1513년[癸酉]에 완공되었다. 또한 대웅전[大殿]은 1516년[丙子]에 착공하여 1523년[癸未]에 건립되었다. "始於己巳, 訖於癸酉. 又建大殿, 始於丙子, 訖於癸未."

128 林薰, 『葛川集』 卷3, 「靈覺寺重創記」, 267쪽, "規模制度, 視古尤壯, 緇徒咸服默之志大."

129 林薰, 『葛川集』 卷3, 「靈覺寺重創記」, 268쪽, "緇流栖迹養性者, 必日 寺之不廢, 默之功也, 吾儕之庇身, 默之德也."

130 林薰, 『葛川集』 卷3, 「靈覺寺重創記」, 268쪽, "余旣重默之功, 又喜玆地之不見廢, 遂爲之記, 而誌其本末云."

간의 관계는 저 동진(東晋)의 혜원(慧遠) 선사(禪師)와 도잠(陶潛)·육수정(陸修靜) 삼인 사이의 도교(道交)에 얽힌 고사인 호계삼소(虎溪三笑)에 준하는 유·석 교유의 한 전범을 개척했던 것으로 평가할 수 있겠다. 그럼과 동시에 물론 임훈은 "부도씨(浮屠氏)의 이른바 유방(遊方)[곧 행각(行脚)]"에 『맹자』의 호연지기를 접목시키는 차원에서의 "유람[遊]한 실효(實效)가 어떠했는지를 참작해 볼 것"을 권유하는 충고를 먼 유람길에 나서는 도징에게 건네는 일도 결코 망각하질 않았다.[131] 이 점 다시 한 번 더 근본 유자인 임훈이 착지한 사상적·종교적 입각점을 확인해 보인 대목에 해당한다.

그러나 이러한 임훈의 사상적 지향성이 "도징[澄]이 아니면 누구에게 말하지 않았다."던 두 사람 간의 막역한 정분(情分)을 압도하고 위협하는 수준으로까지 치닫지는 않았던 것이다. 따라서 임훈과 도징 사이의 교유는 억불의 시대에서 독특한 유·석 교유의 한 전범을 개척했던 것으로 평가된다. 실상 16세기를 전후로 한 조선사회에서 대인적(對人的) 차원에서 수행된 유·석 교유의 특징적인 면모로는, 비구승 도징과 임훈 사이에서 형성된 정분을 초극할 만한 사례를 발견하기란 그다지 흔치 않은 일이다.

더욱이 이처럼 임훈이 선보인 독특한 유·석 교유에의 양상은 그의 고족(高足)인 석곡(石谷) 성팽년(成彭年, 1540~1594)[132]에로까지 전승

131 林薰, 『葛川集』 卷2, 「送澄上人遠遊序」, 180쪽. "反而求之, 則枵然一塊身已, 曾何有補於其氣哉. 浮屠氏所謂遊方者, 豈異其揆哉. 當遲爾還, 講爾之遊之實之如何. 爾其勉哉."

132 본관은 창녕(昌寧), 자는 이옹(頤翁). 효행으로 천거되었던 조선 중기 문인으로 시문과 글씨에 뛰어났으며 문집으로 『석곡문집(石谷文集)』이 있다.

되고 있었다는 점도 간과할 수 없다. 일단, 성팽년의 경우 어느 날 자신을 찾아온 묘(妙) 진사(眞師)에게 크나큰 반가움을 표시하는 가운데, 그와의 아침나절 대담을 통해서 "그윽한 흥취가 가슴속에 가득하다."는 소감을 피력해 두었음이 사뭇 눈길을 끈다.[133] 왜냐하면 이 같은 정황은 바야흐로 억불의 기조가 더욱 심화되기 시작했던 중종(中宗)·선조(宣祖) 연간의 시대적 분위기를 초극한 차원에서 추구된 유·석 교유의 한 실태를 확인시켜 주기 때문이다.

그런데 성팽년의 경우 스승인 임훈과 돈독한 관계를 형성했던 도징(澄)과의 교유를 지속적으로 유지했던 정황도 아울러 포착된다. 더욱 중요한 사실은 성팽년과 도징 사이에 형성된 관계 또한 스승인 임훈이 보여준 그것을 방불케 해주는 수준이었다는 점일 것이다. 성팽년이 남긴 「징(澄) 상인의 시축에 차운하다.」는 제하의 아래 시는 이 점을 명증하게 확인시켜 주고 있다.

"뜻밖에 신선 같은 산객(山客)을,
서로 석수대에서 마주쳤네.
외로운 자취 구름을 따라 나오니,
석장 날리며 눈과 함께 오더라.
지난 일 물으니 배낭을 기울이고 뒤적이다가
술잔을 대하니 허물없는 친구로세."[134]

133 成彭年 저(河行洛 역), 『國譯 石谷先生文集』, 「五言四韻」, 〈贈妙眞師〉, 明心印刷所, 2001, 6쪽. "何處彌天釋, 來尋四海翁 ...... 崇朝聽未盡, 幽興滿胸中." 운위된 '미천석(彌天釋)'은 고원한 고승을 뜻하며, '숭조(崇朝)'는 새벽부터 아침밥을 먹을 때까지의 시간을 의미한다.

134 成彭年 저(河行洛 역), 『國譯 石谷先生文集』, 「五言四韻」, 〈次澄上人詩軸韻〉, 6

윗시는 성팽년이 도징 상인을 석수대라는 곳에서 우연히 조우한 끝에, 오랜만에 만난 기쁜 마음을 술잔을 나누며 회포를 푸는 내용으로 매듭되고 있다. 이는 특정한 종교와 인간관계를 분리시켜 별도로 대했던 임훈의 교류 방식을 연상케 해준다. 물론 임훈의 문도들 모두가 스승이 선보인 돈독한 유·석 교유에의 방식을 답습했는지 여부에 대해서는 쉽게 단정하기 어렵다.

그러나 최소한 성팽년의 문집에 드러난 앞의 두어 가지 사례들은 임훈이 추구했던 승려와의 교류 양상이 그의 제자들에게도 긍정적인 영향력을 행사하였음을 입증시켜 주기에 전혀 부족함이 없는 상태다. 그런 점에서 임훈이 추구했던 승려와의 교유 양상은 점증하는 억불의 시대에서 반추될 만한 하나의 뚜렷한 전범을 개척했던 것으로 평가할 수 있다.

5. 맺음말

경상우도의 안음현에 연고를 둔 갈천 임훈은 16세기를 주요 활동기로 삼은 전형적인 재야 사림파의 일원이었다. 이 시기는 기존의 훈구파와 신진 사림파 사이에 빚어진 갈등의 역학 관계로 인하여 초래된 일련의 사화로 인하여, 청년 임훈의 삶과 출처관 형성에도 큰 영향력을 행사하기에 이른다. 특히 임훈의 경우 청년 시절부터 인근한 덕유산 일대에서 기나긴 은둔 독서 생활을 영위하였고, 또한 한참 뒤늦은 54세에 이르러서야 관직생활을 맞이한 예사롭지 않았던 인생 역정도 주목되었다.

쪽. "不意仙山客, 相過石首臺, 孤蹤雲共出, 飛錫雪俱來, 問事傾行囊, 忘形當酒盃." 언급된 '망형(忘形)'은 형식에 구애되지 않음을 뜻하는 표현임.

그 과정에서 임훈은 명백한 실체를 간직한 심리적 트라우마를 형성하기도 하였을 뿐더러, 또한 이를 극복하기 위한 치열한 경명행수의 길을 일평생 전개해 나가게 된다. 그럼과 동시에 이처럼 복잡다단했던 임훈의 인생 역정은 애초 근본 유자라는 신분을 초극한 차원에서의 사상적 실험의 장으로 인도하게 되었고, 이번 제4장의 논의를 촉발케 하는 직접적인 계기를 제공해 주기도 하였다.

임훈이 수행한 사상적 교섭의 범주에는 불교와 노장철학 등과 같은 당시의 대표적인 이단 목록들이 포함되어 있다. 또한 그 이면에는 임훈이 간직한 생래적 염리심과 결속된 유다른 산수 취향, 그리고 당위적 도덕의 너머에서 무위적 초탈을 추구하려는 무위유학 등과 같은 여러 변인들이 동시적으로 관여하고 있었다. 특히 안연에서 증점으로 이어지는 무위유학의 계보는 공자학에 내재된 이색적인 학적 국면의 일환인데, 임훈의 경우 이 같은 무위유학을 적극 계승함으로써 방외지학에 대한 교섭 노력에 모종의 가교 역할을 수행하는 결과로 이어지게 되었다. 즉, 임훈이 계승한 무위유학은 불교와 노장철학과 접점을 형성할 만한 가교적 계기로 작용하였던 것이다.

그리하여 이번 장의 논의에서는 임훈의 불교인식을 가늠할 만한 주요 인자(因子)들인 불교교학에 대한 소양 정도와 실참 수행에의 흔적, 그리고 통상 유·석 교유로 지칭되는 승려와의 교유 양상이라는 세 가지 측면에 예의 주목하게 되었다. 그 결과 임훈은 불교교학 방면에 대해서 최소한 이상의 지적 소양을 축적하고 있었음을 확인하였으나, 체계적인 담론 형식을 취한 논의는 발견하기 어려웠다. 또한 임훈의 경우 불교의 대표적인 수행법인 참선[좌선]을 향해서는 심히 비판적인 인식을 일관되게 견지하고 있었음이 주목된다. 물론 이처럼 참선 수행에 대한 비판적 시각은 여타 정주학자들의 경우에도 공히 발견되는 현상이기도 하다. 대신에 임훈의 경우 독서 궁리를 통한 진지한 격물치지(格物致知) 공부에 한껏 몰입함으로써, 평생토록 오롯이 치열한 경명행수의 길을 걸어 나갔다. 임훈이 67세가 되던 해인 1566년에 육조(六條)를 구비한 전국 단위의 육현(六賢)으로 선정되면서, 인생 일대의 전환점을 맞이하게 된 일은 결코 우연한 일이 아니었던 것이다.

한편 임훈은 주변 승려들과의 교유 활동에는 매우 적극적인 모습을 보여줌으로써, 앞의 두 측면과는 색다른 양상을 노정해 보였다. 특히 비구승 도징과의 교유는 매우 각별한 정분으로 이어지고 있었음이 주목된다. 임훈은 도징 외에도 비구승 성묵과 은경 대사 등과 같은 승려들과도 깊은 친분을 유지하였음이 확인된다. 기실 임훈이 형성한 유·석 교유는 상당히 복합적인 층차(層差)를 형성하고 있기에 보다 포괄적인 천착이 요구되는 사안이기도 하다.

결과적으로 16세기를 전후로 한 시점에서 임훈이 보여준 승려와의 교류는 그의 불교인식에서 가장 특징적인 국면을 전시해 주었던 것으로 평가된다. 그럼과 동시에 근본 유자 신분이자 "사림(士林)의 일원"이기도 했던 임훈이 애초 그가 견지하였던 사상적·이념적 착지점을 결코 탈각했던 것은 아니었다. 이를테면 명종(明宗) 연간에 문정왕후(文定王后)의 강력한 비호 아래 보우(普雨) 화상이 추진해 온 일련의 흥불정책을 강도 높게 성토해 보인 임훈의 매서운 통고문(通告文)은, 갈천의 사상적·종교적 정체성을 명증하게 확인시켜 준 구체적인 사례에 해당한다.

5장

17세기 소론계의 지성 서계(西溪) 박세당(朴世堂)의 '삼소철학(三笑哲學)'과 유(儒)·불(佛) 교섭

5장

17세기 소론계의 지성 서계(西溪) 박세당(朴世堂)의 '삼소철학(三笑哲學)'과 유(儒)·불(佛) 교섭

17세기 중·후반을 주요 활동기로 삼았던 소론(少論) 계열의 대표적인 지성인 서계(西溪) 박세당(朴世堂, 1629~1703)은 유학적 사유 체계의 바탕 위에서 불교(佛教)와 노자(老子)·장자(莊子) 철학과의 의미 있는 교섭을 동시에 시도함으로써, 자신의 사상체계의 규모를 확장하고 학문적 개성을 보다 이채롭게 장식한 사상가다. 특히 박세당이 시도한 유(儒)·불(佛) 간의 교섭 노력은 17세기를 전후로 한 순정(純正) 정주학자(程朱學子)들의 벽이단론(闢異端論)에 입각한 편협하고도 무미건조한 학풍과는 판이한 양상을 전시해 주었다는 점에서, 그 귀추가 크게 주목되는 사안이다.

지금까지 박세당의 학문세계에 대한 평가는 주로 탈주자학적(脫朱子學的) 경학론(經學論)에만 집중되어 왔던 까닭에, 정작 '관용'의 미덕이라는 일관된 기조 하에 개척된 서계학(西溪學)의 진정한 개성에 대해서는 전혀 눈길이 미치지 못한 상태다. 이번 제5장의 논의의 초점은 바로 이 같은 서계학의 개성을 새롭게 재조명해 내는 작업과도 직결되어 있다.

실제 박세당이 불교와 노장철학을 대상으로 한 진지한 교섭 노력을 펼쳤던 이면에는, 서계의 학문 세계가 기초한 진리론적 토대와 긴밀히 상응하는 관계 하에 구축된 지극히 문호 개방적 이단관(異端觀)에 힘입은 바가 컸던 것으로 분석된다. 기실 박세당이 즐겨 차용한 고사 성어인 호계삼소(虎溪三笑)는 오늘날 종교철학에서 말하는 이른바 종교적 포괄주의(包括主義)라는 관점으로 번안이 가능한 진리 인식론이라는 의미를 함축하고도 있다.

그런데 박세당이 일관되게 견지한 포괄주의적 진리 인식론은 자신의 이상사회적 전망을 천명해 둔 『서경(書經)』「홍범(洪範)」편의 황극론(皇極論)의 문맥을 내밀히 반영해 주고도 있었음이 주목된다. 다시 말하여 박세당은 '관광락선(寬廣樂善)'하는 일종의 교사 모델에 해당하는 군주의 입장에서, 사회 구성원 각자가 선(善)을 지향하는 동기를 장여(奬與)하고 총진(寵進)함으로써, 도덕과 평화로 넘쳐나는 세계로 인도될 수 있다는 확신에 충만해 있었던 것이다. 프랑스의 사회학자인 뒤르깽(Émile Durkheim) 식의 문화전승주의(文化傳承主義)에 토대한 박세당의 이상사회적 청사진은, 포괄주의적 진리론과 그에 기초한 극히 문호 개방적인 이단관 등과 긴밀히 조응하는 일관된 의미의 리듬을 유지하고 있었음이 확인된다.

그리하여 이번 제5장의 논의의 장에서는 박세당이 수행한 유학·불교 사이의 교섭 양상을 불교의 교학체계에 대한 소양 정도와 반야공관(般若空觀)에 대한 인식, 그리고 승려와의 교유 양상과 선불교(禪

佛敎)를 향한 태도 등과 같은 몇몇 측면을 통해서 면밀하게 추적하고자 한다. 그 결과 박세당이 시도한 유·불 간의 교섭 노력의 양상이 일면 수용과 타면 배척이라는 공통된 특징을 전시해 주고 있었음을 확인하게 되었다. 즉, 박세당은 포괄주의 진리론과 제휴한 다원주의적 노선에 입각하여 불교교학을 이해하려는 진지한 노력을 경주함과 동시에, 또한 다수의 승려들과 깊은 교분을 유지하기도 하였다. 나아가 박세당은 반야공관을 원용한 차원 높은 화쟁론적(和諍論的) 인식론을 제창하였을 뿐만 아니라, 몸소 참선(參禪) 수행에 진지하게 몰입했던 자취도 아울러 남겨 두었다.

그럼과 동시에 박세당은 포괄주의와 바로 이웃한 배타주의적 노선에 입각하여, 유학의 정통(正統) 도덕철학과는 판이한 형식을 취한 불교의 공관과 좌선(坐禪) 수행법을 엄중하게 비판하기도 하였다. 즉, 박세당은 "성인(聖人)의 대법(大法)"이라는 엄정한 기준에 심히 위배되는 불교의 심성론(心性論)과 함께, 실효(實效)가 미미한 좌선 수행법을 동시에 준엄하게 비판하였던 것이다. 이 점 근본(根本) 유자(儒者) 자격으로서의 박세당이 일관되게 견지해 왔던 사상적·이념적 정체성을 반증해 준다.

그럼에도 불구하고 박세당의 경우 노년에 이르도록 불교를 이해하기 위한 지속적인 노력을 결코 포기하지 않았던 것으로 확인된다. 이 같은 정황은 박세당이 제한된 유학적 사유의 지평을 확장해 나가기 위한 달자(達者)나 통인(通人)의 면모를 잃지 않았음을 반증해 준다. 왜냐하면 박세당은 기존에 수행한 선불교 비판 작업과는 별도로, 만년(晩年)의 저서인 『상서사변록(尙書思辨錄)』(65세)을 통해서 여전히 포괄주의적 진리론을 견지한 상태에서 선가(禪家)의 어록(語錄)에 연원한 일부 주해

(註解)의 정당성을 긍정하면서 수용하고 있었기 때문이다. 이 같은 정황은 박세당이 역설해 마지않았던 '관광(寬廣) · 낙선(樂善)'의 덕목에 대한 철학적 진정성의 정도와 더불어, 또한 서계가 일관되게 추구하였던 성학(誠學)의 외연을 명증하게 환기시켜 주기도 한다.

1. 문제의 제기

흔히 탈주자학(脫朱子學)의 기수(旗手)로 평하는 소론계의 대표적인 지성인 서계 박세당은 양란(兩亂) 이후인 17세기 중·후반을 주요 활동기로 삼았던 사상가다. 이 시기의 조선사회는 임진(壬辰) · 병자(丙子) 양란이 추수한 미증유의 위기 국면에 봉착한 가운데, 국가재조론(國家再造論)의 수립을 통해서 당면한 위기 국면을 정면으로 돌파해 나가려 했던 실로 암울한 상황의 연속이었다. 그즈음인 1668년에 박세당은 동지사(冬至使) 서장관(書狀官) 직임으로 청(淸)나라를 향해 사행(使行)에 나섰고, 연경(燕京)[북경]에서 귀국한 이듬해(41세)에 곧장 양주(楊州)의 수락산(水落山) 기슭에 터한 석천동(石泉洞)으로 퇴은(退隱)을 감행하게 된다. 차후로 30여 년이 넘게 지속된 박세당의 주경야독(晝耕夜讀) 식의 은둔자 생활은 이번의 논의와 직결된 지적 원천들을 제공해 주기에 이른다.

그런데 박세당이 석천동으로 퇴은을 단행한 이면에는 일면 관료서 충만했던 자신의 웅대한 경세(經世) 의지(意志)가 좌절된 사정과도 무관하지가 않았기에, 그는 은거 이후로 심리적 외상(外傷)을 스스로 감내하고 위안해야만 했었다. 더욱이 석천동 퇴거 이후로 박세당이 감당한 가혹한 가화(家禍)의 지속은 유학적 범주를 초월한 사상적 실험의 장으로 안내하기에 충분한 실존적 사건들이었다. 결과적으로 퇴은 이후로 약 10여 년 간에 걸친 궁경(窮經)에의 노력 끝에 착수한 저서 『사변록(思辨錄)』 시리즈 기획과 노장서(老莊書) 주해, 그리고 불교 방면에 대한 진지한 교섭에의 노력 등은 석천동을 무대로 하여 박세당이 보여준 일련의 사상적 궤적의 흔적들을 잘 전시해 주고 있다.

특히 이번 제5장의 논의는 자연인 자격의 박세당이 기울인 실존적 구원의 몸짓이 비단 유학과 노장(老莊)으로 표방되는 도가(道家) 철학에만 한정된 정도가 아니었다는 사실에 유념한 결과를 반영해 준다. 비록 박세당은 불교의 교학체계와 관련하여 하나의 완성된 담론 형식을 취한 저술을 남기지는 않았으나, 육체적 구속을 초월한 세계를 향한 향수는 원초적 강렬함을 유지하고 있었음이 주목되었다. 물론 박세당에게 있어서 불교란 수월한 이해와 여유로운 비판이 가능했던 노장철학(老莊哲學)의 세계와는 달리, 넘나들기 어려운 현격한 철벽으로 대면(對面)한 형국이었다.

그럼에도 불구하고 박세당은 공관(空觀)에 입각한 차원 높은 화쟁론적 인식론을 제창하였을 뿐만 아니라, 품격 높은 주변의 승려들과의 교류를 통하여 불교교학과 실참 수행의 극점에 대한 진지한 이해의 노력을 경주해 나갔던 것이다. 그러나 청년기 시절부터 불교교학 방면에 대한 연찬을 위해 각별한 노력을 기울였던 박세당이었지만, 정통(正統) 유학의 도덕철학과 공부론 등에 정면으로 배치되는 반야공관과 선불교(禪佛敎)에 전면적인 동의를 표하기란 난망한 일이었다.

결국 『도덕경(道德經)』과 『장자(莊子)』로 대변되는 도가철학과 불교 방면에 대한 박세당의 교섭(交涉) 양상은 공히 수용과 배척이라는 상이한 두 국면으로 분화되는 특징을 보여준다. 이처럼 도(道)·불(佛)을 동시적으로 통섭(通攝)하려 했던 박세당의 개방적·진취적 진리 수용 자세는 그가 견지했던 열린 이단관과 긴밀히 상응하는 맥락이면서, 동시에 주자학적(朱子學的) 도통론(道統論)을 심히 이탈한 처사이기도 했다.

물론 그 이면에는 "선(善)을 지향하는 길을 터주어야 한다."는 박세당이 구상한 이상사회적 전망이 피력된 『서경(書經)』「홍범(洪範)」편의 주해(註解)에서 연원한 황극론(皇極論)의 문법이 내밀히 관여하고도 있었다. 더불어 박세당은 차이(差異)를 초극한 차원에서의 관용(寬容)['관광']의 미덕을 일종의 교사 모델인 군왕이 발휘해야 할 이상적 덕목으로 요청했던 바, 서계가 확립했던 포괄주의적 진리론은 바로 이러한 이상사회적 전망과 직결된 차원 높은 진리 인식론에 해당한다.

그러나 박세당이 견지했던 포괄주의적 진리론이 도가와 불교에 대해 항상 수용 일변도의 교섭 양상만을 표출했던 것은 물론 아니었다. 왜냐하면 포괄주의 진리론과 바로 이웃한 다원주의(多元主義)가 지향하는 도가·불교에 대한 수용적 태도와는 달리, 동시에 인접한 배타주의적(排他主義的) 진리 장악론이 발휘하는 배척 양상 또한 엄연히 존재한 상태였기 때문이다. 박세당이 도가와 불교 방면에 동시적으로 적용한 배타주의적 진리 노선은, 결과적으로 애당초 서계가 착지한 사상적·이념적 입각점이 공맹(孔孟) 위주의 원시유학(原始儒學)을 강력하게 지향했던 근본 유자 신분이었음을 분명하게 입증시켜 준다.

그럼에도 불구하고 배타주의와 다원주의, 곧 차이와 똘레랑스가 동시에 공존했던 박세당의 통섭적 사상체계를 통해서, 우리는 진정한 종교간 대화의 문제를 위한 유의미한 하나의 단초를 제공받을 수 있을 것으로 기대한다.

2. 퇴은(退隱)과 연찬(硏鑽), 이상사회적 전망 모색

1) 퇴은과 천화(荐禍), 그리고 실존적 되물음

편의상 박세당 생애의 연대기적 분포를 전반기와 후반기로 나눠서 구획할 경우, 서계가 청나라 사신행에서 귀국한 41세 적에 돌연히 관직을 사퇴하고 근기 양주의 수락산 기슭에 위치한 석천동으로 전격적인 퇴은을 감행한 일은,[1] 이른바 '석천경영(石泉經營)'[2]으로 명명되는 후반기 저술기로의 돌입을 의미하는 일대 계기사적 사건에 해당한다. 박세당은 퇴은 후에 약 10여 년 동안에 걸쳐 진행된 주경야독 식의 생활을 영위한 끝에, 『대학사변록(大學思辨錄)』의 탈고(52세)를 시발로 하여,[3] 65세 때에 착수한 『모시사변록(毛詩思辨錄)』에 이르기까지 『사변록』 시리즈에 대한 일련의 저술 기획을 순차적으로 진척시켜 나갔다.

물론 그 사이에 박세당은 이미 노장철학 방면의 양대 주해서인 『신

---

1 朴世堂, 『西溪集』 卷22(한국문집총간 134), 「年譜」, 〈己酉條〉, 민족문화추진위원회, 1996, 441쪽. "先生四十一歲, 三月自燕還朝復命 …… 歸石泉."

2 이 사안에 대해서는 심경호, 「西溪 朴世堂의 水落山 隱居와 學問 企劃」, 『어문연구』 37-2호, 한국어문교육연구회, 2009, 367~396쪽.; 김수진 · 김태수 · 심우경, 「西溪 朴世堂의 石泉洞 經營과 理想鄕」, 『한국전통조경학회지』 5집, 한국전통조경학회, 2007, 1~5쪽 참조.

3 朴世堂, 『西溪集』 卷22, 「年譜」, 〈庚申條〉, 443쪽. "先生五十二歲 …… 著大學思辨錄."

주도덕경주해(新註道德經註解)』(53세)와 『남화경주해산보(南華經註解刪補)』(54세)의 저술 작업도 완료해 둔 상태였다.[4] 특히 『장자』를 대상으로 한 주해서인 『남화경주해산보』는 한국사상사의 자생적 전개 과정에서 박세당의 것이 유일하다는 점에서, 그의 학문적 식견과 역량 및 자유로웠던 영혼의 풍경 등을 명증하게 확인시켜 준 명저(名著)이자 노작(勞作)으로 평가할 수 있다.

그런데 박세당의 퇴은 생활은 석천동 시냇가에 "시일 걸려 이룬 다섯 칸 새집"에서, 타인의 시선에 아랑곳하지 않는 "졸렬한 삶[拙生]"을 지향하는 독특한 형식을 취한 채 영위되었다.[5] 달리 박세당은 차후에 전개될 자신의 삶의 청사진을 겨냥해서, "인생 백 년에 채 반을 살지도 않았지만, 여생은 청산 속의 사람이 되리라!"는 결의성 언술로 대체해 보이기도 하였다.[6] 50세 무렵에 이르러 어느새 "촌사람[野人]"[7]으로 화

4 박세당이 남긴 저술들의 연대기적 분포는 이하와 같다. 『西溪燕錄』(41세)·『大學思辨錄』(52세)·『新註道德經』(53세)·『南華經註解刪補』(54세)·『中庸思辨錄』(59세)·『論語思辨錄』(60세)·『穡經』(60세)·『孟子思辨錄』(61세)·『尙書思辨錄』(65세)·『毛詩思辨錄』(65세~?). 다만 박세당은 『상서사변록』을 완성한 이후 찾아든 연이은 병질(病疾)로 인해 『詩經』을 대상으로 한 주해서인 『모시사변록』은 「小雅·采綠」편에 이르러 중단된 채 타계하였다.(『尙書思辨錄』, 302쪽): "癸酉 ○先生六十五歲. ○是後十年之間, 連有疾, 故詩思辨錄, 至于小雅采綠而止, 竟未業卒."

5 朴世堂, 『西溪集』 卷2, 「石泉錄(上)」, 〈新屋〉, 25쪽. "五間新屋經時就, 林燕山禽共落成 …… 世事不豊幽意足, 從他人笑拙謀生." 이하의 시 번역은 박세당 저(강여진 역), 『국역 서계집 1』, 한국고전번역원, 2009를 참조한 가운데 부분 수정을 가했음을 밝혀 둔다.

6 朴世堂, 『西溪集』 卷2, 「石泉錄(上)」, 〈卽事〉, 25쪽. "新裁白服製烏巾 …… 三萬六千吾未半, 餘生拚作臥雲人."

7 朴世堂, 『西溪集』 卷3, 「石泉錄(中)」, 〈豊悅遣弟子, 送至斷髮令〉, 56쪽. "禪榻纔容一宿還, 野人猶復未全閑."

한 박세당은 “시골 늙은이 본래 매마(枚馬)의 흥취 서투니, 내년에 보리 이삭 잘 자랄 것만 기뻐할 뿐이네.”라는 시를 읊조렸고,[8] 급기야 “노년에야 (나는) 알았네! 벼슬하는 즐거움이, 문전(門前)의 백 이랑 벼만 못하다는 것을.”이라는 고백을 통해서 영락없는 시골 농부로 거듭난 만년의 삶을 확인해 보였다.[9] “몸소 밭매는 계곡 입구의 늙은이[곡구옹(谷口翁)]”[10]로 자처하기도 했던 박세당의 편저(編著)인 『색경(穡經)』(1676)은 직접 “밭이나 일구며 여생을 보내고자 했던” 서계의 담담한 영농(營農) 의지가 발휘된 땀의 결실이었던 것이다.[11] 박세당이 일하지 않는 사대부(士大夫) 계층이 과도한 비율을 형성한 데에 대해 달갑지 않은 시각을 견지하였던 이면에는, 이처럼 몸소 노동에 종사했던 자신의 경력과 그에 따른 성찰이 투영된 결과였던 것이다.

한편 차후 30여 년이 넘게 지속된 퇴은 기간 동안에 박세당은 소위 “시주풍류(詩酒風流)”를 더러 즐기기도 하였을 뿐만 아니라,[12] 또한 그는 ‘차조[秫]’로 상징되는 도연명(陶淵明, 365~427) 식의 단순한 음주 풍류를 초극한 차원, 즉 “오이를 심고” 가꾸는 등의 고상한 동릉과(東陵

8 朴世堂, 『西溪集』 卷2, 「石泉錄(上)」, 〈雪〉, 38쪽. “野老本疏枚馬興, 但欣來歲麥苗長.” 운위된 ‘매마(枚馬)’는 한대(漢代)의 문장가인 매승(枚乘)과 사마상여(司馬相如)를 병칭한 표현이다.

9 朴世堂, 『西溪集』 卷4, 「石泉錄(下)」, 〈柳喬齡挽(三首)〉, 64쪽. “昔日相從無間日 …… 晚來獨悟公侯樂, 不及門前百頃香.”

10 朴世堂, 『西溪集』 卷3, 「石泉錄(中)」, 〈寄題問月堂次徐處士鳳翎韻(三首)〉, 44쪽. “南州高士知頻到, 應愛躬耕谷口翁.”

11 朴世堂, 『西溪集』 卷4, 「石泉錄(下)」, 〈題穡經後〉, 63쪽. “欲將耕耨送餘齡, 閑夜燈前著穡經, 人笑先生無意解。却言大勝箋黃庭.”

12 朴世堂, 『西溪集』 卷1, 「東行拾囊」, 〈湖洲蔡尙書所眤妓, 今老矣, 語及蔡輒流涕, 感而有作〉, 14쪽. “詩酒風流猶未盡, 白頭官妓泣中郎.”

瓜) 풍류를 아울러 지향하기도 했다.[13] 더 나아가 박세당이 지향한 고품격의 풍류 가운데는 "늘 서재(書齋)에 가득했던 배우기를 청하는 문도[人]들"을 대상으로 하여 종일토록 진행된 "문답하고 강론하는" 학업 전수의 즐거움도 포함되어 있었다.[14] 그 연장선에서 박세당은 "꽃피는 아침이나 달 밝은 저녁이면, 언제나 제자들을 대동하고 시냇가를 소요하면서, 바람을 쏘이고 시를 읊으면서 돌아오는" 소요유(逍遙遊)를 한껏 만끽하기도 하였다.[15]

기실 박세당은 관직을 사퇴하기 직전 무렵에 이러한 소요유를 통하여 부처 몸[佛身]을 얻기를 염원한 적도 있었다.[16] 이는 당시 우암(尤庵) 송시열(宋時烈, 1607~1689) 주도 하에 긴박하게 전개되었던 정국(政局) 운영을 바라보는 박세당의 심사가 불편하기가 짝이 없는 상태였음을 부분적으로 반증해 주기도 한다.

그런데 퇴은 이후로 박세당이 줄곧 향유했던 "무한한 호기상(好氣象)"[17]의 너머에는 늘상 지독한 가난과 불행한 가정사들, 그리고 일신상의 병고(病苦) 등이 서로 맞물린 채 진행되고 있었다는 사실에서, 역설

---

13 朴世堂, 『西溪集』 卷2, 「石泉錄(上)」, 〈閑居〉, 25쪽. "更爭一着風流在, 種秫難高似種瓜." 언급된 '동릉과(東陵瓜)'는 동릉후(東陵侯)에 봉해진 진(秦)의 소평(召平)의 은둔과 관련된 고사이다. 소평은 진나라가 멸망한 후에 장안성(長安城) 밖에서 오이를 심어 가꾸며 은둔 생활을 했다고 한다.(『史記』 권53, 「蕭相國世家」)

14 朴世堂, 『西溪集』 卷22, 「年譜」, 〈己未條〉, 443쪽. "其後請業之人, 隨年漸加, 常滿書齋. 或訓誨經史, 或勸製述, 答問講論, 終日不倦."

15 朴世堂, 『西溪集』 卷21, 「附錄」, 〈諡狀〉, 432쪽. "常於花辰月夕, 携冠童逍遙溪邊, 風詠而歸."

16 朴世堂, 『西溪集』 卷1, 「潛稿」, 〈別德藏上人〉, 11쪽. "纏縛違天性, 逍遙得佛身, 唯應急流退, 不負點頭人."

17 朴世堂, 『西溪集』 卷21, 「附錄」, 〈諡狀〉, 433쪽. "簞瓢亦至屢空, 實有人所不堪者, 公處之晏如, 略無幾微之見於外. 時携門下諸生, 嘯詠溪上, 自有無限好氣象."

적으로 서계가 직면했던 이러한 실존적 한계를 초월하고자 하는 그 어떤 의지를 예감케도 해준다.

실제 박세당은 자신이 떠안은 "양식이 떨어져 내일 끼니조차 잇기 어려웠던"[18] 지독한 가난과 잦은 병고, 그리고 가정적 불행사 등을 소재로 삼은 다수의 시문을 남겨 두었음이 확인된다. 박세당은 17세 때에 화촉(華燭)을 밝혔던 첫 번째 부인인 의령(宜寧) 남씨(南氏)와 사별한 뒤에 함경북도(咸鏡北道) 병마평사(兵馬評事)에 임명(38세)되어 그곳의 종성(鏡城)에 부임하여,[19] "사람이라면 어찌 눈물을 흘리지 않으리오? 함께 웃고 떠든 지 이십 년인데, 어린 자식들 의지할 데 없건만 변방으로 떠나온" 애달픈 자신의 처지를 수심에 찬 안개 속에 투영시켜 두었다.[20] 50세인 1678년에는 뒤이어 맞이한 계부인(繼婦人) 정씨(鄭氏)마저 타계하자, 아연실색한 박세당은 "또한 고관이 이어진 망족인데도, 온 세상에 그대 집만 가난하였지."라고 추억하면서 가난 속에 고생스러운 삶을 마감한 아내에게 참회의 눈물을 흘렸다.[21]

때문에 박세당은 아내가 죽은 후에 천연덕스럽게 동이를 두드리며 노래하면서, 일기론(一氣論)에 입각한 생사(生死)의 이치를 혜자(慧子)에

18 朴世堂, 『西溪集』 卷17, 「簡牘」, 〈寄子泰輔〉, 345쪽. "此中僅遣 而糧道見乏, 明日之飡, 又難得繼, 摘得半靑櫻桃斗餘送市, 不知換幾升米."

19 朴世堂, 『西溪集』 卷22, 「年譜」, 〈丙午條〉, 439쪽. "五月哭婦人南氏. 八月拜咸鏡北道兵馬評事, 十月赴鏡城."

20 朴世堂, 『西溪集』 卷1, 「北征錄」, 〈感懷〉, 13쪽. "有情那得不潸然, 同笑同言二十年, 稚弱無依身落遠, 雪中孤壟鎖愁煙."

21 朴世堂, 『西溪集』 卷2, 「石泉錄(上)」, 〈悼亡〉, 36쪽. "一爲君家婦, 十年眉不伸, 亦是簪纓族, 擧世獨君貧, 養閑雖自得, 妻孥偏苦辛 ......" 이 시는 박세당이 아내 생전(生前)의 입장이 되어서 지은 절절한 추도시다.

게 설파했던 장자(莊子)의 몹시도 비정(非情)한 태도를 결코 온전하게 수용할 수가 없었던 것이다.[22] 물론 장자의 생사론에 대한 박세당의 의구심은, 역설적으로 그가 봉착한 실존적 고통을 해소하기 위한 몸부림의 일환이라는 사실을 놓쳐서는 안 된다. 석천동에서 박세당은 첫 저서인 『대학사변록』을 탈고한 이후 기간인 53~58세에 이르는 기간 동안에 후속 『사변록』 시리즈에 대한 저술 작업을 잠정적으로 보류하였다. 대신에 박세당은 53세와 54세 때 각기 『도덕경』과 『장자』를 연차적으로 주해한 직후 시점부터 『중용사변록(中庸思辨錄)』(59)을 저술할 때까지 약 5년여 동안에 걸친 다소 긴 공백 기간을 가졌던 것으로 확인된다. 이처럼 저술 작업을 한 동안 중단한 이면에는 당시 박세당이 직면한 일신상의 복잡다단한 실존적 환경을 감당하였던 사정과도 무관하지 않았을 것으로 추정된다.

그런데 박세당이 감내해야만 했던 인간적 고뇌가 비단 두 부인의 상처(喪妻)와 가난, 그리고 질병 정도에 한정된 정도만은 아니었다. 그 사이인 55세 때에 이르러 박세당은 그가 소싯적부터 엄부(嚴父)처럼 여기며 따랐던 중형(仲兄)인 박세견(朴世堅, 1619~1683)의 묘비명을 작성하는 아픔을 겪기도 하였다.[23] 그리고 불과 그로부터 3년 만인 58세 때인 1686년에는 다시 장남인 백석(白石) 박태유(朴泰維, 1648~1686)를 잃었고,[24] 또 3년의 세월이 흐른 뒤인 61세 때에는 차남인 정재(定齋) 박태보(朴泰輔, 1654~1689)마저 곡(哭)해야만 하는 비운의 상화(喪禍)를 연

22 朴世堂, 『西溪集』 卷2, 「石泉錄(上)」, 〈傷悼〉, 37쪽. "莊叟非情始獨疑, 痴兒問我母何之, 欲答潸然淚自垂.(3首)"

23 朴世堂, 『西溪集』 卷10, 「誌銘」, 〈仲兄承旨公墓誌銘〉, 192~193쪽. "公之敎一第甚嚴, 二第不敢違其訓 …… 今猶淸淚 而誌公幽壙."

24 朴世堂, 『西溪集』 卷22, 「年譜」, 〈己巳條〉, 445쪽. "先生六十一歲, 五月哭子泰維于露梁村."

거푸 감당해야만 했던 것이다.

큰 아들인 박태유의 경우, 당시 정국의 이슈에 해당하는 "시사(時事)를 상소한 끝에 고산(高山) 찰방(察訪)으로 좌천된 끝에, 병든 몸을 이끌고 돌아와 3월에 타계하였던" 것으로 전한다.[25] 이에 앞서 박세당이 49세(1677)가 되던 해의 2월에 큰 며느리인 김씨(金氏)는 이미 유명(幽冥)을 달리한 상태였다.[26] 바로 그 해 10월에 박세당은 고시관(考試官)으로 "시제(詩題)의 시휘(時諱)를 저촉한 죄로 견책을 당한 나머지" 평북(平北) 선천(宣川)으로 유배 가는 둘째 박태보를 전송했고,[27] 익년인 1678년 9월에는 계부인 정씨가 병사(病死)하는 처참불락 지경의 비운을 연달아 감당하였던 것이다.[28] 이렇듯 『지장경(地藏經)』의 무간지옥(無間地獄)과도 같은 천화(荐禍)의 와중에서도 박세당은 초인적인 저술 활동을 차질 없이 실행해 나갔으나, 내심으로 그가 곱씹었던 인간적인 비애는 실로 필설로 이루 다 형용 불가능한 수준이었던 것이다.

그리하여 아끼던 장남인 박태유를 잃은 박세당은 「술비(述悲)」 3수를 내리 읊조리면서, "내 못 견디게 슬퍼, 죽을 것만 같구나!"라며 애끓는 부정(父情)을 토로하였다. 급기야 박세당은 "하늘이시여 신(神)이시여, 망극하여 어쩔 줄을 모르겠습니다!"라고 절규하면서 한없이 깊은

25 朴世堂, 『西溪集』 卷22, 「年譜」, 〈丙寅條〉, 444쪽. "先生五十八歲, 三月哭子泰維. 持平君在癸亥上疏言時事, 斥補高山察訪, 載病而歸, 是月卒逝."

26 朴世堂, 『西溪集』 卷22, 「年譜」, 〈丁巳條〉, 442쪽. "先生四十九歲, 二月哭長子婦金氏."

27 朴世堂, 『西溪集』 卷22, 「年譜」, 〈丁巳條〉, 442쪽. "十月送子泰輔謫宣川. 應敎君以考官試士之題, 有觸時諱, 就理被譴."

28 朴世堂, 『西溪集』 卷22, 「年譜」, 〈戊午條〉, 442쪽. "先生五十歲 …… 九月哭夫人鄭氏."

절망의 나락 속으로 빠져 들게 되었다.[29] 또한 박세당은 자신과 닮은꼴인 차남 박태보와 영별한 1689년의 섣달 그믐에는 "슬프고 슬프고 더욱 슬프고 슬프도다, 눈에 선한 너를 보내다니!"라고 절규하면서 망연자실한 절망감을 시 「세제일술회(歲除日述懷)」로 드러내기도 하였다.[30] 이윽고 박세당은 "일 년이 다하도록 아무런 의욕이 없고, 종일토록 내내 기쁜 일 드물구나!"라고 고백하면서, 내심 힘겨운 나날들을 인내해 왔음을 실토해 보였다.[31] 그리하여 박세당은 새끼 잃은 어미 원숭이의 뱃속 창자의 마디마디가 모두 끊어져 있었다는 고사, 즉 "새끼를 곡한 원숭이[哭子猿]"에 자신이 처한 심경을 비유해 두었다.[32] 장남과 차남을 연이어 잃은 박세당의 심경이란 실로 필설로 이루 다 형용하기가 불가능한 지경이었던 것이다.

이상에서 적시한 바와 같이 박세당의 경우 스스로가 감당하기 어려운 깊고도 쓰디 쓴 인간적 비애감을 연신 인고(忍苦)해 나가면서, 차츰 '이한고(離恨苦)'[곧 애별리고(愛別離苦)]로 대변되는 불교의 가르침을 수용하는 계기를 맞이하는 결과로 이어졌음이 주목된다.[33] 그 연장선에

29 朴世堂, 『西溪集』 卷3, 「石泉錄(中)」, 〈述悲〉, 50쪽. "形念在目, 視之卽滅, 聲念在耳, 聽之卽息, 呼天呼神, 靡極靡因."

30 朴世堂, 『西溪集』 卷3, 「石泉錄(中)」, 〈歲除日述懷〉, 62쪽. "怊悵復怊悵, 眼中失所憐, 纏綿思不極, 倏突忽已經年."

31 朴世堂, 『西溪集』 卷3, 「石泉錄(中)」, 〈歲除日述懷〉, 63쪽. "竟歲獨無趣, 終朝常少歡, 兒亡猶父瘞, 翁老更誰看."(3首)

32 朴世堂, 『西溪集』 卷4, 「補遺錄」, 〈申成川汝晳挽〉, 82쪽. "滄浪亭古浮雲逝, 他日唯餘哭子猿."

33 朴世堂, 『西溪集』 卷1, 「北征錄」, 〈妓麗仙李評事季周所憐楚香呂評事希天所憐各爲一首以贈〉, 14쪽. "欲識人間離恨苦, 淚痕秋染洞庭篁."(2首)

서 박세당은 인생을 "부생(浮生)"[34] · "한 바탕 헛된 꿈[一夢虛]"[35] 등과 같은 어휘들로 재해석하였고, 또한 그 의미를 "우연히 온 덧없는 세상은 객사[蘧廬] 같은 것"[36]으로 풀이하기도 했던 것이다. 이 같은 시구(詩句)들은 단순히 비유적인 차원에서 문학적 수사력이 발휘된 것만은 아니었다.

박세당이 인생사를 "환상[幻] · 포말[泃]"[37] 등과 표현으로 설명해 보인 이면에는, 곧 이른바 "일체의 유위법(有爲法)[생멸법]이 꿈과 같고, 환상과 같고 물거품과 같으며 그림자 같으며, 이슬과 같고 또한 번개와도 같으니, 응당 이와 같이 관할지니라!(一切有爲法 如夢幻泡影 如露亦如電 應作如是觀.)고 설파한 『금강경(金剛經)』의 마지막 사구게(四句偈)에 입각한 현생(現生)에 대한 해석이 수행된 결과였다. 이처럼 삶에 내포된 그 어떤 확고한 실체를 회의하는 시각은 자연스럽게 중론(中論)의 공관(空觀)으로 이어지는 인식론적 환경과 직접 맞닿아 있다는 점에서, 앞서 적시된 박세당의 고뇌에 가득찬 언술들은 매우 주목할 만한 장면들로 평가된다.

기실 두 부인과 두 아들을 잃은 데 따른 지극한 슬픔을 소재로 삼은 시는 박세당이 남긴 문집 도처에서 산재해 있다. 물론 그 사이에 어린 친·외 손주들이 목숨을 잃은 일도 더러 포착되지만, 굳이 일일이

34 朴世堂, 『西溪集』 卷4, 「補遺錄」, 〈羅教官碩佐挽〉, 84쪽. "浮生不及邯鄲夢, 一命何爲困此人."

35 朴世堂, 『西溪集』 卷4, 「石泉錄(下)」, 〈李洪州世龜挽〉, 77쪽. "耳邊謦欬今如在, 誰謂人生一夢虛."

36 朴世堂, 『西溪集』 卷3, 「石泉錄(中)」, 〈趙安陰從耘挽〉, 46쪽. "厭棄塵囂獨返初, 適來浮世是蘧廬."

37 朴世堂, 『西溪集』 卷4, 「石泉錄(下)」, 〈天倫索題卷首〉, 74쪽. "…… 長老年髮衰, 閱臘踰七九, 幻泃浮生促, 畢世念相守."

다 거론하지는 않겠다. 이에 박세당 영혼의 기저(基底) 심색(心色)이란 자연히 "때처럼 아교같이 달라붙어 떨어지지 않는" 깊은 수심[愁][38]과 한스러움[39], 그리고 슬픔[40]과 눈물[41] 등과 같이 지극히 비감(悲感)어린 색깔들로 채색되고 있었다. 그리하여 박세당의 내면 깊숙이 자리 잡은 한(恨)과 우수(憂愁)는 그의 시(詩) 세계(世界)의 주된 원천을 형성하고 있다는 일리 있는 분석을 내놓았을 정도였다.[42] 이 같은 박세당의 기저 정서는 "기상의 언덕[氣岸]"[43]으로 표현됨직한 그의 강인 불굴한 대장부적 기개와는 전혀 색다른 면모임에 분명하다. 박세당의 주저(主著)인『사변록』시리즈는 바로 이 같은 그의 한스러운 정조(情調)가 시대정신(時代精神)의 이름으로 차원 높게 전이(轉移)·승화(昇華)된 영혼의 옹골찬 결실이었던 것이다.

여하간 그 결과 박세당이 남긴 "죽은 자는 슬퍼 않고 산 자만 슬퍼하며, 산 자는 고락을 느끼고 죽은 자는 느끼지 못한다."는 시구가 암시

38 朴世堂,『西溪集』卷2,「石泉錄(上)」,〈送輔子西遷歸路過松川作二首〉, 34쪽. "遲遲取路過山前, 悄悄無人到水邊, 似垢如膠泥不去, 人間安得洗愁川."

39 朴世堂,『西溪集』卷3,「後北征錄」,〈草原〉, 54쪽. "愁山含晩色, 恨水瀉寒聲, 無限沅湘意, 行人血滿纓."

40 朴世堂,『西溪集』卷4,「石泉錄(下)」,〈李楊根商翼挽〉, 68쪽. "荐禍肝肺摧, 悲憂迫殘歲."

41 朴世堂,『西溪集』卷4,「補遺錄」,〈韓生益弘〉, 82쪽. "冥茫孰得窺天意, 老者猶存少者亡, 恩厚此生無日報, 對君不語淚滂滂."

42 윤미길,「朴世堂의 詩論과 詩世界」,『국어교육』104호, 한국국어교육연구회, 2001, 299~302쪽.

43 朴世堂,『西溪集』卷4,「補遺錄」,〈道峯次雲路韻〉, 81쪽. "詞源共拔千尋瀑, 氣岸爭陵萬丈峰."

하듯,[44] 생사 문제에 대해 보다 근원적인 성찰의 계기를 맞이했던 듯하다. 그런데 "죽음이 삶보다 나은 점이 있으니, 죽음을 슬퍼함은 어리석은 짓"인 것[45]으로 표현된 생사 문제에 관한 한 기존의 유학적 사유 체계 내에서는 흡족할 만한 설명을 기대하기가 다소 어려운 편이다. 그런 점에서 이른바 방외지학(方外之學)을 대표하는 불교나 노장철학은 분명 박세당에게 강한 흡인력을 발휘하기에 충분한 사유 체계로 다가섰으리라.

일찍이 정자(程子)는 "불교[釋氏]는 오로지 상달(上達)에만 힘쓰고 하학(下學)은 도외시했다."는 논평을 통해서,[46] 불교교학을 향해 이유 있는 비판을 가한 사실이 있었다. 역설적으로 정이(程頤, 1033~1107)가 행한 이 언술 속에는 유학이 제공해 주지 못한 '상달' 체계에 대한 놀라움이 물씬 묻어나고 있다.

아무튼 박세당이 맞이한 일련의 가화(家禍)는 폴 리쾨르(P. Ricoeur)가 말한 '고통을 당한 악'(le mal subi de souffrance)의 연속이면서,[47] 동시에 "갑자기 무대 장치들이 무너져 내린" 듯한 현사실(現事實)로서의 부조리한 경험 그 자체였다. 즉, 박세당의 개인사에 적나라한 사실로 들이닥친 연속적인 가화란 삶과 세계의 의미를 보장해 주던 범주들에 대

44 朴世堂, 『西溪集』 卷4, 「石泉錄(下)」, 〈鄭生萬迪挽〉, 63쪽. "死不自悲生獨悲, 生知苦樂死無知, 却疑死較生還勝, 勝在皆忘苦樂時."

45 朴世堂, 『西溪集』 卷4, 「石泉錄(下)」, 〈呂相國聖齊挽〉, 65쪽. "死有勝於生, 哀死爲不智."

46 黎靖德 編, 『朱子語類』 卷126, 「釋氏」, 北京: 中華書局, 1991, 3027쪽. "又曰 程子謂 釋氏唯務上達而無下學, 然則其上達處 豈有是邪."

47 폴 리쾨르(P. Ricoeur)는 경험적 입장에서 악의 종류를 당한 악과 '도덕적으로 범한 악'(le mal moralement commis)으로 분류했다. 김형효, 『물학 심학 실학』, 청계, 2003, 17~18쪽 참조.

한 허무의 경험이었던 것이다. 이 허무감 속에서 부조리는 적나라한 사실로 놓여 있는 인간 및 세계의 괴이함과 낯설음, 그리고 무의미함으로 드러나고 있었다.[48] 그리하여 박세당은 61세가 되던 해(1691)에 형수 상을 당한 직후에 처남이자 지기인 약천(藥泉) 남구만(南九萬, 1629~1711)에게 보낸 서신을 통하여, 그가 연거푸 맞닥뜨린 실존적 부조리의 극한 지경을 아래처럼 절규하듯 토로해 보였다.

> "거듭되는 참혹한 가화가 끝내 이 지경에 이르러, 만나는 곳마다 칼에 베이는 듯이 몹시도 슬프니, 하늘이 하는 바에 대해 더 이상 무슨 말을 하겠습니까? 더 이상 무슨 말을 하겠습니까?"[49]

그리하여 박세당은 불확정성으로 덧칠된 죽음에 이르는 병인 쓰고도 깊은 절망감을 연신 곱씹으면서, 삶과 세계 속에 가로놓인 모호한 의미들을 해명하기 위한 근원적인 화두를 품기에 이르렀던 것 같다. 자연히 박세당이 던진 실존적 물음은 불확실한 삶에 대하여 내기를 거는 식의 비장한 결단의 형식, 곧 비약·상승과 초월을 추구하는 성격을 띨 수밖에 없을 것임을 충분히 예상할 수 있다.

박세당이 남긴 시문 속에서 간헐적으로 발견되는 '달자(達者)'라는 초탈의 경지나,[50] 혹은 "이 꿈과 진배없는 생사의 일"을 여실히 관조한 '통인(通人)'[51]이라는 공부론적 계위(階位)를 반영한 명칭들은 실존적 한

48 F. 짐머만 저(이기상 역), 『실존철학』, 서광사, 1987, 161~162쪽.

49 朴世堂, 『西溪集』 卷19, 「簡牘」, 〈與南雲路九萬〉, 384~385쪽. "弟家禍荐酷, 乃至於此, 觸處悲隕, 若受刺割, 天之所爲, 尙何言哉. 尙何言哉."

50 朴世堂, 『西溪集』 卷4, 「石泉錄(下)」, 〈趙承旨聖輔挽〉, 67쪽. "浮世同夢幻, 安足爲喜悲, 昇沈與脩短, 達者能一是."

51 朴世堂, 『西溪集』 卷4, 「補遺錄」, 〈壬午三月二十九日作〉, 84쪽. "夢中啼不已, 身

계를 초극한 공부의 극점에 도달한 노성(老成)한 현자(賢者)들을 지칭하고 있어 보인다. 물론 이 노성한 현자가 기댄 사상적 안궤(案几)의 컬러는 분명 유학적 범주를 넘나드는 야릇한 빛깔로 채색되어져 있었음은 새삼 두 말할 나위가 없다.

2) 호계삼소(虎溪三笑)와 포괄주의적(包括主義的) 진리론

박세당이 구축한 학문세계는 유학과 도가, 『색경』으로 대변되는 농학(農學), 그리고 양명학(陽明學)과 고증학(考證學) 및 역학(易學) 등과 같은 제 범주들을 아우르는 실로 폭넓은 규모를 형성하고 있다. 이처럼 호탕한 서계학(西溪學)의 규모는 일면 특수한 여러 개별적 영역에서 존재자를 취급하면서, 존재자의 궁극적 의미를 탐구해 나갔던 하이데거(M. Heidegger)의 기초존재론(Fundamentaiontologie)을 닮아 있는 모습이다.[52] 이에 박세당은 하이데거의 기초존재론에 상응할 만한 보다 차원 높은 진리론적 토대를 구축하고, 그 기반 위에서 방외의 사유 체계인 불교를 포함한 당대의 주요 사조(思潮)들을 합리적으로 취사선택하는 방식을 통해서 그만의 독자적인 사상체계를 수립할 수 있었던 것이다.

그리하여 박세당은 서계학의 궁극적 지향처와 관련하여, "물고기

與親愛離, 去途千萬里, 又未定歸期, 心知死生事, 寧復異於斯, 勿妄爲悲嗟, 通人嗔爾痴."

52 '기초존재론'은 다양한 존재자를 통일성으로 모으는 존재의 진리로, 존재 일반의 의미를 새롭게 물어 전통적 형이상학과 존재론의 기초를 제공하려는 하이데거의 존재론을 지칭하는 개념이다. 김재철, 「하이데거의 기초존재론」, 『哲學硏究』 93집, 大韓哲學學會, 2005, 105쪽 참조.

는 물에 노닐 따름이지, (그 노니는) 물의 종류에는 개의치 않는다."는 의미심장한 비유를 제시함으로써,[53] 먼저 그가 추구해 나갔던 학문세계에 내재된 독특한 개성을 웅변해 보였다. 나아가 박세당은 개별적인 진리 추구자들이 응당 경유해야만 하는 학문적 여정을 이하의 3단계로 설정해 두기도 하였다.

그중에서 첫 번째인 진리 입문 단계에서 박세당은 "방내(方內)〔유학〕와 방외(方外)를 구분하지 말 것"을 주문하였다. 나아가 세 번째의 궁극적인 단계인 "도(道)에 노니는 자는 이것과 저것 간의 상대적 분변을 잊는다."는 전망적 언술에서 확인되듯, 박세당은 "상대적 분변"을 초극하는 보다 차원 높은 진리의 세계를 지향할 것을 제창하였다.[54] 물론 세 번째 단계에서 피력된 궁극적인 전망은 진리에의 조예(造詣)가 보다 심화된 단계, 곧 굳이 "갱업(更業)을 기다리지 않더라도, 이치가 확고하여 편안히 노니는" 경계(境界)를 체득한 두 번째 국면을 이행한 결과로 도달 가능한 세계였다.

이처럼 궁극적인 세 번째 단계를 체득한 현자를 박세당은 '달자(達者)·통인(通人)' 등으로 지칭했던 것 같고, 얼추 이 단계는 각고한 연마 과정을 통해서만이 도달할 수 있는 '신공(神功)'의 경지이면서,[55] 또한 사량(思量) 분별을 초극한 차원인 '묘처(妙處)'로 명명됨직한 공부론

53 朴世堂, 『南華經註解刪補』(『西溪全書(上)』본), 「齊物論」, 태학사, 1979, 548쪽. "按言魚造水而已, 無間流之大小."

54 朴世堂, 『南華經註解刪補』, 「齊物論」, 548쪽. "人各造手道 而無間方之內外 ...... 造道者, 不待更業 而理固自安遊 ...... 道術者, 忘彼此."

55 朴世堂, 『西溪集』 卷3, 「後北征錄」, 〈三釜落〉, 52쪽. "欲測神功可得名, 霜斤雪斧鑿難成."

적 계위를 반영해 주기도 한다.[56] 이렇듯 궁극적인 진리의 체득을 둘러싼 박세당의 언술 속에는, 분명 특정한 사상적 · 종교적 범주의 초극을 지향하는 회통론적(會通論的) 뉘앙스가 언뜻 감지되고 있다. 짐작컨대 국한된 유학적 사유의 틀을 탈피 · 초극하는 방식을 통해서 성취 가능한 이 경지를 두고, 박세당은 스스로를 '열외유(列外儒)'로 명명하면서[57] 은연중 훗날 자신에게 가해질 모종의 평가들을 에둘러 경계해 보였던 것 같기도 하다.

동시에 유학 · 불교 · 도가를 통섭하는 수준인 고차원적 학문 세계를 추구하고자 했던 박세당의 진리 장악 행위는, 그것이 가능하기 위한 전제인 보다 차원 높은 진리론적 전망을 설정해 두었을 것임이 예상된다. 이 사안과 관련하여 박세당은 누차에 걸쳐서 중국 동진(東晋)의 혜원(慧遠, 334~416) 선사(禪師)와 도연명(陶淵明), 그리고 육수정(陸修靜, 406~477) 이 3인의 도교(道交)에 얽힌 저 유명한 호계삼소(虎溪三笑) 일화를 환기해 보이곤 했음이 새삼 눈길을 끈다. 특히 박세당은 이 고사를 혜원과 도연명 간의 도교로 압축해서 환기시킨 몇 편의 시작(詩作)들을 통해서, 구태의연한 사상적 · 종교적 차이에 따른 불필요한 구속을 초탈할 의사를 분명하게 천명해 두기에 이른다.

그중에서 박세당이 회룡사(回龍寺)에서 주석(住錫)했던 풍열(豊悅) 상인(上人)에게 부친 시인 「기회룡사풍열상인(寄回龍寺豊悅僧)」 중에는, 당시 서계가 견지했던 진리론의 일단을 여실히 드러내 보인 '호계

---

56 朴世堂, 『西溪集』 卷3, 「後北征錄」, 〈顗絢問道有朝聞夕死與一貫之異其說云云泰輔以詩答之感而作此〉, 53쪽. "道初非二二堪羞, 妙處那容轉一頭."

57 朴世堂, 『西溪集』 卷4, 「石泉錄(下)」, 〈偶題〉, 62쪽. "休怪明時同見絕, 應緣列外占儒名."

삼소' 일화가 의미 있는 시어들로 번안되어 소개되고 있다.[58]

> "징공이 떠나자마자 스님이 오셨기에, 澄公纔去悅公來
> 강좌의 먼지를 거듭 쓸어 내었어라. 講座塵埃再掃開
> 다시 호계에서 한바탕 웃어 주신다면, 儻復虎溪容一笑
> 그대와 폭포수를 완상하고 돌아오리라!" 與君同賞瀑泉回

차후로 박세당은 금강산(金剛山)의 정양사(正陽寺)에서 다시 풍열을 재회하게 된다. 이때 풍열은 제자를 시켜 박세당을 단발령(斷髮令)까지 송별하는 극진한 예를 취했고, 이에 서계는 풍열을 "속세의 정(情)을 끊은 지 오래된" 혜원 대사에 재차 비유하였다.[59] 이제 고사 성어인 호계삼소는 박세당에 의해서 유학과 불교 사이에 가로놓인 현격(懸隔)한 벽을 허무는 시어로 채택되기에 이른 것이다.

따라서 위의 시에서 환기된 호계삼소 일화는 진리 일반에 대한 박세당의 진지한 확장에의 의지와 노력, 곧 서계의 진리론적 토대를 상징해 주는 구절로서 차용되었다는 사실을 수긍하게 된다. 이번 제5장의 논제를 '삼소(三笑)' 철학으로 확정한 이유 또한 상기 인용문 속의 전거(典據)와 직결되어 있다는 점도 부기해 둔다.

---

58 朴世堂, 『西溪集』 卷2, 「石泉錄(上)」, 〈寄回龍寺豊悅僧〉, 28쪽. 운위된 '징공(澄公)'은 승 법징(法澄)을 말하며, '호계(虎溪)'는 중국의 강서성(江西城) 구강현(九江縣)에 위치한 여산(廬山)의 동림사(東林寺) 앞에 있는 시내를 일컫는다. 법징과 풍열은 박세당과 서로 왕래하고 유숙하면서 막역한 교분을 나눈 사이였다. 두 사람에게 박세당은 상인(上人) 혹은 대사[師]라는 존칭을 사용하였다.

59 朴世堂, 『西溪集』 卷3, 「石泉錄(上)」, 〈豊悅遣弟子送至斷髮令〉, 56쪽. "禪榻纔容一宿還, 野人猶復未全閑, 遠公見謂忘情久, 却遣闍梨送出山."

더불어 이 지점에서 호계삼소로 운위된 박세당 식의 진리론적 기초의 성격은 배타주의(排他主義)를 지양하는 차원에서의 포괄주의(inclusivism)와 정확히 일치하는 관점임을 미리 적시해 두기로 한다. 물론 포괄주의 진리론을 중심으로 한 좌·우측에는 다원주의와 배타주의가 인접(隣接)한 형식의 경계를 형성하고 있다는 사실에도 각별히 유의할 필요가 있다.[60] 이렇듯 박세당이 견지한 포괄주의적 진리론의 특수한 위상(位相)은, 차후로 개진될 논의 순서인 불교적 세계를 수용하는 서계의 상반되면서도 이중적인 양상을 취한 교섭 태도를 통해서, 그 구체적인 실상들을 뚜렷이 목격할 수 있을 것이다.

60 배타주의와 다원주의 및 포괄주의에 관한 논의는 이른바 종교 다원주의(religious pluralism)와 종교간 대화 문제를 둘러싼 핵심적인 일련의 논의에 해당한다. 여기서 종교적 주체인 개인과 신(神) 혹은 구원(救援)의 관계를 주체와 진리의 맥락으로 치환하면 진리론의 문제로 전환하게 된다. 한편 포괄주의는 서로 다른 종교들이 신에 대해 상이한 반응을 보이더라도, 각자가 구원이나 자기 성취를 이룰 수 있다고 보며, 또한 구원에 이르는 다양한 방법들은 동등한 지위를 갖는다고 보는 점에서는 다원주의(pluralism)와 일치한다. 그러나 구원이 오직 특정 종교 안에서만 이뤄질 수 있다고 간주하는 차원에서는 포괄주의는 다원주의와 일정하게 구분되며, 오히려 배타주의(exclusivism)와 접점을 형성하게 된다. 종교 다원주의가 파생하는 제반 논의로는 William Hasker 외 저(하종호 역), 『종교철학』, 이화여대 출판부, 1994, 375~403쪽 참조. 이 관점을 실험적 차원에서 유학·불교·도가에 적용시킨 논의로는 김종수, 「서계 박세당의 진리론과 학문적 자유성」, 『양주의 유학과 사림문화』, 경기문화재단, 2010, 49~62쪽 참조.

3) 진리론과 황극론(皇極論)의 관계

한편 박세당이 포괄주의적 진리론을 표방한 이면에는 보다 차원 높은 이상사회를 모색했던 자신의 청사진이 내밀히 관여한 결과였다는 점을 간과해서는 안 된다. 양주의 수락산 자락의 석천동으로 퇴은한 직후에 박세당은 좌절된 자신의 웅대한 경세론적 포부로 인한 외상 때문에, 동종(同宗) 관계인 남계(南溪) 박세채(朴世采, 1631~1695)로부터, 기어이 미친 증세인 "광증(狂症)을 부리고 성격이 뒤틀려서, 끝내 이름을 선하게 하지도 못한 채 죽게 될 우려"를 낳기조차 하였다.[61] 그러나 학문 세계로 승화된 박세당의 인간적 비애와 광기(狂氣)는 심원한 이상사회적 비전을 구상하고 있었고, 서계가 견지한 진리론 또한 그 연장선에서 입안된 결과였음이 주목된다.

우선 박세당은 『맹자사변록(孟子思辨錄)』을 통하여, 그가 견지한 진리론적 토대가 모종의 공동선을 강력하게 지향한 설계도의 일환이었음을 아래처럼 암시해 보였다.

> "천하의 선(善)은 홀로 독점할 것이 아니라, 반드시 남과 더불어 하는 것이니, 이른바 '공정하되 사사롭지 아니하다.'는 것이다. ...... 대개 천하의 모든 일이란 방향이 하나요, 결과도 마찬가지지만, 방법이 다르며 생각하는 방식도 다양하다 ...... 곧 천하의 모든 사람이 장차 각기 그의 선한 것을 가지고 와서, 이것을 나에게

61 朴世堂, 『西溪集』 卷2, 「石泉錄(上)」, 〈閑人〉, 32쪽. "人說和叔 ...... 吾弟所以憂我者, 豈有他哉. 正憂其猖狂謬戾, 卒之無所善其名以死耳."

다투어 제공한다면, 내가 선을 행함에 (큰) 도움이 될 것이다."[62]

윗글에 곧장 이어서 박세당은 자신이 지향하는 진리론의 이상적 모델로서 단연 순(舜) 임금을 지목하면서, "그 천하의 (모든) 장점[美]을 포괄[合]하기를 부지런히 하여 그칠 줄을 몰랐으니, 순(舜)이 선(善)을 행함이 얼마나 광대[廣]했겠는가?"라고 평했다.[63] 이러한 박세당의 언술은 주자학(朱子學) 일변도로 경색되다시피 한 당시 조선 지성계를 향한 매서운 비판의 의미를 겸하고 있다.

따라서 박세당은 진리[善]가 결코 특정한 개인만의 독단적 전유물일 수 없으며, 자연히 인식 가능한 모든 진리치의 장점들을 포괄하는 형식이어야 함을 윗 인용문을 빌려 역설해 보였던 것이다. 다시 말하여 박세당은 공도(公道)로서의 진리란 특정한 개인과 학파만의 유일한 해석 방식에 의해 지배될 수 없는 원천적 개방성을 지닌다는 사실을 강조함으로써, 보편적인 진리론이 지향해야 할 방향성에 대한 자신의 관점을 명확하게 제시해 두었던 것이다. 따라서 진리를 접하는 해석상의 방법론적 다양성도 인정되어야 하며, 또한 그럴 경우에만 모든 진리치의 장점을 취합[合美]·포괄하는 정당한 계기를 확보하게 됨으로써, 진정 자유로운 진리 추구의 행위[爲善]가 가능할 것임을 확신하였던 것이다.

자연히 "그 천하의 (모든) 장점[美]을 취합하기를 부지런히 하여 그

62 朴世堂, 『孟子思辨錄』, 「公孫丑(上)」편의 제8장의 註解, "天下之善 己不獨有, 必與人而共之, 所謂公而不私者 是也 …… 蓋天下事, 一致同歸而殊道百慮 …… 天下之人 將無不各自以其善而來爭進之於我, 助我爲善."

63 朴世堂, 『孟子思辨錄』, 「公孫丑(上)」편의 제8장의 註解, "夫合天下之美, 孜孜焉, 不知其已也, 舜之爲善也, 不亦廣乎."

칠 줄을 몰랐던" 순 임금을 진리론의 모델로 설정했던 박세당의 경우, 주자학적 벽이단론(闢異端) 담론과는 판이한 이단관을 견지하는 결과로도 이어지게 될 것임이 예상된다. 실제 박세당은 대표적인 이단적 사유 체계인 도가·불교까지도 자신의 사상 체계 내부로 수용하려는 위학(爲學) 태도로 표면화하기에 이른다. 다시 말하여 후론될 박세당의 문호 개방적이면서도 열린 이단관은, 애초 그가 견지한 포괄주의적 진리론과 긴밀히 조응하는 관계 하에 구축되었던 것이다.

한편 "천하의 선(善)은 홀로 독점할 것이 아니라, 반드시 남과 더불어 하는 것"이라는 기치 아래, 위선(爲善)을 위한 방법론적 다양성을 촉구했던 박세당의 진리론적 전망은 그가 강력하게 염원했던 이상사회적 비전과도 직결되어 있었음이 주목된다. 즉, 위선무문(爲善無門)으로 재번안되는 박세당 식의 포괄주의적 진리론은 자신의 정치철학의 핵심을 집약시켜 놓은 『서경』「홍범」편의 황극론(皇極論)의 한 장면과 정확하게 상응하는 관계 하에서 입안되었던 것이다. 이처럼 중차대한 사안과 관련하여 박세당은 자신의 만년의 저서인 『상서사변록(尙書思辨錄)』 가운데 「홍범(洪範)」편 제11장[64]의 주해의 장(場)을 빌려서, 아래처럼 이상사회적 전망을 명확하게 제시해 두었다.

> "...... 그 혹시 이 정도에는 미치지 못하나, 그 안색(顔色)이 선하여 스스로 덕(德)을 좋아하는 자라고들 하면, 군주는 또한 복(福)을 주어서, 그 선(善)을 지향하는 길을 터주어야 하리니, 이 또한

64 蔡沈 저(金赫濟 校閱), 『書集傳』, 「洪範」편의 제11장, 明文堂, 1992, "凡厥庶民, 有猷有爲有守, 汝則念之, 不協于極, 不罹于咎, 皇則受之, 而康而色曰 予攸好德, 汝則錫之福, 是人斯其惟皇之極."

사람이 선을 행하는 한 가지 일인 것이다 …… 대개 왕된 자가 관광(寬廣)하며 선을 즐겨하여, 사람들을 중정(中正)한 준칙(則)으로 인도함이 이와 같으면, '백성들로 하여금 날마다 선으로 옮기게 하되, 스스로는 (이를) 느끼지도 못한다.'라고 한 것은 바로 이 경우를 두고 말한 것이다."[65]

경문(經文) 중의 '극(極)'자(字)의 의미를 "중정한 준칙[中正之則]"으로 재해석함으로써 그만의 독자적인 황극론을 제출했던 박세당은, 특히 군주[皇]가 백성들을 이 '극'으로 인도하는 과정에서 "그 선(善)을 지향하는 길을 터주어야 한다."는 사실을 위 인용문에서 역설해 보인 것이다. 물론 그 이유는 바로 "이 또한 사람이 선(善)을 행하는 한 가지 일"이었기 때문이었다.

그런데 주희(朱熹)의 해석과 마찬가지로, 박세당이 제출한 황극론 재해석 또한 철저히 뒤르깽(E. Durkheim) 식의 문화전승주의 문맥에 기초해 있다는 점도 참고할 필요가 있다.[66] 기실 "(옛 성인의 말씀을) 기술하였으되, 창작하지는 않았다.[述而不作]"[67]라는 일구로 대변되는 유학적 문화전승주의 전통에서 군주의 중대한 책무란 백성들이 선을 실천

65 朴世堂, 『尙書思辨錄』(『西溪全書(下)』본), 「洪範」편의 11장의 註解, 태학사, 1979, 206쪽. "…… 其或不及于此, 而有善其顔色, 自言好德者 則君亦錫之以福, 開其向善之路, 此又與人爲善之一事, 如此則是人者 …… 盖王者寬廣樂善, 納人於中正之則者如此, 使民日遷善而不自知者, 此之謂也." 전래로 제11장의 해석의 초점은 경문(經文) 가운데 "汝則錫之福"에 집중되어 있었다. 한편 인용된 "使民日遷善而不自知"는 『論語』의 「爲政」편 제3장에 전거를 두고 있다.

66 뒤르깽의 문화전승주의란 특정한 사회의 문화가 과연 어떻게 전승·교수되는가? 하는 문제에 대한 설명이다. 이 이론의 핵심은 기성 세대를 포함한 '교사'로 지칭된 모델에 의해 기존의 문화전통이 매개·전승된다는 점에 있다. 유학적 사회에서 교사 모델의 전형적인 주체는 군주나 사대부로 치환될 수 있다.

67 朱熹 저(성백효 역주), 『懸吐完譯 論語集註』, 「第7 述而」편의 1장, 전통문화연구회, 2002, "子曰 述而不作, 信而好古, 竊比於我老彭."

하는 것을 "장여(奬與)하고 총진(寵進)하는",[68] 곧 대물림되어 오던 문화적 전통을 매개·전승하는 뒤르깽 식의 교사 모델에 상응하는 역할을 수행하는 존재라는 의미를 지니는 것이기 때문이다. 앞서 박세당이 순 임금을 자신이 구상한 진리론의 역사적 모델로 '요청'하는 가운데, "순(舜)이 선(善)을 행함이 얼마나 광대[廣]했겠는가?"라고 반문했던 이유 또한 바로 이러한 맥락에서 이해 가능한 대목인 것이다.

그러는 한편 박세당은 수락산 기슭으로 퇴은을 감행한 이후에, 애초 홍산(鴻山)[부여]에 소재한 무량사(無量寺)에 안치되어 있던 매월당(梅月堂) 김시습(金時習, 1435~1493)의 초상화를 석천동으로 이전하여 봉안(奉安)하면서 석채례(釋菜禮)를 거행한 사실이 있었다. 이 과정에서 관서(關西) 지방의 한 승려가 주도적인 역할을 하게 되었고, 양주에 인근한 지역에 거주하던 다수의 유생(儒生)들도 동참하게 되었다.

그런데 당시에 박세당과 두터운 교분을 유지하였던 관서(關西) 감사(監司)인 성재(醒齋) 신익상(申翼相, 1634~1697)은 이 같은 서계의 거사를 괴이하게 여긴 끝에, 우려 섞인 서신을 띄우게 된다. 이에 신익상의 비판적 인식이 담긴 서신을 접한 박세당은 다음과 같이 의미심장한 반론을 개진해 두었음이 주목된다.

> "성현(聖賢)은 사람들을 접하는 방식이 관후[厚]해서, '사람들이 선(善)을 행하려는 동기[意]를 존중하였음'이 본래 이와 같았거늘, 어찌 일찍이 지금 사람들마냥 (불교에 대한 인식이) 비좁고 편

68 朴世堂, 『尙書思辨錄』, 「洪範」편의 제11장의 註解, 206쪽. "朱子以錫之福 …… 二說皆偏. 福旣不可名爲善, 又不可名爲祿, 奬與寵進之意, 皆存乎其中, 不宜執一說也."

> 협하여, 질시하는 눈길이 마치 원수나 적군을 대하듯 했겠습니까?"[69]

박세당이 가한 위의 반론 속에는 그가 평소 견지했던 문호 개방적인 이단관의 일단이 여실히 드러나 있다. 특히 인용문 속에서 "사람들이 선(善)을 행하려는 동기를 존중한" 성현들의 '관용[厚]'의 미덕을 환기시키며 강조한 부분은, 앞서 적시된 "천하의 선(善)은 홀로 독점할 것이 아니라, 반드시 남과 더불어 하는 것"이라는 진리론적 토대의 표명과 동일한 맥락으로서, 기실 박세당이 새롭게 제출한 황극론의 핵심적 내용과도 정히 조응하는 장면인 것이다.

그러므로 박세당의 경우 자신이 새롭게 제기한 황극론 재해석을 통해서 군주가 발휘해야 할 이상적 덕목인 "관광락선(寬廣樂善)"의 미덕을 역설해 보이면서, 동시에 "그 선을 지향하는 길을 터주어야 한다.[開其向善之路]"고 강조했던 이유가 명백해진 셈이다. 그것은 박세당이 견지했던 포괄주의적 진리론과 문호 개방적 이단관이란, 바로 황극론의 핵심적 메시지가 연장되어 적용된 구체적인 두 범주임을 「답신감사익상서(答申監司翼相書)」는 확인시켜 주고 있기 때문이다. 때문에 박세당은 대표적인 이단적 사우체계인 불교까지도 자신의 사상 체계 내부로 포섭(包攝)하기 위한 진지한 노력을 기울일 수 있었던 것이다.

이 지점에서 우리는 이상사회적 전망이 응축된 황극론의 문맥 하에 정위된 진리론과 이단관을 형성했던 박세당의 사유 체계가 최종적

---

69 朴世堂, 『西溪集』 卷7, 「書」, 〈答申監司翼相書〉, 127쪽. "聖人待人之厚 而與人爲善之意, 本自如此, 何嘗如今人迫隘偏狹, 視若怨敵之爲也."

으로 다다르려는 그 어떤 유토피아를 상상해 보게 된다. 실제 박세당은 그가 입안한 황극론을 통하여 궁극적으로 군민(君民) 사이에 중정(中正)한 도덕[則]의 반향(反響)이 끝없이 펼쳐지는 도덕과 평화의 세계, 즉 "풍속이 돈후하며, 국가가 두루 안녕한" 이상사회의 실현을 강력히 염원했던 인물이다.[70] 때문에 박세당은 자신이 꿈꾸었던 이상사회적 전망을 실현하기 위한 일대 전제로서 선을 즐겨 행하려는 군주의 미덕인 똘레랑스(tolérance, 寬廣)를 적극 요청하기에 이르렀던 것이다. 이처럼 관용과 '관광(寬廣)'의 미덕을 발휘하며 즐겨 선을 행하는 교사 모델인 군주의 입장에 서게 되면, 사상적·이념적·종교적 차이(différence)를 초극한 차원에서 사회 구성원 모두가 "그 선을 지향하는 길을 터주어야 한다."는 명제는 언제나 정당화될 수 있기 때문이다.

이상의 논의를 통하여 '호계삼소'로 운위된 박세당 식의 포괄주의적 진리론과 이단관, 그리고 이와 밀접하게 결속된 이상사회적 전망이 집약된 서계 황극론의 특징적인 국면을 개괄하고 분석해 보았다. 이제 박세당은 자신이 재해석한 황극론의 문맥에 호응하기 위한 사상적 실험의 장 앞에 직면해 있는 상태다. 다시 말하여 박세당은 일종의 교사 모델인 군주의 입장에서 도가와 불교 등과 같은 이단적 사유체계들을 대상으로 하여, 위선(爲善)을 위한 진지한 교섭의 태세를 취한 것이다.

70 朴世堂, 『尙書思辨錄』, 「洪範」편 제9장의 註解, 204쪽. "此言 王者, 以其身而立中正之則, 率天下之人, 人莫不從其化而蒙其福, 是爲王者斂此福, 布之天下而錫之於民也. 民旣從化而受福, 致風俗敦厚, 國家安寧 是爲民以王者立極之故, 共亨其福而還以所受之福, 錫之於君, 爲吾民立極於無疆也."

3. 서계의 유·불 교섭 노력

1) 불교교학 이해와 승려와의 교유

박세당은 『상서사변록』 「홍범」편에서 황극론(皇極論)을 재해석하는 과정을 통에서 천명한 이상사회적 비전인 도덕과 평화의 세계를 실현하기 위한 위선무문(爲善無門)의 차원에서, 이 같은 전망과 긴밀히 조응하는 차원에서의 포괄주의적 진리론과 문호 개방적 이단관을 동시에 견지하였다는 사실을 앞서 살펴보았다. 물론 포괄주의는 배타주의와 바로 이웃한 위상을 구축하고 있었기에, 불교를 향한 박세당의 교섭 방식이 반드시 수용 일변도로만 표출되지는 않을 것임이 충분히 예측된다. 그러나 또 다른 한편에서 박세당이 견지한 포괄주의적 진리론은 다원주의와 연대한 가운데, 불교교학과 실참 수행론 방면에 대한 진지한 이해의 노력을 경주해 나갔다.

불교적 세계를 향한 박세당의 진지한 교섭 의지는 그가 차남인 박태보에게 부친 서간인 「기자태보(寄子泰輔)」의 행간을 통해서도 충분히 확인된다. 즉, 박세당은 아들 태보에게 전한 서신 속에서 명재(明齋) 윤증(尹拯, 1629~1714)이 운위한 척불론(斥佛論)을 "하찮은 말단에서 털끝만한 문제를 다투다가, 도리어 중요한 본원을 잃어버린 격"으로 반박하면서, 매월당 김시습의 사우(祠宇)를 석천동에 건립하는 문제를 둘러싼 자신의 입장을 아래처럼 단호히 천명해 두었다.

"생각하건대 다만 척불(斥佛)을 주장하는 데만 급급하였던 까닭

> 에, 지금 불학(佛學)을 하는 자가 도리어 유가(儒家)를 이루어 줌을 미처 살피지 못하였으니, 어찌 이루어 준 업적을 무시한 채 이를 어진 것이 아니라고 주장할 수 있단 말인가?"[71]

박세당은 윤증이 제기한 단순한 척불론을 경계해 보인 가운데, 유가와 '불학' 사이의 상호 소통의 문제를 거듭 제기해 보였다. 특히 인용문 속의 "지금 불학(佛學)을 하는 자가 도리어 유가(儒家)를 이루어 준다."라는 언술은 유가·불학 간의 현격한 절연 관계를 초극해서 공통된 사유의 기반을 확보하려는 박세당의 확고한 신념이 반영되어 있다.

따라서 위 인용문은 박세당이 저서『남화경주해산보』에서 선보인 소위 '환중적(環中的)' 진리 인식론과도 그 궤를 같이 하는 대목으로,[72] 서계가 견지한 포괄주의적 진리론이 다원주의와 제휴한 생생한 장면을 대변해 준다. 환중적 인식론은 제가(諸家)의 사유 체계에 내재된 개별적 '차이'를 초월해서 공통된 사유의 기반을 확보하기 위한 고차원적 인식론적 틀로서, 일면 원효(元曉)가 선보인 화쟁론적(和諍論的) 문맥이 내포되어 있다는 점에서 대단히 주목할 만한 인식론적 프레임의 한 전범으로 평가된다.

이제 박세당이 불교의 교학체계를 이해하기 위해 남겨 놓은 흔적

71 朴世堂, 『西溪集』 卷17, 「簡牘」, 〈寄子泰輔〉, 353쪽. "尹子仁所云, 殊非所望, 常苦令人爭毫忽於標末之納 而反失于本源之重 …… 想其徒主斥佛之爲急, 未暇察夫令之爲佛者, 乃所以成其爲儒人, 豈可廢其所以成之跡 而謂此非所以賢乎." 이 서신이 작성된 배경은 각주 69)의 〈답신감사익상서〉와 동일하다.

72 朴世堂, 『南華經註解刪補』, 「齊物論」, 509쪽(下). "진리의 핵심은 (바로) 여기에 있다. 핵심[樞)]이라 함은 '동심원의 가운데 있는 그것'으로 이 동심원의 중심을 지향하는 방법으로써 진리의 핵심을 체득하여, 무궁한 시비에 응하면, 비록 시비가 무궁하더라도, 그 대응하는 조건[所以]이 성대하여, 그 (대응함에) 여유가 있으리라!"(道之樞要 在乎是矣. 樞者, 環中之物, 得道之樞以環中 而應是非之無窮則 是非雖無窮 而其所以應之者沛乎, 其有餘矣.)

들을 그가 남긴 시문(詩文)과 여타의 저술들을 통해서 자세히 추적해 보기로 한다. 당연히도 하나의 자기 완결적인 세계관과 그에 기초하여 다양한 교리 체계들을 구비한 거대 담론을 대상으로 한 비판 작업은, 자연히 해당 분야에 대한 최소한 수준 이상의 지적 소양을 요구하게 된다. 이에 우선적으로 불교교학 방면에 대해 박세당이 남긴 일련의 자취들을 수습해서 면밀하게 검토할 필요성이 제기된다.

무엇보다 불교적 세계를 향해 박세당이 보여준 관심의 출발점은 "홍진(紅塵)·풍진(風塵)·속정(俗情)"[73] 등과 같은 단어들로 표현된, 곧 속계(俗界)와 일정한 거리를 유지하려는 심리적 성향을 지칭하는 염리심(厭離心)이 표출된 정황과도 무관하지 않았던 것으로 보인다. 박세당의 학문세계는 궁극적으로 주충신(主忠信)의 인간학을 지향하는 차원에서 위기지학(爲己之學)으로 조준되고 있었다.[74] 이에 박세당은 자신이 추구하는 위기지학에 근접해 나가기 위한 방법론적 장치의 일환으로 "참·거짓 간의 분변[誠僞之分]"을 명료하게 설정하였다. 박세당은 이 같은 '진실·위선' 간의 구분을 달리 '내외(內外)·경중(輕重)·본말(本末)·명실(名實)' 등과 같은 다양한 기호(記號)들로 대체하기도 하였으나,[75] 이들 기호들의 귀취(歸趣)는 한결같이 '주충신'의 위기지학으로 수

73 朴世堂, 『西溪集』 卷3, 「石泉錄(中)」, 〈李生奎祥作景邵窩蟾江之口求詩次其所賦韻〉, 47쪽. "一心岑寂離囂譁, 視處紅塵比絳霞."; 『西溪集』 권3, 「石泉錄(中)」, 〈偶題〉, 44쪽. "神仙還復暫風塵, 當時倉卒君應恨."; 『西溪集』 卷2, 「石泉錄(上)」, 〈與崔李夜坐話久〉, 36쪽. "數君喜得同淸晤, 此境那應更俗情."

74 朴世堂, 『西溪集』 卷21, 「附錄」, 〈諡狀〉, 433쪽. "平生言行, 一本於忠信, 而敎導後學, 必以此爲主. 嘗曰忠信人之所得以爲人者也."

75 朴世堂, 『論語思辨錄』, 「第11 先進」편 25장의 註解, "蓋以二子皆知先內而後外, 爲見聖門爲學大意故也."

렴되는 양상을 보여준다.

다시 말하여 풍진이 난무하는 세상을 향한 박세당의 염리심은, 일면 그가 강력히 지향했던 위기지학적 구도와 접점(接點)을 형성하기에 충분한 동기를 공유하고 있었던 것이다. 기실 박세당이 수행한『도덕경』주해 작업 역시 존재의 근원으로 접속·상감하기 위한 '자양(自養)'의 철학이라는 측면도 다분히 존재한다.[76] 따라서 박세당이 줄곧 발휘했던 세상과의 거리 두기 방식인 염리심 역시 그가 지향했던 위기지학적 구도와도 맞닿아 있는 처세의 방편이라는 진단을 수긍하게 된다.

그리하여 박세당은 "뜬세상은 모두 허망하나, 공문(空門)의 일은 역시 진실하다."라는 말로 '부세(浮世)'와 '공문(空門)'을 선명하게 대비시킴으로써,[77] 부질없는 세속 세계와 차원을 달리하는 불교적인 진리 세계에 대한 기대감을 감추지 않았다. 후일 회와(晦窩) 이인엽(李寅燁, 1656~1710)은 박세당이 견지한 염리심과 그 결실과 관련하여, "고상한 기풍과 엄준한 절조로 진세(塵世)를 떠나 홀로 지내면서, 쇠락한 풍조를 진작했다."는 변론을 수행한 사실이 있다.[78] 이인엽의 변론 속에는 퇴은 이후로 박세당이 발휘하였던 탈속적 성향이며 기풍 등이 정확하게 반영되어 있다. 동일한 맥락에서 풍진 세상을 멀리하였던 박세당의

76 朴世堂, 『新註道德經』(『西溪全書(下)』본), 「제15장의 註解」, 태학사, 1979, "沖氣 沖虛之氣. 凡物莫不保此沖虛之氣以爲和, 故能相處而不解, 自持而能久 ...... 亦欲以沖虛自養, 以處其貴高之勢也."

77 朴世堂, 『西溪集』 卷1, 「潛稿」, 〈別德藏上人〉, 11쪽. "浮世爲皆眞, 空門事亦眞."

78 朴世堂, 『西溪集』 卷21, 「附錄」, 〈諡狀〉, 433쪽. "判尹李寅燁上疏曰 某今年七十有五矣 ...... 高風峻節, 絕塵離群, 有足以振勵衰俗, 荷聖朝之褒崇, 爲一世之推許." 이인엽의 이 변론은 이른바 '사변록 파동'으로 심히 곤경에 처한 박세당을 구제하기 위한 의도에서 개진되었다.

태도에서 참선(參禪) 수행에 정진하는 선사(禪師)들의 생활을 동경하곤 하였던 이유를 연관시킨 논의 또한 일리가 있다 하겠다.[79]

물론 "참·거짓 간의 분변"을 명료하게 하고자 했던 박세당이지만, 또 다른 한편에서 서계는 최종적으로 진(眞)·속(俗) 양자의 대립적 구분이 해체된, 즉 "도·속(道俗)이 가지런해진(齊)"[80] 노자의 이른바 '화광동진(和光同塵)' 류의 세계를 희구하기도 하였다. 그러나 양극의 대립쌍이 무화(無化)되기 이전 단계에서의 논리적인 분별 노력이란 불가피한 과정적 의미를 지니게 된다.

한편 박세당은 염리심의 발휘를 통한 세상과 일정한 거리 두기를 유지하면서, 은연중 속계의 대척점에 선계(仙界)를 설정하기도 하였다. 그런데 박세당은 "선도(仙道)의 비결(秘訣)이 모두 허망한" 이치를 여실히 간파하고 있던 터였고,[81] 겸하여 서계는 내단(內丹) 수련법이 추구하는 불로장생술(不老長生術) 또한 죽음의 불가피성을 무한정 지연(遲延)시키에는 무리라는 사실도 익히 체득하고 있었다.[82] 결과적으로 선도나 수련도교(修練道敎) 방면에 기울인 박세당의 관심 정도에 비해서, "부처가 되지는 못해도 신선이 되기엔 넉넉하다."는 시구에서 확인되는 바와 같이,[83] 선도를 압도하는 불교적 세계를 향한 서계의 열정은 보다 진중하면서도 치열한 면모가 감지된다.

79 윤미길, 「朴世堂의 詩論과 詩世界」, 『국어교육』 104호, 한국국어교육연구회, 2001, 302~305쪽 참조.

80 朴世堂, 『西溪集』 卷2, 「石泉錄(上)」, 〈湖上人再見訪于東澗幽居始獲識面贈謝以詩〉, 24쪽. "兩來意至林丘淺, 一見心投道俗齊."

81 朴世堂, 『西溪集』 卷4, 「石泉錄(下)」, 〈李報恩廷輝挽〉, 65쪽. "乃知仙訣皆虛妄, 不見雲間白鹿車, 親舊凋零身老衰, 如今不死又何爲."

82 朴世堂, 『西溪集』 卷4, 「補遺錄」, 78쪽. "惜生應未長生得, 嫌死能無一死來."

83 朴世堂, 『西溪集』 卷2, 「石泉錄(上)」, 〈水口門外有橋傍立小碑曰永渡橋 …… 近有貴官過之以爲不祥曳碑去之云〉, 27쪽. "作佛未應優作仙, 海山不願願西天."

박세당은 이미 청년기 무렵부터 불교의 교학체계에 관해서 상당한 소양을 갖추고 있었던 것으로 확인된다. 20세를 전후해서 창작한 시 속에는 “혐의로워라! 견성(見性)에 남종(南宗)·북종(北宗)으로 나뉘는 게.”라고 하여,[84] 남종선(南宗禪)과 북종선(北宗禪)으로 분화된 중국 선불교사의 이면을 훤히 파악한 상태였음을 시사해 주고 있다. 뿐만 아니라 박세당은 한국불교의 소의경전의 하나인『금강경』에 대한 이해 또한 투철했던 듯이 보인다.

수락산 석천동으로 퇴은한 박세당은 김시습의 초상화에 덧붙인 글인「청한자진찬(淸寒子眞贊)」에서『금강경』의 사구게(四句偈)를 응용하여, “형체는 환구(幻傴)에 부쳤고, 마음은 우주를 꿰뚫었네.”라며 매월당의 생전을 압축해서 묘사했다.[85] 물론 불교적 생사관과 관련된 언술인 “사생(死生)의 이치를 이미 알았으니, 하물며 나머지야 물을 것이 있겠는가?”라고 자문한 구절도 매우 주목되는 대목이다. 동일한 맥락에서 박세당은 장남 태유에게 노소(老少)와 흥망성쇠가 매여 있는 “덧없는 인생[浮生]이 참으로 아침 이슬 같다.”고 효유했던 바,[86] 일견 이 언술은『금강경』의 마지막 사구게를 연상케 해준다.

그러나 박세당의 경우 신식(神識)과 윤회설(輪回說)을 결부시킨 차원에서 불교의 생사론을 유식학(唯識學)에 의거하여 체계적으로 이해했던 주자(朱子)와는 다르게,[87] 식(識)의 전변(轉變)에 기초한 생명체의 연속적

84 朴世堂,『西溪集』卷1,「東行拾囊」,〈贈楓嶽僧懷軸乞詩〉, 8쪽. “求詩卷謁公卿宅, 見性嫌分南北宗, 只說仙山今夜月, 夢中依舊照千峯.”

85 朴世堂,『西溪集』卷8,「雜著」,〈淸寒子眞贊〉, 157쪽. “夫子言之, 易簀吾知, 死生已辨, 況問餘爲, 形寄幻傴, 心貫宇宙.”『금강경』의 마지막 사구게는 이러하다. “一切有爲法, 如夢幻泡影, 如露亦如電, 應作如是觀.”(「33. 應化非眞分」)

86 朴世堂,『西溪集』卷17,「簡牘」,〈寄子泰維〉, 337쪽. “栽兄之喪 …… 浮生信如朝露, 老少盛衰, 亦不係其中.”

87 黎靖德 編,『朱子語類』卷126,「釋氏」, 3032쪽. “問禪家言性傾此於彼之說. 曰此

인 전이(轉移) 문제를 설파한 견해는 끝내 찾아보기 어려웠다. 그나마 승려 환(還)에게 전한 시 속에서 "천지 가운데 함께 태어나, 똑같이 식(識)을 갖춘 인간이 되었네."라는 구절이 발견되지만,[88] 지칭된 함식인(含識人)" 중의 '식' 개념이 오롯이 유식학적 맥락에서의 식(vijnana)을 의미하는지 여부를 명쾌하게 가늠하기가 쉽질 않다. 왜냐하면 박세당의 또 다른 시 속에는 "현명함과 우매함 모두 소멸될 터인데, 비방과 칭찬 애증(愛憎)에서 생겨나네."라고 설명한 구절들이 눈에 띄지만,[89] 이 시구는 명백히 생사·윤회의 주체인 종자식(種子識) 개념을 도외시하고 있기 때문이다.

대신에 박세당이 작성한 만사(輓詞) 중에는 "세월이 다시 얼마나 흘렀는가? 공(公)은 상제(上帝)의 곁에 있구나!"라고 하여,[90] 유학의 경전인『시경(詩經)』에 입각한 사후 세계를 수용하고 있음을 엿보게 해준다. 반면에 "생사(生死)는 또한 밤낮이 바뀜과 같으니, 그대의 영령에게 오열하여 슬픔을 표하지 않노라!"는 순환적 생사론을 피력하기도 했으나,[91] 이 경우에는 윤회의 주체가 생략되어 있는 상태다. 이처럼 유식학

只是偷生奪陰之說耳. 禪家言偷生奪陰, 謂懷胎, 自有箇神識在裏了, 我却撞入裏面, 去逐了他, 我却受他血陰."

88 朴世堂, 『西溪集』 卷4, 「石泉錄(下)」, 〈贈竺還〉, 64쪽. "共生天地中, 同爲含識人 ...... 爲人盡人道, 立法由聖神."

89 朴世堂, 『西溪集』 卷2, 「石泉錄(上)」, 〈閱唐詩有嚴維六言四韻效作〉, 39쪽. "賢愚將共銷滅, 毁譽終由愛憎."

90 朴世堂, 『西溪集』 卷4, 「石泉錄(下)」, 〈李領事尙眞挽〉, 63쪽. "歲月復能幾, 公去在帝傍." 『詩經』 卷16의 「文王」에는 "문왕의 오르내리심이 상제의 좌우에 계시느니라.(文王陟降, 在帝左右)"는 구절이 있다.

91 朴世堂, 『西溪集』 卷2, 「石泉錄(上)」, 〈李僉知憲挽〉, 38쪽. "去來亦看同野晝, 嗚嗚莫遣怛君靈."

적 설명은 대부분의 유학자 입장에서 가장 이해하기 곤란했던 대표적인 불교 교설에 해당한다. 이러한 정황은 그나마 선가(禪家)의 어록을 통해서 신식의 실체와 윤회설을 다소 왜곡되게 이해한 주자의 경우도 사정은 마찬가지였다.[92]

한편 박세당이 작성한 「석림암상량문(石林庵上梁文)」 속에는 "기수(祇樹)에는 녹원(鹿苑)의 법륜(法輪)을 빨리 굴림에 놀라도다!"라는 표현이 발견된다.[93] 아마도 박세당은 장차 수락산 계곡에 소재한 석림암이 법회(法會)의 인연을 제공한 사위국(舍衛國)의 기수급고독원(祇樹給孤獨園)을 닮기를 축원하였던 듯하다.[94] 같은 맥락에서 박세당은 그가 고승대덕으로 비유한 설묵(雪黙)의 대단한 "법문(法門)의 용상력(龍象力)" 격인 전법륜(轉法輪)을 시로써 묘사해 두었다.[95]

석림암은 1671년(현종 12)에 완공되었다. 박세당은 그가 퇴직 이후에 유일하게 조정의 부름에 응한 통진(通津) 현감(縣監)을 사직할 때에 남은 녹봉으로 암자의 창건 비용의 일부를 출연하는 정성을 보였다. 또한 암자 건물이 완성되자 박세당은 "두세 칸 띳집이 바위를 등지고 골짝을 향해 있어, 한적하게 진속(塵俗)을 벗어난 정취를 자아내니, 참으

---

92 이 문제에 관한 논의는 윤영해, 「人生觀 批判(제1장)」, 『주자의 선불교비판 연구』, 民族社, 2000, 177~181쪽 참조.

93 朴世堂, 『西溪集』 卷8, 「雜著」, 〈石林庵上梁文〉, 157쪽. "樓臺似神仙之居 …… 禪枝喜鷦巢之暫安, 祇樹驚鹿苑之倏傳."

94 대한불교조계종 교육원 편역, 『조계종 표준 金剛般若波羅密經』, 「1. 法會因由分」, 조계종출판사, 2009, 15쪽. "如是我聞, 一時, 佛在舍衛國祇樹給孤獨園, 與大比丘衆千二百五十人俱."

95 朴世堂, 『西溪集』 卷4, 「石泉錄(下)」, 〈贈雪黙〉, 75쪽. "曾轉雙輪轢萬波, 法門龍象力偏多, 遊山不喚藍輿去, 只許輕輕一背馱."

로 아름다운 곳"인 이 암자를 직접 '석림암'으로 작명하였다.[96] 지금 이 암자는 석림사(石林寺)로 개명한 가운데, 지장도량으로 변신한 상태다.

아무튼 곧장 이어서 박세당은 "소나무 사립문이 늘 닫혀 있으니, 상천축(上天竺)·하천축(下天竺)으로 옮겨 가고, 땔나무 하는 초동(樵童)의 노래가 서로 화답하니, 대승경(大乘經)과 소승경(小乘經)을 읽으리라."는 기대감을 표명하면서, "천불(千佛)이 이곳을 호지(護持)할지니!"라는 기원문 형식으로 석림암의 상량문을 마무리하였다.[97] 결과적으로 「석림암상량문」은 불교 경전 전반에 걸쳐 온축된 박세당의 지적 소양 정도와 함께, 그가 보시(布施) 윤리의 실천에도 결코 무심하지 않았음을 동시에 확인시켜 주고 있다.

차후에 박세당은 금강산(金剛山)을 유람하던 도중에 접한 숱한 봉우리들을 연꽃에 비유하면서, "여래(如來)처럼 한 잎 한 잎 분신(分身)할까봐 (저어)하는" 시적 상상력을 발휘해 보이기도 하였다.[98] 박세당은 중생 제도를 위한 방편상, 불·보살(菩薩)이 천만 몸으로 나투어 분신하는 이치를 접했던 것이다. 실제 박세당은 "아래로 모든 중생을 구하고자 하는[下求萬蒼生]"하는 대승불교의 보살도(菩薩道) 정신도 익히 이해하고 있던 터였다.[99] 그 연장선에서 박세당은 부처[大雄]를 두고, "(천

96 朴世堂, 『西溪集』 卷4, 「石泉錄(下)」, 〈石林庵記〉, 147쪽. "其秋, 余去官分津, 得以廩入之餘, 稍助其費. 期年而歸, 菴則成矣. 數間茅宇, 背巖面壑, 蕭然有絕塵離俗之趣, 眞佳處也. 卽名之曰石林."

97 朴世堂, 『西溪集』 卷8, 「雜著」, 〈石林庵上梁文〉, 157쪽. "松扉長關, 便移上天竺下天竺, 樵歌相答, 乍翻大乘經小乘經 …… 但得兩齋之不乏空, 是爲千佛所護持."

98 朴世堂, 『西溪集』 卷3, 「後北征錄」, 〈楓岳〉, 55쪽. "排排比比如相競 …… 只恐蓮花無盡朶, 如來葉葉解分身."

99 朴世堂, 『西溪集』 卷2, 「石泉錄(上)」, 〈古神仙曲〉, 40쪽. "急就爐中成九轉, 刀圭

룡)·팔부(八部)와 인천(人天) 중에서 가장 도량이 빼어나고, 자비심에 신통력까지 겸비한" 위대한 존재로 묘사해 둔 대목도 눈에 띈다.[100] 뿐만 아니라 20세 즈음에 박세당은 "다만 말하노니 선산(仙山)의 오늘 밤 달은, 꿈에서도 일천 봉우리를 비춘다오!"라고 읊조린 시를 통해서,[101] 월인천강(月印千江) 격으로 비유되는 불성(佛性)의 편만한 이치 또한 익히 숙지한 상태임을 확인시켜 주었다.

더 나아가 박세당이 『장자』를 주해하는 과정에서 역대 중국의 주석가(註釋家)들이 남긴 해석 가운데, "'도(度)'자(字)를 '도(渡)'자[곧 제도(濟度)]로 풀이한" 장면을 예의 주시하고, 이른바 이단(異端)에의 '탐닉(耽溺)'의 병폐를 지적한 이면에도 그가 온축한 불교 교학적 깊이가 선행되었기 때문에 가능한 일이었다.[102] 이상에서 열거한 다수의 사례들 외에도, 불교의 계율과 기초적 교리를 소재로 삼은 숱한 시들이 발견되고도 있지만, 굳이 일일이 열거하는 식의 번거로움은 피하고자 한다.

한편 불교의 교학체계 방면에 대한 지적 소양 정도에 비례해서, 박세당은 다수의 승려들과 교류를 나누면서 더러는 두터운 친분을 맺기도 하였다. 가령, 승 '석현(錫賢)·풍열(豊悅)·해안(海眼)·치흠(致欽)' 등등과 같은 인물들의 경우가 그러하다. 박세당은 계절을 잊은 채 가을철 농사일에 몰두한 나머지, "절간에 노닐지 않은 지 오래되었다."는 정황

下求萬蒼生."

100 朴世堂, 『西溪集』 卷4, 「石泉錄(下)」, 〈山人守堅過訪求詩贈此二首〉, 72쪽. "八部人天拔度中, 慈悲況又具神通, 大雄尊體猶災難, 法力窮時見衆功."

101 朴世堂, 『西溪集』 卷1, 「東行拾囊」, 〈贈楓嶽僧懷軸乞詩〉, 8쪽. "只說仙山今夜月, 夢中依舊照千峰."

102 朴世堂, 『南畵經註解刪補』, 「第7 應帝王」, 551쪽(下). "又按林氏訓度爲渡, 而以度人爲化人, 度人乃釋氏語耳, 而欲苑之莊子, 可見其耽溺之甚矣."

을 토로하기도 했을 만큼,[103] 승려들과의 폭넓은 교류를 꾸준히 유지했던 것으로 파악된다. 그런데 박세당은 일하지 않는 무노동층으로 간주된 승단(僧團) 자체에 대해서는 "악취(惡臭)를 쫓는 부류들"이라며 심히 비판적인 인식을 견지하고 있었으나,[104] 불도가 높은 고승·대덕에 대해서는 각별한 관심을 표하며 진중한 자세를 취했던 것 같다. 후론될 3)절에서 소개될 예정인 고승들인 '혜지(慧智)·설묵(雪黙)·미(美)·해안(海眼)' 등과 같은 인물들이 바로 이 경우에 해당한다.

박세당은 그가 접한 승려들의 법력과 품격 정도에 따라 '산인(山人)·상인(上人)·승(僧)·축(竺)·사리(闍梨)·공(公)·법사(法師)·노사(老師)·장로(長老)·화상(和尙)·선사(禪師)·대사(大師)' 등등과 같이 상당히 다양한 호칭법을 구사하곤 하였다. 이처럼 박세당이 다양한 호칭법을 적용한 이면에는, 불교교학과 실참 수행에의 결실 등에 대한 그 자신의 안목도 성숙한 상태였음을 반증해 해준다. 동시에 박세당이 승려들을 대상으로 하여 구사한 호칭법 중에는 상대적으로 존칭의 비중이 다소 높은 편에 해당한다는 점도 유의할 만하다. 이 같은 정황은 여타의 정주학자들의 그것과는 다르게, 박세당의 경우 불교에 대해 상당히 친화적인 태도를 견지하고 있었음을 시사해 주는 증표(證票)라는 의미를 지니고 있기 때문이다. 이와 관련하여 박세당은 "그와 더불어 교유[遊]한 바를 살펴보면, 그 사람됨을 알 수 있다."라는 관인법(觀人法)을

103 朴世堂, 『西溪集』 卷2, 「石泉錄(上)」, 〈久不詣寺中〉, 32쪽. "多時不向寺中遊 …… 忙裏豈知秋景晩, 荒年收穫動關愁."

104 朴世堂, 『西溪集』 卷7, 「辯論」, 〈論韓歐排浮屠〉, 134쪽. "世病韓歐力排佛氏, 然只論其粗而未盡其深 …… 異端之在天下, 其亦猶夫臭也, 而佛其甚者也, 其好之者, 亦逐臭之類也, 不足與爲究論也明矣."

피력해 둔 바가 있었다.[105]

결과적으로 박세당이 다수의 승려들과 유지했던 교류는 불교적 세계에 대한 자신의 깊은 관심과 몰입 정도를 입증시켜 주기에 충분한 사례로 평가된다. 이를테면 박세당이 유학과 불교 사이의 현격한 장벽을 해체하기 위한 의도에서 즐겨 차용했던 고사인 '호계삼소' 또한 그가 동진(東晋) 혜원 선사의 지계(持戒)와 백련결사(白蓮結社) 등에 얽힌 투철한 선이해가 수행되었기 때문에 채택 가능한 일이었음은 새삼 두말할 나위가 없다.[106]

그런 점에서 박세당이 수행한 유·석 교유 또한 앞의 불교 교학체계에 대한 소양 정도와 더불어, 불교적 세계를 향한 진지한 교섭 노력의 일환으로 정당하게 평가할 수 있을 것이다. 그렇다면 '존재[實]'의 철학에 기초한 유학의 세계관과는 극점에 위상한 불교의 해체론적 세계관이자 존재론인 반야공관(般若空觀)에 대한 박세당의 시각은 과연 또 어떠했던가?

2) 공관(空觀) 인식

정주학(程朱學)이 도입된 여말(麗末) 선초(鮮初) 이래로 유학자들의 대(對) 불교인식 정도를 가늠하는 두 척도로는, 공히 불교적 세계관을 상징해 주는 공관(空觀)과 좌선(坐禪) 수행을 지향하는 선불교(禪佛教)

105 朴世堂, 『西溪集』 卷8, 「題跋」, 〈題圓澤所持詩卷〉, 149쪽. "覺天死矣, 吾雖未及見之, 卽其所與遊, 可知其爲人矣."

106 朴世堂, 『西溪集』 卷8, 「記」, 〈石林庵記〉, 147쪽. "又昔慧遠師住廬山東林, 從其遊者淵明, 遠結社而淵明不肯入社, 遠持戒見客, 未嘗設酒, 而獨爲淵明設酒. 與其送之過虎溪而不覺, 其跡亦已奇矣."

로 귀착되는 공통된 경향을 보여 주었다. 전자는 '존재[실(實)]'의 철학적 토대 위에 정초한 유학적 세계관에 정면으로 반하는 해체론적 세계인식을 반영해 주고 있기 때문에,[107] 특히 순정 정주학자들에 의해 집중적인 비판을 받았던 철학적 사안이었다. 이에 비해 후자의 경우는 사무(事務)로 점철된 일상(日常)과 제반 인간 관계망 속에서 추구되는 유학적 공부론과는 판이한 주정적(主靜的) 수행법과 그 해탈(解脫) 지향적 특성으로 인하여 역시 집중적인 성토의 대상으로 등록되었던 것이다.

이렇듯 반야공관과 선불교에 대한 비판적 태도는 당대 조선의 지성계를 대표했던 박세당 역시 결코 예외이지가 않았다. 실제 박세당은 불교의 공관과 좌선[참선] 수행법에 대해서 심히 비판적인 인식을 동시에 표출해 보였다. 다만 그 비판적 양상은 기존 정주학자들의 그것과는 다소 변별되는 부분이 엄연히 존재했던 것도 사실이다. 왜냐하면 박세당의 경우 부분적으로 공관의 진리성을 수용하기도 했고, 또 그 자신이 몸소 참선 수행에 몰입했던 자취도 동시에 남겨 두었기 때문이다. 따라서 이후의 논의에서는 공관과 선불교 방면에 대한 박세당의 비판적 인식 정도를 정밀하게 추적해서 분석해 보고, 또한 이들 주제 사안에 적용된 서계의 포괄주의적 진리론의 양상을 검토하는 절차를 아울러 밟도록 하겠다.

우선, 공관에 대한 박세당의 교섭 태도는 결코 비판 일변도의 경향으로만 치닫지는 않았다는 사실을 지적해 둔다. 박세당의 경우 "공계

107 黎靖德 編,『朱子語類』卷126,「釋氏」, 3015쪽. "釋氏只要空, 聖人只要實 …… 聖人所謂敬以直內, 則湛然虛明, 萬里具足, 方能義以方外."

(空界)는 본디 진계(塵界)[속계]와 다르다."는 언술에서 확인되듯이,[108] 공계로 치환된 불교적 세계관이자 존재론의 독자적 위상을 정당하게 인정하고 있었던 것이다. 이 같은 정황은 여타의 조선 정주학자들에게서는 찾아보기 힘든 박세당만의 독특한 교섭 양상이었다. 전술한 사실처럼 『금강경』의 사구게를 원용하여 공관을 적용해 보이곤 했던 박세당은 유수같은 삶을 "허깨비[幻]·포말[泡] 마냥 덧없는 인생"으로 규정해 보임으로써,[109] 그가 인생을 바라보는 근본적인 시각의 변화에 끼친 불교교학의 영향력 정도를 가늠케 해준다. 물론 그 이면에는 연이은 가화(家禍)를 당한 끝에 느꼈던 삶과 세계의 무의미성, 곧 실존적 부조리 현상도 크게 관여하였을 것임은 앞서 논급한 바와 같다.

나아가 박세당은 공관을 적용하여 지나간 역사에 내재된 시간의 의미를 재해석하는 시각을 선보이기도 하였다.[110] 이를테면 박세당은 명(明)·청(淸) 간 왕조가 교체된 이후에 북경(北京)에 머무르면서, 지난 명조(明朝) 3백여 년 세월이란 한순간에 불과했다는 인식을 드러내 보임과 더불어, 이어서 "지나간 일들이란 공(空)하여 유적만 어루만지네." 라며 씁쓰레한 심경을 토로해 보였던 것이다.[111] 즉, 박세당은 3백 년에

108 朴世堂, 『西溪集』 卷4, 「石泉錄(下)」, 〈惠平長老以獨不得贈篇爲歉輒以一律贈焉〉, 75쪽. "去留初不迷眞性, 喧寂曾何礙道風. 空界自將塵界異, 雙林應與石林同."

109 朴世堂, 『西溪集』 卷4, 「石泉錄(下)」, 〈天倫索題卷首〉, 74쪽. "長老年髮衰, 閱臘踰七九, 幻泡浮生促, 畢世念相守."

110 이 단락의 내용은 김종수, 「불교적 서술단위와 박세당의 불교 인식(제5장)」, 『서계 박세당의 연행록 연구』, 혜안, 2010, 243~244쪽의 내용을 부분적으로 보충한 결과임.

111 朴世堂, 『西溪集』 卷1, 「使燕錄」, 〈上使用杜工部詩久客旋旆一句爲韻分作五首輒次〉, 18쪽. "...... 都旺氣盡, 風景不如昔, 척忽三百載, 往事空無跡 ...... "

그친 명나라 역사의 의미를 '찰라 생 찰라 멸'과 같은 시간의 한 분절(分節)·파편(破片)으로 해독함으로써, 자칫 시간 개념에 담지될 수 있는 영원성이라는 실체를 과감히 타파하였던 것이다. 이렇듯 시간 개념에 수반되는 영원성이라는 실체를 탈각시킨 박세당은, 이참에 그 철학적 근거까지를 아울러 예시해 두었다. 예컨대 박세당은 이미 영원한 역사적 무대 위로 화해간 명조 3백 년 역사의 의미를 두고, "눈 위의 기러기 자국마냥 잠시 모였던 것 천고(千古)가 되었으니!"라는 비유적 수사를 가해 두었던 것이다.[112] 이러한 박세당의 언술은 명백하게 공관에 입각한 시간 인식을 적용해 보인 구체적인 사례에 해당한다는 점이 주목된다.

그런데 "진펄 위에 우연히 발톱 자국 남긴 뒤에" 어디론가 날아가 버린 기러기를 가차한 비유적 묘사는 북송(北宋)의 시인이자 문장가인 소식(蘇軾, 1037~1101)의 시에서 연원한 공관의 비유임이 주목된다.[113] 이 비유법은 푸르른 창공을 가로지르는 새의 이미지를 통하여 공의 의미를 설파한 불경의 비유 방식과 묘하게 닮아 있다는 점에서, 지금 역사적 시간의 의미를 재해석하는 작업에 적용된 박세당의 공관 인식이 예사롭게 느껴지질 않는다. 이 순간 박세당은 분명 도덕적 의미로 무장한 유학적 시공의 무대를 이탈한 채, 일체의 의미가 탈각된 불교적인 비존재의 세계로 접어들고 있었던 것이다.

동일한 맥락에서 박세당은 아늑한 과거와 현재 간의 연속적 관계를 두고, 한 번 "손가락을 퉁기는 사이에 고금(古今)이 같다."는 인식을

112 朴世堂, 『西溪集』 卷1, 「使燕錄」, 〈次上使李相國慶億玉溜泉韻〉, 17쪽. "泥鴻暫集成千古, 雲鶴重來定幾年."

113 蘇東坡, 『蘇東坡全集』 卷1(正集 1), 「和子由澠池懷舊」, 景仁文化社, 1983, 256쪽. "人生到處知何似, 鷹似飛鴻沓雪泥, 泥上偶然留指爪, 鴻飛那復計東西, 老僧已死成新塔."

노정해 보이기도 했다.[114] 이 같은 사례들은 단순히 문학적 기교를 구사한 차원에서, 부질없고도 허망한 심사를 '공'에 빗대어 표현한 만장(輓章)이나, 혹은 여타의 시문 양식들[115]과는 명백히 차원을 달리하는 문맥인 것으로 분석된다.

더 나아가 박세당은 『장자』 주해서인 『남화경주해산보』 중의 「제물론(齊物論)」편을 해석하는 과정에서, 제법무아(諸法無我)를 체득하기 위한 불교의 해체적 인식론의 일환인 '법공(法空)'의 관점을 원용하는 식의 독창적인 재해석을 수행하기에 이른다.[116] 다시 말하여 박세당은 무궁한 물화(物化)의 의미를 제대로 체득하게 되면, 유무(有無)·시비(是非)·피차(彼此) 따위와 같이 양극(兩極)인 일변(一邊)으로 치우쳐 집착됨이 없는 중도(中道) 지향의 공관적 인식이 가능할 수 있을 것으로 전망했던 것이다. 박세당은 공관에 기초한 자신의 독특한 인식론을 이른바 '일공론(一空論)'으로 명명해 두었다.

이처럼 고급한 박세당의 중도적 인식론은 흡사 "두 가지 (극단의) 진리[諦]를 취합하여 중도(中道)를 밝힌다."는 중관학(中觀學)의 일대 명제를 연상케 해주기도 한다. 이렇듯 불교교학에서 연원한 박세당의 고급한 철학적 인식론은 여타의 유학자들의 경우, 일찍이 그 유례를 찾아볼 수 없는 파격적인 지적 모험에 해당한다. 이 점 박세당이 시도한 유불 교섭에의

---

114 朴世堂, 『西溪集』 卷3, 「石泉錄(下)」, 〈正陽寺逢豊悅上人〉, 55쪽. "顔鬢休嗟各凋換, 已將彈指古今齊."

115 朴世堂, 『西溪集』 卷1, 「潛稿」, 〈尹都事趾美挽〉, 9쪽. "萬事俱空毁譽眞, 綠水紅蓮悲末路."; 같은 책, 〈弓裔故都〉, 12쪽. "平蕪滿目人煙晩, 流水傷心世事空."

116 朴世堂, 『南畵經註解刪補』, 「齊物論」, 517쪽(下). "周之與蝶 有分矣, 而知其終不可分, 則死生彼是同異之辨, 有默而可喩, 不待齊而自齊矣. 物化謂物我變化無窮盡也, 能知物我之變化無窮, 則亦當知是非無主, 而可以一空矣."

노력에 담긴 철학적 진정성을 거듭 환기시켜 주고도 있다.

이상에서 적시한 공관적 인식론을 채택하게 된 이면에는 박세당이 견지했던 포괄주의적 진리론이 배타주의와 명확하게 선을 긋고, 대신에 다원주의와 연대한 장면들을 전시한 것이다. 그럼과 동시에 박세당은 기존의 다원주의 노선과 일정한 거리를 유지하는 가운데, 되레 배타주의와의 접점 형성을 시도함으로써, 그가 착지한 사상적·이념적 입각점과 정체성이 근본 유자 신분이라는 사실을 다시 한 번 더 환기시켜 주었다.

이 사안과 관련하여 박세당은 장차 북녘 땅인 평북(平北)에 소재한 묘향산(妙香山)으로 접어들려는 승 만영(萬英)에게 전한 시를 통해서,[117] 자신이 반야공관으로 일관한 불교계의 교학가(教學家)가 아니라는 사실을 아래처럼 명료하게 반증해 보였다.

> "제 아무리 억만 겁을 수미산에 맴돌아도 從渠萬劫繞須彌
> 비쩍 마른 원숭이와 학의 자태만 이룰 것을. 祇成枯槁猿鶴姿
> 만약 '공무'가 현묘한 진리라 말할진댄 若道空無是妙道
> 저 정원의 배꽃 향기 가만히 맡아 보오." 生香嗅取一庭梨

윗시를 통하여 박세당은 불교가 터전한 비존재의 철학을 상징해 주는 '공무(空無)'적 세계 인식론을 점잖은 어투로 비판해 보였다. 그렇다고 해서 박세당이 '공무'로 표현된 공관 자체를 완전히 부정한 것은 물론 아니다. 박세당은 정원을 장식한 다양한 화초나 수목 중에서 응당 배나무가 차지할 수 있는 위상, 곧 한 그루의 나무로서의 자격은 정당

117 朴世堂, 『西溪集』 卷4, 「石泉錄(下)」, 〈山人萬英入妙香山學道藥泉有詩其師守源持示走筆次其韻〉, 70쪽.

하게 인정했기 때문이다. 좀 더 부연하자면 '공무'가 진리론의 정원에서 차지할 수 있는 위상 또한 한 그루의 배나무의 자격으로 정위(定位)되기에 족할 따름이었다.[118] 그러나 공무로 지칭된 공관만을 세계 이해를 위한 유일한 인식론적 척도로서의 지위를 허여하지 않았다는 점에서, 장차 다원주의와도 일정한 거리를 둘 조짐이 감지되고 있다.

실제 박세당은 비존재의 철학인 불교의 공관적 세계 인식에 의해서, 유가적 윤리의 기초인 존재의 철학적 기반 자체가 붕괴될 수 있는 가능성에 대해 아래처럼 깊은 우려를 표명해 보인 사실이 있다.

> "누가 말했나 적멸과 공허가 본체니, 誰云寂空體
> 상도란 있을 수 없다고. 常道不可有
> 불성[佛]도 인성도 같으니, 佛猶同人性
> 은혜가 어찌 허물이 되리오." 恩豈爲身垢

위 인용문에서 지칭된 '상도(常道)'란 유학의 삼강(三綱)·오상(五常)[곧 오륜(五倫)]을 의미하는데, 박세당의 윗시는 유가 윤리의 존재론적 토대인 심성론(心性論)을 취급한 도덕철학적 시의 한 전형에 해당한다. 기실 인간 내면의 심성론적 기반에서 도덕의 근거를 확보하려는 노력은 공맹(孔孟) 위주의 원시유학(原始儒學)은 물론이고, 주자학적 도덕철학의 핵심적 주제를 형성했던 일대 사안이었다. 이러한 유학적 전통과는 달리 만일 불교에서 설파하는 바대로 '인성(人性)'이 오온(五蘊)인 색수상행식(色受想行識)이나 사대(四大) 등과 같은 요소로 환원된다면, '상

118 김종수, 「『서계연록』과 박세당의 불교인식」, 『국학연구』 14집, 한국국학진흥원, 2010, 509쪽 참조.

도'인 도덕의 근거를 확보할 수 있는 심성론적 토대 자체가 와해되는 심각한 결과를 맞이하게 된다. 따라서 박세당은 인간의 내면이 공적(寂空)한 비실체가 아닐 뿐더러, 불교에서 논급한 성품 또한 유가적 인성과 동일한 내용일 것임을 효유하면서, 그 구체적 실례로써 인(仁)에 해당하는 은혜[恩]를 적기해 보였던 것이다.

그리하여 박세당은 자신의 도덕철학을 투영시킨 위의 시를 두고, "이 이치 정말 속이기 어려우니, 여래(如來)에게 가서 물어 보오!"라는 권유를 승 천륜(天倫)에게 넌지시 건넸던 것이다.[119] 따라서 위 인용문은 유학의 정통적 도덕철학을 계승한 근본 유자로서의 박세당의 면모를 유감없이 확인시켜 준 시로 평가할 수 있다.

그 연장선에서 박세당은 석천동으로 퇴은한 이후에 자신이 닮아야 할 동일시 모델로 '요청'했던 매월당 김시습의 사상적·종교적 정체성과 관련하여, "옷도 이단[異][불교]의 것이 아니며, 본성[性] 또한 동일하다."라는 특이한 평가를 수행하였던 것이다. 심지어 수락산 동쪽 봉우리[東峯]에 위치한 '매월당(梅月堂)'의 옛 유허(遺墟)를 탐방한 박세당은 김시습이 생전에 "범경(梵經)[불경]을 읽지도 않았고 좌선도 하지 않았으니, 출가(出家)해서도 여전히 집에 있을 때와 같았네!"라며 다소 억지 섞인 강변을 가하기조차 하였음이 눈에 띄기도 한다.[120] 즉, 박세당은 김시습의 생전 행적(行蹟)을 둘러싼 세간의 분분한 평가들을 일축하고,

---

119 朴世堂, 『西溪集』 卷4, 「石泉錄(下)」, 〈天倫索題卷首〉, 74쪽. "此理定難誣, 如來試往叩."

120 朴世堂, 『西溪集』 卷2, 「石泉錄(上)」, 〈訪梅月堂舊蹟〉, 33쪽. "不讀梵經不坐禪, 出家因似在家年 ...... 浮世萬緣君已了, 何須到此更徘徊."

매월당의 사상적·이념적 정체성을 명백히 유자로 재규정해 보였던 것이다.

그런데 후대의 매산(梅山) 홍직필(洪直弼, 1776~1852)은 박세당이 수행한 김시습의 정체성을 둘러싼 논평과는 판이한 언술을 남겼음이 새삼 눈길을 끈다. 홍직필은 차후에 국가로부터 청절사(淸節祠)라는 사액(賜額)을 받은 수락산의 사우(祠宇)를 심방하여 배알하고, 이어서 "사당(祠堂)에 올라 그 (김시습의) 상(像)을 살펴보니, 영락없는 두타(頭陀) 형상에, 삭발한 채 구레나룻수염까지 기른" 심히 괴이한 매월당의 모습을 관찰한 소감을 사실적으로 묘사해 두었던 것이다.[121] 자연히 홍직필은 유자적인 이미지가 완전히 탈각된 채, 불교의 두타 수행자로 거듭난 김시습의 초상화를 접한 불쾌감을 애써 감추지 않았던 것이다.

한편 박세당은 노장철학에도 깊이 천착하고 부분적 동의를 표하곤 했으나, 그가 견지한 일관된 기준인 "성인(聖人)의 대법(大法)"으로 대변되는 유가적 인륜의 준칙에는 다소 위배된다는 분명한 인식을 견지하고 있었음이 확인된다.[122] 동일한 맥락에서 박세당은 『장자』의 「제물론」편 원문 중의 '성심(成心)'을 "(선험적으로) 하늘이 정한 이치가 있어서, 나에게 부여한 것"으로 재해석함으로써, 『맹자(孟子)』·『중용(中庸)』에서 제시된 유학의 성선론적 전통의 연장선에서 독특한 재해석을 시도하기

121 洪直弼, 『梅山集』 卷28(한국문집총간 296), 「記」, 〈遊水落山記〉, 민족문화추진위원회, 2002, 35쪽. "入祠庭而拜, 昇堂而審厥像, 即頭陀形也, 削髮而存鬚, 亦可異焉."

122 朴世堂, 『西溪集』 卷7, 「書」, 〈答尹子仁書〉, 123쪽. "如老莊之說, 雖舛聖人之大法, 又不至都無可採."

도 하였다.[123] 따라서 박세당의 노장서 주해 작업은 부분적으로 유가적 도덕규범과 그 심성론적 토대를 확인하는 보유론적(補儒論的) 관점에서 수행되었다는 사실을 알 수 있다. 이처럼 보유론에 깃든 배타주의적 진리 노선은 박세당이 선불교를 수용하고 교섭하는 과정을 통해서도 그대로 재현되기에 이른다.

3) 선불교(禪佛教)에 대한 태도

그렇다면 과연 좌선[참선] 수행법으로 대변되는 선불교에 대한 박세당의 접근 태도와 교섭 양상은 또 어떠했던가? 앞서 박세당은 선불교가 인도하는 결실을 두고, "제 아무리 억만 겁을 수미산에 맴돌아도, 비쩍 마른 원숭이와 학의 자태만 이룰 것을."이라며 비판했던 사실을 확인한 바가 있다. 실제 이 언술은 선불교에 대한 박세당의 부정적 인식이 잘 집약된 결과로 평가된다. 박세당은 다원주의적 진리론에 입각하여 반야공관에 대해서는 선별적인 수용 자세를 견지했으나, 유독 선불교에 관한 한 점차 비판적 인식을 강화해 나감으로써, 장차 배타주의적 노선으로 귀착될 조짐을 노정해 보였다.

그럼에도 불구하고 유일한 형식의 진리 체계의 독존(獨存) 현상이 초래하는 부정적 여파를 초극하고자 했던 박세당의 포괄주의적 진리론이 애초부터 선불교를 배타시했던 것은 물론 아니었다. 이처럼 당초부터 그 어떤 선입견에 스스로 휘말리는 일은 박세당의 성정에도 어울리

123 朴世堂, 『南華經註解删補』, 「齊物論」, 507쪽(上). "按成心天有定理, 所賦於我者也."

는 처사가 아니었기 때문이다. 일단, 박세당이 수행한 선불교 비판은 두 가지 측면에서 공통된 경향성을 유지하고 있었던 것으로 분석된다. 그것은 첫째, 박세당의 경우 고승(高僧)·대덕(大德) 범주에 속하는 인물들의 수행과 교학적 식견 등에 대해서는 한결같이 긍정적으로 평가한 특징을 보여 주었다. 이에 반해 두 번째로는 박세당의 경우 '범승(凡僧)'이나,[124] 혹은 할 일 없는 '구시승(求詩僧)' 유형으로 지목된 인물들의 야호선(野狐禪) 류의 행태에 대해서는 심히 비판적인 시각을 일관되게 표출한 특징이 발견된다.[125] 가령, 시승(詩僧)인 옥명(玉明) 외에도, 앞서 소개한 승 만영에게 전한 시 속에 드러난 비판적 언술은 바로 후자의 경우를 잘 대변해 주는 구체적인 사례였다. 박세당은 조선 초·중기 무렵 이래로 이미 유(儒)·석(釋) 교유(交遊)의 새로운 흐름으로 정착된 시권(詩卷) 교류에는 심히 부정적인 인식을 견지하고 있었음이 흥미롭게 여겨진다.

이에 반해 전자에 해당하는 인물들로는 박세당이 "늦게야 고승(高僧)인 줄로 알고 홀로 친히 여겼다."고 실토하는 가운데, 전신(前身)이 여래(如來)였을지도 모른다는 극찬을 가하면서 "대사(大師)의 불도[道]의 참됨을 늦게 알았어라!"며 크게 반가움을 표했던 혜지(慧智) 등과 같은 인물이 바로 이 경우에 해당한다.[126] 또한 박세당이 자재한 법력의

124 朴世堂, 『西溪集』 卷2, 「石泉錄(上)」, 〈東峯〉, 31쪽. "凡僧俗士不好事, 道人遺蹤今莫記."

125 朴世堂, 『西溪集』 卷4, 「石泉錄(下)」, 〈贈玉明〉, 75쪽. "山僧疑復被狐魔, 奔走求詩卷軸多 …… 競趨豪勢討因緣."

126 朴世堂, 『西溪集』 卷2, 「石泉錄(上)」, 〈寄慧智〉, 30쪽. "晩識高僧心獨親, 再遊舊寺事多新."(1首); "泛泛悠悠似衆人, 如來誰認是前身 …… 始覺吾師道眞意."(2首)

위력을 "법문(法門)의 용상(龍象)"에 빗대어 호평한 설묵(雪默)은 교학과 설법의 극치를 증득한 인물이었다.[127] 그런데 혜지에게 엿보인 형해(形骸)[육신]를 초월하는 세계를 향한 박세당의 원천적인 향수란 단순히 수식어나 빈말에 그친 정도가 아니었다.

무엇보다도 박세당의 경우 세상 "만사(萬事)는 종당에 몸으로 체험해야 하는 법"이라는 원칙에 매우 투철했던 인물이었다.[128] 때문에 박세당은 미(美) 스님에게 "다만 바라는 건 노승(老僧)과 함께, 곡기 끊고 암굴에 깃들어 살며, 형해[形]와 정신이 초탈(超脫)하여 이익과 권세에서 벗어나는 것일세!"라며 심중에 비장된 간절한 염원을 노출해 보일 수 있었다. 곧장 이어서 박세당은 "이 뜻이 끝내 망상일지라도, 하룻밤 선탑(禪榻)[선방]에서 묵어가리라!"는 진지한 실참 수행에의 의지를 표명해 두기도 하였다.[129] 동일한 맥락에서 박세당은 혜원 선사와 도연명 간에 얽힌 호계삼소 일화를 재차 환기하면서, 자신의 내면에 은장된 '육신의 구속을 벗어난 정신세계'[形骸之外]를 향한 근원적인 향수를 자극받고도 있었다.[130] 그리하여 박세당은 선정(禪定)에 접어 든 해안(海眼) 선사의 모습이 장엄(莊嚴)한 보살(菩薩)과도 같다는 감탄을 발하면서,

127 朴世堂, 『西溪集』 卷4, 「石泉錄(下)」, 〈贈雪默〉, 75쪽. "曾轉雙輪轢萬波, 法門龍象力偏多 ...... 王喬何似下天壇."

128 朴世堂, 『西溪集』 卷3, 「後北征錄」, 〈出山後路上不覺頻顧因而有作〉, 56쪽. "愛山還可買山居 ...萬事終須身驗得."

129 朴世堂, 『西溪集』 卷8, 「石泉錄(中)」, 〈長安寺次月沙韻贈僧美〉, 55쪽. "但思伴老釋, 絕粒棲巖窟, 形神獲超脫, 利勢謝驅劫, 此意終謬闊, 一宿借禪榻." 운위된 '선탑(禪榻)'이란 참선(參禪)을 행할 때 앉는 의자를 가리킨다.

130 朴世堂, 『西溪集』 卷8, 「記」, 〈石林庵記〉, 147쪽. "又昔慧遠師住廬山東林, 從其遊者淵明 ...... 與其送之過虎溪而不覺, 其跡亦已奇矣. 非相與期於形骸之外者, 能若是乎."

급기야 "여생에 더 이상 좋은 일 없을 터, 오늘부터 세상을 피해 선사(禪師)나 따를까 보다!"라며,[131] 참선 수행법이 인도하는 지정(至靜)·해탈(解脫)의 세계를 향한 강렬한 구도심을 거듭 피력해 보였던 것이다.

실제 박세당이 남긴 저술들 속에서는 수식(數息)을 포함한 각종 호흡법에 대해서 충분한 학습과 실험을 병행한 기록들이 자주 발견된다. 특히 박세당이 마음[魂]·정신[神]·호흡[息] 이 삼자의 관계에 유념하면서, "정신이 편안해지면 호흡이 안정되기 때문에, (호흡이) 깊고 깊어져서, 흡사 숨을 쉬지 않는 것만 같다."라고 설명한 대목은 서계의 실참 수행이 만만치 않은 경지를 체험하였음을 반증해 주기도 한다.[132] 뿐만 아니라 박세당은 지(止)·정(靜)의 세계를 강렬히 추구했던 흔적을 『남화경주해산보』 도처에 남겨 두었음도 눈에 띈다.[133] 그 연장선에서 박세당은 직접 좌선 수행에 진지하게 몰입했던 흔적도 아울러 남겨 두었던 것이다.[134] 특히 아래 시는 박세당이 행한 실참 수행에의 진지한 장면을 잘 전시해 준 대표적인 작품에 해당한다.

"아랑위 들보를 아래로 드니, 兒郞偉抛梁下
정원의 소쇄함이 더욱 좋도다. 更喜庭園蕭洒
조용히 부들방석에 앉아 안온히 눈을 반개하노니, 無事蒲團穩眼

131 朴世堂, 『西溪集』 卷4, 「石泉錄(下)」, 〈次前韻贈海眼〉, 67쪽. "入定莊嚴菩薩相 …… 看得餘年無好處, 從今逃世欲隨師."

132 朴世堂, 『南畵經註解刪補』, 「第6 大宗師」, 540쪽(上). "按有道之人, 審於知人知天 …… 所以能淸靜恬澹, 魂閑而神不撓, 神安則息定, 故深深然 而如不出也."

133 朴世堂, 『南畵經註解刪補』, 「第4 人間世」, 525쪽(上). "按室由闋而白生, 心以止而祥集, 止則靜, 靜則虛, 虛靜者, 萬化之根 而百祥之所萃也."

134 朴世堂, 『西溪集』 卷8, 「雜著」, 〈石林庵上樑文〉, 157쪽.

어찌 한객에게 마음 끄달려 어지럽겠는가?” 何曾閑客攪惹

물론 윗시는 “천불(千佛)이 이곳 (석림암)을 호지(護持)하실지니!”로 끝맺는 상량문 중의 일부 내용이긴 하나,[135] 참선에 몰입한 선객(禪客)이 점차 선정(禪定)으로 접어드는 과정이 적절하게 잘 묘사되어 있다. 동시에 위의 인용문 속에는 한객(閑客)으로 묘사된 육진(六塵)의 바깥 경계에 전혀 반연(攀緣)되지 않는 세계, 곧 좌선에 의해 인도되는 지정의 세계를 체험한 박세당의 실참 수행에의 흔적이 물씬 묻어나고 있음이 감지된다.

박세당은 또 다른 시 속에서 “번잡함과 적요함이 어찌 도인의 풍모를 방해하랴!”라는 반문을 통해서, 재차 일체의 바깥 경계에 시달리지 않는 진정한 선객의 면모를 짚어 두었다.[136] 같은 맥락에서 박세당이 “나무꾼이 부는 피리 소리[樵笛]며 어가(漁家) 소리가 저 멀리서 들리는데, 부들방석[蒲團]에 가부좌[趺坐]를 트니 온갖 업연 사라지네.”라고 읊조린 대목 또한 매우 의미심장한 대목에 해당한다.[137] 따라서 이상에서 열거한 인용문들은 좌선 수행을 몸소 체험한 박세당의 강렬한 구도의지의 일단을 생생하게 전시해 준 장면에 해당하는 것으로 평가된다.

따라서 우리는 이 지점에서 애당초 선불교 방면으로까지 이해의 지평을 확장하고자 하였던 박세당이 견지한 포괄주의적 진리론의 일

135 朴世堂, 『西溪集』 卷8, 「雜著」, 〈石林庵上樑文〉, 157쪽. “樓臺似神仙之居, 侈靡徒以造業 ...... 但得兩齋之不乏空, 是爲千佛之所護持.”

136 朴世堂, 『西溪集』 卷4, 「石泉錄(下)」, 〈惠平長老以獨不得贈篇爲歉輒以一律贈焉〉, 75쪽. “去留初不迷眞性, 喧寂曾何礙道風.”

137 朴世堂, 『西溪集』 卷4, 「石泉錄(下)」, 〈碧虛詩軸次藥泉韻〉, 68쪽. “松林晩色接煙郊 ...... 樵笛漁歌起遠郊, 蒲團趺坐萬緣抛.”

국면, 즉 다원주의와 제휴한 장면을 재차 목도하게 된다. 그러나 다원주의와 선불교 간의 접점 양상은 매우 불안정한 형국을 취하고 있는 모습이었다. 이제 박세당이 견지했던 다원주의적 수용 태도는 선불교와 단호한 결별을 선언하면서, 포괄주의적 진리론에 바로 이웃한 배타주의 노선과 연대할 태세를 취하기 시작했다. 그리하여 박세당은 불교를 뜻하는 「축교(竺敎)」라는 아래 시를 통해서, 선불교에 대한 자신의 최종적인 입장을 명증하게 제시해 두기에 이른다.[138]

> "불교는 애당초 별것 없으니, 竺敎初來無許巧
> 다만 지옥과 천당만 떠들 뿐이라오. 唯談地獄與天堂
> 대도를 훔쳐 선적이라 일컬어, 穿竊大道名禪寂
> 영웅들을 다 그르쳐 묘망한 데 떨어뜨렸네." 盡誤英雄墮渺茫

불교를 평론한 위의 시 속에는 유학적인 사후(死後) 세계와는 판이한 설명을 취한 지옥(地獄)·천당설(天堂說)에 대한 부정적 인식과 함께, 또한 지정한 선불교가 초래하는 "아득하고 망망한[渺茫] 데에" 다다르게 하는 수행의 결실을 겨냥한 비판이 가감 없이 드러나 있다. 더욱이 지옥·천당설은 궁극적으로 생사·윤회 문제를 초탈하려는 좌선 수행법과도 결코 무관하지 않다는 점에서, 박세당의 상기 비판은 불교의 수행법적 체계 자체를 향한 보다 본질적인 문제 제기의 성격을 띠고 있다.

유학은 귀신(鬼神)·혼백(魂魄) 등으로 대변되는 죽음 이후의 세계에 대한 관심에 몰입하기보다는, 지금 현세(現世)에서 인간 실존의 "삶

138 朴世堂, 『西溪集』 권4, 「石泉錄(下)」, 〈竺敎〉, 65쪽.

[生]"의 질을 제고하려는 방향으로 철저히 초점이 맞춰져 있다.[139] 유학적 공부론을 표방하는 공자(孔子)의 일대 기치인 이른바 "하학이상달(下學而上達)"론(論)[140] 역시 바로 이러한 문맥 하에 놓여 있다. 자연히 선불교를 향한 박세당의 비판적 시각 또한 유학적 공부론의 문제와 직결되어 있음을 이해하게 된다. 최종적으로 박세당이 『중용사변록』을 통해 선불교와 묘하게 닮은꼴의 형식을 취한 주자학적 거경(居敬) 공부론, 즉 한 생각이 아직 움 트기 이전인 미발시(未發時) 심체(心體)에 적용되는 함양(涵養) 공부법을 본격적으로 비판했던 이유 또한 지금 논급 중인 주제 사안과 직결되어 있었기 때문이다.[141]

특히 박세당은 "마음이 보존되어 적연(寂然)할 때는 모두 중(中)이지만, 마음이 보존되지 못하면 (무지각한) 목석(木石)일 뿐이다."는 주자의 '중화신설(中和新說)'을 정확히 겨냥하여, "이것은 대개 함양(涵養)을 주로 하여 설(說)을 발명한 것"으로 진단하고, 그 안에 깃든 "그윽하고 아득한 뜻[幽眇之義]",[142] 곧 은근한 선적(禪的) 기운을 예리하게 적출해 내었던 이유 또한 인용한 위의 시인 「축교」와 동일한 문제의식이 발휘

139 朱熹 저(성백효 역주), 『懸吐完譯 論語集註』, 「第11 先進」편의 11장. "季路問事鬼神, 子曰未能事人, 焉能事鬼. 敢問死. 曰未知生, 焉知死."

140 朱熹 저(성백효 역주), 『懸吐完譯 論語集註』, 「第14 憲問」편의 37장. "子貢曰 何爲其莫知子也. 子曰 不怨天, 不尤人, 下學而上達, 知我者, 其天乎."

141 朴世堂, 『中庸思辨錄』, 「제1장」의 註解. "若其一念不同, 萬事未萌之時, 則又無可以用其心者, 卽果如所謂其爲主宰之嚴肅者, 不幾於枯橛之無知乎.(만약 한 가지 생각도 움직이지 않고, 모든 일이 맹동하지 않은 시기[즉, 미발시(未發時)]라면, 마음을 쓸 곳도 없게 되니, 과연 그 (朱子의) 이른바 '主宰하기를 엄숙하게 한다.'는 것처럼 하더라도, 마른 말뚝이 무지각한 경우와 비슷하지 않겠는가?)"

142 朴世堂, 『中庸思辨錄』, 「제2장」의 註解. "又其門人講問是正之言, 有曰, 心存則寂然時皆中, 不存則木石而已, 是皆主涵養之說, 而有此幽眇之義也."

된 결과였다는 점도 부기해 두기로 한다.

실제 박세당은 주저(主著)인 『사변록』 시리즈를 통해서 주자학적 심성론 비판에 뒤이어 공부론 비판에도 주력하였는데, 이들 두 주제 사안은 『사변록』에서 수행된 제1, 2의 철학적 과제라는 의미를 지니고 있었기 때문이다. 이처럼 『사변록』 단위에서 수행된 주자학적 심성론 및 공부론 비판 작업은 앞서 논급된 도가·불교의 그것 비판과 정확히 상응하는 맥락이라는 점에서, 공자·맹자에 의한 원시유학의 정통 도덕철학에 대한 박세당의 일관된 문제의식과 호교론적(護教論的) 열정을 동시에 확인시켜 주고 있다.

한편 박세당이 가한 선불교 비판은 '좌선·참선·가부좌·정좌(靜坐)' 등으로 지칭되는 수행법이 추수하는 공부론적 효용성(效用性)의 문제와도 직결되어 있다는 중요한 사실도 겸하여 지적해 두기로 한다. 구경(究竟)의 해탈과(解脫果)를 의미하는 "제불(諸佛)의 성승과(成勝果)"라는 수행론적 명칭에서 확인되듯,[143] 박세당은 수행 단계별에 따른 과위(果位)들을 충분히 인지한 상태였다. 때문에 박세당은 청(淸)나라로 왕래하는 사신행 노정(路程)에서 풍문으로 접한 용천사(龍泉寺)의 "매우 불도[道]가 높은" 진(眞) 대사를 포함하여,[144] 그가 접한 여러 승려들 중에서 수행의 극점에 도달한 고승대덕들을 지극히 진중한 자세로 대했던 것이다.

143 朴世堂, 『西溪集』 卷4, 「石泉錄(下)」, 〈小狸歌戱海眼長老〉, 75쪽. "縱免去對閻王問, 科不得上參諸佛成勝果."

144 朴世堂, 『西溪燕錄』(임기중 編刊, 『燕行錄全集(전100권)』, 〈丁丑〉, 동국대학교출판부, 2001, 392~393쪽. "囿有僧自言 …… 有眞大師者, 自廣東來, 坐禪不下山者三年, 道甚高. 因指西南一峯云, 寺在其間."

그런데 앞서 소개한 풍열(豊悅) 상인의 경우 박세당과 교류한 지 어언 16여 년째로 접어든 인물이었다. 박세당은 풍열 상인을 금강산 유람길에서 수년 만에 다시 재회한 후에, "나만 늙은 것이 아니라, 상인(上人) 역시 더 이상 젊은 시절의 얼굴이 아니기에, 잠깐 몰라보기까지 하였다."는 그간의 경위를 기술해 두었다. 이윽고 박세당은 풍열 "산인(山人)은 뼈가 앙상해져 야윈 학(鶴)과 같다."는 말로써, 무상한 세월의 변화를 되돌아보기도 했다.[145]

보다 중요한 사실 하나는 여기서 운위된 "산인(山人)은 뼈가 앙상해져 야윈 학(鶴)과 같다."는 표현에 관한 것이다. 이 구절은 전술한 승 만영에게 전한 시 가운데, "비쩍 마른 원숭이와 학의 자태만 이룰 것을." 이라는 대목과 그 의미가 일맥상통한다는 사실에 각별히 유념할 필요가 있다. 다시 말하여 두 시구의 행간 속에는 좌선 수행을 위해 장구한 시간과 노력을 투여했으나, 결과적으로 기울인 숱한 공력(功力) 정도에 비해서 가시적인 수행의 결실은 심히 미미하다는 인식이 투영되어 있는 것이다. 박세당이 승려 승우(勝祐)를 향해서, "두 재(齋)를 파한 뒤에 딴 일이 없으니, 한가로이 포단(蒲團)에서 종일토록 조네."라는 논조로 조소했던 이유 또한 동일한 맥락에서 이해할 수 있다.[146]

이 같은 연장선에서 박세당은 일면 선불교와 친연성의 관계를 지닌 양명학(陽明學)을 향해서도 다음과 같이 엄정한 논평을 가하게 되었던 것이다.

---

145 朴世堂, 『西溪集』 卷3, 「後北征錄」, 〈正陽寺逢豊悅上人〉, 55쪽. "上人嘗住道峯, 數與往來今十六年矣, 相見於此 …… 山人骨路如癯鶴, 溪叟皮枯似老鷄."

146 朴世堂, 『西溪集』 卷4, 「石泉錄(下)」, 〈贈勝祐〉, 65쪽. "兩齋罷後無餘事, 閑向蒲團盡日眠."

"어쩌면 그 말끝마다 돈오(頓悟)라고 이른 것이 이토록 많단 말인가? 그 제자들이 공허하고 과장되어 실상이 없는 것이 이 지경이니, 그 스승이 온축[存]한 바를 미루어 짐작할 수 있겠다."[147]

물론 위의 비판과는 별도로 박세당이 수립한 도덕 행위론의 체계 속에는 양명학이 부분적으로 수용된 흔적이 자주 발견된다.[148] 불교와 노장철학의 경우와 마찬가지로, 박세당은 양명학에 대해서도 배척과 수용, 곧 배타주의와 다원주의라는 두 종류의 노선을 아울러 적용하였음이 확인되는 셈이다.

그런데 박세당이 비판을 가한 좌선 수행법과 돈오설(頓悟說)에 대한 비판은 이른바 영원주의(永遠主義)라는 철학에 입각하여 세세생생 이어지는 불교적 수행론이 아닌, 즉 현세주의(現世主義)에 의거하여 도리[五倫]의 파지와 실천을 촉구하는 유학적 공부론에 익숙했던 근본 유자의 입장에서는 너무나 당연한 일이었다. 물론 박세당의 경우 '다겁(多劫)·삼생(三生)·삼과(三界)' 등으로 지칭되는 불교적 시간 단위나,[149] 또한 그 영원한 시간의 무대 위에서 적용되는 인과응보(因果應報)의 이

147 朴世堂, 『西溪集』 卷22, 「附錄」, 〈諡狀〉, 431쪽. "公嘗言陽明集初未得全書, 但見傳習錄, 何其言下頓悟者之若是其多也. 其弟子之浮誇無實如是, 其師之所存, 可推而知也."

148 김종수, 「西溪 朴世堂의 人物性同異論 一考(1): 性同論 批判」, 『儒教文化研究』 9집, 성균관대학교 동아시아학술원 儒教文化研究所, 2005, 312~313쪽.

149 朴世堂, 『西溪集』 卷3, 「石泉錄(中)」, 〈送錦平尉朴弼成赴燕〉, 49쪽. "逢着令威多劫後, 應憐憔悴鳳樓蕭."; 같은 책, 〈高城申使君汝栻將赴任求詩爲別輒贈二絕〉, 46쪽. "永郎會共到仙城, 一念三生更此行."; 같은 책, 〈碧虛詩軸次藥泉韻〉, 68쪽. "三界旋觀此最勝."

치에도 투철한 상태였다.[150] 그럼에도 불구하고 박세당의 경우 영원주의라는 철학 편에서 '식(識)'의 상속(相續)·전변(轉變)의 문제를 설파한 유식학적 교설에 대한 체계적인 설명은 끝내 발견하기 어려웠다. 이러한 정황은 결국 내생(來生)의 공부를 기약하는 불교식 수행론을 이해하는 과정에서 일정한 장애로 작용하였을 것임에 분명해 보인다.

그리하여 박세당은 일부 고승대덕의 경우에서만 검증되는 좌선 수행법의 효용성 외에는, 한갓 야호선 류의 행태에 불과한 것으로 판단하였던 것 같다. 결국 박세당이 보기에 선불교는 금생(今生)에서의 '최소한의 도덕'을 지향하는 공부론으로는 미흡한 감이 없지 않았고, 급기야 이러한 인식은 배타주의 노선과 곧장 제휴하게 되면서 심히 비판적인 태도를 표출하기에 이르렀던 것이다. 앞서 논의한 바와 같이, 박세당이 주자학적 공부론에 내재된 선적(禪的) 요소들을 예리하게 적출해 내는 방식으로 선불교를 비판했던 이유도 바로 이러한 맥락에서 이해 가능한 대목인 것이다.[151] 실상 정주(程朱) 성리학(性理學)의 형이상학적 체계의 기초를 제공한 북송(北宋)의 대유학자인 주돈이(周敦頤, 1017~1073)의 「태극도설(太極圖說)」이 후대에 다소 문제가 되었던 이유 또한 바로 선불교와 유사한 '주정(主靜)'적 맥락에서 인극(人極)을 설정하였기 때문이었다.[152]

---

150 朴世堂, 『西溪集』 卷4, 「石泉錄(下)」, 〈徽陵挽詞〉, 61쪽. "資生德彌厚, 受報理斯昭."; 같은 책, 〈姊兄李林川永輝挽〉, 61쪽. "郡邑那爲猶少試, 문閭倘亦有餘償."

151 김종수, 「불교적 서술단위와 박세당의 불교인식(제5장)」, 『서계 박세당의 연행록 연구』, 혜안, 2010, 248~252쪽 참조.

152 賈豊臻 著, 『中國學術叢書(제12편 6-中國理學史)』, 上海: 上海書店, 1990, 147쪽. "聖人定之中正仁義, 而主靜立人極焉."

이제 박세당은 바로 이 지점에서 애당초 그가 선불교의 세계로까지 연장하여 적용시켰던 다원주의적 진리 노선과는 과감히 결별을 선언하고, 그 대신에 유학 본연의 공부론적 전통에 입각한 배타주의적 노선으로의 전격적인 전환을 시도하기에 이른다. 즉, 박세당은 애초에 기울였던 다원주의에 입각한 선불교에의 교섭 노력을 과감하게 취하하고, 원시유학의 진정한 정통(正統)을 계승하는 근본 유자로서 위상을 자각, 배타주의적 진리 노선과 즉각적인 연대를 꾀할 태세를 취하기에 이른 것이다.

그리하여 최종적으로 박세당은 유학의 도덕[道]·교육[敎] 체계를 '행사(行事)'적 문맥으로 재정립하는 차원의 발전적 공부론을 제창하였던바,[153] 해석학적(解釋學的) 영향사(影響史)라는 측면에서 이른바 내단외단설(內端外德說)의 물꼬를 튼 박세당의 공부론은 후대의 다산(茶山) 정약용(丁若鏞, 1762~1836)의 행사 철학에 대하여 명백한 차원에서 뚜렷한 이해(理解)의 선구조(先構造)를 제공한 사실은 지금까지 세상에 그리 잘 알려져 있지 않은 편이다.[154]

이에 추가하여 박세당은 유학이 견지해 온 문화전승주의 전통을 재차 환기시키면서, 그가 노장과 불교를 교섭하는 과정에서 배타주의를 적용할 수밖에 없었던 중요한 이유를 다음과 같이 밝혀 두기도 하였다. 그 계기는 『상서(尙書)』의 「열명(說命)(下)」편의 경문(經文) 제6장[155]의

153 朴世堂, 『中庸思辨錄』, 「제1장」의 註解. "事非有道, 人之行乎事者 有道, 敎非因吾所固有者裁之, 乃裁吾所當行也."

154 김종수, 「西溪 朴世堂의 人物性同異論 一考(1): 性同論 批判」, 『儒敎文化硏究』 9집, 성균관대학교 동아시아학술원 儒敎文化硏究所, 2005, 323~324쪽.

155 朴世堂, 『尙書思辨錄』, 「說命(下)」편의 제6장, 189쪽. "監于先王成憲, 其永無愆."

주해의 장을 통해서 수행되었다.

> "진대유(陳大猷)는 '불로(佛老)의 학(學)은 정신을 집중하여 좌망(坐忘)하니, 또한 (「열명(하)」편 5장의) '(그) 덕(德)이 닦여짐을 자신도 깨닫지 못할 것이다.'는 말에 가깝다.'고 하였으나, 생각건대 (이는 5장의) '선왕(先王)이 이루어 놓은 법(法)을 보시어'라고 한 뜻을 이해하지 못한 해석이다. 저 (진대유가) '응신(凝神)·좌망(坐忘)이 덕이 닦여짐에 가깝다.'라고 한 말은, 정히 이른바 '그 마음을 다스리려 했으되, 천하·국가를 도외시했다.'는 것이니, 그 몸이 이미 반쯤 불교[佛]와 노장[老] 속으로 접어든 상태여서, 또 어찌 비방할 수 있겠는가?"[156]

박세당은 위의 인용문에서 치심(治心)과 치국(治國)이라는 상이한 두 대상 범주를 설정하고, 치국을 위한 동양의 전형적인 모델인 하(夏)·은(殷)·주(周) 삼대(三代)의 "선왕(先王)들이 이루어 놓은 법(法)"을 계승하는 차원에서의 문화전승주의에 입각해서 노장철학과 불교를 동시에 비판해 보인 것이다. 이 점 앞서 제2장에서 논급한 황극론에서의 문화전승주의적 문맥과 정확히 조응하는 관계 하에 놓인 시각인 것이다.

때문에 박세당은 "구구하게 '감우선왕성헌(監于先王成憲)'을 스스로 괴이하게 여긴" 진대유의 견해를 "일천하다."며 단호하게 거부하였고, 또한 이 해석에 동조를 표한 근세(近世) 유자들의 부박한 경향에 대해

(선왕이 이루어 놓은 법을 보시어, 그 길이 잘못이 없게 하소서!)

156 朴世堂, 『尙書思辨錄』, 「說命(下)」편의 제6장의 註解, 189쪽. "陳大猷以爲佛老之學, 凝神坐忘, 亦幾於德修 罔覺, 惟不知監于先王成憲. 夫以凝神坐忘幾於德修, 是正所謂欲治其國而外天下國家者, 其身已半入佛老之中矣, 又安得以非之哉."

서도 깊은 우려감을 아울러 표명해 두었던 것이다.[157] 반면에 박세당은 '감우선왕성헌' 일구를 "학문의 표적(準的)[표준]"으로 평가한 해석에 대하여 "그 설(說)이 심히 좋다."며 극찬을 아끼지 않았다.[158] 따라서 우리는 '감우선왕성헌' 일구를 대상으로 한 역대 해석에 대한 박세당의 비평을 통해서, 그가 노장과 불교에 대해서 배타주의적 노선을 적용하게 된 이면에는 뿌리 깊은 유학적 문화전승주의가 내밀히 관여한 결과였다라는 사실을 거듭 확인하게 된다.

그러나 비록 불교에 대한 박세당의 교섭 태도가 배타주의적 노선으로 전환되긴 하였으나, 이 같은 노선 변경이 결코 선불교와의 완전한 단절을 의미하는 것은 아니었다. 우리는 그 실상의 일부를 박세당이 남긴 만년의 저서인 『상서사변록』(65세)의 「열명(하)」편의 제5장[159] 주해를 통해서 분명히 확인할 수 있다. 명대(明代)의 호광(胡廣)이 편집한 『서집전대전(書集傳大全)』본(本)에서는 "자득(自得)"이라는 개념의 정확한 의미를 재해석하는 문제가 전래로 이 편(篇) 해석상의 쟁점을 형성해 왔음을 알려준다.

이에 박세당은 "'자득(自得)' 이 말은 전적으로 선가[禪]의 어록[語]과 유사하다."는 주자의 해석을 일축하면서,[160] 이 개념을 '행취(行取)'와 대비시킨 가운데 "깊이 사색하여 터득하는 것을 뜻한다."고 정의한 후

---

157 朴世堂, 『尙書思辨錄』, 「說命(下)」편의 제6장의 註解, 189쪽. "乃欲以區區監先王成憲爲自異, 其亦淺矣. 盖近世儒者, 多率如此."

158 朴世堂, 『尙書思辨錄』, 「說命(下)」편의 제6장의 註解, 189쪽. "陳氏經云 監先王成憲, 學之準的, 其說甚好."

159 朴世堂, 『尙書思辨錄』, 「說命(下)」편의 제5장, 188쪽. "惟斅 學半, 念終始, 典于學, 厥德修, 罔覺."

160 胡廣 篇, 『書集傳大全』 卷5, 「說命(下)」, 학민문화사, 1990, 199쪽. "自得此語, 全似禪語五通仙人. 問 佛六通如何是那一通. 那一通, 便是妙處."

에,[161] 아래처럼 의미심장한 논평을 가해 두었음이 눈길을 끈다.

> "'자득(自得)을 위학(爲學)의 절반 공효로 여긴다.'는 해석이, 비록 혹여 선가(禪家)에서 나왔다고 하더라도, 그 (선가의) 말이 (진정) 이와 같다면, 그 우연히 터득한 것도 무방하다."[162]

곧 이어서 박세당은 인용문 속의 '자득(自得)' 해석과 동일한 의미를 함축하고 있는 구절들로 간주된 『논어(論語)』「위정(爲政)」편 제15장의 "배웠으되 사색하지 않으면 얻음이 없고."라고 운위된 구절과 함께, 또 『맹자(孟子)』의 해당 전거를 각각 채증(採證)하면서, 성현(聖賢)인 공맹(孔孟)에 의한 원시유학과 불교 사이의 공통된 이해의 지평을 재차 확인해 보였다.[163] 이러한 정황은 박세당이 견지했던 포괄주의적 진리론의 일 국면인 다원주의적 노선이 여전히 유효한 상태라는 사실을 분명하게 확인시켜 준다. 또한 박세당이 선가의 어록에 연원한 '자득' 개념에 대한 해석을 『논어』·『맹자』, 즉 공자·맹자로 대변되는 원시유학의 전거(典據)와 비교한 장면은 정주학 이전 단계인 원시 본원유학과 불교적 가르침과의 부분적인 친연성(親緣性)을 확인해 보였다는 점에서 시사해 주는 바가 매우 크다고 본다.

더 나아가 박세당이 『상서』「필명(畢命)」편의 경문 제14장 가운데,

---

161 朴世堂, 『尙書思辨錄』, 「說命(下)」편, 제5장의 註解, 188쪽. "夫行取與自得, 固不得同, 行取者, 行之於身之謂也, 自得者, 深思而得之之謂也.

162 朴世堂, 『尙書思辨錄』, 「說命(下)」편, 제5장의 註解, 188~189쪽. "以自得爲爲學之半功者, 雖使出於禪家, 其言若是 則不害其爲偶得."

163 朴世堂, 『尙書思辨錄』, 「說命(下)」편, 제5장의 註解, 189쪽. "其一端 如論語學而不思則罔, 孟子欲其自得之, 聖賢之訓, 此類非一, 固不可盡以爲非."

"공(公)[필공]이 그 이 성주[낙읍(洛邑)]에[公其惟時成周], 끝없는 터전을 세우면[建無窮之基], 또한 끝없는 기림을 듣게 될 것이요.[亦有無窮之聞]"라는 대목을 노자의 『도덕경(道德經)』 제54장을 원용하여 해석한 장면도 상기 인용문과 동일한 맥락 하에 놓여 있다.[164] 이 같은 박세당의 독특한 해석 방식은 삼경(三經)의 위상을 점유한 유학의 정치철학서인 『상서』와 노자의 『도덕경』 사이에 유지되고 있는 이른바 간텍스트성(intertextuality)의 문제를 예리하게 통찰한 결과를 반영해 줌과 동시에, 또한 그 근저를 지탱하고 있는 포괄주의적 진리론의 문호 개방적 특성을 거듭 환기시켜 주기도 한다.

결과적으로 적시된 두어 사례는 박세당이 인생 만년(晩年)에 이르기까지 불교와 노장철학으로 대변되는 이단적 사유체계와의 교섭의 끈을 놓지 않았음을 반증해 주기에 충분하다. 물론 그 이면에는 도통론과 그 가지 담론인 벽이단론으로 철저히 무장한 정주학의 호교론적 이념의 발휘가 아닌, 곧 유학과 불교·노자 사이에 가로 놓인 공통된 사유의 기반을 모색하고자 했던 박세당의 진지한 교섭 의지가 지속적으로 작동하고 있었기 때문에 가능한 일이었다. 바로 이것이 박세당이 역설한 이른바 "관광의 미덕에 입각하여 선(善)을 즐거워한다[寬廣樂善]."는 일

164 朴世堂, 『尙書思辨錄』, 「畢命」편, 제14장의 註解, 280쪽. "老子有言, 善建基者, 不拔, 無窮者, 不拔之基也. 畢公, 果能居三后之終, 而建萬世之業, 則是以成功爲始, 而垂統於後, 使爲可繼也, 子孫之則其法, 惟在於是也." 한편 노자의 『도덕경』 제54장은 이러하다. "善建者, 不拔, 善抱者, 不脫, 子孫, 以祭祀不輟." 또 본문 중의 '성주(成周)'는 낙양(洛陽)을 지칭하는 표현임. 낙양은 서주(西周) 때의 수도인 호경(鎬京)의 별칭인 종주(宗周)에 버금가는 도시가 되어 '성주'로 불리다가, 동주(東周) 때 수도가 되면서 낙읍(洛邑)으로 개명되었다. 한편 이 장(章) 외에도, 『상서사변록』에는 박세당이 도가적 관점에 입각하여 해석한 장면들이 간헐적으로 발견되곤 한다.

대 기치의 진정한 실상이기도 한 것이다.

4. 맺음말
-종교 간 대화의 문제-

이상에서 진행된 논의를 통해서 박세당이 남긴 저술 속에서 파악된 유학·불교 간 교섭 양상의 대체를 개괄해 보았다. 불교 방면에 대한 박세당의 관심은 자신의 치열한 학문적 연찬의 일환이었음과 동시에, 그가 누차 절감했던 실존적 부조리 현상에서 촉발된 측면도 다분했다. 뿐만 아니라 극도로 침체된 당시 조선사회의 재건을 위한 국가재조(國家再造) 구상에 충만했던 박세당의 돌연한 관직 사퇴와 그로 인한 심리적 외상은, 그 긴장 해소를 위한 고차원적인 전이(轉移)·승화(昇華) 체계가 절실한 상황이었다. 그런 점에서 이처럼 심경이 복잡다단했던 박세당에게 노장철학과 불교는 새로운 활력소를 제공해 주기에 충분한 사유 체계로 다가서고 있었다.

결과적으로 노장철학에 대한 박세당의 교섭 태도는 불교의 그것과 극히 닮아 있는 양상을 취하고 있었음이 확인된다. 이처럼 불교와 노장철학 등을 포함한 당대의 주요 사조들을 광범위하게 수용할 수 있었던 이면에는, 무엇보다 포괄주의적 진리론으로 명명되는 박세당 식의 진리론적 전망이 확고하게 정초(定礎)되어 있었기 때문에 가능한 일이었다. 그런데 포괄주의는 다원주의 및 배타주의와 바로 이웃한 독특한 진리론적 위상을 확보하고 있었고, 실제 불교와 노장에 대한 박세당의 교섭 태도 또한 공히 수용과 배척이라는 상이한 두 국면으로 분화되어 표출되는 특징을 보여 주고 있다. 특히 불교의 공관과 선불교에 대한 박세당의 교섭 태도는 부분적인 수용 양상과 더불어, 엄정한 비판이 엄히 공존하는 양상을 보여 주었다.

무엇보다 박세당은 상도(常道)[오륜(五倫)]로 대변되는 정통 유학의 도덕규범과 그 철학적 기초인 심성론에 대한 변함없는 확신을 견지하고 있었다. 유학의 도덕철학에 대한 박세당의 확고한 신념은, 그가 불교와 노장철학을 통섭한 차원에서의 메타적 회통론자(會通論者)가 되는 사상적 자유인의 길을 저어케 한 호교론적(護教論的) 이념의 원천으로 작용하고 있었던 것이다. 그럼과 동시에 박세당은 불교의 공관을 포함한 교학체계 전반에 걸쳐서 매우 진지한 연찬 노력을 경주함으로써, 결과적으로 유학적 사유의 지평을 보완·확장하는 식의 소중한 계기를 맞이할 수 있었다. 또한 반야공관과 선불교에 대한 이해와 실참 수행에의 흔적, 그리고 품격 높은 승려들과 교유를 유지했던 정황 등은, 차후 그가 주자학적 심성론과 공부론을 비판하는 과정에서 의미 있는 성찰적 계기를 제공해 주었던 것으로도 분석된다.

이제 불교적 세계를 향한 박세당이 선보인 교섭에의 노력은 이하의 몇 가지 측면에서 종교 간 대화의 문제와 관련하여 유의미한 단초를 제공해 주었던 것으로 평가해 볼 수 있다. 그것은 첫째, 상호 이질적인 세계관을 전제한 종교 간 대화의 문제에서 요구되는 일대 관건인 관용['관광(寬廣)']의 중요성을 충분히 인식하는 계기를 제공해 주었다는 측면에서다. 박세당에 의하면 '관광'의 미덕이란 "사람들이 선(善)을 행하려는 동기를 존중해 주는" 열린 진리관을 견지하고 실천하는 것에 다름이 아니었다. 때문에 내용상 똘레랑스를 뜻하는 '관광'의 미덕은 박세당이 수립한 포괄주의적 진리론과 열린 이단관을 인도하는 내밀한 이념으로 작용할 수 있었던 것이다. 따라서 박세당이 제안한 관광의 미덕은 선의 공동체로 함께 나아가기 위해서는, 각 종교 구성원들의 보다 완화된 독선의식이 절실히 요구된다는 사실을 행간의 여운으로 묻혀 둔 것으로도 평가된다.

둘째, 이와 동시에 박세당은 그가 제시한 이상사회적 전망인 도덕과 평화가 충만한 공동체 사회로 다가서는 도정에서 설정된, 곧 이른바 교사(教師) 모델의 역할을 충분히 제고시켜 주었다는 점도 충분히 반추할 만한 여지가 있다. 즉, 박세당은 문화전승주의에 기초한 교사인 군주가 사회구성원들의 "선(善)을 장려(奬與)하고 총진(寵進)하는" 역할을 적극적으로 기대했던바, 이는 이상사회적 비전인 도덕과 평화로 충만한 공동체 사회로 다가서기 위한 촉매제로 작용하기 때문이었다. 특히 작금의 한국적 다종교 현실에서 선을 장려하고 총진하는 일이란 종교 지도자들의 솔선수범에 의해 인도된다는 점에서, 관광의 미덕과 긴밀히 결부된 이 사안의 중요성을 자각케 해준다.

셋째, 박세당이 수행한 유학·불교 사이의 교섭 노력에서 확인되듯이, 타종교의 교리적 체계를 온전히 이해하려는 시도가 불가피하게 직면할 수밖에 없는 명확한 한계를 수용하는 자세에 관련해서다. 다시 말하여 관용의 미덕은 '차이'를 용인할 때에만 수용 가능한 철학적 인식론과 연계된 사안임을 우리는 근본 유자였던 박세당이 일관되게 견지했던 포괄주의적 진리론에 바로 이웃한 다원주의와 배타주의의 사례를 통해서 충분히 학습한 바가 있다. 기실 상이한 세계관과 그 세부적 적용으로 인하여 야기되는 교리적 진리 체계들 간의 '차이'란 개별적 종교들의 성립 근거 문제와 직결되어 있는 사안이기도 하다. 때문에 차이를 용인하고 인내하려는 자세 자체가 곧 관용의 미덕과 다름이 아니게 된다.

이상의 지적들을 종합해 볼 때에, 박세당이 견지했던 포괄주의적 진리론은 관용과 차이를 동시에 예비(豫備)한 철학적 차원의 인식론적 프레임이었다는 점에서, 상이한 종교들 사이의 대화 노력에 대비한 유의미한 패러다임을 제공해 준 것으로 평가된다. 즉, 박세당이 시도한 진리에 관한 실험은 세계 종교들 상호 간의 대화를 부추기는 유기체적 공동체로 화한 '두 번째 축(軸)의 시대'인 현대 시점에서 독선적인 진리 노선을 완화하는 가운데, "서로 다른 상대를 이해하며 공통점을 찾고, 또 다른 점은 존중하려고 애쓰는"[165] 하나의 전범을 제시해 주었기 때문이다. 특히 박세당이 『남화경주해산보』에서 선보인 환중적(環中的) 진리 인식론에 내포된 화쟁적(和諍的) 문법은 이 경우에 걸맞는 전형적인 사례였던 것으로 평가된다.

165 중세 기독교 신학 방면의 전문가인 커즌즈(E. Cozzens)는 BC 800~200년 사이의 기간을 위대한 종교 전통들을 낳은 인간 의식의 태동기인 첫 번째의 축(軸)의 시대로 규정했다. 이어서 그는 인류 전체를 단위로 하는 지구촌 시대인 현대를 두 번째 축의 시대로 파악하면서, 세계 종교들 상호 간의 신뢰와 존중을 촉구하는 만남에 상응하는 새로운 의식의 출현을 예상했다. 월터 캡스(Walter H. Capps) 저(김종서 · 배국원 외 역), 『현대 종교학 담론』, 까치, 1999, 408~409쪽 참조.

6장

17세기 노론계 정주학자(程朱學者) 임호(林湖) 박수검(朴守儉) 불교로의 전향(轉向) 사례

6장

17세기 노론계 정주학자(程朱學者) 임호(林湖) 박수검(朴守儉) 불교로의 전향(轉向) 사례

고려(高麗) 왕족의 후손으로 호좌권(湖左圈)의 궁벽진 향리인 지금의 충북(忠北) 제천(堤川)에서 태어난 임호(林湖) 박수검(朴守儉, 1629~1698)은 효성과 학문을 숭상하였던 가전(家傳)의 분위기 속에서 성장하였다. 9세 적부터 이어진 수학기(修學期) 동안에 박수검은 순차적으로 조석윤(趙錫胤)·이영선(李榮先)·이준남(李俊男)·송시열(宋時烈) 등과 같은 인물들을 스승으로 삼은 가운데, 조기에 문명(文名)을 떨친 학문적 행운아였다. 애초 기호학적(畿湖學的) 배경 속에서 학업을 연마하였던 박수검은 일실(逸失)된 저서 『중용석의(中庸釋義)』의 「서문[序]」에서 확인되듯, 우암(尤庵)의 문하에서 수업한 노론(老論) 계열의 정주학자(程朱學者)답게 엄격한 도통론(道統論)을 견지한 인물이기도 했다.

그러나 박수검은 20세에 진사(進士) 초시(初試)에 합격한 지 무려

24년 만인 44세에 가까스로 과거(科擧)에 급제하였고, 차후로 전개된 관직생활 역시 그리 순탄하질 못했다. 특히 20대 중반 무렵부터 시작하여 차후 약 20여 년 동안이나 지속된 가혹한 일신상의 불행사들은 애초 박수검이 품었던 입신양명(立身揚名)에의 꿈을 무한정 지연시켰고, 그 결과 임호는 이미 그 사이에 심각한 심리적 트라우마에 시달리고 있었다. 게다가 관직생활 기간 동안에 직면한 두 번의 유배형(流配刑)과 다섯 번에 걸친 탄핵(彈劾)은 박수검이 간직한 심리적 외상의 골을 더욱 깊게 각인시키는 계기로 작용하였다. 물론 그 이면에는 박수검이 소속된 서인(西人) 노론계라는 정치적 당색(黨色)에 의거한 당인(黨人)의 면모를 다소 과도하게 표출한 점이 큰 원인으로 작용하고 있었기 때문이었다. 결과적으로 박수검이 노장철학(老莊哲學)과 수련도교(修練道教), 그리고 『주역(周易)』 방면의 연찬에 주력했던 이유 또한 그가 떠안은 연원 깊은 영혼의 트라우마의 문제와 직결되어 있었다.

이에 추가하여 박수검은 마침내 불교적 세계로까지 "진리 탐구[尋眞]"의 영역을 확장하였는데, 이 또한 기존의 출구 전략에서 해결되지 못한 자신의 트라우마를 해소·치유하기 위한 간절한 노력의 일환이었다. 그리하여 박수검은 불교교학 제 방면에 대해 진지한 연찬을 시도하였고, 또한 늘상 정좌(靜坐) 수행에 진지하게 몰입했던 흔적들을 문집 도처에 남겨 두었다. 나아가 박수검은 정토신앙(淨土佛教)에도 깊은 관심을 기울인 가운데, 부처의 가피력(加被力)이나 위신력(威神力)으로 대변되는 타력 신앙을 수용하고도 있었다. 이 점 기존 정주학(程朱學)[유학]에서 제시해 주지 못한 구원(救援)의 메시지에 대한 강렬한 갈망이 읽혀지는 대목이다.

한편 수행력이나 법력 높은 승려들과 교유를 나누었던 지식인 불자 박수검은 자신을 불교의 사부(四部) 대중(大衆)의 일원인 "만곡(晩谷) 우파색(優婆塞)[우바새]"으로 자처함으로써, 그의 변신 행위가 종교적 전향(轉向) 혹은 개종(改宗)에 준하는 의미를 함축하고 있음을 시사해 두었다. 이는 17세기 중·후반을 전후로 하여 순정한 정주학의 세계를 지향하고자 했던 노론 지성계 내부에서 극히 이례적인 사태가 아닐 수 없다.

이에 이번 제6장의 논의를 통해서는 일차적으로 박수검이 영위했던 수학기 적의 기록들을 면밀하게 분석하는 방식을 빌려서, 그가 차츰 유자(儒者)적 교양인으로 정향(定向)되어 나가고, 마침내 성숙한 정주학자로 거듭나는 일련의 과정들을 상세하게 소개하고 검토하고자 한다. 또한 이 같은 선행 논의의 바탕 위에서 박수검이 조기에 문명을 떨치면서 주변의 기대를 한몸에 모았던 정황들도 아울러 소개할 계획이다. 그럼과 동시에 박수검이 20대 중반부터 약 20여 년에 걸쳐서 감당하였던 일신상의 불행사들에 대한 분석을 병행함으로써, 임호가 떠안은 심리적 트라우마의 실체에 대한 명쾌한 이해를 도모할 예정이다. 그리하여 마침내 박수검이 힘겹게 감당해 온 연원 깊은 트라우마를 해소·치유하기 위한 노력의 극점에서 불교적 세계를 영접(迎接)하게 된 장면을 몇몇 측면으로 나눠서 소상하게 검토해 내고자 한다.

대체적으로 박수검과 불교와의 대면(對面)을 둘러싼 논의의 장(場) 속에는 불교교학에 대한 소양 정도와 실참 수행에의 자취들, 그리고 유·석 교유로 지칭되는 승려와의 교류 양상 등과 같은 세 측면에 걸친 논의가 포함될 예정이다. 그 결과 우리는 스스로를 "만곡 우바새"로 자처했던 박수검의 변신이 전근대 시기에서는 일찍이 그 유례를 찾아보긴 힘든 종교적 '전향'에 해당하는 파격적인 행위였다는 사실에 공감하게 되리라 본다.

1. 들면서

지금의 충북 제천시 송학면(松鶴面) 만지곡리(晩知谷里)[무도리]에 연고를 둔 임호 박수검은 양란(兩亂) 이후 시기인 17세기 중·후반을 주요 활동기로 삼았던 노론 계열의 관인(官人)·유자(儒者)였다. 박수검은 한참 뒤늦은 나이인 44세 때에 관직에 진출한 이래로 내(內)·외직(外職)을 순차적으로 역임하였고, 또한 저서 『중용석의(中庸釋義)』·『절위여편(絕韋餘編)』 및 『진사통고(震史通考)』의 찬술(纂述), 그리고 『장자(莊子)』서(書) 주해(註解)와 『참동계교정(參同契矯正)』 등으로 대변되는 학문적 규모를 과시했던 이채로운 사상가이기도 했다. 다시 말하여 박수검은 한직(閒職)과 외직(外職)을 전전했던 관직생활보다는 학문세계가 더 돋보였던 인물로서, 임호가 구축한 학문세계는 경학(經學)·역학(易學)·역사학(歷史學)·장자철학(莊子哲學)·수련도교(修鍊道教) 등과 같은 제 범주를 아우르는 차원의 실로 폭넓은 지평을 전시해 주고 있다.

박수검이 수립한 학문세계의 다채로운 외연에서 확인되듯, 그는 정주학자로서 경학·역사학·역학 등과 같은 유학적 범주 외에도, 이른바 방외(方外)의 영역인 노장철학(老莊哲學)은 물론이고, 차후로 불교적 세계 방면으로까지 학적 관심을 확장시켜 나갔음이 주목된다. 특히 후자의 경우 박수검이 떠안은 연원 깊은 심리적 외상(外傷, trauma)을 해소하고 치유하기 위한 강렬한 의도가 투영되어 있었다. 즉, 박수검 스스로가 고백한 대로 "인생이 이 지경에 처하고 보니, 하늘에게 되묻지 않을 수 없었던" 가혹한 앙화(殃禍)에 연속적으로 직면하게 되었고, 이에 임호는 처참한 자신의 삶에 대해 크나큰 의단(疑團)을 품게 되었던 것이다. 그리하여 박수검은 애초 정주학자로서의 자신의 학문적·이념적 정체성을 이완시킨 채 자칭 "만곡(晩谷) 우파색(優婆塞)[우바새]"으로의 변신을 전격적으로 선언하기에 이른다. 이처럼 17세기 중·후반 무렵을 전후로 하여 엄격한 도통 담론을 견지하였던 노론계의 정통(正統) 정주학자가 불교의 재가(在家) 남신도(男信徒)를 뜻하는 우바새[upasaka]로의 전향(轉向)을 시도한 일은 극히 이례적인 사태가 아닐 수 없다.

이에 이번 제6장의 논의를 통해서 애초 정주학자였던 박수검이 "만곡 우바새"로 변신을 시도한 이면을 예의 분석해 보고, 또한 임호가 보여준 불교교학 방면에 대한 수용 양상과 실참 수행에의 흔적 및 승려들과의 교유(交遊) 등과 같은 세 국면에 걸친 논의를 면밀하게 진행하고자 한다. 또한 이와 같은 과정을 경유하면서, 박수검이 시도한 극적인 변신(變身) 행위가 과연 종교학적 차원에서의 개종(改宗, conversion)의 맥락까지를 함축하고 있는가? 하는 부수적인 문제에 대해서도 아울러 검토하고자 한다. 그 결과 이번의 논의가 범(凡)불교계 내부에서 종교적 전향 문제와 관련하여 역사적·경험적 차원에서 유의미한 사례를 제공하는 계기가 되기를 기대해 본다.

2. 정주학자(程朱學者)의 좌절과 트라우마

1) 유자(儒者)로의 정향(定向)과 정주학풍(程朱學風)

박수검은 1629년(인조 7) 11월 7일에 호서(湖西)의 궁벽진 향리인 내제(柰堤)[제천]의 만지곡리(晩知谷里)에서 태어났다.[1] 본관이 의흥(義興)으로 자(字)가 양백(養伯)인 박수검의 선조(先祖)는 고려(高麗)의 공족(公族)[왕족]이었으나, 고려 말엽에 피화(避禍)하기 위한 목적에서 왕씨(王氏)에서 박씨(朴氏)로 성(姓)을 바꾼 특이한 집안의 내력을 간직하고 있다.[2]

박수검 스스로도 "왕손의 집안[王孫宅]"[3]으로 칭했던 그의 가문은 조선왕조 이래로 크게 현달(顯達)한 명문 사족(士族) 반열은 아니었으나, 은연중 "삼한(三韓)을 통합한" 왕건(王建, 877~943)의 후예라는 자부심을 간직한 가운데,[4] 효성과 학문을 숭상해 온 전래의 가풍을 유지해 왔던 집안이었다.[5] 이하의 논의에서는 박수검이 영위한 수학기(修學期)

---

1 朴守儉, 『林湖集』 卷1(한국문집총간 續39), 「年譜」, 〈己巳條〉, 한국고전번역원, 2007, 207쪽. "崇禎二年己巳十一月初七日, 生于湖西柰堤晩知谷里." 언급된 '내제 만지곡리(奈堤晩知谷里)'는 지금의 충북 제천시 송학면 무도리 일대를 가리킨다. 박수검은 이를 줄여서 '만곡(晩谷)'으로 약칭하곤 했다. 박수검이 불자로 변신한 일을 "만곡(晩谷) 우파색(優婆塞)"으로 칭했던 이유는 바로 이러한 맥락에서였다.

2 朴守儉, 『林湖集』 卷1, 「行狀草[朴良垕]」, 213쪽. "公諱守儉, 字養伯, 姓朴氏, 貫義興. 其先前朝公族也, 前朝之末, 有王乙■ 避禍, 從其表家朴氏爲姓."

3 朴守儉, 『林湖集』 卷1, 「五言律詩」, 〈挽婦人〉, 223쪽. "故家有遺範, 淑質誕閨門, 早入王孫宅, 咸稱婦德."

4 朴守儉, 『林湖集』 卷2, 「七言律詩(上)」, 〈松京懷古次韻〉, 239쪽. "開京王氣半千終, 誰識三韓統合功."

5 朴守儉, 『林湖集』 卷5, 「文」, 〈祭李公榮先文〉, 275~276쪽. "賴家嚴勸學之勤, 欲就傅以進其業."

때의 행적을 간략히 일별하는 방식을 통해서, 그가 유자로 정향되어 가는 주요 과정을 간략히 살펴보도록 하겠다.[6]

이미 일곱 살부터 독서를 하기 시작하였던 박수검은 어릴 적에 "이웃의 또래들과 어울려 놀이를 즐길 때도, 무척 말수가 적었다."고 한다.[7] 익년인 1936년에 청(淸) 태종(太宗)에 의해 병자호란(丙子胡亂)이 발발하자 박수검(8세)은 부친을 따라 인근한 강원도(江原道) 영월(寧越)의 깊은 산중으로 피난하였고,[8] 전란 이후 시점부터 본격적인 수학기로 접어들게 되었다. 9세가 된 박수검은 청요직을 두루 역임한 낙정(樂靜) 조석윤(趙錫胤, 1606~1654)을 생애 첫 스승으로 삼은 가운데,[9] 그의 문하(門下)에 취학(就學)하여 11세 때까지 머무르면서 학업을 연마했다. 박수검은 제천에 처가를 둔 조석윤의 문하에서, 특히 "문장에 주력하여 선진(先秦)과 양한(兩漢)의 글이 아니면 읽지 않았다."고 한다.[10] 아마도 박수검은 조석윤의 문하에서 성리학적(性理學的) 문장 세계에 전념했던

6 이하의 내용은 金鍾秀, 「林湖 朴守儉의 생애와 저술 양상」, 『儒教思想文化研究』 50집, 韓國儒教學會, 2012, 33~40쪽의 내용을 발췌하여 적절히 재구성한 결과다.

7 朴守儉, 『林湖集』 卷1, 「年譜」, 〈乙亥年〉, 207쪽. "七歲, 時與隣兒嬉戲, 罕言語, 人以不凡目之."

8 朴守儉, 『林湖集』 卷1, 「年譜」, 〈丙子年〉, 207쪽. "八歲, 隨承旨公, 避亂于寧越峽中."

9 朴守儉, 『林湖集』 卷1, 「年譜」, 〈丁丑年〉, 207쪽. "九歲, 就學於趙樂靜錫胤門下." 대사간(大司諫)과 대사헌(大司憲) 등을 역임하고 사후(死後)에 청백리에 녹선된 조석윤은 계곡(谿谷) 장유(張維, 1587~1638)와 청음(淸陰) 김상헌(金尙憲, 1570~1652)의 문인으로 『낙정집(樂靜集)』을 남겼다.

10 李宜顯, 『陶谷集』 卷15(한국문집총간 180), 「墓碣銘」, 〈通禮院左通禮朴公并序〉, 민족문화추진위원회, 1996, 143쪽. "少學於樂靜趙公, 力攻文章, 非先秦兩漢書不讀, 發而爲詞, 浩瀚煒燁, 絕無輓近卑陋氣."

듯하다. 이와 같은 문장 수업은 차후 본격적으로 영위될 유자적 삶을 위한 긴요한 조건을 충족시킨다는 의미를 지닌다.

조석윤에 이어 11세에 박수검은 부친인 박경심(朴景諶)의 명(命)에 의해 사계(沙溪) 김장생(金長生, 1548~1631)의 문인으로 참봉(參奉)을 지낸 척숙(戚叔)인 시습재(時習齋) 이영선(李榮先, 1588~?)[11]을 스승으로 삼으면서, "학업(學業)이 날로 발전하여, 이미 동학(同學)들이 추복(推服)하는 대상이 될" 정도로 학업이 성숙하는 국면을 맞이하게 된다.[12] 해당 「연보(年譜)」에는 박수검이 14세에 이르기까지 이영선의 자택에서 학업을 연마했던 것으로 기록하고 있다.[13] 그가 조기에 과거 공부에 착수한 시기도 바로 이 무렵이었다. 이영선은 박수검의 어려운 집안 사정을 고려하여 일체의 학자(學資)[학비]를 받지 않았고,[14] 덕분에 임호는 혼신의 힘을 다하여 면학정진에 임할 수 있었다.

그 결과 차후인 15세, 16세 즈음에 박수검은 "이미 제반 경서(經書)들을 꿰뚫을 뿐만 아니라," 또한 "제자(諸子)를 두루 섭렵하였다."고 전

11 정선용 역, 『국역 사계전서 7』 권47, 「부록」, 〈문인록〉, 민족문화추진위원회, 2005의 '이영선(李榮先)' 항에는 이하처럼 소개하고 있다. "字는 克家이고 무자년(1588, 선조21)생으로, 전의인이다. 참봉을 지냈다. 아들 李尙眞은 문과에 급제하여 右相을 지냈다."

12 朴守儉, 『林湖集』 卷1, 「年譜」, 〈己卯年〉, 207쪽. "以承旨公命, 就傅於戚叔李公榮先家, 李公卽再思堂五代孫, 時公學業日就, 已爲同學所推服." 언급된 '척숙(戚叔)'이란 성(姓)이 다른 일가 가운데 아저씨뻘 되는 사람을 일컫는 표현이다.

13 朴守儉, 『林湖集』 卷1, 「年譜」, 〈庚辰年〉, 207쪽. "十二歲, 在李公家."; 같은 책, 〈壬午年〉, 207쪽. "十四歲, 在李公家."

14 朴守儉, 『林湖集』 卷5, 「文」, 〈祭李公榮先文〉, 275쪽. "賴家嚴勸學之勤, 欲就傅以進其業, 而貧無自資, 請託於公, 公則許之, 自是, 始得居公之家."

한다.[15] 특히 당시 『중용(中庸)』 공부에 몰입하기 시작했던 박수검은 추위며 더위와 밤낮을 가릴 여지도 없이, 흡사 "절구통을 찧는 듯이 큰 소리로 책을 외우곤 하여서," 마을 주변의 산에서 나무하던 초동(樵童)들의 귓전을 울릴 정도였다고 한다.[16] 후일에 박수검이 철저히 정주학적 시각에서 『중용석의』를 저술하게 된 일은 결코 우연한 일이 아니었던 것이다. 조석윤의 문하에서 문장 공부와 그 지향처를 확립한 박수검은 두 번째 스승인 이영선으로부터 경서와 제자백가(諸子百家)를 폭넓게 수학함으로써, 장차 그가 지향할 학문세계의 기본 골격과 문장 역량을 확고히 구축하기에 이르렀던 것이다.

그래서인지 이영선의 문하를 떠난 이후에도 그를 향한 박수검의 존경심은 지극한 수준이었다. 후일에 박수검은 이영선이 느닷없이 찾아든 한질(寒疾)로 인하여 불행하게도 갑작스런 죽음을 맞이하자, 스승에게 바치는 제문(祭文)을 통해서 과거 6~7년에 이르는 수학기 때의 소중한 기억을 떠올리면서 시습재를 아래처럼 회고해 보였음이 주목된다.

> "이처럼 실로 나를 낳아 주신 분은 부모님이셨으나, 길러 주신 분은 공(公)이셨습니다. 은혜가 꼭 부자(父子) 사이와도 같았으니,

---

15 朴守儉, 『林湖集』 卷1, 「年譜」, 〈癸未年〉, 207쪽. "十五歲, 已通經書."; 같은 책, 〈甲申年〉, 207쪽. 十六歲, 喫涉諸子."

16 朴守儉, 『林湖集』 卷1, 「年譜」, 〈丁亥年〉, 207쪽. "十九歲, 讀中庸, 不擇寒暑, 不輟晝夜. 閭里樵童, 亦甚慣聽, 誦作杵響."

그 정(情)을 어찌 감히 잊을 수 있겠습니까?"[17]

위의 인용문은 박수검의 생애에서 이영선을 만난 일이란 일대 계기적 사건에 상응하는 의미를 지니고 있었음을 확인시켜 주고 있다. 즉, 스승 이영선은 박수검으로 하여금 전근대 시기에서의 관계적 가치 비중을 집약한 표현인 군사부일체(君師父一體)를 몸소 실감케 해준 인물로 각인되고 있었던 것이다.

한편 박수검은 이영선에 뒤이어 17세경에 무하옹(無何翁) 이준남(李俊男, 1566~?)[18]이라는 인물에게 취정(就正을 구한 사실도 있었으나,[19] 다만 「연보」에는 이러한 사실이 누락된 상태다. 이준남은 선조(宣祖)의 부친인 덕흥대원군(德興大院君)의 후손인 청계(淸溪) 이봉(李逢, ?~?)의 측실 소생으로, 당대의 뛰어난 여류 시인이었던 누이 이옥봉(李玉峰)과 함께 당시 세상에 꽤나 문명을 떨쳤던 인물로 알려져 있다.[20] 실제 이준남은 묘령(妙齡)의 나이부터 사한(詞翰)에 매우 능한 인물이었지만, 그 무슨 조물주의 시샘 때문인지 그는 "중년에 이르러 상처(喪妻)·실자(失子)하는 불행이 연거푸 겹치면서, 가사(家事)가 몰락해져 곤궁해져 되돌아 갈 곳이 없게 된 끝에, 1624년경에 벽오(碧梧) 이시발(李時發, 1569~1626)의 문하에 접어든" 이후로 지금에 이르기까지 심히 특이한

17 朴守儉, 『林湖集』 卷5, 「文」, 〈祭李公榮先文〉, 275~276쪽. "至於六七載之久, 而能得記姓名齒士類, 皆公之所賜, 則此實生我者父母, 而育我者公也. 恩猶父子, 情豈敢忘."

18 朴守儉, 『林湖集』 卷6, 「跋」, 〈林湖集跋[朴尙淳〉, 303쪽. "弱齡就正於李無何翁."

19 朴守儉, 『林湖集』, 「林湖集跋[朴尙淳]」, 303쪽. "弱齡就正於李無何翁."

20 朴守儉, 『林湖集』 卷5, 「雜著」, 〈淸溪詩集傳後敍〉, 278쪽. "淸溪側室, 感應璋瓦, 男俊男, 女玉峰, 玉峰爲趙承旨瑗小家, 俊男自號無何翁, 亦皆以文名於世."

인생 역정을 거쳤던 인물이다.[21]

박수검은 이준남을 17세 겨울에 달성(達城)의 도위택(都尉宅)에서 만난 것으로 기록되어 있다.[22] 그때 이미 이준남은 어언 나이 칠순에 접어든 노인이었다.[23] 박수검은 이준남을 접했던 소감과 관련하여, "당시 나이 칠순임에도, 지기(志氣)에 조금도 허물이 없었으며, 백발 동안(童顏)으로 그 진정 이른바 인간 선인(仙人)[僊鶴]이셨다!"[24]라고 술회해 두었다. 그러나 박수검이 이준남과 만나게 된 보다 자세한 경위에 대한 정보는 결여된 상태다.

특히 박수검의 경우 이준남의 문하에서 장자철학(莊子哲學)으로 인도되는 새로운 학문적 계기를 맞이하게 된 점이 대단히 주목된다.[25] 이는 차후 박수검이 괴산(槐山) 군수(郡守)로 재직하던 당시에 자신을 "만곡(晩谷) 우파색(優婆塞)"으로 자처하며 불자(佛子)로서의 정체성을 표명해 보인 일과 더불어,[26] 노론의 주류 지성계와는 판연히 구분되는 학문

---

21 朴守儉, 『林湖集』 卷5, 「雜著」, 〈淸溪詩集傳後敍〉, 278쪽. "盖自妙齡, 工於詞翰, 反被造物者猜, 至于中身, 喪耦失子, 家事零替, 窮無所歸, 乃於天啓甲子, 投跡李尙書時發門下, 因轉而棲息于此者, 亦有年矣."

22 朴守儉, 『林湖集』 卷5, 「雜著」, 〈淸溪詩集傳後敍〉, 278쪽. "不佞於乙酉冬, 始拜無何翁於達城都尉宅."

23 朴守儉, 『林湖集』 卷5, 「雜著」,〈淸溪詩集傳後敍〉, 278쪽. "不佞於乙酉冬, 始拜無何翁於達城都尉宅, 時年七秩."; 같은 책, 「林湖集跋[朴尙淳]」, 303쪽. "弱齡就正於李無何翁."

24 朴守儉, 『林湖集』 卷5, 「雜著」, 〈淸溪詩集傳後敍〉, 278쪽. "時年七秩, 志氣無愆, 皓鬢童顏, 眞所謂人間僊鶴也."

25 이 문제에 대해서는 金鍾秀, 「林湖 朴守儉의 莊子哲學－치유담론으로서의 『장자』에 대한 역사적 사례－, 『東洋文化硏究』 15집, 영산대학교 동양문화연구원, 2013, 117～118쪽 참조.

26 朴守儉, 『林湖集』 卷6, 「記」, 〈鳳鶴山小馬寺剽鍾記〉, 287쪽. "惟緇與俗, 皆仰覺制, 有情無識, 咸離鴻福 ... 晩谷優婆塞, 强搖柔翰, 駕說禪梶." 운위된 '우파색(優婆塞)'

세계를 형성케 하는 중요한 계기로 작용하게 되었기 때문이다. 또한 심히 비극적인 사연을 간직한 채 이를 승화시키는 차원에서의 삶을 영위해 왔던 이준남과의 만남은, 차후 박수검이 연속적으로 직면하게 되는 일련의 불행사들과 그로 인한 트라우마 형성에 대해 일종의 치유 모델의 전범으로 다가서게 되었을 것으로도 추정된다.[27] 실제 차후 박수검은 자신이 입은 "일신(一身)의 은영(恩榮)이 무하옹(無何翁)이 준 가르침 때문이 아님이 없다."고 회고했으리만큼,[28] 당시 이준남으로부터 크나큰 정신적 감화를 입었다는 사실을 직접 확인해 보이기도 하였다.

그리고 한참 이후인 40세가 되던 1668년에 박수검은 생애 네 번째 스승이자 노론계의 핵심적 인물인 우암(尤庵) 송시열(宋時烈, 1607~1689)의 문하에 접어들게 되었다.[29] 박수검은 자신을 제자를 뜻하는 '소생(小生)'으로 칭하는 가운데, 송시열을 향해서는 "선생(先生)은 평소 일세(一世)의 두터운 명망을 지고 있으므로, 동작 하나하나가 모두 사림(士林)의 긍식(矜式)[모범]이 된다."는 평가를 가하고,[30] 또한 그와 우암이 사제(師弟)에 준하는 관계를 맺었음을 확인해 두었다.[31]

이란 불교의 사부(四部) 대중(大衆)의 일원인 '우바새'의 음역(音譯)임. 박수검은 괴산 군수에 재임 중이던 59세 7월부터 61세 12월 사이에 〈鳳鶴山小馬寺剽鍾記〉와 〈普光山白馬寺萬歲樓重修記〉를 찬(讚)했을 것으로 분석된다.

27 金鍾秀, 「林湖 朴守儉의 트라우마와 莊子哲學–치유담론으로서의 『장자』에 대한 역사적 사례–」, 『東洋文化硏究』 15집, 영산대학교 동양문화연구원, 2013, 118쪽.

28 朴守儉, 『林湖集』 卷5, 「雜著」, 〈淸溪詩集傳後敍〉, 278쪽. "偶占晩年科第, 出守槐安, 一身恩榮, 莫非無何所賜也."

29 朴守儉, 『林湖集』 卷1, 「年譜」, 〈戊申年〉, 208쪽. "四十歲, 始摳衣於尤齋門下."

30 朴守儉, 『林湖集』 卷6, 「書」, 〈上尤齋先生書〉, 293쪽. "小生處門下已有日 ...... 先生平日負一世重望, 一動一靜, 皆爲士林矜式, 則不當示此忽遽之擧, 以負今日之所望也.

31 朴守儉, 『林湖集』, 「跋」, 〈林湖集跋[朴尙淳〉, 303쪽. "末乃執贄於宋尤齋先生."

박수검이 타계한 지 1백여 년 만인 1827년(순조 27)에 호서권의 유림(儒林)들에 의해 임호를 추모하기 위해 제천의 의림지(義林池) 변에 건립된 사우(祠宇)인 의호사(義湖祠)[향현사]의 상량문(上樑文)에서, "임호(林湖) 박공(朴公)의 경우 진실로 우암 문하[尤門]의 고제(高第)였다."고 운운한 평은 바로 이러한 학문적 인연을 염두에 둔 표현이다.[32] 이처럼 송시열과의 만남은 박수검의 일생에서 실로 중차대한 의미를 지니는 것이었다.

무엇보다 송시열의 문하에서 박수검은 "역리(易理)를 연구(硏究)하여 심오한 취지[奧旨]를 깊이 터득하였고, 『중용(中庸)』과 『대학(大學)』을 강론(講論)하여 대의(大義)를 회통(會通)하였다."고 전한다.[33] 짐작컨대 이미 학문적 골격을 완성하였던 박수검의 경우, 송시열의 문하에서 학문적으로 미심쩍은 내용들을 질의·문답하는 식의 심화 학습에 준하는 과정을 거치면서, 정주학적 의리론(義理論)을 본격적으로 접목시켰을 것으로 추정된다. 왜냐하면 박수검은 철저히 정주학적 도통론을 계승·옹호하는 차원에서 『중용석의』를 저술했을 뿐만 아니라,[34] 또한 상수역(象數易)을 초극한 의리역(義理易)의 시각에서 역학서(易學書)인 주저(主著) 『절위여편(絕韋餘編)』을 저술하였기 때문이다.[35] 『절위여편』은

32 『林湖先生鄉賢祠營建錄』(義興朴氏門中 所藏本), 〈義湖祠新建上樑文〉, 22쪽. "至若林湖朴公, 允爲尤門高第."

33 朴守儉, 『林湖集』 卷1, 「行狀草」, 213쪽. "始摳衣於尤齋門下, 研究易理, 深得奧旨, 講論庸學, 會通大義."

34 朴守儉, 『林湖集』 卷6, 「序」, 〈中庸釋義序〉, 285쪽. "中庸者 ...... 卽子思子所述, 而上自堯舜, 下至孔門, 傳授心法也 ...... 又得於曾子, 以傳孟子, 孟子以後, 千有餘載, 絕而不傳矣. 至于宋朝, 眞儒輩出, 有若明道, 伊川兩先生, 講明義理, 續其不傳之緖, 繼以朱夫子."

35 朴守儉, 『林湖集』 卷6, 「序」, 〈絕韋餘編序〉, 282쪽. "至于晉唐之頹波, 而橫流已極, 王肅王弼韓安伯孔穎達等, 註汚前聖, 迷亂來士, 象數紊錯, 義理蝕滅."

낙론(洛論)의 종장(宗匠)인 농암(農巖) 김창협(金昌協, 1651~1708)도 극찬했던 빼어난 역학서다.

겸하여 박수검은 송시열의 문하에서 우암이 견지했던 대내외적(對內外的) 정치노선에 깊이 공감하는 가운데, 그의 당색(黨色)을 서인(西人) 노론계라는 테두리 안에 확고히 정위(定位)하는 계기를 맞이하였던 듯하다. 박수검은 송시열이 견지했던 대외적 노선인 복수설치론(復讐雪恥論)을 문집 곳곳에 피력해 두었고,[36] 나아가 1668년(현종 9)에 우의정(右議政) 제수(除授)를 사양하고 낙향하려는 송시열을 향해서 "세운(世運)은 한 번 가면 다시 되돌아오지 않으니, 한 번 그 기회를 놓치면, 다시 어느 때를 기다리겠습니까?"라며 북벌대계(北伐大計)의 이완 조짐을 강력히 충고하기조차 했었기 때문이다.[37] 이처럼 복수설치론의 기조 하에 북벌대계를 강력히 추구했던 정황은 오히려 스승인 송시열의 그것을 다소 능가하는 감이 없질 않다.

차후 박수검은 대내외적 정치노선과 관련하여 당시 남인(南人) 계열의 핵심적 구성원이었던 묵재(默齋) 허적(許積, 1610~1680)과 백호(白湖) 윤휴(尹鑴, 1617~1680), 그리고 석담(石潭) 권대운(權大運, 1612~1699) 등의 인물들과 시종 대립각을 곤두세웠던 탓에, 서(西)·남인(南人) 간의 정치적 환국(換局)이 교차적으로 전개되는 상황에 따라 환로(宦路)에

36 朴守儉, 『林湖集』 卷4, 「五言古詩」, 〈讀樂毅報燕惠王書有感〉, 258쪽. "君讐國恥期掃除, 黃金橫帶身初."; 같은 책, 〈送正朝使姜參議琉赴京(百韻)〉, 262쪽. "君臣猶共戴天讐, 風塵南北傳刀斗."; 같은 책, 〈上尤齋先生書(己酉春)〉, 294쪽. "雖不足以齒士, 而所願陣者, 皆傷時憂世之事也, 報怨雪恥智之也, 而處於衆流之中 ...... 則豈敢以輕慮淺計, 容易嘗試, 以求其許與氣義耶."

37 朴守儉, 『林湖集』 卷6, 「書」, 〈上尤齋先生書〉, 293쪽. "嗚呼, 人才不借異代, 世運無往不復, 一失其會, 更俟何時, 惟先生勉焉."

직접적인 영향을 받곤 했던 정황이 자주 포착된다. 결과적으로 박수검이 정치적으로 견지했던 서인 노론적 입지는 남인이 일시 득세한 1689년의 기사환국(己巳換局) 직후에, 그가 61세의 나이에 관직생활을 접고 고향 제천의 의림지(義林池)[의림호] 주변으로 퇴은을 굳힌 큰 원인을 제공하게 된다. 즉, 노론계 당인(黨人)으로서 박수검이 발휘하였던 당파적 소신은 그가 간직한 트라우마를 더욱 덧나게 하면서, 마침내 퇴은을 재촉케 한 직접적인 요인으로 작용하게 되었던 것이다. 효율적인 논의를 위한 방편상 이 부분과 관련된 결론만 소개하자면, 『임호집』을 정사(精査)해 본 결과 박수검은 약 20여 년간에 걸친 관직생활 동안에 무려 다섯 번에 걸친 탄핵(彈劾)과 두 번에 걸친 유배(流配) 생활을 하였던 것으로 파악되었다.[38]

그리하여 박수검은 관직생활 도중에 누차에 걸쳐서 치사(致仕)와 귀향 의지를 피력하곤 하였고, 결국 임호는 남인이 득세한 기사환국 직후에 고향인 제천으로 낙향을 단행하기에 이르렀던 것이다. 박수검이 "만곡 우바새"로 극적인 전향을 시도하고 주변의 승려들과 교류하는 가운데, 불자로 자처하기 시작했던 시점도 바로 이 무렵을 전후해서였다. 이 지점에서 우리는 박수검이 정주학자에서 불교의 재가 남신도를 의미하는 '우바새'로 변신을 단행하게 된 원천적인 경위와 더불어, 또한 그 이면에 얽힌 복잡다단한 사정들에 대해 잠시 주목할 필요가 있다.

38 김종수, 「林湖 朴守儉의 심리적 外傷과 義林經營」, 『의림지유산과 농경문화』, 제천문화원, 2013, 159~215쪽 참조.

2) 갖은 앙화(殃禍)와 실존적 공허감

앞서 상세하게 논급한 바와 같이, 여덟 살부터 수학기로 접어든 이래로 순차적으로 만난 네 명의 스승으로부터 학업을 전수받은 박수검은 일종의 학문적 행운아로 평할 만한 인물이었다. 덕분에 박수검은 20세 때에 처음으로 진사(進士) 초시(初試)에 응시한 끝에, 당당히 합격하는 영광을 맞이하기에 이른다. 자연히 박수검의 문명(文名)이 경락(京洛)[서울]에까지 퍼지면서 공(公)·경(卿)의 자제들이 "그 이름을 사모하여 벗 삼기를 원하는 자들 한두 사람이 아니었으나, 그는 끝내 이들을 뒤좇아 따르지 않았다."고 한다.[39] 박수검 내면의 강한 자존심이 확인되는 대목이다.

그리하여 일찍이 이영선의 문하에서 학적 실력이 일취월장하기 시작했던 시기에 창작한 시(詩)를 접한 뒤에, 동향(同鄕) 출신의 문인(文人)인 이지백(李智百)은 아래처럼 감탄하면서 임호의 밝은 미래를 예언해 둔 사실이 있었다.

> "비단 과거 시험[科第]에 조기 합격할 뿐만 아니라, 후일에 반드시 문장(文章)으로 세상을 놀라게 할 일이 있을 것이다!"[40]

바야흐로 지기(知己)인 이지백의 예언이 현실화될 조짐을 보이기 시작하였던 것이다. 그러나 택당(澤堂) 이식(李植, 1584~1647)을 위시한

---

39 朴守儉, 『林湖集』 卷1, 「年譜」, 〈戊子年〉, 207쪽. "二十歲, 參進士初試, 自後累中升庠, 播譽京洛, 公卿子弟, 慕其名而願爲友者, 非至一二, 而終不趨附焉."

40 朴守儉, 『林湖集』 卷1, 「年譜」, 〈辛巳年〉, 207쪽. "是時, 文人李智白寓居同鄕, 見公作詩, 歎曰, 不但早捷科第, 異日必以文章鳴世矣.

주변의 또 다른 여러 기대들과는 달리,[41] 박수검은 한참 이후 시점인 37세에 비로소 대과(大科) 초시(初試)에 응하였고,[42] 차후로 별시(別試) 초시(初試)에 뒤이어 동년인 1672년(현종 13) 10월에 전시(殿試)에서 병과(丙科)에 9등으로 합격한 것은 너무나 뒤늦은 44세 때의 일이었다.[43] 즉, 박수검은 진사 초시에 당당하게 합격한 지 24년 만에 가까스로 과거에 합격할 수 있었으나, 이는 수학기 적에 쏠렸던 주변의 기대를 완전히 벗어난 결과였다. 이에 장자(長子) 박양후(朴良垕) 또한 너무나 뒤늦게 선친(先親)이 과거에 급제한 사실을 두고, "공(公)의 입신(立身)은 너무 늦은 감이 있다."는 말로써 크게 안타까움을 표했는데,[44] 이 언술에 수긍되는 바가 없지 않다. 그렇다면 그 동안에 박수검의 신상에는 도대체 어떤 일들이 있었는지가 궁금하지 않을 수 없다.

이 같은 의문의 이면에는 이루 필설로 다 형용하기 어려운 집안의 연속적인 불행사들이 자리하고 있었음이 주목된다. 우선 그 개략적인 사연들을 간추려 두자면, 순차적으로 모친상(母親喪)(26세)과 상처(喪妻)(33세), 재취(再娶)(36세)와 숙부(叔父)숙모상(叔母喪)(40세),[45] 그리고 부

41 박수검은 22세에 승보시(陞補試)에서 수석(首席)을 차지하기도 했는데, 당시 고관(考官)을 맡았던 택당 이식으로부터 출중(出衆)한 재조(才調)를 인정받은 사실이 있다. 차후 이식은 조석윤과 함께 박수검이 쓴 역사 찬술서인 『진사통고(震史通考)』(50세)에 대해서도 극찬해 마지않았다.

42 朴守儉, 『林湖集』 卷1, 「年譜」, 〈己巳年〉, 208쪽. "三十七歲, 以策文, 參大科初試."

43 朴守儉, 『林湖集』 卷1, 「年譜」, 〈壬子年〉, 208쪽. "四十四歲, 是秋, 別試初試, 以表策貫二場. 冬十月, 擢殿試丙科第九人."

44 朴守儉, 『林湖集』, 「 林湖集年譜」, 〈行狀草〉, 213쪽. "四十四歲, 擢壬子別試丙科第九名, 公之立身, 盖已晩矣."

45 朴守儉, 『林湖集』 卷6, 「書」, 〈上尤齋先生(癸丑)〉, 295쪽. "年來厄運, 罪盈惡積, 戊申季冬, 慘遭三寸叔母之喪, 翌年四月, 禍及先考."

친상(父親喪)(41세) 및 누이동생 사망(41세)·복결(服闋)[삼년 시묘](43세) 등으로 이어지는 불행한 가정사들이 몹시도 곤고한 생활 형편과 줄곧 병행되어 왔던 것으로 대략적으로 정리할 수 있다.[46] 그렇다면 이제 박수검이 연거푸 감당했던 불행사들을 좀 더 세부적인 차원에서 자세하게 음미해 보도록 하겠다.

박수검이 20세에 진사 초시에 응시하여 합격한 다음, 2년 이후인 22세에는 승보시(陞補試)에서 수석으로 합격하게 된다. 그런 다음에 박수검은 무려 11년 후인 33세에 다시 진사 초시에, 34세에는 사마시(司馬試)에 각각 차석을 차지하게 된다. 이는 처음 진사 초시에 합격한 시점으로부터 약 14년이라는 시차가 발생한 결과를 반영해 준다. 차후로 박수검은 사마시를 치렀던 시기를 전후하여 "병사마(病司馬)"라는 표현을 통해서, 다시 때늦은 입시생 처지가 된 안쓰러운 자신의 삶을 탄식한 흔적을 남겨 두었다.[47] 그 사이에 모친인 류씨(柳氏)는 오랫동안 지병(持病)을 앓은 나머지 몸져누워 있다가, 박수검이 26세가 되던 정월(正月)에 유명(幽明)을 달리하고야 말았다.

더욱이 박수검의 생애에서 특별히 주목되는 점은 그가 세 번에 걸쳐서 화촉(華燭)을 밝혔다는 사실일 것이다. 17세에 맞이한 첫 번째 부인은 군수(郡守) 김홍석(金弘錫, 1612~?)의 따님이었다.[48] 그런데 연안

46 이하의 내용은 김종수, 「林湖 朴守儉의 트라우마와 莊子哲學－치유담론으로서의 『장자』에 대한 역사적 사례－」, 『東洋文化硏究』 15집, 영산대학교 동양문화연구원, 2013, 158~212쪽의 내용을 적절히 재구성한 결과다.

47 朴守儉, 『林湖集』 卷1, 「五言絕句」, 〈春夜述懷奇無菴〉, 223쪽. "虛館人愁坐, 淹留歎此生 ...... 文園病司馬, 或者恕余情."; 같은 책, 〈有懷〉, 223쪽. "客懷鬱未開, 遙憐病司馬."

48 朴守儉, 『林湖集』 卷1, 「年譜」, 〈乙酉年〉, 207쪽. "十七歲, 娶延安金氏爲室, 乃

김씨(延安金氏) 부인은 미처 자식을 낳지도 못한 채 박수검의 나이 33세때에 요절(夭折)하고야 만다.[49] 이 즈음에 박수검은 만사(輓詞) 격인 시 「만부인(挽婦人)」을 통해서, "하한(河漢)이 서로 만나는 날에, 어찌 차마 고분(叩盆)을 지켜보겠는가?"라며 작고한 아내의 부덕(婦德)을 기리면서, 부인의 주검 앞에서 천연덕스럽게 동이를 두드렸던 『장자』 속 혜자(惠子)의 비정한 처사를 꼬집으며 지극한 슬픔을 토로해 보였다.[50] 이처럼 『장자』는 박수검이 직면한 커다란 슬픔의 틈 사이로부터 차츰 스며들고 있었던 것이다.

그리하여 박수검은 3년 뒤인 36세에 다시 첨지(僉知) 김오(金澳)의 따님인 김해김씨(金海金氏)와 재취(再娶)하게 되었다.[51] 박수검은 38세에 두 번째 부인과의 사이에서 장자 양욱(良旭)을 낳았으나,[52] 더는 자식을 두질 못했던 것 같다.

그 사이인 41세 4월에 부친상을 당한 박수검은 시종 『주자가례(朱子家禮)』에 입각하여 빈(殯)·렴(殮)에서 종상(終喪)까지를 치렀고, 차후인 43세에는 삼년상을 마쳤다.[53] 그런 와중인 부친상을 맞이하여 담제

郡守金公弘錫之女也." 자(字)가 경보(敬保)인 김홍석은 금천(衿川) 현령(縣令)(1648)·연안(安城) 군수(郡守)(1652) 등과 같은 관직을 역임하였다.

49 朴守儉, 『林湖集』 卷1, 「年譜」, 〈辛丑年〉, 208쪽. "三十三歲, 十二月, 喪耦."; 같은 책, 〈行狀草〉, 213쪽. "公初配淑人延安金氏無子早逝."

50 朴守儉, 『林湖集』 卷1, 「五言律詩」, 〈挽婦人〉, 223쪽. "故家有遺範, 淑質誕閨門, 早入王孫宅, 咸稱婦德尊 ...... 河漢相逢日, 那堪見叩盆."

51 朴守儉, 『林湖集』 卷1, 「年譜」, 〈甲辰年〉, 208쪽. "三十六歲, 再娶金海金氏, 乃僉知澳之女也."

52 朴守儉, 『林湖集』 卷1, 「年譜」, 〈丙午年〉, 208쪽. "三十八歲, 子良旭生."

53 朴守儉, 『林湖集』 卷1, 「年譜」, 〈己酉年〉, 208쪽. "四十一歲, 四月, 丁承旨公憂, 自初終殯殮, 至于終喪, 一遵朱文公家禮行之."; 같은 책, 〈辛亥年〉, 208쪽. "四十三

(禫祭)를 모신 달에는 "누이[妹] 동생마저 또 병에 걸린 나머지, 끝내 살려내지 못하는 지경"에 처하고야 만다.[54] 박수검이 과거시험에 합격한 시점은 삼년상(三年喪)을 마친 바로 다음 해의 10월이었다. 짐작컨대 박수검은 삼 년 동안에 걸친 시묘(侍墓) 살이를 치루면서 생애 마지막 과거시험 준비를 병행했던 듯하고, 또한 심히 비장한 각오로 과장(科場)을 밟았을 것으로 추정된다.

이상에서 일일이 적시한 사항들을 박수검은 "비참한 상환(喪患)"으로 표현하면서, 스승인 우암 송시열에게 올린 서신을 통해서 아래처럼 절규하듯이 실토해 보였다.

> "지나온 세월 동안에 죄악이 차고 넘쳐서, 무신년(戊申年)(40세) 늦겨울에는 비통하게도 삼촌과 숙모의 상(喪)을 만났더랬지요. 익년 4월에는 화(禍)가 선친(先親)에게까지 미쳐서, 이름을 부르짖고 땅을 치며 염(殮)·장례[葬]를 마친 뒤에도, 여전히 죽지 못한 자는 오직 그 못난 제 한 목숨뿐이었습니다. 겨우 막 담제(禫祭)를 모신 그 달에는 또 누이동생마저 병에 걸린 나머지, 끝끝내 살려내지 못하는 지경에 처했었답니다. 수년 동안에 걸친 흉겸(凶歉)으로 사람이 그 목숨[命]을 감당하기도 어려운 상황인데, 비참한 상환(喪患)마저 이토록 극한지경에 달하였으니, 아마 하늘이 우리(의흥박씨) 일문(一門)을 멸할 량으로, 그 갖은 굶주림·추위와 사환(死喪)을 두루두루 겪도록 하였으나, 다행히도 구차스럽게 눈뜨고 숨 쉬는 것만큼은 보존할 수가 있었습니다!"[55]

歲, 服闋."

54 朴守儉,『林湖集』卷6,「書」,〈上尤齋先生書〉, 295쪽. "禍及先考 ...... 纔經禫祀之月, 同生妹又以染患, 竟至不救."

55 朴守儉,『林湖集』卷6,「書」,〈上尤齋先生書(癸丑)〉, 295쪽. "年來厄運, 罪盈惡積, 戊

때문에 박수검이 조기에 배양한 건실한 학적 역량과 빼어난 문장력에 비해서, "공(公)의 입신(立身)은 너무 늦은 감이 있다."는 후손의 안타까움을 자아내게 하였던 것이다. 그런데 박수검이 감당해야만 했던 끈질긴 앙화(殃禍)가 아직 종료된 상태는 아니었다. 설상가상 격으로 박수검이 과거에 합격하고 관직에 진출한 45세 적에는 두 번째로 화촉을 밝혔던 김씨부인이 타계한 데 이어서, 외아들인 박양욱마저 6살의 어린 나이로 돌연 숨지고야 말았던 것이다.[56]

이에 어안이 벙벙해진 박수검은 1673년(현종 14)에 송시열에게 전한 「상우재선생서(上尤齋先生書)」를 통해서, 재차 극한지경에 처한 실존적 공허감을 아래처럼 토로해 보였다.

> "지난 해 겨울에 외람되게도 방목(榜目)[과거 합격자 명단]의 꼬리를 더럽혔으니, 이는 저희 한미한 문중[寒門]의 분에 넘치는 영광이었습니다. 그런데 인간 세상의 (화복이 서로) 맞물려 잠복한 양상이란 무상(無常)한 것이어서, 곧바로 상처(喪妻)로 이어졌고, 게다가 또 젖먹이마저 잃었습니다. 앙화(殃禍)가 몰아침이 어찌 이리도 우리 집안에만 가혹하게 지속되는 것일까요? 인생이 이 지

申季冬, 慘遭三寸叔母之喪, 翌年四月, 禍及先考, 呼叩斂葬之後, 仍得不死者, 惟其一命之頑耳. 纔經禫祀之月, 同生妹又以染患, 竟至不救. 數歲凶歉, 人不堪其命, 而喪患之慘, 至於此極, 則天將殆滅我一門, 而閱其飢寒死喪, 幸得苟存視息."

56 이런 사정으로 박수검은 뒤늦은 48세 때에 다시 부사(府使) 윤경(尹耕)의 딸인 파평윤씨(坡平尹氏)와 세 번째 화촉을 밝혀야만 했다.(『林湖集』 卷1, 『年譜』, 〈丁巳年〉, 210쪽): "十一月 ...... 三聚坡平尹氏爲室, 乃尹公耕之女也." 마침내 박수검은 세 번째 부인과의 사이에서 슬하에 5자(子)인 양후(良垕)(55세) · 양한(良漢)(57세) · 양원(良元)(60세) · 양우(良遇)(62세) · 양대(良大)(66세)와 2여(女)를 두게 되었다. 참고로 괄호 안의 숫자 표시는 박수검이 자식을 낳은 당해의 나이를 표기한 것이다.

경에 처하고 보니, 하늘에게 되묻지 않을 수 없었습니다!"[57]

독자인 양욱의 죽음 소식을 접한 박수검은 불가지한 천시(天時)와 인사(人事)의 아득함을 떠올린 후에, "위기(危機)란 나로부터 초래되지 않음이 없다."는 말로써, 애써 모든 불행의 원인을 자기 자신에게로 환원시켰다.[58] 그럼과 동시에 박수검은 "나랏일[王事]로 몸이 묶여 돌아갈 수 없으나, 몽혼(夢魂)은 늘상 만산(萬山)에 그윽한 무덤가로 달려간다!"며 비통하고도 애끓는 심사를 토로해 보였다.[59]

박수검이 평생토록 일념으로 『주역(周易)』을 탐구하고, 더 나아가 노론계의 정주학자 답지 않게 자신을 불교의 사부(四部) 대중(大衆)의 일원인 "만곡(晩谷) 우파색(優婆塞)[우바새]"으로 지칭했던 이면에는,[60] 앞서 적시한 바대로 연속적으로 찾아든 불행한 가정사들과 그에 따른 크나큰 심리적 외상의 문제가 내밀히 관여한 결과였던 것이다. 박수검이 복잡다단한 관직생활 도중에 장자철학에도 관심을 두기 시작했던 이유 또한 바로 이러한 맥락에서다. 즉, 박수검은 자신에게 쉼 없이 찾아든 불행한 일들과 그로 인한 깊은 절망과 좌절감을 연신 곱씹으면서

57 朴守儉, 『林湖集』 卷6, 「書」, 〈上尤齋先生書(癸丑)〉, 295쪽. "乃於去年冬, 猥忝榜尾, 此則寒門分外之榮, 而人世間倚伏無常, 旋卽喪妻, 又失乳兒, 殃禍之降, 一何偏酷於此耶. 人生到此, 不可問天. 如許之中, 未遑人事." '유아(乳兒)'로 표현된 박양욱(朴良旭)은 38세에 두 번째 부인과의 사이에서 태어난 첫 아들이다.(같은 책, 「年譜」, 〈丙午年〉, 208쪽): "三十八歲, 子良旭生."

58 朴守儉, 『林湖集』 卷3, 「七言律詩(下)」, 〈客中聞兒被厄〉, 246쪽. "天時人事付悠悠, 有向天人說怨尤 ...... 危機無不自吾求."

59 朴守儉, 『林湖集』 卷3, 「七言律詩(下)」, 〈客中聞兒被厄〉, 246쪽. "王事絆身歸未得, 夢魂長往萬山幽."

60 朴守儉, 『林湖集』 卷6, 「記」, 〈鳳鶴山小馬寺剽鍾記〉, 287쪽. "紫極懸空, 靈體含圜 ...... 曆用時憲, 臘屬著雍執徐, 晩谷優婆塞, 强搖柔翰, 駕說禪楣."

삶에 대해 크나큰 의문을 품기 시작하였던 것이다.

차후 박수검은 첫 번째 유배지인 광릉(廣陵)에서 "유명(幽明)을 꿰뚫을 수 없다."며 생사(生死)의 문제를 초극하는 문제에 대한 언급을 남기기 시작했고,[61] 급기야 노년에 접어든 무렵에서는 인생 자체가 고뇌(苦惱)일 수밖에 없는 실존적 이유에 대한 나름의 이해에 도달하기에 이른다.[62] 이 같은 정황들은 60세를 전후하여 박수검이 서서히 "만곡 우파색"으로 변신해 나갔던 과정의 이면을 언뜻언뜻 전시해 주고 있다.

그런데 당시 송시열 문하의 노론계 정주학도가 불자(佛子)로 전격 변신하는 일이란 극히 이례적인 사태가 아닐 수 없다. 이 점 지난 1689년에 박수검(61세)이 『중용석의(中庸釋義)』의 서문[序]을 빌려서 자사(子思)가 저술한 『중용』의 기원이 "위로 요(堯)·순(舜)에서 연원하여, 아래로는 공자 문하[孔門]에 이르기까지 심법(心法)을 (서로) 전수(傳授)한 것"으로 설명하는 가운데,[63] 아래처럼 엄정한 도통 담론을 피력했던 정황을 통해서도 어느 정도 유추가 가능한 일이다.

> "대개 부자(夫子)[공자]께서 위로 요(堯)·순(舜)·문(文)·무(武)의 도통(道統)을 이어셨고, 증자(曾子)는 공자(孔子)로부터 (종지를) 터득함이 있었다. 부자의 손자인 자사(子思)는 또 증자에게서 터득하여 맹자(孟子)에게로 전하였다. (그러나) 맹자 이후로는 천여

61 朴守儉,『林湖集』卷4,「五言古詩」,〈謫居廣陵時, 寒食有吟〉, 257쪽. "孤臣被恩譴 ...... 不得通幽明."

62 朴守儉,『林湖集』卷6,「記」,〈鳳鶴山小馬寺剽鍾記〉, 287쪽. "上徹有頂之巔 ...... 下通無底之極, 所以民生苦惱, 聽撞缺而剖滯."

63 朴守儉,『林湖集』卷6,「序」,〈中庸釋義序〉, 284쪽. "中庸者, 本禮記篇名 ...... 而別出爲四書中之一, 卽子思子所述, 而上自堯舜, 下至孔門, 傳授心法也."

녇 동안이나 (도통이) 끊겨 전수되지 못하다가, 송조(宋朝)에 이르러서야 진유(眞儒)의 무리[輩]들이 출현하게 되었다. 가령 정명도(程明道)·정이천(程伊川) 두 선생(先生)은 (유학의) 의리(義理)를 연구하고 밝히어, 그 전하지 못했던 (도통의) 실마리를 (다시) 이었고, 이를 주(朱) 부자(夫子)[朱熹]가 계승하였는데, 두 분의 정자(程子) 선생이 발휘(發揮)한 취지[旨]에 입각한 것이었다."[64]

박수검이 상기 「중용석의서」를 통해서 천명한 도통 담론의 계보는 요·순·문·무·공자·증자·자사·맹자·이정(二程)·주자(朱子)의 순서대로 정리된다. 물론 이는 동시대의 정주학도들이 견지했던 평균적인 도통 계보를 반영해 주기도 한다. 다만 특이하게도 박수검의 경우 도통론의 가지담론 격인 벽이단론(闢異端論)을 개진하지 않은 묘한 특징이 발견된다. 즉, 현전하는 박수검의 문집인 『임호집』에서 벽이단의 문제를 취급한 기록은 찾아보기가 어려웠다. 이 점 특정 정주학자가 직면한 역설(逆說)임과 동시에, 박수검이 보여준 방외지학(方外之學)에 대한 사상적 경사도의 문제와 무관하지 않아 보인다.

아무튼 박수검은 윗 인용문에 곧장 이어서, "정자(程子)·주자(朱子)가 계왕(繼往)·개래(開來)한 공로는, 도리어 공자(孔子) 문하에서 직접 가르침을 받은 제자들보다도 더 훌륭한 감이 있다."는 평론을 통해서,[65]

---

64 朴守儉, 『林湖集』 卷6, 「序」, 〈中庸釋義序〉, 284쪽. "蓋夫子上承堯舜文武之道統, 而曾子得於夫子, 夫子之孫子思, 又得於曾子, 以傳於孟子, 孟子以後, 千有餘載, 絕而不傳矣. 至于宋朝, 眞儒輩出, 有若明道, 伊川兩先生, 講明義理, 續其不傳之緒, 繼以朱夫子, 因兩程子發揮之旨."

65 朴守儉, 『林湖集』 卷6, 「序」, 〈中庸釋義序〉, 284쪽. "...... 則程朱子繼往開來之功, 反有賢於親炙孔門者也."

그가 착지한 근본 정주학적 사상적·이념적 입각점과 정체성을 다시 한 번 더 분명하게 확인해 두었다. 뿐만 아니라 박수검의 경우, "나는 약관(弱冠)의 나이부터 유편(遺編)[곧 『이정유서(二程遺書)』]를 공경히 대(對)한 이래로, 지금에 이르도록 잠심(潛心)·심역(尋繹)한 지도 어언 40여 년이 되었다."고 회고해 보인 대목도 매우 주목된다.[66] 왜냐하면 이 언술은 실제 몸에 병을 얻을 정도로 치열했던 박수검의 남다른 학문적 탐구열[67]과 정주학자로서의 정체성을 유감없이 확인시켜 주고 있기 대문이다.

그럼에도 불구하고 박수검은 노장철학과 「참동계교정서(參同契校正序)」(56세)[68]로도 대변되는 수련도교(修鍊道敎) 방면에 대한 깊은 관심사에 이어서, 이제 다시 불자로 거듭날 태세를 취한 것이다. 그렇다면 과연 박수검이 시도한 극적인 종교적인 변신 혹은 전향 행위가 기존의 유학 혹은 정주학과 완전히 별리한 차원에서의 '개종'의 의미까지를 내함하고 있었던 것일까? 이 물음에 답하기 위해서 우선적으로 불자로서 박수검이 남겨 놓은 일련의 자취들을 수습(收拾)해서 정밀하게 검토할 필요성이 제기된다.

---

66 朴守儉, 『林湖集』 卷6, 「序」, 〈中庸釋義序〉, 284쪽. "不佞自弱冠歲, 敬對遺編, 潛心尋繹者四十年于玆 ...... 會爲釋義一卷."

67 朴守儉, 『林湖集』 卷6, 「七言律詩(上)」, 〈送別金秀才綸還嶺南〉, 226쪽. "可惜文園常抱病, 戒之唯在太勞神."

68 朴守儉, 『林湖集』 卷6, 「序」, 〈參同契校正序〉, 283쪽. "陰陽順序, 動靜隋時, 金華玉液, 互胥爲宅, 鼎器調和, 靈丹可掬, 獨惜乎三田就荒." 이 서문은 56세 적에 작성되었다. "時憲上元, 甲配子冲."

3. 불교로의 전향: '만곡(晩谷) 우파색(優婆塞)' [upasaka, 우바새]

1) 불교교학에 대한 소양

우선 불교교학 방면에 대한 박수검의 수용 양상을 분석하기에 앞서 주목되는 점은, 임호의 생래적 성정(性情)에 내재된 이른바 염리심(厭離心)에 관한 부분이다. 세상과 일정한 거리를 유지하려는 심리적 성향의 표출을 지칭하는 염리심은 여타의 유자들에게서도 종종 발견되는 사실이나, 박수검의 그것은 좀 더 유별난 데가 있음이 분명해 보인다.

이 사안과 관련하여 후손 박상순(朴尙淳)은 임호의 타고난 성정과 관련하여, "맑고 소탈하며 간략하여, 일체의 진속기(塵俗氣)가 없었다." 고 회고한 사실이 있다.[69] 실제 박수검 스스로도 자신을 번뇌하는 중생인 '뇌인(惱人)'으로 칭하는 가운데,[70] "영원히 곡진(谷塵)에서 전혀 물들지 않기를"[71] 강렬히 희구하는 염리심을 누차 드러내 보였다. 박수검이 산수(山水)를 스승이며 묘약으로 비유했던 이유 또한 그의 내면에 은장된 염리심이 발휘된 결과였다.[72]

69 朴守儉,『林湖集』,「跋」,〈林湖集跋〉, 303쪽. "公於平生 ...... 而實有高才敏藝, 淸疎脫略, 一切無塵俗氣."

70 朴守儉,『林湖集』卷3,「七言律詩(下)」,〈暮春登城西峴,次杜韻〉, 244쪽. "景物惱人輸不盡, 形神忘世醉無妨."; 같은 책,〈次杜卽事韻〉, 252쪽. "惱人景物吟無盡, 忘世形神醉不妨."

71 朴守儉,『林湖集』卷2,「七言律詩(上)」,〈梨花亭次韻〉, 228쪽. "梨花開落小溪濱 ...... 永使谷塵都不染."

72 朴守儉,『林湖集』卷6,「記」,〈早遯堂記〉, 292쪽. "谿壑邃而幽, 林麓淸而奇 ...... 師

동일한 맥락에서 박수검은 "왁자지껄한 진시(塵市)를 싫어한 지도 오래 되었다."고 토로하기도 했고,[73] 또한 "다시 성시(城市)에 시끌벅적한 먼지가 이는 게 혐오스럽다!"는 등의 언술을 통해서,[74] 그가 지속적으로 염리심을 표출하였음을 확인시켜 주었다. 이처럼 염리심이 묻어나는 시구들은 문집인 『임호집』 도처에서 발견되고 있는데, 이는 달리 '명예[名]·잇속[利]'이나 "덧없는 세상의 공명(功名)" 따위를 배격하는 발언으로 치환되어 표출되기도 하였다.[75]

나아가 박수검은 이른 아침에 오른 정자(亭子)에서 바라본 "속진(俗塵)이 공(空)한 그윽한 산속"을 선망하기도 했고,[76] 급기야 첫 번째 부인과 사별(死別)한 뒤에는 고향 제천의 남산사(南山寺)에서 속세의 번뇌를 여윈 승려들을 향한 동경심을 아래처럼 진솔하게 피력해 두기도 하였다.

> "청아한 경쇠 소리가 한 번 울려 퍼지자 진우(塵慮)[번뇌]가 사라지니, 본래 시름없이 평온한 스님네들을 부러워하노라!"[77]

山鎭其背, 藥水經其面."

73 朴守儉, 『林湖集』 卷1, 「五言絕句」, 〈贈人〉, 223쪽. "山光回日薄 ...... 久厭囂塵市."

74 朴守儉, 『林湖集』 卷1, 「七言律詩(下)」, 〈次杜韻, 示徐友致章〉, 245~246쪽. "煙柳依依出短牆 ... 還嫌城市囂塵起."

75 朴守儉, 『林湖集』 卷2, 「七言律詩(上)」, 〈次蔡伯瑞韻(1首)〉, 229쪽. "默數平生旣往尤, 儻來名利肯營求."; 같은 책, 〈次李一卿步孟學士韻, 寄題居安齋〉, 238쪽. "清江漁釣生涯足, 浮世功名分外疎"; 같은 책, 〈思鄉, 次杜韻(2首)〉, 245쪽. "浮世功名眞過笑."

76 朴守儉, 『林湖集』 卷2, 「七言律詩(上)」, 〈次攀桂亭韻(1首)〉, 241쪽. "早向淮南攀桂叢, 山之幽處俗塵空."

77 朴守儉, 『林湖集』 卷2, 「七言律詩(上)」, 〈遊南山寺次韻〉, 228쪽. "兩三騷客倚禪樓 ...... 清磬一聲塵慮散, 羨伦雲衲本無愁." 거론된 '남산사(南山寺)'는 지금의 제천시 강제동 산36번지에 터했으나, 폐해진 지 오래되어 절터골로 불린다.

윗시는 박수검이 떠안은 트라우마의 강도와 그에 따른 인생의 고뇌가 결코 간단한 성질의 것이 아니었음을 짐작케 해준다. 일찍이 헤겔(G. Hegel)은 현실 속에서의 영혼이 불행할수록 더욱 완벽한 신(神)을 갈망한다는 역설적인 이치를 설파한 사실이 있다.[78] 대신에 불행한 의식은 그가 살고 있는 실제 세계는 비참하고 하찮은 것으로 간주하게 된다. 지금 이 지적은 "시름없이 평온한 스님네들을 부러워하는" 박수검이 처한 실존적 상황에도 그대로 적용될 만한 소지가 다분해 보인다.

그리하여 박수검은 종교학자인 루플랜드(J. Lofland)가 말한 이전종교(origin religion)인 유교[정주학]에서 새로운 종교이자 목표종교(destination religion)인 불교로의 극적인 전향(轉向)을 모색하기에 이르렀던 것이다.[79] 아마도 이러한 변신의 이면에는 이전종교인 유교에서 박수검에게 처방되는 절실한 구원에 대한 메시지가 다소 빈약했던 점이 그를 새로운 종교로 떠민 요인으로 작용하였을 것으로 분석된다. 왜냐하면 평소 온전한 인격의 실현을 지향하고 충족된 삶의 이상을 추구하는 관심을 유교의 구원론으로 파악하는 관점을 수용하더라도,[80] 이러한

---

78 장승구, 『삶과 철학』, 이회사, 2013, 119쪽 참조.

79 이 개념은 정재영, 「개종의 사회 문화적 요인」, 『신학과 실천』 14호, 한국실천신학회, 2008, 226쪽의 각주 18)을 재인용한 결과다. 정재영은 이른바 '밀어내는 요인'과 '끌어들이는 요인'이라는 두 기준에 입각하여 개종의 사회문화적 요인을 훌륭하게 분석하였다. 다만 박수검의 경우는 사회문화적 요인보다는 개인적 차원에서의 심리적 요인이 더 크게 작용한 전형적인 사례에 해당된다.

80 금장태, 「유교의 종교성과 유교-천주교의 교류」, 『종교와 문화』 9호, 서울대학교 종교문제연구소, 2003, 2~3쪽. 금장태는 유교의 종교적 성격을 ① 초월적 신앙 대상에 대한 인식과 태도, ② 사후세계의 존재양상과 사후의 인간존재에 대한 인식과 태도, ③ 신앙적 열정과 헌신의 강도, ④ 유교의례가 지닌 세속적 관습과 종

종류의 구원론은 그 동안에 박수검이 시달려 온 연원 깊은 영육(靈肉)의 트라우마, 곧 "지기(志氣)는 침울(沈鬱)하여 고양되지 않고, 사기(邪氣)만 무성하여 뼛속을 엄습하네!"[81]로 압축되는 중증(重症) 지경의 외상을 치유하기에는 명백히 한계를 노정할 수밖에 없었기 때문이다.

같은 맥락에서 금장태 역시 유교의 구원론이 "인간존재를 근원적인 죄악이나 멸망으로부터 끌어내어, 온전하고 충족된 상태로 이끌어준다는 종교적 구원의 의미로 쓰이지는 않았던 것"으로 진단한 대목도 유의할 만하다. 반면에 새로운 종교인 불교의 경우 박수검이 떠안은 골 깊은 트라우마를 해소·치유할 만한 다양한 위안과 구원(救援)을 위한 장치들을 내장하고 있었고, 이에 임호 일 개인의 심리적 차원의 기대감이 크게 발휘되었을 것으로 추정된다.

실제 박수검은 첫 번째 상처(喪妻)를 겪은 해인 33세(辛丑) 가을에 "(제천)현(縣)에서 서북쪽 사이로 35리 지점인 감암산(紺岩山)에 소재한"[82] 백련사(白蓮社)를 찾아 나선 바가 있었다.[83] 연이어 박수검은 남산사를 내방한 후에, "시름없이 평온한 스님네들을 부러워하는" 앞의 시를 남겼던 것이다. 이는 앞선 시기에 산속에서 작성한 시, 곧 "우연히

교 의례적 상징, ⑤ 유교의 공동체 조직이 지닌 목표나 활동·기능이라는 다섯 항목으로 정리하였다. 이 기준은 다른 종교에도 동일하게 적용될 수 있을 것으로 판단된다.

81 朴守儉, 『林湖集』 卷4, 「五言古詩」, 〈擬離騷經(賦)〉, 223쪽. "余幼昧此大道兮 …… 志沈鬱而不揚, 邪氣壯而襲骸兮."

82 國史編纂委員會 編, 『輿地圖書(上)』, 〈寺刹〉條, 探求堂, 1973, 297쪽. "白蓮菴在縣西北間三十五里紺岩山." 백련사는 '백련암(白蓮菴)·연화암(蓮花庵)·감암사(紺巖寺)' 등과 같이 다양한 명칭으로 불렸다.

83 朴守儉, 『林湖集』 卷2, 「七言律詩」, 〈辛丑秋, 訪白蓮寺詩僧不遇〉, 228쪽.

석자(釋子)[승]를 만났는데, 운수납자[雲衲]들은 가사(袈裟)를 둘렀다."는 식의 덤덤한 호칭법과 객관적 묘사와는 단연 대비된다.[84] 차후 파란만장한 관직생활 도중에 첫 번째 유배형에서 풀려나[85] 괴산(槐山)의 각연사(覺淵寺)를 심방한 박수검(50)은 그가 품었던 장지(壯志)가 연거푸 좌절되는 현실을 자각한 끝에, 문득 "헛되이 보낸 50여 년"을 후회하면서 "꽃비가 삼천 진세계(眞世界)를 적시는 날, 종당에 관직을 벗어 던지고 참선(參禪)에나 몰입할까나?"라는 말로써,[86] 언뜻 출가(出家)를 암시하는 어투의 비장한 의사를 내비추기도 하였다.

이와 동시에 박수검은 "평생 주워진 기구한 운명을 한탄하지 말 것"을 스스로 다짐하는 가운데, 그가 자주 내방하곤 했던 각연사에서 불교적 "진리를 탐구[尋眞]하게 된" 일을 기쁘게 생각한다며,[87] 불교와의 일대사(一大事) 인연(因緣)에 크나큰 의미를 부여하고도 있었다. 박수검은 진리 일반에 대한 진지한 탐구 노력을 "진리 탐구에의 일대 역사[尋眞一役]"로 지칭하곤 했는데,[88] 이제 이 "진리 탐구"에의 의지가 연속적인 천화(荐禍)

84 朴守儉, 『林湖集』 卷1, 「五言絕句」, 〈山中寓興(2首)〉, 224쪽. "樹翳將消霧 ...... 偶然逢釋子, 雲衲帶袈裟."

85 朴守儉, 『林湖集』 卷1, 「年譜」, 〈戊午年〉, 211쪽. "五十歲, 五月蒙放." 박수검은 전년도인 49세 때 남인과 갈등을 빚은 끝에 경기도(京畿道) 광주(廣州)로 유배를 갔었다. "五月, 徒配于廣州."

86 朴守儉, 『林湖集』 卷3, 「七言律詩(下)」, 〈覺淵寺, 次瓢翁韻〉, 248쪽. "虛送人間五十年, 壯志今銷金肘 ...... 花雨三千眞世界, 終當投紱好參禪." 언급된 '각연사'는 충북 괴산군 칠성면 태성리 38에 소재한 사찰이다.

87 朴守儉, 『林湖集』 卷3, 「七言律詩(下)」, 〈訪覺淵寺, 次韻〉, 248쪽. "莫歎平生賦命奇, ... 尋眞自喜雙溪近."

88 朴守儉, 『林湖集』 卷6, 「書」, 〈答遯谷書(1)〉, 295쪽. "尋眞一役, 幸跡龍門, 迎看倒屣, 願遂一識."; 같은 책, 〈答遯谷書(4)〉, 296쪽. "前後三度書 ...... 尋眞一役, 不啻金石, 待圓山月, 擬擲枯筇."

의 너머에서 불교 방면으로까지 연장되는 식의 이채로운 국면을 맞이하기에 이르렀던 것이다.

그런데 불교 방면으로까지 확장된 박수검의 진리 장악 의지는 정주학도에서 우바새로의 종교적 변신 혹은 전향을 뜻하기도 하기에, 여타의 노장철학·역학 등과 같은 영역에 투여된 몰입도나 관심사와는 단연 구분되는 일대 계기적 사건에 상응하는 의미를 지닌다. 이에 지식인 불자인 박수검이 불교 방면에 남긴 특징적인 국면을 교학체계 전반에 걸친 연찬 노력과 실참(實參) 수행에의 흔적, 그리고 주변 승려들과의 교류 등과 같은 세 범주로 정리해 볼 수 있겠다.

실제 박수검은 선초(鮮初) 세종(世宗)에 의해 기존 7개 종단이 선종(禪宗)과 교종(敎宗)으로 통폐합된 이후로 유지되어 온 선(禪)·교(敎) 양종(兩宗)의 독자적 중요성을 충분히 인식하고 있던 터였다.[89] 뿐만 아니라 박수검은 틈나는 대로 정좌(靜坐) 수행에 몰입하는 수행자의 면모를 늘 견지하고도 있었다. 따라서 이하의 논의에서는 이상의 세 국면을 순차적으로 검토하는 순서를 갖도록 하겠다.

다만 박수검의 경우 불교의 교학체계를 대상으로 하여 사기(私記)류의 형식을 취한 저서를 남기지는 않았다. 대신에 「기문[記]」류의 저술과[90] 시작(詩作) 등을 통해서 불교에 기울인 다양한 관심사의 일단을

---

89 朴守儉, 『林湖集』 卷6, 「記」, 〈鳳鶴山小馬寺剽鍾記〉, 287쪽. "龍吟久寂, 是以資法者不禁愁如, 味禪者難堪嗟若." 박해당은 연산군(燕山君) 대(代)에 승과(僧科) 제도가 폐지된 이후인 중종(中宗) 연간에 이르러 조선불교는 선종 · 교종이라는 구별조차도 사라진 무종파의 시대를 맞이하였던 것으로 진단했다. 박해당, 「조선후기 유학자들의 불교관-승려 문집의 서문을 중심으로-」, 『泰東古典硏究』 28집, 한림대 태동고전연구소, 2012, 211쪽 참조. 그러나 비공식적 차원에서는 선 · 교 양종의 명맥(命脈) 자체가 완전히 소멸된 것은 아니었다.

90 이 방면의 대표적인 저술로는 『林湖集』 卷6, 「記」에 수록된 〈普光山白馬寺萬歲樓

일정 부문 포착할 수 있는 정도다. 무엇보다 주목되는 점은 박수검이 '공교(空敎)'로 지칭하기도 했던,[91] 곧 불교적 세계관이자 해체론적 인식론인 반야공관(般若空觀) 방면에 대한 수용 양상에 관한 것이다. 이를테면 박수검이 석가산(石假山)의 수승한 경관을 두고 "천인(天人)의 공교함을 훔쳐 잠시 진경[眞]을 이루었다."고 묘사한 대목에서 확인되듯,[92] 그는 오온가화합(五蘊假和合)의 의미를 충분히 이해하고 있었다. 박수검이 늦봄에 떨어지는 모란꽃잎을 유심히 응시하면서 "번화(繁華)가 (잠시) 일환(一幻)을 이루었지!"라고 논평한 구절도 또한 동일한 맥락하에 놓여 있다.[93] 그 연장선에서 박수검은 "부귀(富貴)를 (뜬) 구름처럼 여기니 마음이 절로 안온하다."라거나, 혹은 "영화(榮華)란 경각(頃刻)간"의 일임을 여실히 통찰함으로써,[94] 세속적 가치나 대상들을 무화(無化)시키려는 의식상의 노력을 전개하였음이 눈길을 끈다.

그 외에도 박수검은 "우주의 천년이 눈 한 번 깜짝할 사이"인 것으로 진단하였는데,[95] 이는 시간성(時間性)에 수반되는 영원성을 타파한

重修記〉·〈鳳鶴山小馬寺剽鍾記〉·〈皆骨山寂默堂記〉 및 다수의 시작(詩作)들을 지목할 수 있다.

91 朴守儉,『林湖集』卷3,「七言律詩(下)」,〈次李一卿寄來韻(1首)〉, 248쪽. "閱盡龍圖案上編 ...... 病裏空敎片夢懸."

92 朴守儉,『林湖集』卷6,「七言律詩(下)」,〈石假山(1首)〉, 252쪽. "奪天人巧假成眞, 廻壑層巒欖外新."

93 朴守儉,『林湖集』卷6,「七言律詩(下)」,〈次牧丹韻〉, 249쪽. "東君去後愁無主 ...... 解惜繁華成一幻."

94 朴守儉,『林湖集』卷2,「七言律詩(上)」,〈次韓弼卿述懷韻〉, 243쪽. "富貴視雲心自穩."; 같은 책,「七言律詩(下)」,〈晝夢, 次杜韻〉, 249쪽. "頃刻榮華趣九闕."

95 朴守儉,『林湖集』卷2,「七言律詩(上)」,〈次百祥樓韻(3首)〉, 239쪽. "山河大地長吟外, 宇宙千年一瞬中." 임호는 "국가의 흥망이 하룻밤 꿈속"의 일인 양 진단하기도 했다.(같은 책,〈松京懷古次韻〉, 239쪽): "國家興亡一夢中."

인식론적 조처에 해당한다. 나아가 박수검은 괴산의 보광산(普光山)에 위치한 백마사(白馬寺) 선루(禪樓)의 옛터를 바라보면서, "유수(流水)와 뜬 구름이 예나 지금이나 스스로 변화하는 모습"이 "스스로 공색(空色)이 허깨비처럼 화(化)하는 기미가 아님이 없다."는 말로써,[96] 색즉시공(色卽是空), 공즉시색(空卽是色)인 이치를 적극 수용해 보이기도 하였다. 간략히 "공색계(空色界)"[97]로 압축되어 표현되기도 한 박수검의 공관에 대한 수용 양상은 주로 시료(詩料)로써 환(幻)·공관(空觀)을 적극 활용하곤 했던 여타의 유자들과는 확연히 구분된다.[98] 이 점 불자로서의 박수검의 정체성을 어느 정도 확인시켜 주기에 충분한 사례들인 것이다.

더 나아가 박수검은 영육(靈肉)[형신(形神)] 이원론(二元論)의 견지에서 생명체의 연속적인 전변(轉變)의 이치를 설파한 유식학적(唯識學的) 맥락에서의 식(識)[신(神)]에 대한 견해를 표명하는 가운데,[99] "잠시간의

96 朴守儉, 『林湖集』 卷6, 「記」, 〈鳳鶴山小馬寺剽鍾記〉, 285쪽. "禪樓舊墟, 草蔓杜破 ...... 流水白雲, 自變今古, 意者悠泛乾坤, 自不無空色幻化之幾歟." 언급된 보광산(531m)이 소재한 곳은 충북 괴산군 사리면임.

97 朴守儉, 『林湖集』 卷2, 「七言律詩(上)」, 〈次氷渡漢江韻〉, 238쪽. "氷橫兩岸雪封條 ...... 淸瑩宛 ■ 空色界."

98 예외적으로 서당(西堂) 이덕수(李德壽, 1673~1744)의 경우 사대(四大)와 진아[眞], 곧 환(幻)[육신]과 정(精)·신(神)의 관계에 대해 고민하던 중에, 당시 통도사(通度寺)의 연초(演初) 상인(上人)과의 대화를 통해서 "幻外無眞幻卽眞."이라는 깨침을 토한 사실이 있다(『西堂私載』 卷2(한국문집총간 186), 「詩」, 민족문화추진위원회, 2002, 162쪽.) 이덕수의 불교관에 대한 논의는 유호선, 「조선 후기 유학자들의 불교관」, 『불교평론』 6권 1호, 불교평론사, 2004 봄, 179~196쪽을 참조.

99 朴守儉, 『林湖集』 卷3, 「七言律詩(下)」, 〈晝夢, 次杜韻〉, 249쪽. "頹形不解留神往, 片時動業授三邊." 물론 박수검은 주자학적(朱子學的) 음양(陰陽) 구도에 입각한 사후 자아[혼백(魂魄)]의 동일성 이론을 피력하기도 하였으나, 이 경우도 혼백에 지각·의식 능력[所望]을 부여하고 있었음이 주목된다.(같은 책, 「文」, 〈祭蔡友伯瑞文〉, 276쪽): "此則長逝者魂魄, 亦必陰隲於冥冥之中, 而有所望者也."

훈업(勳業)이 삼변(三邊)에 자란다."며 업(業)의 문제를 이와 결부시킨 견해를 표명해 둔 대목도 매우 주목된다.[100] 이처럼 '식'과 결부된 업력(業力)의 문제를 삼세(三世) 단위로까지 확장시켜 거론한 이면에는 박수검이 온축한 유식학적 소양이 상당한 조예를 이뤘음을 암시해 준다. 이 같은 정황은 유학자 혹은 정주학자들에게서 좀처럼 찾아보기 어려운 사례에 해당한다.

뿐만 아니라 박수검의 경우 통상 존재일반을 일컫는 불교적 표현인 유정(有情)·무정(無情)을 굳이 "유정(有情)·무식(無識)"으로 표기했던 이유 또한 식(識, vijnana)의 문제에 대한 보다 자각된 소양 정도를 확인시켜 주는 대목이다.[101] 그 연장선에서 본디 인간의 "동정어묵(動靜語默)이란 내 몸의 방촌(方寸)[심]이 부린 바가 아님이 없다!"고 확신해 보인 대목은, 흡사 일체유심소조(一切唯心所造) 일구를 방불케 해준다.[102]

여하간 박수검의 '식' 이해는 정주학의 성즉리(性卽理) 구도에 의거하여 초목(草木)의 존재론적 지위를 규정하는 가운데, 그 "싹을 틔워 잎으로 자라고 꽃을 피워 열매를 주렁주렁 맺는"[103] 생물학적 성장 과정을 '정(情)'으로 지칭한[104] 구한말(舊韓末)의 정통 주자학자로 의당학파(毅堂學派)를 창시한 의당(毅堂) 박세화(朴世和, 1834~1910)의 무정(無情) 개념과는 단연 비

---

100 朴守儉, 『林湖集』 卷6, 「七言律詩(下)」, 〈晝夢, 次杜韻〉, 249쪽. "片時勳業樹三邊."

101 朴守儉, 『林湖集』 卷6, 「記」, 〈鳳鶴山小馬寺剽鍾記〉, 287쪽. "惟淄與俗, 皆仰鳧制, 有情無識, 咸離鴻福."

102 朴守儉, 『林湖集』 卷6, 「記」, 〈皆骨山寂默堂記〉, 291쪽. "動靜語默, 莫非吾身方寸中所使."

103 朴世和, 『毅堂集(奈堤文化資料叢書 3)』, 「毅堂集·附錄」 卷1, 〈語錄·金達容錄〉, 奈堤文化研究會, 2002, 507쪽. "或有問草木有性無情 ...... 先生曰 草木自有草木之理, 是之謂性, 芽葉花實藹然不可遏, 是之謂情."

104 朴世和, 『毅堂集·附錄』 卷1, 「語錄」, 〈金達容錄〉, 507쪽. "或有問草木有性無情 ...... 先生曰 草木自有草木之理, 是之謂性, 芽葉花實藹然不可遏, 是之謂情."

교된다. 뿐만 아니라 박수검이 형(形)과 신(神)을 분리한 차원에서의 영육 이원론적 인간관을 견지했던 정황 또한 유식학적 맥락에서의 인간 이해를 확인시켜 준다.[105]

그런데 유식학은 반야공관과 함께 대부분의 유학자 입장에서 가장 수용하기 어려웠던 대표적인 불교 교설에 해당한다.[106] 이와 같은 정황은 그나마 선가(禪家)의 어록을 통해서 신식(神識)의 실체와 윤회설을 다소 왜곡되게 이해했던 주희(朱熹, 1130~1200)의 경우도 사정은 마찬가지였다.[107] 따라서 비록 단편적인 언급에 불과하나, 불교의 시간관 및 업력과 결속된 유식학과 관련된 박수검의 언술들은 매우 의미심장한 장면으로 평가된다. 다시 말하여 해당 언술들은 유교의 종교적 특징의 일환인 사후(死後) 세계의 존재 양상과 사후의 인간 존재에 대한 인식과 태도 등과는[108] 대비되는 관점이 융해되어 있기 때문이다.

따라서 유식학 방면에 대한 박수검의 소양 정도는 괴산의 「봉학산소마사표종기(鳳鶴山小馬寺剽鍾記)」에 드러난 "유정(有情)·무식(無識)이 모두 다 큰 복을 입게 하소서!"라고 운위된 불자로서의 신앙적 염원·태도 등과 더불어,[109] "만곡 우바새"를 자처한 지식인 불자 박수검

105 朴守儉, 『林湖集』 卷4, 「五言古詩」, 〈擬離騷經(賦)〉, 268쪽. "復遂吾之初服, 形不離而神全."

106 金鍾秀, 「西溪 朴世堂의 '三笑哲學'과 儒佛 交涉－종교간 대화의 모색－」, 『禪文化研究』 10집, 禪理研究院, 2011, 79쪽.

107 이에 관해서는 윤영해, 「人生觀 批判(제1장)」, 『주자의 선불교비판 연구』, 民族社, 2000, 177~181쪽 참조.

108 각주 80) 참조.

109 朴守儉, 『林湖集』 卷6, 「記」, 〈鳳鶴山小馬寺剽鍾記〉, 287쪽. "惟願聲盤巨鏊, 影泛崇閣, 祐以神人, 救之魚龍. 惟淄與俗, 皆仰皃制, 有情無識, 咸離鴻福." 언급된 봉학산과 소마사는 각기 앞의 '보광산·백마사'가 "글자의 음(音)이 서로 유전된 오

의 종교적 정체성을 거듭 확인시켜 준 사례로 평가된다.

한편 불교 교학체계에 관한 박수검의 수용 양상과 관련하여 주목되는 또 다른 사안은 그가 정토신앙(淨土信仰)과 유관한 견해를 더러 표명해 두었다는 점이다. 이를테면 가을 달밤에 번쩍이는 서릿발을 보며 문득 '백련(白蓮)'을 떠올렸던[110] 박수검은 고운(孤雲) 최치원(崔致遠, 857~?)이 중국의 자화사(慈和寺)를 소재로 하여 남긴 시에 차운(次韻)한 시구 중에서, "미혹된 속진[塵] 세상으로부터 벗어난 연화정계(蓮花淨界)"를 희구해 보인 바가 있었다.[111] 비록 간략하나마 이 언술은 정토종(淨土宗)에 관한 박수검의 지적 소양과 염원 정도를 동시에 짐작케 해준다. 또한 문득 "문사(門寺)의 종소리를 들으면서, 매양 송도(松島)의 연화(蓮花)를 완상하곤 하였다."는 언술도 결코 무심한 대목처럼 느껴지질 않는다.[112]

또한 자신을 "번민하는 선비[閔士]"[113] 혹은 "무릉도원의 병든 길손[茂陵病客]"[114] 등으로 표현했던 박수검은 정토신앙을 향한 갈망과 유사

류[訛]"로 인해 이름이 바뀐 결과다.(같은 책, 「記」, 〈普光山白馬寺萬歲樓重修記〉, 287쪽): "今普光變爲鳳鶴, 白馬幻作小馬, 盖字音相流之訛也 ...... 爲觀音祖師造道之時, 設淸淨法界云爾."

110 朴守儉, 『林湖集』 卷2, 「七言律詩(上)」, 〈次失鶴韻〉, 236쪽. "呌斷秋風萬里天 ...... 刷月霜毛想白蓮."

111 朴守儉, 『林湖集』 卷2, 「七言律詩(上)」, 〈次崔孤雲潤州慈和寺韻〉, 237쪽. "蓮花淨界出微塵, 倚閣風煙入眼新."

112 朴守儉, 『林湖集』 卷6, 「記」, 〈慕菴記〉, 287쪽. "時聞門寺之鐘聲, 每賞松島之蓮花."

113 朴守儉, 『林湖集』 卷6, 「記」, 〈酬徐伯興桃園記〉, 289쪽. "東至于龍門之北, 歷訪君居, 亦如君之訪閔士之居也."

114 朴守儉, 『林湖集』 卷1, 「七言絶句」, 〈訪李一卿〉, 218쪽. "聊慰茂陵多病客, 却尋來路著鞭歸."

한 의미 리듬을 간직한 동양적 이상향의 하나인 무릉도원(武陵桃源)에 대해 독특한 견해를 표출해 둔 사실도 눈길을 끈다. 일단 박수검은 무릉도원의 소재와 역사, 그리고 이면사들을 차례대로 서술해 보이면서, "중토(中土)[중국]에 거주하는 이들 중에, 비록 옛것을 좋아하고 진경[眞]을 탐방하는 선비라 할지라도, 지금껏 (이를) 목격한 자가 없었다."는 엄연한 사실을 지적해 두었다.[115] 이어서 박수검은 무릉도원이 마침내 숱한 시인(詩人) 묵객(墨客)들과 화공(畵工)들에게 다양한 시적·회화적 소재거리를 제공해 온 사실도 추가로 적기해 두었다.[116]

그리하여 박수검은 마침내 세인들이 "물외(物外)의 신천지[乾坤]에 낙토(樂土)가 있는 줄로 알거나", 혹은 이곳에서 그대로 "신선(神仙)이 되어 돌아오지 않았다."는 식의 세간의 이런저런 말들을 겨냥하여 "황당한 설"로 일축하면서, "저 천고(千古)의 의혹을 떨쳐내기" 위한[117] 자신의 독특한 소견을 아래처럼 명쾌하게 피력해 두기에 이른다.

> "아! 수려하고 산뜻한 산수(山水)가 그 어느 곳엔들 유독 없겠습니까? 수풀 우거진 깊고 그윽한 지경[境]을 골라 자리 잡아서, 바위 뚫어 집을 엮고, 복숭아나무를 심어 줄지게 한다면, 반드시 구구하게 옷깃을 인적 드문 별구(別區)로 끌지 않더라도, 진원(眞源)

115 朴守儉, 『林湖集』 卷6, 「記」, 〈酬徐伯興桃園記〉, 288쪽. "世傳桃園, 邈在武陵縣境, 秦時避世人所住云 , 而雖以好古探眞之士居中土, 尙未目者也."

116 朴守儉, 『林湖集』 卷6, 「記」, 〈酬徐伯興桃園記〉, 288쪽. "古之操觚弄墨者, 或以絕境稱之, 誇諸文字, 而張大其辭 ...... 而千村鷄犬, 萬嶂草木, 乃爲懷素上模寫."

117 朴守儉, 『林湖集』 卷6, 「記」, 〈酬徐伯興桃園記〉, 288쪽. "仍使後人, 撫其彷彿, 而知有樂土於物外之乾坤也 ...... 而當初避地入山之事, 成仙不還之語 ...... 其將付諸荒唐之說, 而以祛夫千古之疑惑耶."

[무릉도원]이 바로 여기인 것이지요!"[118]

윗 인용문은 흡사 '한 번 손가락을 퉁기는 사이'로 비유된 바와 같이, '지금 · 여기'가 바로 극락정토라는 실존적 정토신앙을 연상케도 해준다. 유사한 맥락에서 박수검은 동양의 이상적인 삼대(三代)인 "당우(唐虞)에 대한 생각이 멀지 않노니, 다만 한 잔의 막걸리 속에 있다."는 특이한 비유를 통해서도,[119] '지금 · 여기'로 요약되는 실존주의의 제일의(第一義)를 재차 환기시켜 두었다. 물론 박수검은 인생 만년에 이르기까지 거친 노래나 흔한 술을 통해서, 그가 떠안은 외상으로 인한 광기(狂氣)를 자주 표출하곤 하였다.[120]

따라서 '지금 · 여기'를 예의 주시했던 박수검의 실존적 자각은 일시적인 차원의 인식론적 반전에 머무른 감이 없질 않다. 그러나 상기 인용문은 일면 현세(現世)에서 불국토(佛國土)를 실현하겠다는 정토신앙의 의지와 맞닿아 있다는 점에서, 박수검의 사유가 응용불교적 차원으로까지 확장된 장면으로 사료된다.

한편 박수검의 경우 『화엄경(華嚴經)』[121]과 『지장경(地藏經)』 등과 같은 대승경전(大乘經典)들을 탐독했던 자취들도 자주 발견된다. 나아가

118 朴守儉, 『林湖集』 卷6, 「記」, 〈酬徐伯興桃園記〉, 288쪽. "吁, 秀水明山, 何所獨無. 占得林巒深邃之境, 穿巖架屋, 種桃成行, 則不必區區引領於跡不陟之別區, 而眞源在卽矣." 박수검은 무릉도원을 '도원(桃源) · 영원(靈源) · 진원(眞源) · 낙토(樂土)' 등과 같은 단어들로 다양하게 표현하였다.

119 朴守儉, 『林湖集』 卷1, 「五言律詩」, 〈贈李友鳳齡(1首)〉, 223쪽. "唐虞思不遠, 只在一盃醪."

120 朴守儉, 『林湖集』 卷3, 「七言律詩(下)」, 〈述懷〉, 254쪽. "年來身世兩相忘 ...... 不笑不言曾不怒, 非愚非妄亦非狂, 麤歌薄酒消憂盡."

121 朴守儉, 『林湖集』 卷6, 「記」, 〈鳳鶴山小馬寺剽鍾記〉, 287쪽. "高一尺六寸, 圓經尺所."

박수검은 『법화경(法華經)』의 대표적인 교설인 “일승(一乘) 원음(圓音)”을 접한 소감을 피력해 두기도 하였다.[122] 이 같은 정황들은 대승경전 전반에 걸친 박수검의 심오한 연찬의 깊이를 확인시켜 주기에 충분한 사례들인 것이다.

따라서 이상에서 개괄적으로 소개한 반야공관과 유식학, 그리고 정토신앙과 유관한 실존적 자각과 다양한 대승경전을 두루두루 섭렵했던 정황 등은 박수검이 발휘했던 염리심과 어우러져 “만곡 우바새”로서의 면모를 유감없이 확인시켜 준 사례들로 평가된다. 더 나아가 박수검은 “언어(言語)란 자기 한 몸의 추기(樞機)[요처]”라는 인식 하에, 구업(口業)이 초래하는 부정적 파장에 대해 숙고하면서 계율(戒律)의 중요성을 떠올렸던 장면도 빼놓을 수 없다.[123] 즉, 박수검은 삼학(三學)인 계정혜(戒定慧) 전반에 걸쳐서 최소한 이상의 교학적 소양을 온축하고 있었던 것이다.

그렇다면 이제 박수검이 보여준 승려와의 교유 양상과 실참 수행에의 흔적 등을 순차적으로 살펴보도록 하겠다. 특히 박수검의 경우 이들 두 주제 사안은 긴밀히 상호 연계된 정황을 보여주고 있기에, 불교적 세계에 대한 임호의 진지한 몰입 정도를 유감없이 전시해 주고 있는 것으로 평가된다.

---

122 朴守儉, 『林湖集』 卷3, 「七言律詩(下)」, 〈次李一卿寄來韻〉, 248쪽. “般若靈乘謾說玄 ...... 病裏空敎片夢懸.”; 같은 책, 〈鳳鶴山小馬寺剽鍾記〉, 287쪽. “一乘圓音, 懸擧靈機.”

123 朴守儉, 『林湖集』 卷6, 「記」, 〈皆骨山寂默堂記〉, 291쪽. “惟口出好興戒, 則言語者, 一身之樞機也.” 운위된 ‘추기(樞機)’란 중추가 되는 기관(機關)을 말한다.

2) 승려와의 교유 양상

조선시대의 유학자들이 불교와 대면(對面)하게 된 주된 경위로는 일반적으로 사찰에서 유숙(留宿)하면서 과거공부나 독서를 병행했던 경력과 그에 따른 불경의 접촉, 그리고 주변 승려들과의 교유 등과 같은 몇몇 요인들이 동시에 거론된다. 박수검의 경우 특정 사찰에서 독서를 했던 전력은 없었으나, 문집인 『임호집』에는 다수의 사암(寺庵)들이 빈번하게 등장하고 있다.[124] 이 같은 정황은 박수검의 불연(佛緣) 정도와 함께, 통상 유·석 교유로 지칭되는 승려와의 사교의 폭을 사전에 어느 정도 가늠케 해준다.

한편 박수검은 승려들에 대해 '치(淄)·석(釋)·석자(釋子)·운납(雲衲)·빈(貧)[빈도(貧道)]·조사(祖師)·화상(和尙)·선사(禪師)·대사(大師)' 등과 같이 상당히 다양한 호칭어들을 구사하였음이 확인된다. 이처럼 존칭 위주로 구성된 박수검의 호칭법은 여타의 정주학자들과는 다소 비교되는 방식이다. 예컨대 역시 제천에 연고를 둔 후대 남인(南人) 계열의 관인·유자인 학고(鶴皐) 김이만(金履萬, 1683~1758)의 경우, '석(釋)·납자(衲子)·치곤(緇髡)·치도(緇徒)·승(僧)·빈승(貧僧)·비구(比丘)·상인(上人)' 등과 같은 호칭법을 채택했는데,[125] 이 같은 호칭법은

124 『林湖集』에는 '남산사(南山寺)·백련사(白蓮寺)·자화사(慈和寺)·신륵사(神勒寺)·감로사(甘露寺)·영종사(永鍾寺)·각연사(覺淵寺)·문사(門寺)·소마사(小馬寺)·백마사(白馬寺)·석자암(釋子菴)·낙수암(落水菴)·적묵당(寂默堂)' 등과 같이 다수의 사찰·암자들이 기재되어 있다.

125 김종수, 「鶴皐 金履萬의 寺庵 탐방과 불교인식」, 『藏書閣』 30호, 한국학중앙연구원, 2013, 286쪽 참조.

박수검이 채택한 그것과는 다소 대비되는 바가 있다. 즉, 박수검이 사용한 호칭법 속에는 불자로서의 그의 신심(信心)이 묻어나고 있음이 감지된다.

실제 박수검은 관음도량(觀音道場)인 백마사(白馬寺)의 만세루(萬歲樓)를 중수(重修)하여 "50명 인원의 수계(受戒) 도량(道場)"으로 발전시킨 승 각원(覺圓)·경희(敬熙) 주도 하에 진행된 장기간에 걸친 규모 있는 불사(佛事)를 뜻하는 "경영(經營) 형구(迴構)"와 관련하여, 다음과 같이 극구 찬양해 마지않은 사실이 있다.

> "신심(信心)은 샘물처럼 샘솟았고, 혜력(惠力)은 바람처럼 드날리어, (일을) 도모하는 공력이 옛 대사들[前烈]에 뒤지지 않았으니, 장차 불사[事]를 꾀함에 이전의 열정보다 더욱 배가될 것입니다!"[126]

두 승려의 장대한 불사를 극평한 박수검의 윗 언술 속에는 '신심·혜력'으로 표현된 심신감응(深信感應)의 이치도 잘 융해되어 있다. 다시 말하여 박수검의 경우 불교교학 방면에 대한 종교철학적 이해를 의미하는 종교적 합리주의에 추가하여, 신자로서의 주관적 신앙의 문제를 중시하는 신앙주의의 요소까지를 동시에 겸비하고 있었던 것이다. 기실 박수검이 견지한 종교적 신앙주의를 엿보게 하는 장면들 중에는, 그가 "다행히도 불력(佛力)의 주화(鑄化)[가피]를 입어서, 삼가 신기(神器)[종]가 완성[釁成]되었다!"며 타력신앙을 수용한 기문(記文)이

126 朴守儉, 『林湖集』 卷6, 「記」, 〈普光山白馬寺萬歲樓重修記〉, 285쪽. "釋覺圓暨敬熙 ...... 玆兩釋之經營迴構也, 信心泉湧, 惠力風揚, 圖功而不讓昔哲, 謀事而將多前烈 ...... 永作當來五十人受戒之道場."

나,[127] 혹은 '불일(佛日)'로 비유된 부처의 편재한 자비력 및 "석가모니불(釋迦牟尼佛)의 옥호광(玉毫光)" 등과 같은 용어들을 채택한 사례를 통해서도 명료하게 확인되는 바이다.[128] 또한 앞서 논급한 정토신앙의 연장선에서 불교의 타력 신앙적 요소를 수용했던 박수검은 "우리 동토(東土)[동국]가 억만년 동안이나 무강(無疆)한 평온"을 누리기를 축원하는 가운데, 또한 "우리 왕실(王室)의 복(福)"을 기원하는 기복적(祈福的) 성향까지 노정해 보이기도 하였다.[129]

이에 반해 전술한 김이만의 경우 연풍현(延豊縣)[괴산]에 소재한 양산사(陽山寺)에서 신라(新羅) 왕실의 원당(願堂)을 접한 자리에서, 인과응보에 따른 불력의 가피력 혹은 위신력을 설한 승려의 설법을 강한 어조로 비판하였던 바,[130] 이 점 "만곡 우바새"로 자처한 박수검이 보여준 종교적 귀의심(歸依心)과는 명백히 대비되는 처사다.

더 나아가 박수검은 "높이가 1척(尺) 6촌(寸)이며, 무게가 300근(斤)"에 달하는 소마사(小馬寺)의 신종(新鐘)을 두고, "보는 이는 마음이 (저절로 흠뻑) 취(醉)하여 밤새도록 은은히 울릴 것이며, 듣는 이는 귀가 깨어

127 朴守儉,『林湖集』卷6,「記」,〈鳳鶴山小馬寺剽鍾記〉, 287쪽. "幸賴佛力之鑄化, 儼見神器之釁成."

128 朴守儉,『林湖集』卷6,「記」,〈普光山白馬寺萬歲樓重修記〉, 286쪽. "遙迎佛日, 丕助王風."; 같은 책,〈普光山白馬寺萬歲樓重修記〉, 285쪽. "南祖俗離, 西鎭槐安, 日普光, 卽 釋迦牟尼佛玉毫光遠照燭者耶."

129 朴守儉,『林湖集』卷6,「記」,〈鳳鶴山小馬寺剽鍾記〉, 287쪽. "我動土億萬年无疆之休, 其亦造端乎此矣 ...... 我王室之福, 與春俱長."

130 金履萬『鶴皐集』卷10(한국문집총간 續65),「雜著」,〈山史〉, 한국고전번역원, 2007, 197쪽. "黃昏到陽山寺 ...... 僧言新羅王願堂, 余笑曰 新羅王構此願堂, 豈非爲福田利益, 而試看半月城衰草冷煙, 佛力果安在哉. 僧嘿然不知所對, 還丈室飯伊蒲訖, 出山門."

날 것"으로 극찬을 가하는 가운데,[131] 또한 아래처럼 『지장경』의 문맥에 의거하여 진심 축원(祝願)하는 일도 결코 망각하지 않았다.

> "마침내 천룡(天龍) 팔부(八部)와 오방(五方)의 지신(地神) 및 저 한량없는 중생(衆生)들, 무량(無量)한 제불(諸佛)들로 하여금 모두 보리(菩提)를 증득케 하시고, 원컨대 반야(般若)를 이루게 하시어, 번뇌가 영원히 끊어지고, 지혜(智慧)가 증장토록 하옵소서!"[132]

물론 윗 인용문은 표종기(剽鍾記) 양식을 취한 문장 유형이긴 하지만, 불교가 궁극적으로 지향하고자 하는 "중생을 제도(濟度)하기" 위한[133] 원대한 원력(願力)과 목표들이 잘 열거되어 있다. 실제 박수검은 자비(慈悲)와 서원력(誓願力)에 담긴 심장한 의미에 대해서도 충분히 인지하고 있던 터였다.[134]

그렇다면 박수검은 실참 수행을 통해서 번뇌·망상을 끊고 각자(覺者)가 되기 위해 어떠한 노력을 경주하였던 것일까? 일단 이 사안과 관련하여 봉학산 소마사에 주석 중이었던 경희(敬熙) 화상(和尚)과 민장(敏莊) 선사(禪師)에 대한 박수검의 아래 평가를 음미해 보도록 한다.

---

131 朴守儉, 『林湖集』 卷6, 「記」, 〈鳳鶴山小馬寺剽鍾記〉, 286쪽. "高一尺六寸, 圓經尺所, 重三百斤 ...... 見者醉心, 宵嘘隱隱, 聞者醒耳."

132 朴守儉, 『林湖集』 卷6, 「記」, 〈鳳鶴山小馬寺剽鍾記〉, 287쪽. "遂使天龍八部, 地神五方, 暨夫無量衆生, 無量諸佛, 皆證菩提, 願成般若, 煩惱久斷, 智慧增長."

133 朴守儉, 『林湖集』 卷6, 「記」, 〈鳳鶴山小馬寺剽鍾記〉, 287쪽. "馬寺祥輝 ...... 素稱觀音道場, 實合度世眞境."

134 朴守儉, 『林湖集』 卷6, 「記」, 〈鳳鶴山小馬寺剽鍾記〉, 287쪽. "徘徊古檀, 願瞻遺砌, 兼懷慈悲, 共發誓願, 白墨相應, 塤篪繼和."

> "(두 분) 모두 속진의 허물을 여위었으며, 아울러 깨침의 길로 접어드시어, 널리 삼품(三品)의 연채(鍊彩)를 모으셨고, 육신통[六通]의 혜력(惠力)을 열어 보이셨습니다."[135]

물론 윗글은 실제로 경희 화상과 민장 선사 양인이 묘사된 바와 같은 수행(修行) 과위(果位)를 증득했는지를 확인시켜 주지는 않는다. 대신에 위 인용문은 박수검이 불교의 실참 수행 방면에 대해서 축적한 최소한 이상의 소양과 수행력 정도를 파악하기에는 전혀 부족함이 없는 상태다. 또한 윗글은 박수검이 교류를 유지했던 승려들이 주로 수행력이나 법력을 겸비한 고승대덕 범주에 속하는 인사들이었음을 짐작케도 해준다.

예컨대 박수검이 야전(野田)에서 오래된 폐사(廢寺)를 접하고, 마침 조우한 승려에게 소침(消沈)한 개인사를 묻지 말 것을 당부하면서, "다만 서로 등(燈) 하나를 전(傳)하세!"라고 운위한 구절 또한 그가 '전등(傳燈)'으로 상징되는 이심전심(以心傳心)의 맥락을 숙지하고 있었음을 반증해 준다.[136] 즉, 박수검은 신심·교학적 이해[신해(信解)] 단계에 뒤이은 수(修)·증(證) 국면의 중요성을 충분히 이해하고 있었을 뿐만 아니라, 그에 상응하는 승려들과 교류를 유지하였던 것이다. 물론 박수검은 신해수증을 일관하는 계율[戒][137]의 중요성도 충분히 인지하고 있었는

135 朴守儉, 『林湖集』 卷6, 「記」, 〈鳳鶴山小馬寺剽鍾記〉, 287쪽. "爰有敬熙和尙, 敏莊禪師, 咸出塵臼, 并昇覺路, 廣裒三品之鍊彩, 開見六通之惠力."

136 朴守儉, 『林湖集』 卷1, 「五言絕句」, 〈廢寺次韻〉, 221쪽. "野田有廢寺, 年紀遠無徵 …… 長路禮歸僧, 莫問消沈事, 相傳只一燈." 달리 박수검은 '선심(禪心)'이라는 시어(詩語)를 사용하기도 했다.(같은 책, 「七言律詩」, 〈辛丑秋, 訪白蓮寺詩僧不遇〉, 228쪽): "僧去雲梯落葉深, 石樓誰與話禪心."

137 朴守儉, 『林湖集』 卷6, 「記」, 〈鳳鶴山小馬寺剽鍾記〉, 287쪽. "鳴浮法筵, 掌抱申戒."

데, 이 점 임호가 형성한 불자적 정체성을 겸해서 확인시켜 주기도 한다.

이상의 내용을 정리해 두자면, 박수검이 수행한 승려와의 교유는 그가 온축한 교학적 깊이와 수행에의 몰입 및 지계(持戒) 등과 같은 제 국면과 비례적 양상을 취하고 있었던 것으로 분석되고 있다. 이 점 이어지는 3)절에서 소개하게 될 "정신[神]은 우주의 팔표(八表)를 노닐면서 조용히 천계(千界)를 관(觀)하였다."고 묘사된 수행력 높은 경수(慶秀) 화상(和尙)과의 관계를 통해서도 재차 확인되는 바이다.[138]

일찍이 박수검과 동갑내기로 탈주자학적(脫朱子學的) 경학론(經學論)을 선구적으로 개척했던 소론(少論) 계열의 지성인 서계(西溪) 박세당(朴世堂, 1629~1703)은 "그 더불어 교유[遊]한 바를 살펴보면, 그 사람됨을 알 수 있다."라는 관인법(觀人法)을 피력해 둔 사실이 있었다.[139] 지금 박세당이 행한 이 지적은 박수검과 교유를 맺은 승려들과의 관계에도 그대로 적용될 만한 소지가 다분해 보인다. 물론 박수검의 경우 유·석 교유의 폭은 다소 제한된 편이었지만, 앞서 거론한 고승들인 각원·경희·민장과 제3)절의 경수 화상과의 교유에서 감지되듯이, 법력과 수행력을 두루두루 겸비한 품격 있는 승려들과 지속적인 교분을 나눴던 것으로 확인된다.

결과적으로 박수검이 보여준 유·석 교유의 양상 또한 교학체계 전반에 걸친 폭넓은 소양 정도와 더불어, 그가 재형성한 불자적 정체성을

138 朴守儉, 『林湖集』 卷6, 「記」, 〈皆骨山寂默堂記〉, 291쪽. "今者和尙慶秀 ...... 我自絕粒, 靈藥何用, 我自絕交, 仙子何求. 冥然杳然, 悅兮忽兮, 神遊八表, 靜觀千界, 彼方士者所慕."

139 朴世堂, 『西溪集』 卷6(한국문집총간 134), 「題跋」, 〈題圓澤所持詩卷〉, 민족문화추진위원회, 1996, 149쪽. "覺天死矣, 吾雖未及見之, 卽其所與遊, 可知其爲人矣."

명증하게 입증시켜 주고 있음이 확인된다. 이 같은 정황은 정좌 수행으로 대변되는 실참 수행 방면에서도 그대로 관철되고 있다.

3) 정좌(靜坐) 수행에의 몰입

앞에서도 논급한 바와 같이, 박수검은 실참 수행의 중요성을 충분히 인식하는 가운데, 그 자신 몸소 이를 치열하게 실행하였던 진정한 '우바새'였다. 그에 따라 현전하는 박수검의 문집인 『임호집』 속에는 '독좌(獨坐)·좌(坐)·직좌(直坐)·정좌(靜坐)' 등과 같은 시제(詩題)나 시어(詩語)들이 숱하게 발견되고 있을 뿐만 아니라, 실제 그는 틈틈이 진지하게 수행에 몰입하곤 했던 자취들을 남겨 두었음이 눈에 띈다.

뿐만 아니라 박수검의 경우 그와 서신을 주고받았던 둔곡(遯谷) 곽세익(郭世翼, 1620~?)[140]의 저술을 두고, "선가(禪家)의 체법(體法)을 깊이 터득하였다."고 평론한 대목도 예사롭지가 않다.[141] 왜냐하면 이 같은 박수검의 언술은 그가 평소 실참 수행에 병행하여 다양한 선가(禪家)의 어록(語錄)들도 꾸준히 탐독하였음을 시사해 주고 있기 때문이다. 좀 더 부연하자면, 박수검은 정좌로 지칭된 실참 수행에 열중하였음과 동시에, 이 방면에 관한 체험적 지침들을 제시한 선가의 어록 따위와 같은 텍

140 朴守儉, 『遯谷郭逸人行狀』(국립중앙도서관 소장본 한古朝57-가869), 1쪽. "公諱世翼, 字九萬, 號遯谷, 郭出玄風世著姓." 이 행장은 1694년경에 작성된 것으로 추정된다. 곽세익은 1654년(효종 5)인 1654년에 식년시에 병과(丙科) 1위로 급제하여, 정3품 당하관 직임인 정(正) 등을 역임하였다.

141 朴守儉, 『林湖集』 卷6, 「書」, 〈謝遯谷書〉, 296쪽. "兄旣以著述自任 ...... 逃虎說所補偈言, 深得禪家體法, 而說與序有異."

스트들에 대한 연찬을 동시에 병행하고도 있었던 것이다. 이 점 수행에 대한 박수검의 높은 관심사의 정도를 제대로 확인시켜 주고 있다.

실상 박수검은 그 무언가에 관심을 두면 몸에 병을 얻으리만큼 집요한 열정을 발휘하곤 했던 인물이다. 이처럼 지독한 집중 취향은 "친구[人]도 없어 늘상 독좌(獨坐)만 한다."고 고백했던 수행 방면에도 결코 예외이질 않았던 것 같다.[142] 이를테면 "곧게 정좌[坐]한 채 어슴푸레한 새벽을 맞이하였다."는 구절이나, 혹은 "정좌(靜坐)한 지도 오래, (문득) 새벽을 알리는 닭 울음소리가 들리누나!"는 대목, 그리고 "정좌한 지도 오래, 서리 기운이 차갑고도 서늘하다."는 등의 언술들은 박수검의 수행 열정을 잘 반증해 주는 장면들이다.[143] 심리적 외상으로 인한 근심과 병환으로 자신의 삶이 점철되었다고 토로한 박수검은, 때로는 "잠이 없어 곧게 정좌한 채 동틀 무렵에 이르는" 경우도 있었다.[144] 이상에서 적시한 사례들만 보더라도 박수검이 얼마나 진지하게 수행에 몰입하였던가를 충분히 상상하고도 남음이 있을 정도다.

그리하여 급기야 박수검은 "종당에 관직[紱]을 벗어 던지고 참선(參禪)에나 몰입할까나?"라는 의미심장한 고백을 통해서,[145] 한때 비장

142 朴守儉,『林湖集』卷1,「五言絕句」,〈次李秀才恒鎭韻〉, 221쪽. "無人常獨坐, 多病抱閑愁."

143 朴守儉,『林湖集』卷1,「五言絕句」,〈次李一卿客中秋夜述懷韻〉, 221쪽. "直坐到天明."; 같은 책,〈次金進士訪友不遇韻〉, 222쪽. "坐久聽晨鷄." ; 같은 책,〈秋夜有懷〉, 223쪽. "坐久霜凄淸."

144 朴守儉,『林湖集』卷3,「七言律詩(下)」,〈愁字次杜韻〉, 245쪽. "淸愁和病惱吾生 ...... 有酒乍傾忘鬢白, 無眠直坐到天明."

145 朴守儉,『林湖集』卷3,「七言律詩(下)」,〈覺淵寺, 次瓢翁韻〉, 248쪽. "虛送人間五十年, 壯志今銷金肘 ...... 花雨三千眞世界, 終當投紱好參禪."

한 심정으로 출가에의 의사를 내비추기조차 하였던 것이다. 『임호집』에는 적시한 실참 수행과 관련된 사례들이 숱하게 발견되나, 굳이 일일이 열거하는 식의 수고로움은 피하도록 한다. 더불어 박수검이 행했던 수행법 중에는 양생(養生)을 추구하는 수련도교도 포함되어 있으나,[146] 논의의 단순화를 위한 방편상 이 부분에 관한 더 이상의 논급 또한 생략하도록 하겠다.

다만 박수검의 경우 "단전(丹田)에 신사(神舍)를 쌓았다."고 설한 바대로,[147] 단전호흡(丹田呼吸)에 지대한 관심을 가지고 있었던 것만큼은 분명해 보인다. 아마도 이 같은 관심은 연이은 상처·사별 끝에 칠순이 가까워진 나이임에도 불구하고 지속적으로 자녀를 출산해야만 했던 당시의 사정과도 무관하지 않았을 것으로 조심스럽게 추측해 본다.

이상에서 논급한 실참 수행의 결과로서 박수검은 "흐릿하니 진세(塵世)의 논란[論]들을 잊을 수 있었을" 뿐만 아니라, 또한 "비워진 마음자리에 능히 사물[物]이 비춰지니, 세상사로 근심거리 만들지 말지니!"로 표현된 명경(明鏡)한 경지에 접어들기도 하였다.[148] 더 나아가 박수검은 마음의 근원 자리가 본디 '적료(寂廖) · 적막(寂寞)'함 그 자체임을 증득하기에 이르렀던 것이다.[149] 이 같은 본연한 마음의 모습을 박수검

146 朴守儉, 『林湖集』 卷1, 「五言絕句」, 〈贈李友鳳齡(1首)〉, 223쪽. "守靜將師老, 養生莫問庖."; 같은 책, 「七言律詩(下)」, 〈次李一卿寄來韻〉, 248쪽. "靈丹暗符姬帝素."

147 朴守儉, 『林湖集』 卷4, 「附七言行詩」, 〈擬離騷經(賦)〉, 268쪽. "余幼昧此大道兮, 慕屈子之遠遊 ...... 回朕車於中夏, 築神舍於丹田兮."

148 朴守儉, 『林湖集』 卷1, 「五言絕句」, 〈次權友揆韻〉, 220쪽. "獨坐掩柴門, 渾忘塵世論." ; 같은 책, 〈次李秀才恒鎭韻〉, 221쪽. "虛心能照物, 世事莫招憂."

149 朴守儉, 『林湖集』 卷1, 「五言絕句」, 〈偶吟〉, 221쪽. "物理知亨泰, 心源見寂廖."; 같은 책, 〈次姜叔大韻(2首)〉, 222쪽. "心源仍寂寞, 不見有人過."

은 달리 “마음 근원이 담박하기가 본디 이와 같다.”는 말로써, 적정(寂靜)한 심체(心體)를 묘사해 두기도 했다.[150] 박수검이 수행한 심체 묘사는 단순히 문학적 수사의 힘에 의한 것이 아닌, 즉 실참 수행을 통해 증득된 그것을 표현해 보인 것이라는 점에서 주목 받기에 충분하다. 동일한 맥락에서 박수검은 본디 마음이란 형체가 없는 까닭에, “사물에 응(應)해도 (그) 자취를 남기지 않는” 이유를 『주역』의 설명 방식을 통해서 부연해 두기도 하였다.[151]

이처럼 마음의 체용(體用)을 역학(易學)이나 『중용』의 중화설(中和說)에 의거하여 분대(分對)하여 설명하는 방식은 정주학자들의 공통된 학문적 경향에 해당한다.[152] 그렇다고 하더라도 박수검이 수행한 심체 묘사는 정주학자들의 그것에 비해서 좀 더 불교적인 설명 방식에 근접해 있음이 분명해 보인다. 물론 그 이면에는 박수검 스스로가 꾸준한 실참 수행을 통해 몸소 증득한 심체 이해가 크게 관여하고 있었기 때문임은 앞서 논급한 그대로다.

그리하여 박수검은 곡기(穀氣)는 물론이고 일체의 교유마저 단절한 채로, 금강산(金剛山)에서 용맹 정진 중이던 경수(慶秀) 화상이 다다른 수행 과위를 아래처럼 이채롭게 서술해 두기도 하였다.

150 朴守儉, 『林湖集』 卷1, 「五言絕句」, 〈贈人〉, 223쪽. “時序病相促, 心源淡自如, 山光回日薄.”

151 朴守儉, 『林湖集』 卷6, 「記」, 〈皆骨山寂默堂記〉, 291쪽. “心今本虛, 應物無迹, 寂然不動, 感而遂通天下之故者也.”

152 胡廣, 『書集傳大全』, 學民文化社, 1990, 159쪽. “聖人之心, 未感於物, 其體廣大而虛明, 絕無毫髮偏倚 ...... 及其感於物也, 則喜怒哀樂愛惡欲之用, 各隨所感而應之.” 이 글은 주희(朱熹, 1130~1200)가 『尙書』, 「舜典」편의 경문(經文) 가운데 제11장 해석을 통해서 성인(聖人)의 심체를 설명한 부분에 해당한다.

"어두운 듯 아득한 듯, 희열을 느끼며 (번뇌가) 다해지네! 정신[神]은 우주의 팔표(八表)를 노닐면서 조용히 천계(千界)를 관(觀)하니, 저 (선가며 도가의) 방사(方士)들[도사(道士)]이 사모하는 바라오!"[153]

윗글은 경수 화상이 성취한 참선 수행의 한 극점을 전시해 주는 대목으로, 이는 명백히 선정(禪定) 삼매(三昧)의 상태에서 유체(流體)가 육신을 이탈한 장면을 포착하여 기술해 보인 것이다. 동시에 위의 인용문은 일견 박수검이 성취한 심오한 수행력 정도를 간접적으로 짐작케 해 주고도 있다는 점에서도 매우 주목할 만하다.

그러나 박수검이 맛보았던 수행에의 깊이가 그가 떠안고 있었던 트라우마의 문제에 대해 궁극적인 치유를 위한 처방책으로 다가서고 있었는지 하는 문제와 함께, 또한 임호가 꾸준히 진행시켜 온 정좌 수행이 진정 각자(覺者)를 지향한 방편이었는가? 하는 의문점에 대해서는 구체적으로 확인하기가 어려웠다. 물론 앞서 검토한 바대로, 박수검은 정좌 수행을 경유하면서 간간이 마음의 본 모습[心體]을 증득했던 것은 분명해 보이나, 정좌 수행이 궁극적인 그 무엇으로 귀결되고 정착했던 것은 아닌 듯하다. 이제 지적된 사안과 관련한 논의를 마지막으로 진행하도록 한다.

153 朴守儉, 『林湖集』 卷6, 「記」, 〈皆骨山寂默堂記〉, 291쪽. "今者和尙慶秀 ...... 我自絕粒, 靈藥何用, 我自絕交, 仙子何求. 冥然杳然, 悅兮忽兮, 神遊八表, 靜觀千界, 彼方士者所慕."

4. 맺음말

이상의 논의를 통해서 일차적으로 박수검이 영위한 수학기 적의 기록들을 일별하는 방식을 통해서, 임호가 유자로 정향되어 갔던 일련의 경위들을 자세하게 살펴보았다. 그 결과 수월한 학적 역량과 빼어난 문장력을 과시했던 박수검이 곧 맞이할 입신양명에의 기대감이 주변에 충만했던 정황들과 더불어, 또한 엄격한 도통론을 제기할 정도로 성숙한 정주학자로 거듭난 장면들도 아울러 접할 수 있었다. 그러나 애초 노론 계열의 순정 정주학자였던 박수검이 불자인 "만곡 우바새"로 전향할 수밖에 없었던 이면에는, 20대 중반부터 맞닥뜨리기 시작하여 차후로 약 20여 년에 걸친 일신상의 불행한 앙화들이 자리하고 있었다는 사실도 겸사해서 확인하게 되었다.

그리하여 자신이 떠안은 연원 깊은 심리적 트라우마의 문제를 해소·치유하기 위한 의도에서 영접된 불교적 세계와 대면하게 된 박수검의 다양한 반응들을 순차적으로 고찰하게 되었다. 그 주된 내용은 불교의 교학체계에 대한 소양 정도와 주변 승려들과의 교유 양상, 그리고 정좌로 대변되는 실참 수행에의 자취 등과 같은 세 가지 범주를 아우르는 차원이었다. 그 결과 우리는 박수검이 시도한 극적인 종교적 변신 행위가 명백하게 종교학적 의미에서의 '전향'에 준하는 일대 계기적 사건에 해당하는 의미를 내포하고 있었다는 사실에 어느 정도 공감하게 된다.

그런데 박수검이 최만년에 남긴 일련의 시작(詩作)들 속에는 불자로서의 귀의심이 존속되고 있음을 확인할 만한 단서를 발견하기가 어려웠다. 물론 그렇다고 해서 박수검이 "만곡 우바새"로 전향한 사실 자체가 부정되거나 희석되는 것은 결코 아니다. 이처럼 아이러니컬한 사안과 관련하여 평생토록 역학 연찬에 주력했던 박수검이 만년에 창작한 부(賦)인 「의이소경(擬離騷經)」을 통해서 여전히 아래처럼 절규하고 있었다는 사실에 특별히 유의해 본다.

> "남모르는 번민 안고서 정처 없이 방황하노니
> 아! 사심(死心)에 다시는 양(陽)이 회복되지 않누나!"[154]

윗시는 『주역』의 64괘(卦) 중에서 일양(一陽)이 시생(始生)하는 이치를 설파한 복괘(復卦)[䷗]로 표상되는 생명의지[生意]의 단절을 토로해 보인 대목이다. 박수검은 생애 최후의 순간에 이르도록 "사심(死心)에 다시는 양(陽)이 회복되지 않을" 정도로 황폐한 영혼의 풍경을 전시해 보였음을 알 수 있다.

한편 박수검은 그가 서울에서 임종을 맞이한 70세 7월 이전인, 곧 1698년 3월에 이르러 평생 동안에 심혈을 기울인 역학 연구서인 『절위여편』을 완성하기에 이른다.[155] 그런데 이 저서 속에는 여전히 역학사(易學史)에서 정자[程]·주자[朱]가 수립한 학적 공로에 대한 지극한 예찬과 함께, 역(易)·역서(易書)의 "그 핵심은 다만 일본(一本)이 흩어져 만수(萬殊)로 나뉘는 것"이라는 정주학적 세계 도식(圖式)이 여전히 그대

154 朴守儉, 『林湖集』 卷4, 「五言古詩」, 〈擬離騷經(賦)〉, 267쪽. "懷隱憫而彷徨, 嗟死心不可復陽兮, 固將愁苦而終窮, 慨已往之莫攀兮."

155 朴守儉, 『林湖集』 卷6, 「序」, 〈絕韋餘編序〉, 282~283쪽. "...... 而題之曰 絕韋餘編 ...... 曆用時憲, 歲在戊寅, 月三日三, 晚谷閑人序."

로 관철되고도 있었다.[156] 특히 박수검은 정자·주자가 역학사에서 수립한 공로를 두고, "다시 정이천(程伊川)이 실마리를 모으고 주자(朱子)가 계식(繼武)하였으니, 이는 모두 대현(大賢)·아성(亞聖)의 자질을 갖추었기 때문"이었던 것으로 평론하였음이 확인된다.[157] 이 같은 박수검의 평론은 앞서 논급한 도통론의 연장선에서 이해될 수 있는 대목인 것이다. 즉, 박수검은 죽기 이전까지 정주학적 세계관과 그에 따른 도통론을 여전히 확고하게 견지하고 있었던 것이다.

박수검의 주저인 『절위여편』은 자신의 삶이 직면한 숱한 의단(疑團)들을 자체적으로 해명해 내기 위한 치열한 학문적 노력의 결실이었으나, 이러한 노력과는 무관하게 윗시는 역설적으로 "사심(死心)에 다시는 양(陽)이 회복되지 않는" 비참한 영혼의 최후 풍경을 노정해 보였던 것이다. 그렇다면 이러한 사태를 과연 어떻게 이해하고 설명할 수 있겠는가?

일찍이 실존주의 철학의 선구자였던 키에르케고르(S. Kierkegaard)는 지금 박수검이 처한 죽음에 이르는 병(病)인 깊은 절망을 아래처럼 예리하게 진단해 보인 사실이 있다.

> "따라서 죽음에 이르기까지 앓고 있다는 것은 죽을 수가 없다는 것이며, 더욱이 그것도 살 수 있는 희망이 있어서가 아니라, 오히려 그것은 죽음이라는 최후의 희망까지도 남지 않을 만큼 희망을

156 朴守儉, 『林湖集』 卷6, 「序」, 〈絕韋餘編序〉, 282쪽. "夫易廣大悉備, 纖微不遺, 全體妙用, 惟聖所難, 而道中一事, 雖愚與知. 況易之爲書, 稱名雖雜, 不越稽類. 果能說諸心, 研諸慮, 分群聚類, 類族辨物, 則其要只是一本散爲萬殊, 百慮同歸一致也."

157 朴守儉, 『林湖集』 卷6, 「序」 〈絕韋餘編序〉, 282쪽. "天啓有宋, 奎文炳煥, 伊川纂緒, 紫陽繼武, 皆以大賢亞聖之資." 운위된 '계식(繼武)'은 앞의 발자국을 잇는다는 뜻으로, 앞 사람의 일을 충실하게 잘 이어받는 것을 말한다.

잃고 있다는 것이다."[158]

박수검은 위 인용문과 같은 처지에 놓인 자신을 자주 『장자』에 등장하는 일급 지체장애자 격인 '지리(支離)'로 더러 비유하곤 하였다.[159] 『장자』 속의 '지리'는 바로 "죽음이라는 최후의 희망까지도 남지 않을 만큼 희망을 잃고 있었던" 그의 슬픈 자화상에 다름이 아니었기 때문이다. 자연히 '폐사(廢士)'[160] 박수검은 "절망하는 자는 절망하고 있는 순간마다 절망을 스스로 불러들이고 있는" 형국인 이유로 인하여,[161] 그가 크게 관심을 기울였던 장자철학과 역학 및 정주학과 불교적 세계 모두로부터 트라우마를 해소·치유하고 궁극적인 구원에 다다르는 길을 스스로 차단하고 있었던 것이다. 매우 안타깝게도 박수검의 경우 자신에게 주어진 제반 실존적 여건들을 있는 그대로 수용하는 지혜(智慧)가 결여되어 있었다. 때문에 박수검은 전혀 다른 방식과 차원에서의 출구 전략을 미처 모색하지를 못했던 것이다.

그럼에도 불구하고 우암 송시열의 문인으로서 엄격한 도통론을 견지했던 노론계의 정주학자 박수검이 "만곡 우파색"으로의 극적인 전향을 시도함으로써, 한때에 지친 그의 영혼에 구원의 메시지를 제공받았던 사실 자체가 결코 희석되는 것은 아니다. 그러나 박수검의 전향 행위가 종교학적 차원에서의 완전한 개종을 의미하는지에 대해서는 판단

158 키에르케고르(崔石泉 역), 『죽음에 이르는 病』, 尙書閣, 1977, 39쪽.

159 朴守儉, 『林湖集』 卷3, 「七言律詩(下)」, 〈次杜恨別韻〉, 254쪽. "支離半世西遊倦, 壯志蹉跎暮年."

160 朴守儉, 『林湖集』 卷3, 「七言律詩(下)」, 〈贈金順天滉〉, 244쪽. "我輩爲官只爲貧, 聖代若無收廢士."

161 키에르케고르(崔石泉 역), 『죽음에 이르는 病』, 39쪽 참조.

을 일시 유보하고자 한다.

대신에 우리는 불교에로의 전향을 시도했던 17세기 중·후반 무렵의 노론계 정주학자인 박수검의 사례를 통해서, 종교학적 맥락에서의 전향 혹은 개종의 문제란 실존적인 인간이 복잡다단한 삶을 영위하는 과정에서 불가피하게 파생될 수밖에 없는 극히 보편적인 사안이라는 사실을 어느 정도 확인할 수 있었다. 그런 점에서 전근대 시기에서 보여준 박수검의 사례는 종교적 전향 혹은 개종의 문제와 관련하여 역사적·경험적 차원에서 유의미한 사례를 제공해 준 것으로 평가된다.

7장

18세기 남인계 관인(官人)·유자(儒者) 학고(鶴皐) 김이만(金履萬)의 사암(寺庵) 탐방과 불교인식의 변화

7장

18세기 남인계 관인(官人)·유자(儒者) 학고(鶴皐) 김이만(金履萬)의 사암(寺庵) 탐방과 불교인식의 변화

호좌권(湖左圈)의 궁벽진 향리 사회인 지금의 충북(忠北) 제천시(堤川市)에서 출생한 학고(鶴皐) 김이만(金履萬, 1683~1758)은 18세기 초·중반을 주요 활동기로 삼았던 남인(南人) 계열의 관인·유자 신분의 지식인이었다. 원래 김이만의 선대(先代)는 영남(嶺南)의 예천(醴泉)이 대대로 살아온 세거지(世居地)로, 학고의 집안은 이 지역 망족(望族)에 해당하는 유서 깊은 가문이었다. 이렇듯 유학적 전통이 깊은 집안의 후예로 태어난 김이만은 어릴 적부터 문한(文翰)과 필묵(筆墨)의 세계에 자연스럽게 접할 수 있었고, 뒤이은 수학기(修學期)를 거치면서 유자로서의 삶의 정향이 확고하게 구축되어 가기에 이른다. 특히 부친 사후에 보여준 현숙한 모친의 각별한 교육적 배려는 김이만의 인생에 큰 영향력을 행사하게 된다.

차후 김이만은 비교적 늦은 나이인 31세 때에 과거에 급제하였고, 이후로 관직에 적(籍)을 둔 지가 "통적(通籍) 50여 년에 이르는" 기나긴 사환기(仕宦期)로 진입하게 된다. 그러나 당시의 정국(政局) 상황은 노론계(老論係) 일당(一黨) 체제가 확연히 공고화되는 국면을 맞이하였던 시기였던 까닭에, 김이만은 겨우 외직(外職)이나 한직(閒職)을 전전하는 환력(宦歷)을 보여주었을 따름이었다. 때문에 남인계 당인(黨人)의 일원이었던 김이만은 큰 정치적 피해의식을 감내하였음과 더불어, 또한 그에 따른 깊은 좌절감을 줄곧 감당해야만 했었다.

그리하여 김이만이 중년(中年)에 접어든 이후 무렵부터 전국 도처의 명산(名山)·대첩(大捷)을 찾아 원유(遠遊)에 나서거나, 혹은 작시(作詩)를 통한 문학 활동에 더욱 주력했던 이유 또한 그가 떠안은 심리적 트라우마를 해소하고 치유하기 위한 의도와 무관하지 않았던 것이다. 동시에 이 지점에서 애초 근본(根本) 유자(儒者) 신분이었던 김이만은 불교적(佛教的) 세계와도 부분적인 교섭(交涉)을 시도하게 되면서, 새로운 사상적 실험의 장으로 인도되는 국면을 맞이하기에 이른다. 김이만이 불교와 대면(對面)한 일은 그가 간간이 관심을 기울이곤 하였던 노장철학의 메시지로부터 받은 영향력과는 전혀 차원을 달리하는 성질의 것이었다.

한편 『산사(山史)』를 위시한 각종 유기(遊記) 류(類)의 저술들 속에는 김이만이 전국을 유람했을 당시에 탐방했던 숱한 사찰(寺刹)·암자(庵子)들이 수록되어 있는 상태다. 그런데 김이만의 경우 사암을 탐방했던 횟수에 비례하여 불교의 교학체계와 좌선(坐禪) 수행법 등에 대한 지적 소양이나 실참(實參) 수행에의 의지도 동시에 심화되는 양상을 보여 주고 있었음이 주목된다. 또한 김이만이 남긴 각종 유기 류의 저술에는 불교의 승단(僧團)

과 승려(僧侶)들에 대한 인식, 그리고 사찰·암자들과 결부된 다양한 이면사들도 아울러 묘사되어 있는 점도 특기할 만한 대목들에 해당한다.

특히 김이만의 경우 환(幻)·공관(空觀)에 입각한 불교의 해체론적(解體論的) 인식론(認識論)을 적극 수용하게 되면서, 그가 기존에 추구했던 세속적 가치들이나 대상들을 무화(無化)·해체(解體)시킬 수 있었다. 뿐만 아니라 김이만은 시간(時間) 개념에 수반되는 영원성(永遠性)이라는 의미를 탈각시키는 등의 주목할 만한 인식론적 반전을 수행한 점도 돋보이는 부분이다. 이 같은 정황들은 김이만이 불교와 대면하는 일련의 과정을 경우하면서, 애초 그가 간직했던 트라우마가 차츰 해소·치유되는 국면을 맞이하게 되었음을 시사해 주기도 때문이다.

겸하여 김이만은 불교의 대표적인 실참 수행법의 일환인 참선(參禪)·가부좌(跏趺坐)에 상응하는 정좌(靜坐) 수행에 더욱 몰입하는 추이를 보여주기도 하였다. 그럼과 동시에 김이만은 소동파(蘇東坡)의 시(詩)에서 은근히 풍겨나는 선적(禪的) 풍취(風趣)를 강도 높은 어조로 비판하였다. 나아가 김이만은 불교를 대표하는 교리 가운데 하나인 인과응보설(因果應報說)이 한갓 허무맹랑한 일설에 불과한 것으로 인식하는 등의 이중적 태도를 여전히 견지하고도 있었다. 이처럼 김이만이 참선 수행법과 불교의 대표적인 교설 등을 비판했던 이유는, 애초 그가 착지한 근본 유자로서의 사상적·이념적 입각점이 여전히 유효한 기제로 작동 중인 상태임을 암시해 준다.

그럼에도 불구하고 비록 제한적·부분적 차원에서 진행된 교섭 양상이긴 하지만, 김이만이 보여준 일련의 대(對) 불교인식의 변화는 주요 고등종교 간(間) 대화의 문제가 긴요한 시대적 화두로 부상한 작금의 시대적 상황과 관련하여 유의미한 역사적·경험적 사례로 남게 될 전망이다. 특히 김이만의 경우 실존적 인간이 직면한 심리적 트라우마의 문제를 기존에 착지했던 모태(母胎) 종교 격인 유교(儒敎)가 아닌, 즉 이웃한 이단(異端)의 종교인 불교를 통해서 해결의 실마리를 제공받았다는 점에서 시사해 주는 의미가 매우 심장한 것이었다.

1. 드는 말

지금의 충북 제천의 단곡(檀谷)에서 태어난 학고 김이만은 18세기 초·중반을 주요 활동기로 삼았던 남인 계열의 관인(官人)·유자(儒者)였다. 차후 김이만은 중년 이후로 시작(詩作) 활동에 더욱 주력한 끝에, 무려 1만여 편에 이르는 방대한 사실주의(寫實主義) 풍의 작품들을 남긴 뛰어난 시인(詩人)이기도 했다.

그런데 이 무렵의 조선사회는 노론계 주도 하의 일당체제(一黨體制) 구도에 의거한 정국 운영이 점차 공고화되는 국면을 맞이하고 있었다. 이에 따라 남인 계열의 당인(黨人)의 일원이었던 김이만의 인생 여정 또한 당쟁(黨爭)의 여파를 감내하는 차원으로 조정될 수밖에 없었다. 특히 김이만이 전국의 명산·대첩을 두루 유람하면서 문학 활동을 병행하곤 했던 이면에는, 1694년에 유발된 갑술환국(甲戌換局) 이래로 정치적으로 완전히 실권한 남인계 당인이 감당해야만 했던 깊은 좌절감과 그에 따른 심리적 외상(外傷)을 해소·치유하기 위한 의도와도 결코 무관하지가 않았다.

자연히 김이만이 남긴 문집인『학고집(鶴皐集)』과 대표적인 유기 류의 저술인 『산사(山史)』를 비롯한 여타의 저술들 속에는 전국에 분포한 수많은 사찰과 암자들이 등장하고 있음이 눈길을 끈다. 물론 김이만은 일면 불교에 대해 극히 친화적인 태도를 표명하고 있는 것도 같으나, 실제로는 매우 비판적인 입장을 일관되게 견지하고도 있었다. 실상 이 같은 이중적인 태도는 조선조 사대부들이 평균적으로 견지했던 불교 인식의 일단을 대변해 주는 측면도 다분히 존재한다.

다만 김이만의 경우 18세기를 전후로 한 동시대 노론계의 순정(純正) 성리학자(性理學者)들과는 다르게, 정주학적(程朱學的) 도통론(道統論)을 정연한 담론 형식을 취한 채 강한 논조로 표명하지는 않은 차이가 발견된다. 대신에 그는 퇴계(退溪)가 천명한 이단관을 자신의 정론(定論)으로 수용한 특징이 있다.

한편 김이만이 남긴 각종 유기 류의 저술들 속에 등장하는 숱한 사찰·암자들을 둘러싼 서술단위 또한 매우 주목할 만한 부분이다. 특히 특정 사암의 이면사에 얽힌 기록들과 사찰·암자의 현황에 관한 묘사는 18세기 한국불교의 한 단층(斷層)을 전시해 주는 유용한 자료적 가치를 획득하고도 있는 것으로도 평가된다. 또한 김이만은 유기 류의 저술들을 통해서 당시 조선 불교계의 승단(僧團)·승려(僧侶)에 대한 논평을 동시적으로 병행하였기에, 이 방면에 대한 학고의 인식을 살펴보기에도 더 없이 유익한 자료다. 더욱 중요한 사실은 김이만의 경우 이들 사찰·암자 등지를 대상으로 한 탐방 횟수가 늘어남에 따라, 덩달아 불교의 교학체계 및 실참 수행법 방면에 대한 이해나 몰입 정도도 동시적으로 심화되는 양상을 보여 주었다는 점일 것이다.

따라서 이상에서 적시한 김이만의 사찰·암자 관련 기록들과 불교의 교학체계 및 실참 수행법에 대한 견해, 그리고 당시 조선사회의 승단·승려에 대한 인식 등은 은연중 작가의 대(對) 불교관(佛敎觀)의 전모를 드러내 주고 있다는 점에 특별히 유의하게 되었다. 이에 이번 제7장의 논의를 통해서는 18세기 당시에 소외되었던 한 남인계 지식인이 형성했던 불교인식의 윤곽을 주도면밀하게 분석해 보고자 한다.

그 결과로서 우리는 18세기 초·중반 무렵의 한국불교사(韓國佛敎史)의 한 단면(斷面)을 세심히 응시하는 계기를 마련함과 동시에, 또한 이제 막 본격적인 연구의 장(場)으로 인도되기 시작한 김이만의 삶과 학문세계며 문학론 등을 연찬하는 도정에도 일조할 수 있기를 기대해 본다.

2. 관직생활과 당쟁(黨爭), 정치적 피해의식과 좌절감

본관이 예천(醴泉)[의성(宜城)]이고 호(號)가 학고(鶴皐)·동애(東厓)였던 김이만[1]은 부친인 단계(檀溪) 김해일(金海一, 1640~1691)과 모친인 여주(驪州) 이씨(李氏) 사이에서 1683년(숙종 9) 6월 3일에 궁벽진 향리인 제천의 단곡(檀谷)에서 출생하였다. 어릴 적의 김이만은 "용모가 풍석(豊碩)하고, 타고난 성품이 침중(沈重)하였으며, 총명(聰明)하고 기억력이 매우 뛰어난" 예사롭지 않은 모습과 재질을 소유한 인물로 묘사되

1 金履萬, 『鶴皐集』 卷11(한국문집총간 續65), 「附錄」, 〈行狀〉, 한국고전번역원, 2007, 233쪽. "公諱履萬字中綏姓金氏, 禮安人 …… 築鶴皐草堂, 自號鶴皐, 又號東厓."

고 있다.[2]

김이만이 선대의 세거지인 지금의 경북(慶北) 예천 지역을 벗어나서 타향인 제천에서 출생하게 된 이면에는 부친인 김해일의 유별난 산수(山水) 취향과 긴박했던 당시의 정국 상황, 그리고 집안 사정 등이 복잡하게 뒤얽힌 채 동시적으로 계루된 결과였다. 즉, 부친인 김해일이 성주(星州) 목사(牧使)로 재임 중이던 1680년에 서인(西人)이 집권한 경신환국(庚申換局)이 유발되면서 기어이 파직되어 귀향하게 되었고,[3] 연달아 당해 겨울에 부친상을 당한 끝에, 가슴이 답답하여 막힐 것만 같은 심정을 달래기 위해 호서(湖西) 사군(四郡)을 향해 유람 길을 나서게 된 사정 등이 동시에 작용하였던 것이다.[4]

그리하여 김해일은 호좌권(湖左圈)의 명승지를 차례로 유람하던 도중에, 이곳 "제천(堤川)의 빼어난 자연 경관[泉石]을 사랑한 나머지, 마침내 단곡(檀谷)에 거처를 확정[卜居]하기에" 이르렀던 것이다.[5] 김해일이 호(號)를 '단계'로 정한 것도 '단곡'으로 표상되는 이 지역 제천의 수승한 자연 환경에 자신을 완전히 동화시켜 가면서, 세상사 시름을 잊고자 한 의지가 투영된 결과였던 것이다.

---

2 金履萬, 『鶴皐集』 卷11, 「附錄」, 〈行狀〉, 233쪽. "以肅廟九年六月三日, 生于堤川檀谷之寓第. 容貌豊碩, 姿性沈重, 聰明强記, 不肅而成."

3 金履萬, 『鶴皐集』 卷11, 「行狀」, 〈先考通政大夫, 行承政院左承旨府君家壯〉, 225쪽. "庚申春, 出牧星州, 已而時事大變, 公亦罷歸."

4 金履萬, 『鶴皐集』 卷11, 「行狀」, 〈先考通政大夫, 行承政院左承旨府君家壯〉, 225쪽. "是年冬, 丁參判公憂, 毁瘠幾殆, 旣外除, 遊覽湖西四郡." 언급된 '호서사군(湖西四郡)'이란 제천(堤川 · 단양(丹陽) · 영춘(永春) · 청풍(淸風) 지역을 일컫는데, 달리 호좌(湖左)로도 지칭한다.

5 金履萬, 『鶴皐集』 卷11, 「行狀」, 〈先考通政大夫, 行承政院左承旨府君家壯〉, 225쪽. "遊覽湖西四郡, 愛堤川泉石之勝, 遂卜居檀谷焉, 草屋數楹, 飯糲茹蔬晏如也."

차후로 김이만은 9세 때 경주(慶州) 부윤(府尹)에 재직 도중이던 부친의 상(喪)을 당했고, 이윽고 부친상을 치른 이후 시점부터 그는 본격적인 수학기를 맞이하게 된다. 부친인 김해일은 투철한 위민의식(爲民意識)을 발휘하였던 목민관(牧民官)으로 주변의 존중을 한 몸에 받았던 인물이다. 그런데 김이만은 이미 본격적인 수학기에 접어들기 이전 시점인, 즉 "이미 8세 때에 능히 오자시(五字詩)를 지었다."고 전한다. 이는 김이만이 유서 깊은 집안에서 "어릴 적부터 문한(文翰)·필묵(筆墨)의 수풀"에서 노닐었기 때문에 가능한 일이었다.[6] 이처럼 영남의 전통 있는 가문에서 자라난 김이만이었기에, 그는 문자(文字) 학습과 글짓기 등과 같은 소양들을 조기에 충분히 익히면서 성장하였던 것이다.

특히 부친 사후에 김이만은 상당한 인문적 소양을 갖춘 모친으로부터 직접 교육을 받게 되면서, 장차 유자(儒者)로서 필요한 삶의 정향(定向)을 확고히 다지는 계기를 맞이하게 되었다.[7] 어릴 적에 이판(吏判)을 지낸 외조부인 동리(東里) 정세규(鄭世規, 1583~1661)의 집에서 자랐던 모친은 "훌륭한 행실과 정숙한 법도"를 겸비한 인물로서, 흡사 사군자(士君子)를 방불케 할 정도의 학식과 행동거지 및 예법(禮法) 등을 몸에 익힌 지극히 현숙한 여인이었다. 후일에 김이만은 그가 모친으로부터 교육받은 내용과 그 방식 등을 다음과 같이 절절한 어투로 회고해 두었음이 주목된다.

---

6 金履萬, 『鶴皐集』 卷11, 「附錄」, 〈行狀〉, 233쪽. "八歲能屬五字詩."; 같은 책, 「詩晩稿·五言古詩」, 〈記遊〉, 49쪽. "少遊翰墨林."

7 金履萬, 『鶴皐集』 卷11, 「行狀」, 〈先考通政大夫, 行承政院左承旨府君家狀〉, 226쪽. "繼配貞夫人驪州李氏 …… 吏曹判書鄭公諱世規之外孫也 …… 夫人少鞠於外家, 懿行淑範, 習與性成, 通小學諸書, 達義理好禮法, 識慮類士君子."

> “(모친은) 어린 저를 기르시되 자애(慈愛)로움으로 가르침이 해이하지 않게끔 계칙하셨고, 사물에 따라 비유를 베풀고 경우[事]에 따라 경계함을 두게 하시어, 한결같이 몸가짐을 삼가 신중히 하는 것으로 모범을 삼게 하셨으니, 오직 그 혹시라도 불성실하고 경박한 데로 빠질까봐 염려하셨기 때문이었습니다.”[8]

이렇듯 선대 이래로 면면한 유학적 전통이 가전된(家傳)된 망족(望族)의 집안에서 태어난 김이만의 경우, 성장기 적부터 한묵(翰墨)의 세계를 자연스럽게 몸에 체득하였고, 또한 현명한 교육자였던 모친으로부터 극히 교훈적이면서도 엄격한 훈도(薰陶)를 직접 받게 되었음을 확인하게 되었다. 이처럼 극히 교육적인 집안 환경들은 장차 김이만이 성숙한 유자로 거듭날 만한 확고한 지적 기초와 심성적 자양분을 제공해 주었을 것임에 분명해 보인다. 특히 김이만의 인생에 있어서 모친의 존재란, 그가 한갓 자연 생물학적 인간에서 정신적 세계로 인도되고 전환을 이루는 과정에서 실로 지대한 영향력을 드리웠던 것으로 판단된다.

차후로 김이만은 비교적 늦은 나이인 31세가 되던 1713년(숙종 9)에 사마시(司馬試)에 합격하였고, 곧바로 불과 한 달 뒤에 치러진 증광문과(增廣文科)에 당당히 급제하게 되면서, 승문원(承文院) 부정자(副正字)·박사(博士)·태상(太常) 등의 관직에 순차적으로 임명되기에 이른다.[9] 이후로 김이만은 대체로 한직(閒職)과 외직(外職)을 전전하는 식의

---

8 金履萬, 『鶴皐集』 卷11, 「行狀」, 〈先考通政大夫, 行承政院左承旨府君家壯〉, 227쪽. “育稺孤不以慈愛而弛教督焉, 遇物設譬, 因事有戒, 一以持身謹勅爲範, 惟恐其或陷於浮薄也.”

9 金履萬, 『鶴皐集』 卷11, 「附錄」, 〈行狀〉, 233쪽. “癸巳, 陞上庠, 俄又闡大科, 選補槐院, 由副正字陞博士選太常.”; 같은 책, 〈墓碣銘〉, 235쪽. “癸巳秋, 旣中司馬試,

맥없는 관직생활을 이어나가게 된다.[10] 이는 1694년의 갑술환국 이래로 정치적 주도권을 완전히 상실한 남인계 관료의 정치적 입지를 간접적으로 대변해 주기도 한다. 당연하게도 그러한 과정에서 남인 계열의 관료들의 경우 크나큰 정치적 피해의식을 느낄 수밖에 없었을 것임은 불문가지의 사실일 것이다.

실제 17세기 중·후반 무렵에 이르러 더욱 첨예화되기 시작한 당쟁은 동시대를 호흡했던 서인(西人)·남인(南人) 간에 골 깊은 상처를 서로 주고받음으로써, 장차 망국(亡國)으로 치달을 것이라는 우려 섞인 전망을 내놓을 정도로 심각한 지경으로 접어들고 있었다. 그러던 중에 1694년에 유발된 갑술환국은 차후 남인의 정치적 헤게모니를 완전히 상실하는 결과로 이어졌고, 특히 김이만이 활동했던 18세기 초·중반으로 접어들면서 노론계에 의한 일당체제가 영구히 공고화되는 국면으로 치닫게 되었다. 자연히 이 시기를 전후로 하여 남인 계열의 지식인들이 현실적으로 느끼는 정치적 피해의식과 그에 따른 심적 좌절감이란 실로 심각한 수준에 이르고 있었다. 이 같은 정황은 김이만의 경우에도 결코 예외일 수가 없었는데, 실상 차후 학고의 삶의 정향 또한 철저히 당쟁이 초래한 여파를 감당하는 차원으로 조준되고 있었다.

일찍이 김이만은 「술지(述志)」라는 시를 빌려서, "존명(尊名)과 큰 이익[厚利]이란, 어찌 사람들이 좋아하는 바가 아니겠는가?"라고 반문

又登文科及第, 選補槐院正字."

10 김이만의 생애 및 사환기에 대한 소개는 李鍾默, 「金履萬의 삶과 詩」, 『韓國漢詩作家硏究』 15집, 한국한시작가연구회, 2011, 319~328쪽 및 金鍾秀, 「鶴皐 金履萬의 생애와 학문세계」, 『한국철학논집』 37집, 한국철학사연구회, 2013, 110~119쪽 참조.

한 사실이 있는데,[11] 그는 고관대작과 경제적 부(富)가 인간이라면 응당 추구함직한 매력적인 대상임을 솔직히 토로해 보였던 것이다. 그 연장선에서 차후 노년에 이른 김이만은 와병(臥病) 도중에 미리 남긴 유훈(遺訓)인 「가훈(家訓)」(70세)을 통해서, 당당하게 과거업(科擧業)을 통해 입신양명(立身揚名)의 포부를 이룰 것을 자손들에게 아래처럼 진중하게 당부하기도 하였다.

> "우리나라는 과거(科擧)로 선비를 뽑으므로, 사(士)로 이 세상에 태어나서 이 제도를 버리면, 입신양명의 꿈을 이룰 길이 없으니, 과거업[科業]에 더욱 힘쓰지 않아서는 안 된다. 그 합격이 가능한지 여부를 헤아린 뒤에 과시(科試)에 응하고, 저 공(功)을 이루는 문제는 하늘에 달려 있다."[12]

실제 상기 「가훈」의 당부처럼, 김이만 자신도 조기에 등과(登科)하여 청운만리와도 같은 원대한 포부를 실현하겠다는 의지에 충만했던 젊은 시절이 있었다.[13] 결국 김이만은 31세 때에 과거 합격의 꿈을 이루고 관직에 진출하여, 형식상으로는 관직에 적을 둔 지가 "통적(通籍) 50여 년에 이르는" 기나긴 관직 생활을 영위해 나갈 수 있었던 것이다.[14]

그러나 김이만의 경우 이 같은 사환기의 이면에 잠복된 곡절 많은

---

11 金履萬, 『鶴皐集』 卷2, 「詩中稿 · 七言律詩」, 〈述志(2首)〉, 55쪽. "擧世愛做官, 有如皃見藻, 尊名與厚利, 豈非人所好, 命也不可求, 得之竟難保."

12 金履萬, 『鶴皐集』 卷10, 「雜著」, 〈家訓〉, 212쪽. "我國以科擧取士, 士生斯世, 捨是則無以立身揚名, 科業不可不勉. 度其可中然後就試, 若夫成功則 天也."

13 金履萬, 『鶴皐集』 卷3, 「詩晩稿 · 七言古詩」, 〈放歌行〉, 67쪽. "小少負奇氣 …… 早年釋褐登淸朝, 一蹴靑雲程萬里, 潦倒今成白髮翁."

14 金履萬, 『鶴皐集』 卷11, 「附錄」, 〈行狀〉, 234쪽. "通籍五十年, 未嘗以宦達經心."

사정이란 그리 간단한 성질의 것이 아니었다. 왜냐하면 김이만의 경우 약 50여 년 동안이나 지속된 형식적인 관직생활 기간 중에서, 무려 20여 년에 달하는 기나긴 공백기를 몸소 감수하였던 것으로 확인되고 있기 때문이다.[15] 입신양명에의 포부에 충만했던 관료가 주기적으로 찾아드는 긴 공백기를 감당해 내는 일이란 그리 가볍게 치부할 일이 아닌 것이다. 자연히 김이만은 남인계 당인의 일원이자 비판적 지식인으로서, 그가 사환기 동안에 감당해야만 했던 잦은 공백기로 인하여 크나큰 정치적 피해의식과 그에 따른 골 깊은 심리적 트라우마(trauma)를 떠안을 수밖에 없었다.

이 사안과 관련하여 김이만은 선친(先親) 김해일의 가장(家狀)을 통해서 남인계 지식인의 일원인 그가 겪었던 깊은 좌절감을 아래처럼 가감 없이 토로해 두었음이 새삼 눈길을 끈다.

> "당시에 노론계[時輩]가 영남인[嶺人]을 해치려 하여, 반드시 억누르곤 하였다. 이 때문에 (영남인은) 청요직(淸要職)에는 (아예) 진출할 수가 없었다."[16]

뿐만 아니라 김이만은 중부(仲父)인 노주(蘆洲) 김태일(金兌一, 1637~1702)이 타계한 뒤에 지은 가장(家狀)을 통해서도 상기 인용문과 똑같은 피해의식을 재차 드러내 보였음이 확인된다.[17] 다시 말해서 김이만은

15 金鍾秀, 「鶴皐 金履萬의 생애와 학문세계」, 『한국철학논집』 37집, 한국철학사연구회, 2013, 118~119쪽.

16 金履萬, 『鶴皐集』 卷11, 「行狀」, 〈先考通政大夫, 行承政院左承旨府君家狀〉, 224쪽. "是時時輩忮嶺人必抑之, 以此不得與淸選, 公夷然不以爲意."

17 金履萬, 『鶴皐集』 卷11, 「行狀」, 〈仲父通訓大夫, 行司諫院司諫蘆洲先生家狀〉,

‘가장’에서 중부인 김태일이 무려 “반세(半世) 동안이나 (고작) 낭서(郎署)나 주현(州縣) 사이를 허둥거리며 전전하였던 것을 애석해” 마지않았던 것이다.[18] 더 나아가 김이만은 차후인 1722년(40세)에 상주(尙州)에 거주하던 권(權) 좌랑(佐郎)에게 답한 서신 속에서, 그가 소속된 ‘우리 당’을 뜻하는 오당(吾黨)인 남인계가 정치적 주도권을 재장악할 가능성을 다음과 같이 조심스럽게 타진해 보이기도 하였다.

> “우리 영남(嶺南)의 기로(耆老)[원로]와 옛 친구[故舊]들이 거의 돌아가셨으니, 이는 액운의 시기[百六]에 속합니다. 그런데 오늘 방목(榜目)[과거 합격자 명단]을 보니, 영남의 후배[嶺友]로서 합격한 이가 8명이나 되더군요! 그중의 태반이 이름 있는 가문의 선비들이니, 아마도 차츰 (『주역(周易)』의) 비괘(否卦)가 돌아 태괘(泰卦)가 되는 운(運)이 아니겠습니까?”[19]

인용문 후미에 드러나 있듯이, 김이만은 노론계가 정치적 헤게모니를 완전히 장악한 당시의 시국(時局)을 『주역(周易)』 64괘(卦) 중에서 12번째 괘인 ‘비괘(否卦)’[䷋]로 진단하고 있었음이 주목된다. 즉, 김이만이 진단하는 한에 있어서 당시의 정국 상황이란 소인(小人)의 세력이 점차 확대되고 군자(君子)의 세력은 급격히 축소되는, 곧 꽉 막힌 상황 그 자체였던 것으로 인식되었다.

229쪽. “時輩忮嶺人之不附已, 其進也必抑之, 以是不得與淸選.”

18 金履萬, 『鶴皐集』 卷11, 「行狀」, 〈仲父通訓大夫, 行司諫院司諫蘆洲先生家狀〉, 229~231쪽. “顯廟更子大比, 占第二名 …… 而惜其半世棲遑於郎署州縣之間.”

19 金履萬, 「尙州權佐郎 宅印納」(옥과미술관 소장 LE 0166), “吾嶺耆舊殆盡, 正屬百六之運, 而得見今榜, 嶺友之得參, 至於八人之多, 太半名下士也. 似有回否爲泰之漸耶.”

이에 "세상사 슬프고 기쁜 일이란 비(否)·태괘(泰卦)를 아우른다."[20]고 확신해 마지않았던 김이만은 '극즉반(極則反)'의 역리(易理)를 은근히 기대하면서, "군자의 도(道)는 자라나고 소인의 도는 사라진다."고 설한 '태괘'로의 전환이 이뤄지길 간절한 심정으로 희구해 보였던 것이다. 그러나 이상과 같은 김이만의 기대어린 분석은 그의 생애 동안에도, 또한 그가 타계한 이후로도 단 한 번도 적중되지 않았음을 역사는 확인시켜 주고 있다.

따라서 "나의 업(業)은 산수(山水)에 머무르는 것을 좋아하여, 스쳐 지나가며 본 것만도 또한 한둘이 아니다."로 시작되는 저술 『산사』로 대변되는 김이만의 유별난 산수 취향이라든가,[21] 혹은 중년 무렵 이후부터 더욱 주력하기 시작하여 "평생 동안 저술(著述)한 시가 벌써 1만여 편(篇)이 (훌쩍) 넘는" 정도였다던[22] 왕성한 문학 활동의 이면에는, 앞서 적시한 학고의 순탄치 못했던 사환기적의 불행이 안겨준 심리적 외상의 문제가 내밀히 관여한 결과였음에 의심의 여지가 없다.[23] 일찍이 김이만을 대상으로 개척적인 연구를 제시했던 신표섭(申杓燮) 또한 김이만의 남다른 산수벽(山水癖)과 그 결실인 각종 유기 류의 저술들, 그리고 방대한 분량의 시작(詩作)들을 남긴 원인으로 순탄치 못했던 학고의 관직 생활과 그로 인한 공백기로 환원시킨 논의를 개진한 사실이 있다.[24]

---

20 金履萬, 『鶴皐集』 卷6, 「詩晩稿·七言律詩」, 〈夜坐〉, 131쪽. "一生鉛槧竟何功, 晩節甘爲灌園翁, 世事悲歡兼否泰, 年光蠢假又掔中."

21 金履萬, 『鶴皐集』 卷9, 「雜著」, 〈山史〉, 179쪽. "余業嗜住山水, 所經矚者亦非一二."

22 金履萬, 『鶴皐集』 卷6, 「詩晩稿·七言律詩」, 146쪽. "不佞自羈貫學爲詩, 今已七十有六歲矣. 平生所著述, 已過萬餘篇."

23 金鍾秀, 「鶴皐 金履萬의 생애와 학문세계」, 『한국철학논집』 37집, 한국철학사연구회, 2013, 118쪽 참조.

24 申杓燮, 「鶴皐 金履萬 詩의 研究」, 성균관대학교 대학원 한문학과 석사학위논문,

반면에 『산사』에 수록된 56여 조문(條文)들 대부분이 김이만이 평안(平安)·함경(咸鏡) 도사(都事) 및 무안(務安) 현감(縣監)에 부임하러 갔다가 들렀거나, 혹은 재임 시에 인근의 명승을 유람했던 것과 직접 관련되어 있다는 반론도 근래에 제기된 상태다.[25] 물론 이처럼 실증적 자료조사에 입각하여 제기된 반론의 타당성을 완전히 부인할 수는 없을 것이다. 그렇다고 하더라도 김이만이 명백히 감당해 왔던 심리적 트라우마의 실체를 전면 부정하기란 더더욱 곤란하다. 좀 더 부연하자면, 김이만이 수행한 숱한 원유(遠遊)의 이면에는 다만 양생(養生)을 도모하기 위한 의도[26]의 발휘로만 환원시킬 수 없는 그 어떤 특수한 사정, 곧 심리적 트라우마의 문제가 엄연히 존재하고 있었기 때문이다.

실제 김이만 스스로도 "중년에 원유(遠遊)를 배워서, 거의 청구(靑丘)의 절반을 섭렵하였다."라거나,[27] 혹은 "늙은이의 공부(工夫)란 다만 시를 읊조리는 것일 뿐"이라는 말로써,[28] 그가 구상한 두 종류의 은밀한 출구 전략이 자신 나름의 그 어떤 특별한 사정에서 비롯되었을 가능성을 시사해 보인 사실이 있다. 달리 '장유(壯遊)·문자유(文字遊)'[29] 등

1993, 8~14쪽.

25 김성진, 「鶴皐 金履萬의 「山寺」 硏究」, 『동양한문학연구』 39집, 동양한문학회, 2014, 65~66쪽 참조.

26 김성진, 「朝鮮後期 小品文과 養生」, 『동양한문학연구』 30집, 동양한문학회, 2010, 209~212쪽.

27 金履萬, 『鶴皐集』 卷2, 「詩中稿 · 七言律詩」, 〈記遊〉, 49쪽. "莊生說逍遙, 盧敖期汗漫 …… 中歲學遠遊, 幾涉靑丘半."

28 金履萬, 『鶴皐集』 卷6, 「詩晩稿 · 七言律詩」, 〈夜坐(1首)〉, 137쪽. "淸夜南軒獨坐時 …… 老子工夫只詠詩."

29 金履萬, 『鶴皐集』 卷6, 〈壯遊〉, 124쪽. "少小男兒志四方, 壯遊轍迹徧遐荒."; 같은 책, 〈記遊〉, 49쪽. "晩爲文字遊."

과 같은 조어(造語)로도 지칭되기도 했던 두 종류의 유희(遊戲) 거리를 통해서, 김이만은 자신이 줄곧 감수해 온 정치적 피해의식과 그에 따른 심리적 트라우마를 자체적으로 위안 받고, 또한 해소·치유하기 위한 노력을 중년 이후부터 일관되게 전개해 왔던 것이다. 다시 말해서 김이만이 택했던 두 부류의 대안인 '장유(壯遊)·문자유(文字遊)'란, 일면 심리학적 의미에서의 전이(轉移, transition) 개념에 상응하는 의미를 지닌 기제였던 것으로 분석할 수 있다. 김이만은 이 같은 '전이' 체계들을 통해서, 그가 떠안은 골 깊은 심리적 외상의 문제를 보다 차원 높은 방식으로 해소(解消)하고자 하였던 것이다.

그 연장선에서 김이만은 의미심장한 시(詩)인 「호가(浩歌)」를 통해서 부귀(富貴)와 빈천(貧賤), 그리고 명리(名利) 따위가 부질없는 놀음에 불과하다는 인식을 투영시킨 다수의 시작을 남기기도 하였다.[30] 이처럼 세속적인 가치나 대상들을 평가 절하하는 식의 입장 전환은, 종당에 인간사의 모든 영욕(榮辱)에 대한 실체(實體) 자체를 부정하는 해체론적 인식론의 일환인 환관(幻觀)으로까지 연장되고 있었다는 점에서,[31] 앞서 적시한 두 종류의 대안인 "장유(壯遊)·문자유(文字遊)"와는 별도 차원의 대안적 전망이 모색될 것임이 충분히 점쳐지기도 한다.

이 지점에서 김이만은 도가철학을 대변해 주는 텍스트인 『장자(莊子)』에 대해서도 지대한 관심을 기울였던 흔적들이 자주 발견되기도 한

30 金履萬, 『鶴皐集』 卷2, 「詩中稿 · 七言律詩」, 〈浩歌〉, 59쪽. "生死固其宜 …… 富貴不足恃, 貧賤豈可悲."

31 金履萬, 『鶴皐集』 卷2, 「詩晩稿 · 七言律詩」, 〈立春, 次杜韻〉, 140쪽. "葭灰一夜動緹帷 …… 顔淵陋巷猶堪樂, 阮籍■途不必悲, 榮辱轉頭都是幻, 百年唯有萬篇詩."

다.[32] 동시에 김이만은 노자(老子)의 『도덕경(道德經)』에 대해서도 천착하기도 했던 것으로 문집은 확인시켜 준다.[33] 더 나아가 김이만은 양생(養生)을 도모하기 위한 의도에서 '복기(服氣)·금단(金丹)' 등으로 대변되는 수련도교(修練道教)에도 심취한 가운데,[34] 후한(後漢)의 위백양(魏伯陽)이 지은 『주역참동계(周易參同契)』에도 몰입했던 자취가 포착되기도 한다.[35]

그러나 노장철학(老莊哲學)과 도교 및 수련도교 등과 같은 방면을 대상으로 한 경사도 정도란 불교적 세계를 향한 그것에는 훨씬 못 미치는 수준이었다. 즉, 불교는 노장철학이나 도교는 물론이거니와, 기존 유학[유교]에서 제공해 주지 못했던 그 어떤 대안적 전망을 지닌 새로운 세계의 모습으로 다가서고 있었던 것이다.

그렇다면 과연 불교는 김이만이 생전에 떠안은 골 깊은 트라우마를 해소하고 치유하기 위한 유의미한 지적 대안이나, 혹은 심리적 전이 체계로서 긍정적인 기능을 발휘하였던 것일까? 이제 이러한 의문을 둘

32 金履萬,『鶴皐集』卷2,「詩中稿 · 七言律詩」,〈記遊〉, 49쪽. "莊生說逍遙, 盧敖期汗漫, 優哉以卒歲."; 같은 책,「詩晩稿 · 七言律詩」,〈懷舊十六韻〉, 146쪽. "歌詠太平聊自足,百年哀樂付忘筌."; 같은 책,「詩晩稿 · 五言古詩(附六言)」,〈飮酒〉, 53쪽. "朝飮一杯酒, 暮飮一杯酒, 飮酒不在多, 徑到無何有."; 같은 책,「詩晩稿 · 七言律詩」,〈懷舊十六韻〉, 145쪽. "男兒書劍坐成捐 …… 收拾詩囊賸萬篇, 歌詠太平聊自足, 百年哀樂付忘筌."

33 金履萬,『鶴皐集』卷9,「雜著」,〈山史〉, 179쪽. "山巓有茅屋四五, 皆巫覡所居, 蚩氓之祈禱者麕集, 殊穢雜可厭, 安得太上老君一符, 驅而遠之."

34 金履萬,『鶴皐集』卷4,「詩晩稿 · 七言絕句」,〈梅花落(二首)〉, 86쪽. "東園堪笑片時姸, 至後花開到臘前, 恰似淸修方外士, 餐霞服氣可延年."; 같은 책,「詩晩稿 · 五言律詩(附排律)」,〈丸藥〉, 92쪽. "老人須藥物, 新製橘皮丸 ……不勞靑粇飯, 何必紫金丹, 鍊骨非吾事, 差堪病體安."

35 金履萬,『鶴皐集』卷5,「詩晩稿 · 五言律詩」,〈梅下獨酌〉, 102쪽. "讀盡參同契, 金丹不可成, 暮年無石友, 空谷有梅兄."

러싼 대답을 김이만이 사찰·암자 등지를 탐방했던 기록들을 정밀하게 분석해 봄과 동시에, 또한 그러한 과정에서 수행된 승가(僧伽) 공동체와 승려들에 대한 인식 정도를 검토하는 절차를 통해서 우선적으로 탐색해 보도록 하겠다. 이 같은 선행된 토대 위에서 김이만이 온축한 불교교학 방면에 대한 소양 정도와 실참 수행에 몰입했던 정황 등도 순차적으로 분석하고 검토하는 절차를 진행하도록 한다.

3. 사찰 · 암자 탐방(探訪)과 불교인식의 변화

1) 탐방 기록과 승려(僧侶) · 승단(僧團) 인식

김이만이 불교적 세계와 직접 대면하게 된 형식적인 계기는 그가 독서와 과거 공부를 병행하기 위해서 자주 사찰을 내방(來訪)했던 사정과 관련되어 있다. 또한 차후 김이만은 중년기 이후로 맞이한 잦은 환로상(宦路上)의 공백기와 그에 따른 울결(鬱結)한 심회(心懷)를 해소하기 위한 목적으로 경향 각지의 명산·대첩을 찾아서 먼 유람 길인 원유(遠遊)에 나서게 되었고, 자연히 그는 전국에 산재한 숱한 사찰·암자들도 아울러 탐방하게 되었던 것이다.

때문에 『산사』를 위시하여 김이만이 남긴 유기 류의 저술 속에는 약 50여 곳에 달하는 사찰·암자들이 등장하고 있음이 눈에 띈다. 특히 김이만의 사암 묘사는 그곳에 얽힌 특이한 유래담과 여타의 이면사들에 대한 채록(採錄), 그리고 승단 · 승려 및 불교 교학체계 등에 대한 논평이 동시에 병행된 특징이 발견된다. 따라서 이 같은 저술들 속에 등재된 해당 서술단위들을 종합적으로 조합해 보자면, 그 자체만으로도 일정한 완결성을 갖춘 하나의 학적 담론(談論)에 근접하는 수준이었다는 점에 특별히 주목하게 되었다.

비교적 늦은 나이인 31세 때 과거에 합격한 김이만은 10년 이상의 세월을 서울과 제천 등지를 왕래하면서 공부를 지속했는데, 그 즈음에 학고는 종종 고향 제천과 서울 주변에 위치한 사찰에서 공부에 전념하였던 듯하다. 그러던 중인 18세 때인 1701년에 한양(漢陽)으로 상경(上京)하여 본격적으로 과거 공부를 시작하였던 학고 김이만은 친구인 송애(松崖) 이수대(李遂大, 1675~1709) 등과 함께 북한산(北漢山)에 소재한 진관사(津寬寺)에서 잠시 머무르면 공부에 전념했던 일부 정황도 포착된다.[36]

또한 김이만은 강원도(江原道) 원주(原州)의 명산인 치악산(紺嶽山) 자락에 위치한 사찰인 신흥사(新興寺)와의 인연에도 큰 의미를 부여하고도 있었다. 즉, 김이만은 "신흥사(新興寺)는 내가 소시 적에 책 상자를 안고서 운루(雲樓) 속에서 몇 달을 지낸" 곳이라는 감격어린 말로써,[37] 그곳에서 보낸 과거의 수학기 시절을 회고해 보였던 것이다. 김이만은 젊은 시절에 청운을 꿈꾸면서 지냈던 신흥사에서의 추억을 소중히 간직하고 있었으나, 그 당시까지만 해도 불교적 세계의 심층과는 직

36 李遂大, 『松崖集』 卷1(국립중앙도서관 소장본 한古朝46-가1237), 「七言律詩」, 〈津寬寺同金中綏次唐律韻吟瀑〉, 87쪽. "幽谷回春小雨能, 夜來山瀑無氷 …… 使欲相携落鴈登."

37 金履萬, 『鶴皐集』 卷2, 「雜著」, 〈山史〉, 187쪽. "紺嶽山, 山下有寺曰 新興, 山上有寺曰 白蓮. 新興則余少也抱書笈, 雲樓數月."

접 대면하지는 않았던 듯하다.

훗날인 1734년(52세) 여름철에 호서권의 명산인 월악산(月嶽山) 산행에 나선 김이만은 그가 "소시(少時) 적에 무암사(霧巖寺)에서 독서를 했기 때문에, 승려들 대부분이 구식(舊識)[안면]이 있다."고 회고해 둔 장면도 눈에 띈다.[38] 그런데 김이만 일행이 등반을 시도했던 당시에는 이미 사찰 이름을 신륵사(神勒寺)로 탈바꿈한 상태였던 무암사는 "본래 신라(新羅) 사찰의 옛터에 세워졌으나, 무암사가 홍수에 무너지는 바람에, 그곳의 승려들이 지금의 자리로 옮겨서 새로 절을 짓게 되었다."는 전언도 아울러 소개해 두었음이 주목된다.[39] 지금 신륵사와 무암사의 사례를 통해서 확인되고 있듯이, 김이만에 의한 사찰·암자 서술(敍述)은 그 안에 깃든 이면사들에 대한 소개가 병행되는 경우가 허다하기에, 부분적으로 '사지(寺誌)'의 내용을 보충해 주는 식의 중요한 자료적 가치를 발휘하기도 한다.

뿐만 아니라 김이만은 노년(老年)에 이르러 소재 미상(未詳)의 암자인 양진암(養眞菴)에 더러 우거(寓居)하면서 승단 내부의 결사체인 연사(蓮社)에 참여하기를 희망하는 시를 남기기도 하였음이 눈길을 끈다.[40] 물론 김이만이 실제로 서방(西方) 왕생(往生)을 추구하는 정토불교(淨土佛敎)의 염불(念佛) 수행 단체를 지칭하는 '연사'에 동참했는지 여부에 대해서는 확인할 길이 없다. 그러나 근본 유자인 김이만이 이처럼 승단

---

38 金履萬, 『鶴皐集』 卷9, 〈山史〉, 198쪽. "乃甲寅維夏 …… 俄抵神勒寺 …… 余少也讀書霧巖, 故僧多舊識, 有戒禪者, 稍識字可與語."

39 金履萬, 『鶴皐集』 卷9, 「雜著」, 〈山史〉, 198쪽. "俄抵神勒寺, 寺本新羅舊址, 霧巖寺圮於水, 霧巖之僧移構于此云."

40 金履萬, 『鶴皐集』 卷5, 「詩晩稿 · 五言律詩」, 〈次袁中郎法華菴韻(時寓養眞菴)〉, 107쪽. "琳宮門誰闢, 蓮社許吾參 …… 孤踪寄小菴, 家鄕唯夢蝶, 身世已眠蠶."

의 결사(結社) 조직에 시로써 관심을 표명한 사실 자체는 심히 놀라운 변화가 아닐 수 없다. 김이만은 노년에도 요양을 겸하여 자주 이 암자를 찾곤 하였는데, 그는 이곳에서 우환(憂患) 많은 인간사를 되돌아보면서 여전히 작시(作詩) 활동을 병행하기도 하였다.[41]

이렇듯 불교 승단의 결사체 운동에 대해 큰 관심을 표명했거나, 혹은 진지한 실참(實參) 수행으로까지 이어진 김이만과 불교와의 인연은 그의 빈번한 사찰·암자 탐방 체험에서 배태되면서 점차 심화되는 추이를 보여 주고 있었던 것이다. 즉, 김이만의 지속적인 사암 탐방은 애당초 소싯적의 형식적인 접촉이 아닌, 곧 불교적 세계와의 유의미한 대면이라는 국면으로 점차 이행되고 있었던 것이다.

이상에서 적시한 사찰·암자 외에도 김이만의 문집인 『학고집(鶴皐集)』만 하더라도 약 50여 곳에 달하는 사찰·암자들이 수록되어 있는 상태다. 또한 특정한 사암의 경우 김이만은 자신 나름의 그 어떤 관찰 기준에 입각해서 비교적 자세하게 묘사해 두기도 하였으므로, 이제 해당 내용들 중에서 본 논의와 유관한 서술단위들을 선별적으로 소개하도록 하겠다. 이는 18세기를 전후로 한 시점에서 한국불교사의 한 단층을 주시하는 결과로도 이어지기 때문이다.

우선, 1724년(42세)에 죽령(竹嶺)을 넘어 태백산(太白山)의 한 지류인 봉황산(鳳凰山)에 자리한 지금의 경북(慶北) 영주시(榮州市)의 부석사(浮石寺)를 탐방한 김이만은 그곳에서 띠로 지붕을 엮은 불전(佛殿)의 상량문(上梁文)에 "당(唐)나라 용상(龍翔) 연간에 건립되었다."고 운위된

---

41 金履萬, 『鶴皐集』 卷5, 「詩晚稿 · 七言律詩」, 〈漂泊〉, 112쪽. "漂泊禪房老病纏, 此翁身世太堪憐 ...... 眼昏頭白强詩篇, 人間回首多憂患."

옛 기록을 접하고는, 그 오랜 역사에 감탄을 금치 못했다.[42] 그런데 부석사는 신라(新羅)의 의상(義湘, 625~702) 대사(大師)가 문무왕(文武王)의 뜻을 받들어 676년에 창건하고 화엄종(華嚴宗)을 널리 전파한 대표적인 사찰로 알려져 있다. 그런데 이때 당나라의 연호(年號)는 상원(上元) 3년에 해당하므로, "당(唐)나라 용상(龍翔) 연간에 건립되었다."는 언술은 기록상의 신빙성의 문제가 제기될 법도 하다.

어쨌거나 상량문을 접한 뒤에 김이만은 부석사의 전망대 격인 취원루(取遠樓)에 오른 뒤에, 저 멀리까지 탁 트인 "안계(眼界)가 굉활(宏闊)하여 비할 데가 없고, 수백 리 사이에 푸르고 흰빛들이 얽히고 감긴 것이, 대개 14주(州)에 걸친 산천들이라고 한다."는 승려의 부연설명을 전해 듣고는 재차 감탄해 마지않았다.[43] 이미 널리 알려진 사실처럼, 소백산(小白山)을 배경으로 하여 부석사 앞쪽으로 광활하게 펼쳐진 그윽하면서도 아득한 전망(展望)은 한국의 대표적인 볼거리 명소 중에 하나로 지목되고 있다. 그런 점에서 부석사의 전망대인 '취원루'는 원경(遠景)을 취하여 관람하기에 유용한 시설물로 18세기 당시에 이미 가설되었음이 주목된다.

이윽고 김이만은 절 뒤편으로 난 돌 비탈길 위쪽으로 수십 보를 걷던 도중에, 문득 "이른바 선비수(禪飛樹)로 불리는 나무" 한 그루와 조우하게 되었다. 김이만은 마주친 이 신비한 나무에 얽힌 이면사를 소개하면서 자신의 견해도 아래처럼 아울러 곁들여 두었음이 흥미롭게 느

42 金履萬, 『鶴皐集』 卷9, 「雜著」, 〈山史〉, 181쪽. "甲辰春, 作嶠南之役, 踰竹嶺…… 翌日往浮石寺, 寺在鳳凰山, 乃太白之一支也. 僧言近修葺佛殿, 見上梁有記, 唐龍翔年中所建云, 吁亦古矣."

43 金履萬, 『鶴皐集』 卷9, 「雜著」, 〈山史〉, 181쪽. "登聚遠樓, 眼界宏闊無比, 縈青繚白於數百里間者, 蓋乃十四州山川云."

껴진다.

> "작은 누각[小閣] 하나가 이 나무를 뒤덮고 있어서 해·달과 비며 이슬 따위를 접하지 못하였음에도, 여러 겁(劫)이 지났어도 마르지도 않았으며, 또한 항상 작은 누각 위로 솟구쳐 나오지도 않는다. 세인들은 신승(神僧)의 길쭉한 지팡이가 (선비수로) 화(化)한 것이라고들 하나, 그 설화[說]를 믿지를 못하겠으니, 또한 방외(方外)의 신이한 나무[異木]라 이를 만하다."[44]

김이만은 작은 누각에 가려진 선비수에 얽힌 신비스러운 구전(口傳) 설화(說話)가 상식적 이치를 벗어난 것으로 판단하고, 마침내 이 나무를 "방외(方外)의 이목(異木)"으로 규정해 두었던 것이다. 이러한 김이만의 비판적 언술은 그가 늦봄에 떨어지는 매화(梅花)를 유심히 완상하면서 "흡사 청수(淸修)하기가 방외(方外)의 술사[士]와 같다!"고 평한 대목과,[45] 또한 "근래에 이르러 혹세무민(惑世誣民)하기가 이단(異端)보다도 더 심하다."며 풍수설(風水說)을 혹평했던 논조와도 일맥상통하는 맥락임에 유의해 본다.

한편 이보다 앞선 1711년(29세)에 영동(嶺東)의 오대산(五臺山)을 향해 유람에 나섰던 김이만은 그곳의 유서 깊은 대가람인 월정사(月精寺)에서 하룻밤을 유숙한 뒤에, 이 사찰이 중수된 경위를 기록한 기문(記

---

44 金履萬, 『鶴皐集』 卷9, 「雜著」, 〈山史〉, 181쪽. "寺後陟磴數十武, 觀所謂禪飛樹者, 一小閣覆之, 不見日月雨露, 而歷劫不枯, 亦長不出閣. 世傳神僧卓錫所化, 其說不經, 而亦可謂方外異木也."

45 金履萬, 『鶴皐集』 卷9, 「詩晩稿 · 七言絶句」, 〈梅花落〉, 86쪽. "東園堪笑片時姸 …… 恰似淸修方外士."

文)인 「오대사적기(五臺事蹟記)」를 접하게 되었다. 이윽고 김이만은 그가 「오대사적기」를 읽은 뒤에 느꼈던 소감을 아래처럼 단호한 어조로 피력해 두었음이 눈길을 끈다.

> "「오대사적기(五臺事蹟記)」는 자못 터무니없이 허황되어 믿지를 못하겠으니, 아마도 부도씨(浮屠氏)[승려]들이 그 설(說)을 신비화하여, 속자(俗子)[속인]들을 속였을 따름이다."[46]

아마도 김이만이 「오대사적기」로 약칭한 상기 기문(記文)은 『동국여지승람(東國輿地勝覽)』이나 『증보문헌비고(增補文獻備考)』에도 보이는 「오대산월정사사적기(五臺山月精寺事蹟記)」일 것으로 추정된다. 이 기문은 고려 후기의 문신인 묵헌(默軒) 민지(閔漬, 1248~1326)에 의해 작성된 소위 '민지본(閔漬本)'을 저본으로 하되, 차후 몇 차례에 걸쳐 내용이 추가된 형식을 취하고 있다.[47] 짐작컨대 종교적 이적(異蹟) 현상에 관한 내용들도 일부 포함되어 있을 법한 상기 인용문 속의 「오대사적기」를 접한 김이만의 비판적인 시각은 앞서 소개한 "방외(方外)의 신이한 나무"인 부석사의 선비수에 대한 그것과 동일한 맥락임이 확인된다. 다시 말해서, 김이만은 근본 유자가 지닌 합리적인 상식 감각에 입각하여 신비롭게 채색된 불교 관련 설화적 요소들을 일관되게 비판하였던 것이다.

---

46 金履萬, 『鶴皐集』 卷9, 「雜著」, 〈山史〉, 188쪽. "癸卯冬, 余有嶺東役, 因作五臺之遊 ...... 宿月精寺, 寺僧爲言 ...... 觀五臺事蹟記, 頗詭誕不經, 蓋浮屠氏神其說, 以誑俗子耳."

47 「오대산월정사사적기」의 판본 문제에 대한 논의는 염중섭, 「『오대산사적기(五臺山事蹟記)』의 판본과 민지(閔漬)의 자장전기(慈藏傳記) 자료 검토－새로 발견된 민지의 자장전기 자료를 중심으로－」, 『불교학연구』 46집, 불교학연구회, 2016, 122~126쪽을 참조.

결과적으로 이 같은 김이만의 언술들은 상도(常道)를 이탈한 “괴력(怪力)·난신(亂神)”과 같은 부류를 금기시한 『논어(論語)』 중의 공자(孔子)의 해당 언명과도 심히 부합되는 처사인 것으로 평가된다.[48] 이 점 김이만이 사암을 탐방하는 과정 속에서 서서히 진척되기 시작한 불교적 세계와의 부분적인 교섭 양상도, 철저히 그가 착지한 근본 유자라는 사상적·이념적 입각점 위에서 진행되고 있음을 확인시켜 준다.

그런데 승려를 뜻하는 인용문 속의 ‘부도씨(浮屠氏)’를 김이만은 달리, ‘석(釋)·납자(衲子)·치곤(緇髡)·치도(緇徒)·승(僧)·빈승(貧僧)·비구(比丘)·상인(上人)’ 등과 같은 다양한 호칭법으로 대체하여 표현하기도 했다. 이 같은 호칭 중에서 존칭에 해당하는 상인과 일반적인 호칭어인 승·비구 등을 제외하면, 호칭법 속에 드러난 김이만의 승려에 대한 호감도는 당시의 여느 정주학자들과 크게 다르지 않은 편이다. 실제 김이만 역시 당시의 여타의 조선조 사대부들처럼, 산행(山行)을 하면서 무거운 거여(車輿)를 승려들의 어깨에 메게 해서 산을 오르내리는 것을 지극히 당연시하고 있었다.[49] 이 같은 정황은 문집에만 한정시키더라도 그 수효를 이루 다 헤아리기가 어려울 정도다.

다시 말해서 김이만의 경우 상호 연관된 개념 체계인 불(佛)·법(法)·승(僧) 삼보(三寶)를 향한 귀의심(歸依心)이나 신심(信心)을 가늠할 만한 그 어떤 단서도 포착되지 않고 있는 셈이다. 따라서 김이만이 구

48 朱熹, 『論語集註』, 「第7 述而」편의 제20장, 古典文學研究員, 1986, 199쪽. “子不語怪力亂神.”

49 金履萬, 『鶴皐集』 卷1, 「七言律詩」, 〈題麻谷寺〉, 27쪽. “居僧莫怪肩輿重, 千里青山滿載歸.”; 같은 책, 「雜著」, 〈山史〉, 181쪽. “抵山中蘭若午炘, 倩僧擔輿.”

사한 승려들에 대한 호칭법 역시도 그가 철저히 근본 유자적 정체성으로 무장한 인물이었음을 확인시켜 주는 기호(記號)의 의미를 담지한 것으로 분석할 수 있다.

한편 앞의 영주 부석사나 오대산의 월정사와 같은 사례들과는 다르게, 김이만은 이전부터 전래되어 온 구전 설화를 일체의 논평을 생략한 채 간략히 소개만 해 둔 경우도 없지는 않았다. 이를테면 46세에 호남(湖南)의 금성(綿城)[무안(務安)]에 소재한 승달산(僧達山)을 찾은 김이만은 그곳에 구전되어 내려온 신승담(神僧談)을 『산사』에 아래처럼 간략하게 수록해 두었다.

> "세상에 전하는 이야기로는, 상고(上古) 적에 신승(神僧)이 있었는데, 중국(中國)에서 바다를 건너 도착하여, 이 승달산 기슭에 절을 지었다고 한다. 『동국여지승람[輿地誌]』에서 상고할 수 있다."[50]

전하는 바에 의하면, 해발 고도가 318m인 지금의 전남(全南) 무안군 청계면에 소재한 승달산은 원(元)나라의 고승(高僧)인 원명(圓明)의 설화를 간직한 산이다. 즉, 고려(高麗) 인종(仁宗) 때에 원나라의 원명 스님이 그의 제자 500여 명을 데리고 와서 이곳에서 수행하던 도중에 득도(得道)했다고 하여 '승달산'이라는 이름이 붙여졌다는 것이다. 따라서 인용문 속에서 거론된 "상고(上古) 적에 신승(神僧)"이란 원의 고승인 원명을 지칭한 결과임이 분명해 보인다. 아무튼 상기 인용문처럼 예외적으로 유람

50 金履萬, 『鶴皐集』 卷9, 「雜著」, 〈山史〉, 191~192쪽. "己酉冬, 余赴錦城陸操 ...... 綿城南數十里, 有僧達山, 世傳上古有神僧, 自中國渡海而至, 結宇玆山之麓, 輿地誌可攷也."

길에 견문한 내용들을 있는 그대로 객관적으로 서술한 경우도 없지가 않았으나, 앞에서도 확인한 바와 같이 김이만의 사찰·암자 탐방은 승단·승려 및 불교의 교설에 대한 비판을 추수하는 경우가 훨씬 더 많은 편이다.

이제 논급할 양산사(陽山寺)에서 피력해 둔 소감도 그러한 경우에 해당한다. 노년인 71세 무렵에 연풍현(延豐縣)[괴산]에 소재한 양산사(陽山寺)를 탐방한 김이만은 그곳 주지(住持)의 방인 방실(丈室)을 빌려서 하룻밤을 유숙하고, 아침 일찍 기상하여 사찰 경내의 불당(佛堂)과 선루(禪樓) 등을 차례대로 둘러본 뒤에, "크고 수려하며 넓고 높기도 하다."는 일감을 피력하였다.[51] 이윽고 절 창고에 보관된 엄청난 물량의 공양미(供養米)를 살펴본 직후에, 김이만은 즉각적으로 승단과 불교를 아래처럼 동시적으로 비판해 두기도 하였다.

> "공양미[糜]를 헤아려 보니, 평인들 100가구가 생산한 정도의 분량이다. 저 승려들의 질그릇 하나 바리때 하나란 (도대체) 어디서 이처럼 많은 자력(貲力)[자본금]을 써서 들여오는 것일까? 오래되었지! 석교(釋敎)[불교]가 사람들을 속여 호려온 지도."[52]

윗글 속에는 승가(僧伽) 공동체의 비생산적인 양식과 승려들의 독특한 소비적인 성향에 대해 김이만이 평소 견지하였던 비판적 인식이 극명하게 잘 드러나 있다. 특히 김이만은 승려들이 세인(世人)들을 기

51 金履萬, 『鶴皐集』 卷9, 「雜著」, 〈山史〉, 197쪽. "癸丑中秋, 余有嶠南之役 …… 自漱玉亭而西, 至年豐縣治, 又折而南 …… 黃昏到陽山寺, 借宿丈室, 朝起循覽佛殿及禪樓, 鉅麗宏敞."

52 金履萬, 『鶴皐集』 卷9, 「雜著」, 〈山史〉, 197쪽. "計糜平人百家之産, 被浮屠氏一甁一鉢, 何處得來如許大貲力耶. 久矣釋敎之誑人也."

만하여 축적한 '자력(貲力)'의 원천인 엄청난 물량의 공양미로 인해 비생산적인 승단 경영이 지속되어 온 것으로 판단하였고, 이처럼 비정상적인 행태의 근저에는 "세인들을 속여 호리는" 불교의 교설 자체가 주된 원인을 제공했기 때문이라는 극히 비판적인 분석을 제시하였음이 주목된다. 물론 이러한 김이만의 비판적 언술이 반드시 판단의 적실성을 획득한 것으로는 보기 어렵다. 왜냐하면 김이만은 승가 공동체만의 고유한 생산양식이며, 존재 방식 등에 관한 이면을 간과하였기 때문이다.

그럼과 동시에 지금 김이만의 경우처럼 불교 승단의 비생산적인 존재 양식을 향한 비판적 인식은, 조선시대 사대부들이 공유했던 평균적인 인식의 일단을 대변해 주는 측면도 다분히 존재한다는 점도 놓칠 수 없다. 일찍이 소론(少論) 계열을 대표하는 지성이자 사상가였던 서계(西溪) 박세당(朴世堂, 1629~1703) 역시 승단의 비생산성의 문제를 정면으로 겨냥하여, "악취(惡臭)를 좇는 부류"로 규정하여 강력히 비판한 바가 있었다.[53] 더 나아가 박세당은 일하지 않는 사대부 계층의 과도한 비율 형성이 초래하는 심각한 국가 사회적 문제점에 대해서도 강도 높은 비판의 칼날을 들이밀기도 하였다.

즉, 박세당과 김이만으로 대변되는 합리적인 유자의 상식감에 입각하여 승단의 경제 운용 방식을 바라봤을 때에, 직접적인 노동의 투여가 결여된 채 축적되는 잉여 자본이란 도저히 용납할 수 없는 일종의 공공의 '좀벌레[蠹]'와도 진배 없는 것으로 인식되었던 것이었다.

이상에서 논급한 승려·승단에 대한 비판적 시각에 이어서 김이만

53 朴世堂, 『西溪集』 卷7(한국문집총간 134), 「論韓歐排浮屠」, 민족문화추진위원회, 1996, 134쪽, "其好之者, 亦逐臭之類也, 不足與爲究論也 明也."

은 유학과 불교 사이에는 결코 넘나들 수 없는 엄연한 절연층이 존재한다는 사실을 간접적으로 짚어 보이기도 했다. 그 계기는 양산사 경내의 궁비(穹碑)를 찬(撰)한 고운(孤雲) 최치원(崔致遠)의 비문(碑文)이 제공해 주었다. 일단 김이만은 최치원의 비문을 접한 후에, "그 문장[文]이 모두 총령(蔥嶺) 지역의 설화(說話)다."는 소감을 피력하고, 아래처럼 자신의 소견을 추가로 제시해 두었다.

> "아! '부처에게 아첨한 사람은 마땅히 문묘(文廟)에 배식(配食)해서는 안 된다.'는 것은, 퇴도(退陶)[퇴계] 선생의 학문의 정론(定論) 중에 하나셨다."[54]

위의 인용문 속에 드러나 있듯이, 김이만의 학문세계에서 '퇴도'로 지칭한 퇴계(退溪) 이황(李滉, 1501~1570)의 존재론적 위상은 실로 절대적인 비중감을 점유하고 있었다. 때문에 자신을 소자(小子)로 겸칭했던 김이만은 이황을 두고, "(선생을) 존신(尊信)하여 신명(神明)처럼 대하였다."고 솔직하게 토로해 두기도 하였던 것이다.[55] 자연히 김이만은 퇴계가 견지하였던 이단관(異端觀)에 입각하여 유(儒)·불(佛)·도(道)를 넘나드는 통섭적(通攝的) 차원의 학문세계를 추구하였던 최치원을 당연하게 이단시할 수밖에 없었던 것이다.

일찍이 이황은 조선시대의 대표적인 시문집인 『동문선(東文選)』을

54 金履萬, 『鶴皐集』 卷9, 「雜著」, 〈山史〉, 197쪽. "黃昏到陽山寺, 借宿丈室, 朝起循覽佛殿及禪樓 …… 殿後一穹碑 …… 乃新羅崔致遠奉教撰, 而其文皆蔥嶺說話, 噫佞佛之人, 不當配食文廟, 退陶夫子業有定論矣." 언급된 '총령(蔥嶺)'은 티베트에 인근한 파미르(pamir) 고원을 일컫는 표현임.

55 金履萬, 『鶴皐集』 卷8, 「序」, 〈退陶先生言行遺編序〉, 159쪽. "業已家傳人誦, 尊信而神明之矣."

읽은 후에, 최치원의 행적과 그에 따른 문묘 배향(配享)의 문제에 대해 다음과 같이 진중한 어조로써 비판적 시각을 천명해 보인 사실이 있었다.

> "근래에 『동문선』을 읽어보니, 최(崔) 고운(孤雲)은 온전한 몸으로 부처[佛]에 아첨한 사람이었음에도, 외람되게 (문묘의) 제향 반열에 뒤섞었으니, 저 그 혼령들[神]이 어찌 감히 흠향을 받으시겠는가? 이럴 바에는 애초에 (문묘에 혼백을) 들이지 않음으로써 영광되게 하는 것만 같지 못할 걸세!"[56]

앞서 소개한 김이만의 언술은 상기 인용문에 드러난 이황의 단호한 입장을 그대로 계승한 결과임이 분명하게 확인된다. 이황은 최치원의 신위(神位)를 문묘의 제향 반열[祀列]에 뒤섞어 반입한 결과, 기존에 안치되었던 신라의 설총(薛聰, 655~?)에서 회재(晦齋) 이언적(李彦迪, 1491~1553)에 이르는 동국(東國) 명현(名賢)들의 혼기(魂氣)가 매우 불편한 처지에 놓이게 되었다는 점을 정중하게 지적해 보인 것이다.

나아가 이황은 동국 명현들의 신위(神位)가 최치원의 그것과 나란히 존치될 바에는, 차라리 문묘에 배향되지 않는 편이 훨씬 더 생전의 영광을 잘 기리는 방법이 될 것임을 역설하기도 했다. 이 같은 이황의 엄정한 비판은 "부처에 아첨한" 전력이 있는 최치원의 생전 행적에 대한 거부감이 지극한 수준이었음을 반증해 준다. 이렇듯 최치원을 향한 이황의 비판적 인식은 그가 수행한 양명학(陽明學) 비판 작업에 결코 뒤

56 李滉, 『退溪集 Ⅱ』 卷30(한국문집총간 30), 「書」, 〈答金而精〉, 민족문화추진위원회, 1986, 207쪽. "近看東文選, 崔孤雲乃全身是佞佛之人, 濫廁祀列, 彼其神豈敢受享乎, 如此則不如初不入之爲有光也."

지지 않을 정도의 단호함을 유지하고 있다.

여하간 지금 김이만의 경우와는 다르게, 18세기를 전후한 노론 지성계의 경우 임호(林湖) 박수검(朴守儉, 1629~1698)의 『중용석의(中庸釋義)』의 서문[序]에서 확인되듯,[57] 전반적으로 정주학적(程朱學的) 도통론(道統論)에 의거하여 벽이단론(闢異端論)을 개진하는 방식을 매우 선호한 편이다.[58] 그러나 김이만의 경우 퇴계 이황이 천명한 이단관으로 정주학적 도통론을 대체한 차이점이 발견된다.

그런데 김이만은 그가 서산(瑞山) 군수(郡守)로 재직하던 도중에 과거 서주(瑞州)라는 지명으로도 불렸던 이 지방의 과선각(過仙閣)을 지나면서, "일찍이 최(崔) 고운(孤雲)이 이 주(州)에서 태수(太守)[宰]를 지낸 적이 있었기에, 이 누각(樓閣)을 '과선(過仙)'으로 부르게 되었다고 한다."는 제주(題註)를 덧붙인 시 한 수(首)를 읊은 사실이 있었다.[59] 특히 김이만은 고운을 신선[仙]으로 비유한 시 작품인 「제과선각(題過仙閣)」을 통해서, "바다 건너 래주(萊州)에 오르기까지 만리 길 파도"를 무릅썼던 최치원 생전의 행적을 가만히 추억해 보였다. 이러한 정황은 김이

57 朴守儉, 『林湖集』 卷6(한국문집총간 續39), 「中庸釋義序」, 한국고전번역원, 2007, 285쪽. "中庸者 …… 卽子思子所述, 而上自堯舜, 下至孔門, 傳授心法也 …… 又得於曾子, 以傳孟子, 孟子以後, 千有餘載, 絕而不傳矣. 至于宋朝, 眞儒輩出, 有若明道, 伊川兩先生, 講明義理, 續其不傳之緒, 繼以朱夫子."

58 朴守儉, 『林湖集』 卷6, 「中庸釋義序」, 285쪽. "中庸者 …… 卽子思子所述, 而上自堯舜, 下至孔門, 傳授心法也 …… 又得於曾子, 以傳孟子, 孟子以後, 千有餘載, 絕而不傳矣. 至于宋朝, 眞儒輩出, 有若明道, 伊川兩先生, 講明義理, 續其不傳之緒, 繼以朱夫子."

59 金履萬, 『鶴皐集』 卷2, 「詩中稿 · 七言律詩」, 〈題過仙閣(崔孤雲曾宰此州, 故閣號過仙云)〉, 44쪽. "山平野闊莽悠悠行, 行盡湖西得瑞州, 海隔登萊波萬里 …… 回瞻直北朝天路 …… 最是孤雲仙迹遠."

만이 비록 퇴계의 정론에 입각하여 최치원에게 이단의 혐의를 덧씌우긴 했지만, 고운에 대한 호감어린 추념(追念)의 정도를 확인시켜 주기에 충분하다. 그렇다고 하더라도 유교를 상징해 주는 대표적인 의식(儀式) 공간인 "문묘(文廟)에 배식(配食)하는" 일만큼은 동의를 표하기가 어렵다는 것이 김이만이 견지한 내심의 입장이었던 듯하다. 이 점 불교 방면에 대해 김이만이 형성하였던 수용과 배척이라는 상이한 두 기제가 최치원이라는 역사적 인물을 통해서 그대로 중첩된 채 표출된 결과인 것으로 분석된다.

나아가 김이만이 남긴 저술들 가운데는 18세기 당시 한국불교의 현황을 전시해 주는 장면도 간간이 포착되고 있어 눈길을 끈다. 그중에는 호남(湖南)을 대표하는 사찰 중에 하나인 해남(海南)의 대둔사(大芚寺)도 포함되어 있다. 일단 김이만은 그가 유람 도중에 탐방한 대둔사의 당시 현황을 아래처럼 간략하게 기술해 두었다.

> "대둔사(大芚寺)의 규모가 자못 크고 수려하며, 불전(佛殿)과 승료(僧寮)[사암]들이 산의 계곡을 빼곡히 둘러싸고 있고, 치곤(緇髡)[승려]이 성한 정도가 호남(湖南)에서 으뜸간다."[60]

김이만이 『산사』에 기술해 둔 상기 인용문의 기록대로라면, 대둔사는 18세기를 전후로 하여 호남에서 가장 무성한 사세(寺勢)를 유지하고 있었던 것으로 판단된다.

또한 1728년에 영암(靈巖) 군수(郡守)로 봉직했던 김이만은 업무차

60 金履萬, 『鶴皐集』 卷9, 「雜著」, 〈山史〉, 190쪽. "夜抵海南之大芚寺, 寺頗宏麗, 佛殿僧寮, 布絡山谷, 緇髡之盛, 甲於湖南, 而峰巒洞壑無大奇者."

낭주(朗州)[영암]에 간 김에 그곳의 명산인 월출산(月出山) 산행에 나섰다가, 뒤늦게 도갑사(道岬寺)에 도착하게 되었다. 이에 김이만은 도갑사의 유래와 관련하여 "신라(新羅)의 고승 도선(道詵, 827~898)의 옛 거주지[舊居]였다."는 사실을 확인해 보이고, 겸사해서 동백나무와 백일홍이 보기 좋게 자라는 모습도 아울러 묘사해 두는 식의 세심한 작가 의식을 발휘하였다.[61]

한편 김이만은 18세기 당시에 북한(北韓) 지역에 소재한 사찰 중에서, 특히 태조(太祖) 이성계(李成桂, 1335~1408)와 인연이 깊었던 두 가람(伽藍)인 귀주사(歸州寺)와 석왕사(釋王寺)도 소개해 두었음이 주목된다. 다만 아쉽게도 본사(本寺)였던 귀주사와 석왕사는 한국전쟁 이후에 폐사(廢寺)된 사정으로 인해, 현존하는『북한사찰연구』목록에도 누락된 상태다.[62]

이들 두 사찰 중에서 함경남도(咸鏡南道)의 함흥(咸興)에 인근한 귀주사는 태조가 왕위(王位)에 등극하기 이전인 한미(寒微)한 시절에 독서처(讀書處)로 삼았던 특별한 이력을 간직하고 있다.[63] 또한 함남 안변(安邊)의 설봉산(雪峯山)에 위치한 석왕사는 태조가 한미하던 시절에 꿨던 특이한 꿈의 내용, 즉 이성계가 "서까래 세 개를 지고 있는" 묘한 꿈 내용을 "어떤 신이(神異)한 고승이 풀이하기를, '이는 왕(王) 자(字)를 뜻한다.'고 해몽해 줬던 인연으로 하여 사찰이 건립되었고, 그런 연유로 이름도 '석왕(釋王)'으로 불렀다."며 민간에서 그때까지 구전되어 오던 설

61 金履萬,『鶴皐集』卷9,「雜著」,〈山史〉, 189쪽. "戊申春, 余宰綿城, 有事至朗州, 因作月出之遊, 晩抵道岬寺, 卽新羅僧道詵之舊居也. 山門左右, 有山茶百日紅兩樹."

62 이종수,「북한 소재 사찰의 불교문헌」, 불기 2557년 석탄일 봉축 세미나,『북한불교의 이해』, 동국대 불교문화연구원, 2013, 119~120쪽 참조.

63 金履萬,『鶴皐集』卷9,「雜著」,〈山史〉, 183쪽. "歸州寺距城十里而遙, 林泉峯壑, 楚楚可人, 寺左有讀書堂, 卽太祖大王微時讀書處也."

화도 포착해서 서술해 두었다.[64]

이상의 귀주사와 석왕사 외에도 김이만은 1726년(44세) 겨울철에 그가 공무차 안변에 잠시 체류할 적에 겨를을 내어,[65] 주로 함경남도(咸鏡南道)와 함경북도(咸鏡北道)를 뜻하는 관북(關北)에 소재한 어느 대가람(大伽藍)을 탐방하고 관람한 내용들과 논평을 아래처럼 비교적 자세하게 소개해 두었음이 사뭇 눈길을 끌게 한다.

> "골짜기로 접어드니 단속문(斷俗門)이 있었고, 굴곡진 계곡 하나를 꺾어서 도합 세 번을 건넜는데, 모두 교량을 설치하여 누각을 올려 두었다. 휘어진 수풀과 구르는 듯한 계곡 사이에, (문득) 거찰(巨刹)이 나타났다. 불전(佛殿)과 누각(樓閣)이며 선루(禪樓)가 드러나 보였고, 바깥채와 안채 및 외성(外城)과 곁채 등이 한 산의 품 안에서 그물처럼 두르고 있다. 높다랗고 뾰족한 고릉(觚稜)은 흡사 날개라도 돋친 듯하였고, 노랗고 푸른 빛들이 찬란하게 빛났으니, 그 웅장하고 수려하기란 관북(關北)에서 (단연) 으뜸이었다."[66]

윗 인용문에 이어서 김이만은 "산 정상의 뾰족한 봉우리와 깊게 파인 골은 맑고도 빼어나서 마음이 절로 편안해진다. 비록 괴이한 볼거리

64 金履萬, 『鶴皐集』 卷9, 「雜著」, 〈山史〉, 186쪽. "釋王寺, 在安邊雪峯山, 俗傳太祖大王微時夢負三椽, 有異僧釋之曰, 此王字也. 太祖爲之建寺, 因名釋王云."

65 金履萬, 『鶴皐集』 卷9, 「雜著」, 〈山史〉, 186쪽. "丙午冬, 余以檢田事留安邊, 遂於暇日往遊."

66 金履萬, 『鶴皐集』 卷9, 「雜著」, 〈山史〉, 186쪽. "入洞有斷俗門, 一溪曲折凡三渡, 皆橋而閣之, 林回谷轉, 有巨刹焉. 殿閣樓觀, 堂室廊廡, 羅絡於一山之內. 觚稜翼然, 金碧燦然, 壯麗甲於關北." 언급된 '고릉(觚稜)'이란 궁궐이나 전각(殿閣)의 가장 높은 곳인 지붕의 기와등[瓦脊]을 말한다.

는 없으나, 바람을 막고 기(氣)를 모이게 하는 형세란, 정히 형가(形家)[풍수]의 설(說)에 꼭 부합하니, 지금에 이르도록 (이토록) 치곤(緇髡)[승려]들이 무성한 것도 다 이유가 있어서 그러했을 것이다!"라는 극히 감탄조의 분석 방식으로써,[67] 이참에 대가람 주변의 청수(淸秀)한 풍광(風光) 묘사까지 곁들여 두었다. 『산사』에 채록된 기록으로 미뤄 보건대, 이 '거찰(巨刹)'은 수많은 승려들이 집단적으로 거주하는 가운데, 사찰의 세부적인 구조물들의 배치나 그 규모, 그리고 주변의 산세며 정경 등과 제반 측면에 있어서 관북에서 제일가는 명성을 유지하고 있었던 것 같다.

그런데 원래 김이만은 이단에 준하는 풍수설(風水說)을 겨냥하여 "근대(近代)에 이르러 혹세무민(惑世誣民)하는 정도가 이단(異端)보다도 더 심하다."며 강하게 비판했던 근본 유자였다.[68] 그러나 안변의 보현사(普賢寺)로 추정되는 이 '거대한 사찰'[巨刹][69]이 자리잡은 "바람을 막고 기(氣)를 모이게 하는" 수승한 형승(形勝)에 한해서는, "전혀 그 이치가 없다고는 못한다."며 또 다른 소견을 적용하였음이 대단히 주목되는 바

67 金履萬, 『鶴皐集』 卷9, 「雜著」, 〈山史〉, 186쪽. "峰巒洞壑, 淸秀蘊藉, 雖無詭異之觀, 而藏風蓄氣, 正符形家之說. 至今緇髡之金履萬, 盛有以也哉."

68 金履萬, 『鶴皐集』 卷10, 「雜著」, 〈家訓〉, 212쪽. "形家之說, 不可謂全無其理, 而至以吉凶禍福, 盡歸於幽宅者誕也. 至于近代, 惑世誣民, 甚於異端, 可勝歎哉."

69 『조선불교통사』와 『조선사찰목록』, 그리고 『북한사찰연구』에는 함경남도 안변군 설봉산에 위치한 석왕사(釋王寺)의 본사(末寺)로서 '성도암 · 보현사 · 영축암' 등과 같은 사암들을 수록해 두고 있다. 그런데 김이만은 '거찰(巨刹)'이라는 표현을 사용하면서 장려(壯麗)한 사찰과 그 주변 전경을 묘사하였기에, 암자(庵子)인 성도암 · 영축암이 아닌 보현사일 것으로 추정된다. 이종수, 「북한소재 사찰의 불교문헌」, 불기 2557년 석탄일 봉축 세미나, 『북한 불교의 이해』, 동국대 불교문화연구원, 2013, 123~125쪽 참조.

이다.[70] 이처럼 김이만이 풍수설에 대한 자신의 정론(定論)을 굽혀가면서까지 보현사가 터한 지형학적 조건을 찬미한 이면에는, 이 '거찰[巨刹]'이 그만큼 웅장하고 사세(寺勢) 또한 대단한 수준을 유지한 상태였음을 간접적으로 짐작케 해준다.

나아가 김이만은 이 사찰에서 태조 이성계의 사적(事蹟)을 체계적으로 기록해 둔 궁비(穹碑)도 관람하였고, 또한 그곳의 승려가 소중히 보관 중이던 "숙묘(肅廟)[숙종]의 어필(御筆)"도 직접 접할 수도 있었다.[71] 김이만은 이 대가람 묘사의 마지막 부위를 "누각 위쪽에는 명인(名人)들의 시판(詩板)이 많았다."는 보고적 서술로써 대미를 장식하였다. 이로써 함경남도 안변에 위치했던 보현사임에 분명해 보이는 이 거대한 사찰이 향유하였던 명성이나, 혹은 당시 사회적 인지도를 직·간접적으로 추정해 볼 수도 있겠다.

이상에서 수학기 시절부터 불교와 인연을 맺기 시작했던 김이만이 중년에 이래로 전국의 명산·대첩들을 두루 유람하면서 사찰·암자 탐방을 병행했던 정황들과 함께, 또한 그가 남긴 저술 속에 기재된 해당 서술단위들을 개략적으로 소개하고 검토해 보았다. 그 과정에서 우리는 승려와 승단에 대한 김이만의 인식 정도를 아울러 확인할 수 있었다. 겸하여 부석사·양산사·석왕사·귀주사·보현사·승달산 및 최치원과 관련된 기록들과 이와 결속된 이면사들도 동시에 접할 수도 있었

70 金履萬, 『鶴皐集』 卷10, 「雜著」, 〈家訓〉, 212쪽. "形家之說, 不可謂全無其理, 而至以吉凶禍福, 盡歸於幽宅者誕也."

71 金履萬, 『鶴皐集』 卷9, 「雜著」, 〈山史〉, 186쪽. "寺有穹碑, 紀太祖事蹟, 又有肅廟御筆, 居僧寶藏之. 樓上多名人詩板."

다. 그 결과로서 우리는 18세기를 전후로 한 한국불교사의 한 단층과 관련하여 유의미한 내용들을 음미하게 되었다.

그렇다면 은연중 불교를 이단시하였던 김이만의 경우 과연 불교의 교학체계와 실참 수행법 방면에 대해서는 과연 어떠한 입장을 견지하고 있었던 것일까?

2) 불교교학 이해

본디 "맵시[姿]며 성품[性]이 심히 중후[沈重]하고" 조용한 성품의 소유자였던 김이만은 스스로도 "평소 마음이 고요함을 즐겨하여, 외물(外物)로 인하여 (마음이) 바깥으로 치닫지는 않는다."고 토로한 사실이 있다.[72] 이러한 성품의 소유자인 김이만에게 있어서 "적정의 추구[眈靜]"란 곧 학(學)·도(道)에 준하는 의미를 간직하고 있었던 것 같다.[73] 또한 김이만의 경우처럼 적정(寂靜)한 세계를 기꺼워하는 성향을 소유한 이는 필경 세속 세계를 뜻하는 "진토(塵土)·진적(塵迹)"[74]과 "이 티끌·때 (같은 세상)을 벗어나려는"[75] 심리적인 태도를 일컫는 염리심(厭

72 金履萬, 『鶴皐集』 卷1, 「賦」, 〈林湖賦〉, 20쪽. "按詞翰之直轡 …… 惟素心之樂靜, 不因物而外徙."

73 金履萬, 『鶴皐集』 卷6, 「詩晚稿 · 七言律詩」, 〈又用前韻詠懷〉, 134쪽. "月山 ■ 翠遠依微 …… 非緣學道常眈靜."

74 金履萬, 『鶴皐集』 卷6, 「詩晚稿 · 七言律詩」, 〈神勒寺, 次佔畢韻〉, 136쪽. "楓林半赤菊初黃, 洗空塵土十年腸."; 같은 책, 「詩晚稿 · 五言古詩 附六言」, 〈山中, 次韋蘇州韻〉, 52쪽. "浮雲與流水 …… 牀前有塵迹."

75 金履萬, 『鶴皐集』 卷6, 「詩中稿 · 七言律詩」, 〈養眞菴〉, 52쪽. "盥櫛坐蒲團 …… 世事閱泡影, 虛名哂箕斗 …… 且喜離塵垢."

離心)을 표출하기 십상이다. 왜냐하면 세상과 일정한 거리를 유지하고자 하는 심리적 태도가 표출됨을 뜻하는 염리심이란, 구도적 세계를 추구하기 위한 전제이자 일종의 필요조건에 상응하는 의미를 지니고 있기 때문이다.

예컨대 김이만이 유람을 행하던 도중에 바닷가에 위치한 호남의 사찰인 법천사(法泉寺)[76]에서 하룻밤을 유숙한 뒤에, 다시 길을 나서면서 "잠시 정결한 가람[精藍]을 빌려 하룻밤을 묵고, 옷을 챙겨 말을 타니 또 띠끌·모래로다!"라는 시구(詩句)를 통해서,[77] 정람(精藍)과 진사(塵沙)를 절묘하게 대비시켰던 정황 또한 그의 내면에 은장된 염리심이 발휘된 구체적인 장면에 해당한다.

이상에서 논급한 염리심의 연장선에서 김이만은 "공명을 추구하는 일[功名事]"이란 비바람에 흩날리는 띠끌인 풍진(風塵)과 진배없는 것으로 인식하였음은 물론이고,[78] 마침내 노년에 이르러 "잠들어도 공명(功名)에 끄달리지 않는" 자유로운 정신의 경지를 직접 체험하기에 이른다.[79] 달리 김이만은 이처럼 고급한 정신의 경계를 선문(禪門)의 용어를 빌려서, "나이 들어 명리(名利)는 이미 투관(透關)하였다."고 표현하

76 전남 무안의 승달산에 소재한 사찰로 추정된다. 승달산에는 총지사·법천사·목우암 등과 같은 사암이 있었으나, 지금은 법천사만 잔존해 있는 상태다. 특히 법천사는 바닷가에 위치하고 있는데, 해발 고도에 비해 뛰어난 조망을 획득한 사찰이다.

77 金履萬, 『鶴皐集』 卷1, 「七言律詩」, 〈宿法泉寺早發, 是日寒食〉, 28쪽. "寒食今年滄海涯 …… 暫借精藍成一宿, 撮衣騎馬又塵沙."

78 金履萬, 『鶴皐集』 卷6, 「詩晩稿 · 七言律詩」, 〈秋晩記懷〉, 138쪽. "老病何堪作遠遊 …… 請君莫話功名事, 羞向風塵擧白頭."

79 金履萬, 『鶴皐集』 卷6, 「詩晩稿 · 七言律詩」, 〈午眠次杜韻〉, 142쪽. "梧竹山齋靜悄然, 老人無事晝常眠 …… 枕上功名不受牽."

기도 하였다.[80] 역설적으로 이 같은 김이만의 언술은 전도유망하던 젊은 시절 한때에 그가 대단한 공명심(功名心)으로 무장한 인물이었음을 반증해 주기도 한다.

그러나 이제 김이만이 성취한 이 같은 인식론적 반전(反轉)이란, 일찍이 그가 "존명(尊名)과 후리(厚利)란, 어찌 사람들이 좋아하는 바가 아니겠는가?"라며 자신에게 반문했던 일과는 완전히 상반되는 일대 인식론상의 전환의 의미를 지니는 것이었다. 그에 따라 김이만은 흡사 나방이 불에 몸을 던지는 격과 다를 바가 없는 탐욕과 영화의 무모함을 여실히 통찰할 수 있었던 것이다.[81] 동일한 맥락에서 김이만은 신하(臣下)된 자가 국왕에게 받는 총애와 모욕감을 뜻하는 '총욕(寵辱)' 자체도 한갓 부질없고도 허망한 꿈에 불과한 것으로 인식한 부분도 주목된다.[82] 이 점 김이만 스스로가 자신이 향유했던 기나긴 관직생활 도중에서 매우 특별했던 기억들을 추후적으로 성찰해 보인 대목에 해당하기 때문이다.

그러나 이제 김이만은 그가 양산(梁山) 군수(郡守)로 재직 중이던 1744년(영조 20) 당시에 이른바 살인옥(殺人獄) 건을 판결한 초심(初審)의 결과가 오해를 산 나머지, "앉은 채로 파직(罷職)을 당했던" 말할 수도 없는 모욕감은 물론이거니와,[83] 차후로 사태가 반전된 이후에 국왕

80 金履萬, 『鶴皐集』 卷6, 「詩晩稿 · 七言律詩」, 〈旅舍書懷〉, 120쪽. "名利年來已透關 ...... 幽人出世成何事."; 같은 책, 〈詠懷, 用東坡詩八韻〉, 145쪽. "名利透關心已了."

81 金履萬, 『鶴皐集』 卷6, 「詩晩稿 · 七言律詩」, 〈詠懷, 用東坡詩八韻〉, 145쪽. "生晩千秋析木東 ...... 貪榮每懼蛾投火, 謝事還甘鷁退風."

82 金履萬, 『鶴皐集』 卷6, 「詩晩稿 · 七言律詩」, 〈春日遣懷六韻〉, 145쪽. "天時荏苒過淸明 ...... 寵辱筭來都似夢, 癡人猶自說功名."

83 金履萬, 『鶴皐集』 卷11, 「附錄」, 〈行狀[李秉遠]〉, 233쪽. "居數歲, 鄰邑有殺人獄,

인 영조(英祖)로부터 각별한 총애를 받았던 추억 역시 "세상사란 들여다보면 거품·그림자와도 같은 허명(虛名)"에 불과한 것임을 명증하게 통찰하게 되었던 것이다.[84] 이 지점에서 김이만의 관직생활에 있어서 일대 반전의 계기로 작용했던 당시 양산읍(梁山邑) 살인 사건의 마지막 장면을 잠시 반추해 보기로 한다.[85]

> "1745년[乙丑]. 왕은 사신[使]을 영남(嶺南)에 파견하여 (冤獄을) 다시 심리(審理)하게 조처하셨다. 사신이 돌아와 그 당시 살옥(殺獄)이 초검(初檢)이 옳고 재검(再檢)·삼검(三檢)이 그르다는 점을 보고하였다. 마침내 왕은 그 옥사(獄事)를 뒤집을 것을 명령하셨다. 이에 재검과 삼검을 맡았던 자들은 귀양을 가게 되었고, 신(臣)[학고]은 장령(掌令)으로 발탁되어서 임명[除]되었다."[86]

윗글은 살인옥 사건이 발생한 1년 후에 국왕인 영조(英祖)가 파견한 사신인 심리사(審理使)에 의해 사태가 반전되기까지의 과정을 비교적 상세하게 기술해 둔 장면에 해당한다. 당시 살인옥 사건에 맞닥뜨린 김이만은 철저히 증거주의 원칙에 의거해 이 사건을 처리하였으나,

---

公所覆覈, 與諸檢官異, 遂坐罷."; 金履萬, 『鶴皐遺藁』(국립중앙도서관 소장본 한古朝46-가1765), 〈自序〉, 165쪽. "甲子以殺獄初檢, 後再三檢異辭, 按■使直再檢三儉, 而爲初檢爲失實, 由是罷皈."

84 金履萬, 『鶴皐集』 卷2, 「詩晩稿·五言古詩 附六言, 〈養眞菴〉, 52쪽. "世事閱泡影, 虛名哂箕斗."

85 이하의 한 단락은 金鍾秀, 「17~19세기 刑罰考證 談論과 人權意識-朴世堂과 丁若鏞의 경우-」, 『2015 동아시아 실학 국제학술회의 논문집』, 한국실학학회, 2015, 292쪽의 내용을 축소하여 재구성한 결과다.

86 金履萬, 『鶴皐遺藁』(국립중앙도서관 소장본 한古朝46-가1765), 165쪽. "乙丑上遣使嶺南, 審理冤獄, 使臣還告其時殺獄, 是初檢非再檢三檢, 上遂命反其獄, 擢除臣掌令."

"(군수에 임명된) 몇 해 뒤에 이웃 고을에 옥사(獄事)가 났는데, 공(公)은 시신(屍身)의 멍든 자국을 살펴보고 가해자를 신구(伸救)하다가, 이로 인해 파직되었다."고 성호(星湖) 이익(李瀷, 1681~1763)이 찬(撰)한 묘갈명(墓誌銘)은 전언한다.[87] 그러나 억울한 옥사를 뜻하는 원옥(冤獄)을 다시 심리하기 위한 목적으로 영조가 다시 파견한 특사(特使)인 심리사에 의해 초심 판결에 대한 오해를 완전히 벗고, 마침내 중앙 관계로 진출하는 식의 일대 역전극을 연출하는 결과로 이어지게 되었던 것이다.

그러나 이제 김이만은 사태가 반전된 이후에 국왕인 영조로부터 받았던 지극한 총애(寵愛)마저도, "세상사란 들여다보면 거품·그림자와도 같은 허명(虛名)"에 지나지 않았다는 점을 여실히 통찰할 수 있게 된 것이다. 그런데 김이만이 세상사를 "거품[泡]·그림자[影]"로 비유한 앞의 구절은 언뜻 『금강경(金剛經)』의 마지막 사구게(四句偈) 중의 한 구절을 떠올리게 한다.[88] 즉, 김이만은 "일체 현상계의 모든 생멸법[有爲法]은, 꿈과 같고 허깨비와 같고, 물거품과 같고 그림자 같으며, 이슬과 같고 번개와도 같으니, 응당 이와 같이 관(觀)할지어다!"라고 설파한 『금강경』의 가르침을 정중하게 수용하고 있었던 것이다. 이 같은 정황은 김이만이 그간에 온축한 불교의 교학체계 방면에 대한 지적 소양 정도를 일정 부문 가늠케 해주기에 족한 사례임과 동시에, 또한 그가 불

87 李瀷, 『星湖全書 Ⅲ』 卷 65(한국문집총간 200), 「墓誌銘」, 〈金執義鶴皐子墓碑銘并序〉, 민족문화추진위원회, 1986, 116쪽. "後數年有鄰邑殺人獄, 公則覈其痕而伸之, 用是坐罷. 後奉使者至, 發其屍, 不得致命痕, 還奏其冤, 且白公治績, 於是擢爲司憲掌令, 異數也." 성호 이익은 김이만과 내외종(內外從)의 관계다.

88 대한불교 조계종 교육원 편역, 『조계종 표준 金剛般若波羅密經』, 조계종출판사, 2009, 87쪽. "一切有爲法, 如夢幻泡影, 如露亦如電, 應作如是觀."

교적 세계에 차츰 동화되어 가고 있는 상태임을 시사해 주기도 한다.

실제 김이만은 대승불교(大乘佛敎)의 주요 경전들인 『능엄경(楞嚴經)』과 『법화경(法華經)』을 비롯한 다수의 불경(佛經)들을 섭렵하였다는 사실을 밝혀 놓았다. 그러나 김이만이 판단하기에 대승불교의 경전 또한 노장(老莊)과 순자(荀子)·양주(楊朱) 등의 저술과 마찬가지로 "기묘하고 이상스러운[奇詭] 문장들"로 이뤄진 까닭에, 그로 하여금 "진리[道]를 어지럽힘이 또 어떠하겠는가?"라는 깊은 이단의 우려를 자아내게 하였던 것이다.[89] 이와 같은 김이만의 언술은 불교교학에 대한 원천적 선입견을 확인시켜 주는 대목인데, 자연히 학고의 불교교학 이해 및 실참 수행법에 대한 몰입도 역시도 일정한 인식상의 한계에 직면할 것임을 어느 정도 예상케 해주기도 한다.

그럼과 동시에 김이만은 "영화와 욕됨이란, 고개만 돌려보면, 모두가 허깨비인 것을!"이라는 부연 설명을 통해서,[90] 중관불교(中觀佛敎)의 공관(空觀)에 상응하는 해체론적 환(幻) 인식을 피력해 두기도 하였다. 일면 이 대목은 『노자(老子)』의 고급한 인식론인 이른바 '서로 이뤄주는' 상성론(相成論)과도 무관하지 않은 것도 같으나,[91] 실제로는 명리·총욕·공명 등과 같이 상반된 개념쌍들의 실체성을 부정하는 문맥이 더 강한 편이다.

이처럼 세속적 가치·대상들에 대해서 그 어떤 실체(substance)를 회

89 金履萬, 『鶴皐遺藁』, 〈文論〉, 138쪽. "然而道德之言, 逍遙之論, 楞嚴法華之說, 及荀子楊子之書, 縱橫布列於天下 …… 或嗜之如芻豢, 悅之如少艾者, 凡以其文之奇詭 …… 則文之亂道, 又何如也."

90 金履萬, 『鶴皐集』 卷6, 「詩晩稿 · 七言律詩」, 〈立春, 次杜韻〉, 140쪽. "顔淵陋巷猶堪樂 …… 榮辱轉頭都是幻, 百年唯有萬篇詩."

91 焦竑, 『老子翼』의 제2장(漢文大系 9), 臺北: 新文出版社, 民國 83년. 11쪽. "故有無相生, 難易相成, 長短相形, 高下相傾, 音聲相和, 前後相隨."

의하는 시각의 이면에는, 당연하게도 김이만이 줄곧 직면했던 여의치 못했던 삶을 초극하고자 했던 강한 의지가 투영되어 있을 것임은 앞서 거론한 바와 같다. 이에 김이만은 불교와 부분적으로 교섭하는 일련의 순차적인 과정을 경유하면서, 기존에 자신이 추구했던 세속적인 가치나 대상들이 실체성 자체가 부재한 환(幻)·공(空)의 성질의 것이었음을 여실히 통찰하기에 이른 것이다. 김이만이 불교의 종지(宗旨)를 '적멸(寂滅)'로 파악했던 시각[92] 역시 논의 중인 환(幻)·공관(空觀)의 세계관과 정히 부합되는 바가 있다. 물론 불교의 종지를 '적멸'로 규정하는 방식은 정주학자(程朱學者)들의 통속적인 불교교학 이해의 전통의 일면을 반영해 주는 측면도 다분히 존재한다.

이렇듯 세속적 가치나 대상들의 실체를 회의하면서 이를 해체론적 인식론에 의거하여 무화(無化)시켰던 김이만은, 유사한 맥락에서 시간(時間) 개념에 수반되는 영원성(永遠性)이라는 실체를 탈각하고자 하는 시각을 선보이기도 하였다. 이를테면 김이만이 "인생(人生)이란 본디 나그네를 맞이하는 것이고, 돌연 백 년도 안 된다."는 분절적(分節的) 시간 인식을 드러내 보이면서, 또한 "손가락 튀기는 사이에 만사(萬事)가 모두 공(空)하니, 한 번 지나간 것은 반복하지 않는다."고 설파한 시구는 이러한 경우의 한 전형을 대변해 준다.[93] 김이만은 그 구체적인 사례로써 "어제 만전(萬錢)어치를 먹었으나, 오늘의 포만감[飽]은 어디

92 金履萬, 『鶴皐遺藁』, 〈文論〉, 138쪽. "至於老莊之虛無, 佛氏之寂滅, 與夫荀卿之以性爲惡, 楊雄之失節."

93 金履萬, 『鶴皐集』 卷2, 「詩中稿 · 七言律詩」, 〈雜言〉, 57쪽. "人生本逆旅, 忽忽百年內, 彈指萬事空, 一往不可再, 昨日食萬錢, 今日飽安在, 唯有不朽三, 可以千萬載."

에 있는가?"라고 흥미롭게 자문해 보이기도 했다.[94] 곧장 이어서 김이만은 "오직 (덕 · 공 · 언) 삼불후(三不朽)만이 천년만년토록 영원하도다!"라고 자답해 둔 부분도 간과할 수 없다.[95] 이처럼 인생을 나그네가 잠시 스쳐 지나가는 곳인 여관(旅館)으로 비유하고, 또한 "손가락 튀기는 사이에 만사(萬事)가 모두 공(空)한" 이치에 대한 통찰은 분명 시간성에 수반되는 영원성이라는 실체를 타파한 인식론적 조처임에 분명하다.

그런데 '금강(金剛)'으로 상징되는 불교의 지혜(智慧) 종자(種子)가 아닌, 곧 덕(德)·공(功)·언(言) 삼불후만이 영원불변한 가치를 내장하고 있다는 김이만의 언술은 그가 착지한 근본 유자라는 처지를 은연중에 재차 확인시켜 주고 있다. 따라서 지금 김이만이 실험 중인 불교의 환관·공관에 입각한 인식론적 이해의 틀은 근본 유자라는 사상적 입각점 위에서 덧껴지고 있는 중첩적 양상을 취하고 있는 것으로 그려진다.

그리하여 어느 봄날에 김이만은 "어제의 살구꽃이 오늘은 눈으로 돌변했으니, 견줘 보면 덧없는 세상의 잠시[片時] 간의 영화(榮華)인 것을!"이라는 체험적 성찰을 토로하면서,[96] 다시 한 번 더 분절적 시간인식을 노정해 보였다. 특히 "편시(片時) 간의 영화(榮華)"라는 시구에서 확인되듯이, 시간성이 수반하는 실체를 탈각시킨 김이만의 의식적인 노력 역시 그의 내면에 각인된 트라우마를 치유하기 위한 노력의 일환

94 金履萬, 『鶴皐集』 卷2, 「詩晩稿 · 五言古詩 附六言」, 〈雜言〉, 57쪽. "昨日食萬錢, 今日飽安在."

95 金履萬, 『鶴皐集』 卷2, 「詩晩稿 · 五言古詩 附六言」, 〈雜言〉, 57쪽. "人生本逆旅, 忽忽百年內, 彈指萬事空, 一往不可再 ……唯有不朽三, 可以千萬載."

96 金履萬, 『鶴皐集』 卷6, 「詩晩稿 · 七言律詩」, 〈春興〉, 141쪽. "春風忽已過淸明 …… 昨日杏花今日雪, 較看浮世片時榮."

이었음이 재차 감지된다. 나아가 김이만은 마침내 "지난 일들에 대해 여러 번 참회심(懺悔心)이 일어났고, 여생(餘生)에는 꿈속에도 공명(功名)이 아른거리지 않는다."는 말로써,[97] 인식론적 반전에 의해 체득된 치유의 효력을 직접 토로해 보이기도 하였다. 역설적으로 이 같은 김이만의 언술은 한때 그가 고관대작으로 상징되는 공명(功名)을 향한 강렬한 지향성이 있었다는 사실을 거듭 반증해 주기도 한다. 그러나 지금은 사정이 확연히 달라진 것이다.

그 연장선에서 김이만은 하루와 만세(萬世)라는 상이한 시간 단위 사이에는 아무런 장단(長短)의 차이가 없다는 고급한 시간관을 아래처럼 피력해 두었음이 대단히 주목된다.

> "유유히 세월이 흘러가니
> 과거(過去)는 어느 곳에 쌓여 있는가?
> 만세(萬世)는 하루와 같아서
> 인생이란 (곧) 지금으로부터 지나간 옛적[過古]."[98]

미필적 결과라는 측면에서 볼 때에, "만세는 하루와 같다."로 요약되는 윗글은 흡사 『화엄경(華嚴經)』의 종요(宗要)를 간명하게 정리해 둔 의상(義湘, 625~702) 대사의 「법성게(法性偈)」 중에서, 무량겁(無量劫)과 일념(一念)이 상호 즉(卽)하고 있다는 일구를 연상케도 해준다. 따라서 상기 인용문 또한 앞의 환(幻)·공관(空觀)에 의거한 사물 인식과 더불

---

97 金履萬, 『鶴皐集』 卷6, 「詩晩稿 · 七言律詩」, 〈閑居自適〉, 135쪽. "往日事多生懺悔, 殘年夢不到功名."

98 金履萬, 『鶴皐集』 卷2, 「詩中稿 · 七言律詩」, 〈古意〉, 49쪽. "悠悠日月徂, 過去積何處, 萬世猶一日, 人生自今古."

어, 불교의 교학체계 방면에 대해 온축한 김이만의 상당한 소양 정도를 거듭 확인시켜 준 사례로 평가된다.

이 같은 연장선에서 노년에 이른 김이만(73세)은 불교적 시간 단위인 '삼생(三生)'과 "습의 결집[結習]" 문제를 거론하기도 했으나,[99] 다만 아쉽게도 생명체의 연속적인 전변(轉變)의 주체인 종자식(種子識)[아라야식]에 관한 유식학적(唯識學的) 설명은 결여되어 있는 상태다. 그러나 습관[習]의 문제를 삼세(三世)로 대변되는 불교적 시간 단위와과 결부시킨 이면에는 유식학적 교설에 대한 일정한 이해가 전제되고 있었을 것으로 사료된다. 유식학은 금생(今生)을 중시하는 현실주의라는 철학의 편에 선 유학자들의 입장에서 가장 수용하기 난망한 설명체계에 해당한다. 그런 점에서 유식학적 도식에 대한 김이만의 언술은 매우 의미심장한 것으로서, 불교교학 전반에 걸친 지적 소양 정도를 전시해 보인 중요한 장면으로 평가된다.

뿐만 아니라 김이만은 무한한 시간 단위인 겁(劫)을 거론하면서, "천지(天地)가 비록 장구(長久)하나, 또한 겁(劫)이 다하는 시점도 있다."고 설파한 대목은 우주가 변화하는 이치를 일정한 패턴으로 법칙화한 불교의 성주괴공(性住壞空)과 유관한 언술로서,[100] 역시 항구적인 실체론적 사고를 부정하는 불교적 사유체계와 맞닿아 있다. 김이만은 이처럼 네 단계로 유형화된 법칙에 입각하여 불교식 우주의 종말을 설명해 보인 것이다.

그러나 김이만이 불교 교학체계나 교리에 대해 이처럼 항상 수용

99 金履萬, 『鶴皐集』 卷3, 「詩晩稿 · 七言古詩」, 〈放歌行〉, 67쪽. "小少負奇氣 …… 豈料今年七十三 …… 往來屑屑令人恥, 結習三生磨不盡."

100 金履萬, 『鶴皐集』 卷2, 「詩中稿 · 七言律詩」, 〈浩歌〉, 59쪽. "天地雖長久, 亦有劫盡時."

일변도의 교섭 태도만을 견지하였던 것은 물론 아니다. 왜냐하면 김이만은 불교의 교리 자체를 향해 매우 엄중한 비판을 가한 자취들을 동시에 남겨 두었기 때문이다.

앞서 소개한 양산사 경내의 건물들과 탑을 순차적으로 관람하던 김이만은 동편에 이층 다락집 양식으로 축조된 극락전(極樂殿)을 접하고, 일단 "목석(木石)의 공교(工巧)하기가 그 정치(精緻)함을 다하였다."며 축조된 건물의 예술성에 대해 극찬을 가해 두었다.[101] 그런데 이 극락전이 과거 "신라(新羅) 왕실의 원당(願堂)이었다."는 승려의 부연 설명을 전해들은 김이만은 이를 조소하듯 비웃으면서, 불교의 대표적인 교설에 해당하는 인과응보설(因果應報說)을 아래처럼 강한 어조로 비판하는 일 또한 결코 망각하질 않았던 것이다.

> "신라(新羅)의 왕실에서 이 원당(願堂)을 지었다면, 어찌 복전(福田)에 이익(利益)이 되어야 하지 않겠소? 그런데 시험 삼아서 (지금 경주) 반월성(半月城)의 쇠해진 잡초며 냉랭해진 굴뚝들[煙]을 볼라치면, 부처의 위신력[佛力]이란 것이 과연 어디에 있단 말입니까?"[102]

김이만이 판단하기에 진정 불력(佛力)과 같은 신적 권능(權能)이 존재한다면, 신라 왕실의 소원(所願) 성취(成就)를 위해 건립한 원당인 극락전의 정성에 정히 감응(感應)하는 부처의 가피력(加被力) 혹은 위신력

101 金履萬, 『鶴皐集』 卷9, 「雜著」, 〈山史〉, 197쪽. "稍東有二層閣, 木石之工, 極其精緻, 牓曰極樂殿."

102 金履萬, 『鶴皐集』 卷9, 「雜著」, 〈山史〉, 197쪽. "僧言新羅王願堂, 余笑曰 新羅王構此願堂, 豈非爲福田利益, 而試看半月城衰草冷煙, 佛力果安在哉. 僧嘿然不知所對, 還丈室飯伊蒲訖, 出山門."

(威神力)이 영구히 발휘되었어야만 마땅했다. 그러나 이미 역사 속으로 화해간 신라 왕조란 작금의 "쇠해진 잡초며 냉랭해진 굴뚝"처럼 황폐해진 채 황성 옛터의 잔흔으로만 겨우 남아 있는 상태다. 결국 이 같은 결과는 인과응보설로 대변되는 불교적 교리 자체의 허무맹랑함을 명백하게 입증해 주고 있다는 것이 김이만이 내린 판단의 핵심이었다.

따라서 이상의 논의를 종합해 보자면, 불교교학 방면에 대한 김이만이 보여준 교섭 태도는 수용과 비판이라는 상이한 두 기제가 동시적으로 작동하는 양상을 띠고 있는 것으로 평가된다. 그런데 김이만의 경우 불교의 교학체계에 대해 보여준 이중적 교섭 태도와는 달리, 정좌(靜坐)로 지칭되는 실참 수행의 문제에 대해서는 매우 진지하게 몰입하고 있었던 것으로 확인되고 있다. 이 같은 김이만의 수행 열정이란 여타의 유학자나 정주학자들과는 단연 구분되는 김이만 만의 독특한 면모로 지목된다.

3) 정좌(靜坐) 수행

김이만이 남긴 현전하는 문집인 『학고집』에는 불교의 대표적인 수행법인 참선(參禪)[좌선(坐禪)]을 직접 실참(實參)했던 흔적이 자주 발견되고 있음이 대단히 주목된다. 그 외에도 김이만의 경우 승려들이 참선 수행을 행하는 모습을 유심히 관찰하고, 또한 그 결과를 문집 속에 더러 자세하게 묘사해 두기도 하였다. 이 같은 정황들은 김이만이 실참 수행 방면에 대한 관심사가 매우 지대했다는 점을 반증해 주기에 충분한 사례들이다.

다만 김이만은 실참 수행의 문제와 관련된 사기(私記) 류 형식의 그 어떤 저술을 남기지는 않았다. 대신에 김이만은 주로 시 작품을 빌려서 실참 수행과 관련된 자신의 체험담과 주변에서 관찰했던 일들을 간략하게나마 자주 취급하고 서술해 두고 있는 편이다. 따라서 이번 제3절(節)의 논의에서는 적시된 두 부류의 사안에 관한 내용들을 선별적으로 소개하고 검토하는 절차를 진행하도록 하겠다.

우선, 김이만은 그가 유람 길에서 탐방한 사찰과 암자 등지에서 조우한 수행승(修行僧)들이 수행에 몰입하고 있던 장면들을 매우 세심하게 관찰하고 있었음이 자주 눈에 띈다. 이를테면 김이만은 그가 상인(上人)으로 존칭한 노승(老僧) 학령(學靈)이 부들방석에 가부좌(跏趺坐)를 하고 앉아, "유수(流水)와 백운(白雲)을 상대하여도 한가로운" 모습을 예의 관찰한 바가 있었다.[103] 그리하여 김이만은 흐르는 물이며 흰 구름 등과 같은 일체의 경계(境界)에 전혀 반연(攀緣)됨이 없이, 오로지 "스님 홀로 청산(青山)에서 폐관(閉關)한" 채로 그윽히 선정(禪定)에 접어든 모습에 크게 감명을 받았던 모양이다.

한편 학령처럼 고승 반열에 오른 인물로 보이는 통도사(通度寺)의 희유(禧有) 상인 또한 은근히 김이만의 관심을 끌었던 인물이었다. 짐작컨대 이 기록은 김이만이 양산(梁山) 군수(郡守)에 재직 도중에 작성된 것으로 추정된다. 그리하여 김이만은 남녘에 찾아든 소슬한 가을 풍경과 절 주변의 정취를 자세히 묘사하는 가운데, 오가는 객(客)의 동태에 전혀 무관(無關)한 채 흰 구름과 더불어 스스로 한가로운 희유 상인

103 金履萬, 『鶴皐集』 卷1, 「詩初稿 · 七言絕句」, 〈贈學靈上人〉, 36쪽. "老僧趺坐一蒲團, 流水白雲相對, 水流出洞雲離壑, 僧在青山獨閉關."

의 자재(自在)한 모습을 감동적인 어투로 포착해 두었던 것이다.[104]

또한 김이만은 그가 중년 무렵부터 자주 찾았던 암자인 양진암(養眞菴)에서 연로한 비구승(比丘僧)이 가부좌를 한 모습도 간략히 서술해 두었으나,[105] 앞의 학령·희유 두 상인의 그것과는 전혀 다른 양상을 취한 차이가 발견되기도 한다. 아마도 김이만은 그가 접했던 승려들의 품격과 법력, 그리고 수행력 정도에 따라 상대를 대하는 방식이 각기 달랐던 듯하다. 이러한 정황들은 여타의 유학자나 정주학자들의 경우도 비슷한 경향을 보여준다.

한편 김이만은 스스로가 "선방(禪房)을 평온히 찾아 깃들어 의탁하였으되, (스스로가) 객인(客人)인 줄로 느끼지는 않았다."고 토로했으리만큼, 사찰·암자의 선방은 그에게 무척 친숙하면서도 평온한 공간으로 정착하고 있었던 것 같다.[106] 그래서인지 김이만의 경우 선방은 종종 지인들과 밤새도록 대화를 나누곤 했던 사교의 공간을 겸하고도 있었다.[107] 노년에 이르러서도 여전히 자주 사암에 부속된 선방을 찾곤 하였던 김이만은 "선방(禪房)에 표박(漂迫)하였으나, 노병(老病)이 얽어매고 있는" 자신의 신세를 가련히 여기면서 음주(飮酒)를 하다가, 다시 시 창작에 몰입한 흔적을 남겨두기도 하였다.[108]

---

104 金履萬, 『鶴皐集』 卷1, 「詩初稿 · 五言絶句」, 〈通度寺留贈禧有上人〉, 38쪽. "南國秋風起, 蕭蕭亂樹間 …… 古寺客重到, 白雲僧自閒, 不須三宿戀, 去住本無關."

105 金履萬, 『鶴皐集』 卷1, 「詩中稿 · 七言律詩」, 〈養眞菴〉, 52쪽. "山深不見人, 松扉風自扣 …… 趺坐老比丘, 相對俱白首 …… 盥櫛坐蒲團, 初陽動虛牖."

106 金履萬, 『鶴皐集』 卷1, 「詩中稿 · 七言律詩」, 〈養眞菴〉, 52쪽. "禪房穩棲托, 未覺爲客人."

107 金履萬, 『鶴皐集』 卷6, 「詩晩稿 · 七言律詩」, 〈哭李天祥光庭〉, 132쪽. "故舊東南屈指空 …… 禪房夜語乃千古."

108 金履萬, 『鶴皐集』 卷6, 「詩晩稿 · 七言律詩」, 〈漂泊〉, 112쪽. "漂泊禪房老病纏, 此

그런데 이 구절로 미뤄 보건대, 불자(佛子)적인 정체성이 희박했던 김이만이었기에, 그는 계율의 파지·실천을 의미하는 지계(持戒)의 문제에 대해서는 다소 무관심하였다는 사실이 확인되고 있다. 그러는 한편 김이만은 "원래 늙어갈수록 즐거운 일이 드물다."고 한탄하면서도, 새벽 일찍 선방에서 기상해서는 "객자(客子)[손님]가 일어나니 등불 그림자도 따라 앉는다."는 말로써,[109] 사찰에서의 부지런한 새벽 일정의 일면을 은연중에 살짝 노출해 두기도 하였다.

그럼과 동시에 김이만은 그가 젊은 시절부터 자주 내방했던 양진암에서 얼굴을 "씻고 빗질한 뒤 부들방석[蒲團]에 앉았는데, 아침 해가 빈창을 비춘다."는 일정 묘사에서 확인되듯, 실제 참선 수행을 행했던 자취도 아울러 남겨 놓았다. 즉, 김이만의 경우 그가 사찰에 유숙하는 날에는 새벽 일찍 일어나서 아침 공양 이전 시간까지 주로 참선 수행에 몰입하였을 알 수 있다. 때문에 노년에 다시 이 암자를 찾은 김이만은 경쇠 소리가 울려 퍼지는 아침녘에 향(香) 사르는 냄새를 맡으면서, 이전처럼 정좌(靜坐)를 행한 기록을 남겨두었던 것이다.[110]

이렇듯 김이만은 특정한 시공(時空)에 구애됨이 없이, 시간을 가늠하는 방편으로 주로 향을 피우면서 정좌에 임하곤 했던 것으로 보인다. 이러한 정황은 김이만이 북악산(北嶽山)이 바라보이는 서울에서 남긴 시, 즉 "향(香)을 피우고 기꺼이 정좌하여 적료(寂廖)함을 떨친다."라

翁身世太堪憐, 深盃不醉愁還醉, 高枕無眠困始眠 …… 眼昏頭白强詩篇."

109 金履萬, 『鶴皐集』 卷6, 「詩晩稿 · 七言律詩」, 〈禪房曉起, 次東坡韻〉, 110쪽. "已報三星下翠微, 客子起隨燈影坐, 僧努出汲井華歸 ……老去元知樂事稀."

110 金履萬, 『鶴皐集』 卷5, 「詩晩稿·七言律詩」, 〈養眞菴, 次東坡金山寺韻〉, 112~112쪽. "朝來盥漱覺清凉, 一磬聲中坐爇香."

는 구절을 통해서도 재차 확인된다.[111] 또한 김이만은 고향인 제천의 단곡에 마련한 서재(書齋)인 학명헌(鶴鳴軒)에서, "맑게 갠 밤에 남헌(南軒)에서 독좌(獨坐)할 적에, 이러는 동안의 가취(佳趣)를 다시 누가 알리오!"라는 시구를 남긴 사실도 눈길을 끈다.[112] 이 시 속에는 작가인 김이만이 정좌에 몰입했을 때에 느꼈던 묘한 흥취가 피력되어 있기 때문이다. 그런데 여기서 구사된 '가취(佳趣)'라는 시어는 이하의 두 가지 측면에서 좀 더 상세한 음미를 요하는 표현에 해당한다. 그것은 첫째, '가취'라는 단어는 김이만이 정좌를 거의 취미 생활처럼 일상화했다는 정보를 제공해 주고 있다는 정황과 관련해서며, 둘째, 그 결과 김이만은 이미 상당한 수준의 수행의 깊이를 스스로 만끽하고 있었다는 점을 반증해 주고 있다는 판단과 관련해서다.

그래서인지 실제 김이만의 문집인 『학고집』에는 「야좌(夜坐)」라는 제하(題下)의 시작들과 수행 장면을 기술해 둔 작품들이 심심찮게 발견되고 있으나, 굳이 일일이 다 소개하지는 않겠다. 이들 작품들 중에서 선별한 시인 「야좌」의 내용 중에는 "정좌한 지도 오래, 서헌(西軒)의 야기(夜氣)가 맑아지누나!"라든가,[113] 혹은 "얽매임이 없이 온방이 고요하여 띠끌 기운이 없으니, 사치는 물러가고 분화(紛華)한 일들은 일일이

111 金履萬, 『鶴皐集』 卷5, 「詩晩稿 · 七言律詩」, 〈雨中獨坐〉, 114쪽. "宴座焚香送寂廖, 一簾風雨更蕭蕭, 雲霾北嶽回頭失, 水隔南村對面遙."

112 金履萬, 『鶴皐集』 卷6, 「詩晩稿 · 七言律詩」, 〈夜坐〉, 137쪽. "淸夜南軒獨坐時, 此中佳趣更誰知."

113 金履萬, 『鶴皐集』 卷6, 「詩晩稿 · 七言律詩」, 〈夜坐〉, 116쪽. "秋凉稍喜息蚊蠅, 坐久西軒夜氣澄 ...... 崦村無月遠看燈 ...... 白首山中少舊朋."

참되어라!"라는 체험적 언술들이 포함되어 있다.[114] 물론 야심한 밤에 서재에서 "서책[黃券]이며 푸른 등잔은 아이들에게 떠맡긴 채, 나[白頭]는 오직 술두루미가 텅 비는 것을 안타가워 한다."며 음주(飮酒)에 열중하는 장면을 담은 경우도 없지는 않으나.[115] 김이만의 시 「야좌」 시리즈 중에는 실참 수행에 오래도록 직접 임해야만이 토로할 수 있는 체험담들로 구성된 작품들도 상당수 포함되어 있음이 거듭 확인되고 있다. 따라서 이 같은 정황들을 기술한 작품 「야좌」는 김이만이 행했던 정좌 수행의 일상화와 그에 따른 일련의 체험들을 대변해 주는 기능을 발휘할 수 있었던 것이다.

한편 「밤은 깊은데 잠은 아니 오고[夜深不寐]」라는 제하의 아래의 시는 수행 장면과는 직접적인 연관성은 없지만, 이른바 불교적 맥락에서의 '무심(無心)'의 중요성에 대한 김이만의 평소 인식이 언뜻 노출되어 있어서 눈길을 끌기에 충분한 작품으로 감상된다.

> "잠들고자 하나 잠은 아니 오고 밤은 벌써 깊어만 가니
> 몇 번이고 엎치락 뒤치락거리다가 다시 이불을 걸친다.
> 알지도 느끼지도 못한 사이에 다시 잠을 이루었으니
> 이제야 믿노니 무심(無心)이 유심(有心)을 이긴다는 말을!"[116]

---

114 金履萬, 『鶴皐集』 卷6, 「詩晩稿 · 七言律詩」, 〈夜坐〉, 139쪽. "翛然一室靜無塵, 汰却紛華事事眞."

115 金履萬, 『鶴皐集』 卷6, 「詩晩稿 · 七言律詩」, 〈夜坐〉, 131쪽. "黃卷靑燈付兒輩, 白頭唯惜酒罇空."

116 金履萬, 『鶴皐集』 卷3, 「詩晩稿 · 七言絕句」, 〈夜深不寐〉, 75쪽. "欲眠不眠夜已深, 幾回輾轉更披衾, 不知不覺還成睡, 方信無心勝有心."

물론 윗시 속에 채택된 시어(詩語)인 '무심·유심'에 대해 불교적 의미를 과도하게 부여하는 식의 해석에는 보다 신중을 기해야 마땅하리라 본다. 다만, 유심(有心)이 잡다한 상념(想念)이나 번뇌·망상 따위를 뜻한다면, 무심(無心)이란 그처럼 번잡한 마음의 작용력을 초극한 평정한 마음가짐을 지칭하는 표현임에는 의심의 여지가 없어 보인다. 이 점 김이만이 평소 심체(心體)가 빚어내는 다양한 작용력과 평정심을 회복하는 문제에 대해서 상당히 훈련된 상태임을 시사해 주고 있다.

그런데 김이만이 늘 일상화한 정좌 수행이 불교의 '참선·좌선·가부좌' 수행법 등과 내용상 동의어에 해당하는지 여부를 명쾌하게 판정해 내기가 그리 용이하지 않다. 다만 김이만이 남긴 저술들 속에는 유학적 오상(五常)[인의예지(仁義禮智信)]의 도리(道理)를 파지·체득하기 위한 주자학적(朱子學的) 공부론인 미발시(未發時)의 심체(心體)를 전제한 함양론(涵養論)[곧 거경(居敬)]에 대한 언급을 찾아보기가 어려웠다는 점에 특별히 유의해 본다. 이는 김이만의 경우 주자학 공부에 비교적 뒤 늦은 나이에 입문한 사정과 직접 관련되어 있을 것으로도 분석된다. 김이만은 만년인 65세경에야 비로소 주자학을 대상으로 한 본격적인 연찬에 나섰기 때문이다.[117] 실제 김이만은 그가 노년에 이르러서야 정주학의 종합적 입문서인 『성리대전(性理大全)』을 접하게 된 소감을 아래처럼 실감나게 피력해 둔 바가 있다.

"반세(半世)토록 풍진 세상에서 환상[夢] 속에 취했더니

117 김이만의 주자학 이해에 대해서는 金鍾秀, 「鶴皐 金履萬의 생애와 학문세계」, 『한국철학논집』 37집, 한국철학사연구회, 2013, 122~124쪽 참조.

노년에야 하늘은 독서하는 한가로움을 허락하셨네.
백두(白頭)[학고]는 비로소 존심(存心)의 묘를 알게 되었나니
다만 남은 세월을 아껴야 함이 안타깝도다!"[118]

김이만은 모년(暮年)에 지은 시인 「독성리대전(讀性理大全)」을 통해서 지난날 풍진 세속의 일장몽(一場夢) 속에서 보낸 허망한 세월들을 회고해 보이는 가운데, 이제야 성리학 공부를 통해 "존심(存心)의 묘(妙)"를 맛보게 된 것을 무척 다행스러워 한다는 소감을 토로하였다. 물론 거론된 "존심(存心)의 묘(妙)"란 성리학적·주자학적 마음 공부론에 관한 언표임에 분명하지만, 그 구체적인 내용은 생략되어 있는 상태다.

그렇다고 하더라도 주자학적 공부론의 대체가 함양(涵養)·성찰설(省察說)이고 보면, 김이만이 운위한 "존심(存心)의 묘(妙)" 또한 이 범주를 벗어나지는 않을 것임이 분명하다. 함양 공부법은 '한 생각[一念]'이 이미 발동한 상태인 이발시(已發時)에 적용되는 성찰(省察) 공부론과 함께, 체용(體用)과 동정(動靜)을 관통하는 주자학적 공부론의 기본 골격을 형성하고 있기 때문이다.[119] 특히 "존심(存心)의 묘(妙)"는 전자인 미발시(未發時)의 심체를 겨냥한 공부론과 직결된 표현에 해당하며, 정좌수행은 마음 혹은 한 생각인 일념(一念)이 발동하기 이전 상태인 바로 이 미발시 심체에 적용되는 수행법을 가리킨다. 함양(涵養) 혹은 거경

118 金履萬, 『鶴皐集』 卷4, 「詩晩稿 · 七言絶句」, 〈讀性理大全〉, 86쪽. "半世風塵醉夢間, 暮年天借讀書閒, 白頭始識存心妙, 秪惜前頭歲月慳."

119 朱熹, 『朱熹集』 卷32, 「答張敬夫(49)」, 成都: 四川教育出版社, 1997, 1403~1404쪽. "蓋心主乎一身, 而無動靜語默之間, 是以君子之於敬, 亦無動靜語默, 而不用其力焉, 未發之前, 是敬也, 固已主乎存養之實, 已發之際, 是敬也, 又常行於省察之間."

(居敬) 공부[수양]로도 지칭되는 이 공부론은 선불교의 좌선(坐禪)[참선] 수행법에 대해 이론적 우위를 점하려는 주희(朱熹, 1130~1200)[주자(朱子)의 각별한 고심이 발휘된 결실이나, 그 공부론적 실효성에 대해서는 명쾌하게 입증된 바가 없는 한계점을 동시에 안고 있다. 이에 탈주자학적(脫朱子學的) 경학론(經學論)의 선구자인 서계(西溪) 박세당(朴世堂, 1629~1703)과 그 뒤를 이은 다산(茶山) 정약용(丁若鏞, 1762~1836)에 의한 주자학적 공부론 비판은 바로 이 점을 비판하면서 이른바 행사(行事) 철학을 새롭게 주창하기에 이르렀던 것이다.[120]

그렇다면 김이만이 묘사해 둔 정좌 수행과 불교의 '참선·좌선·가부좌' 수행법 사이에는 내용상 별반 차이가 없을 것으로 판단된다. 물론 김이만은 수행 단계에 따른 과위(果位)나, 혹은 궁극적 경계를 언표한 견불(見佛)[견성] 개념과 불보살(佛菩薩)이 신변(神變)한 현신(現身) 등과 같은 개념들에 대해서도 충분히 숙지하고 있는 상태였다.[121] 따라서 비록 김이만이 정좌 수행을 통해서 사문(沙門)이 추구하는 궁극적 길인 각자(覺者)나 정각(正覺)을 지향한다는 언술은 발견하기 어려웠지만, '참선·좌선·가부좌' 수행과 정좌법 사이에는 큰 차이가 없는 것으로 봐도 무방하리라 본다.

그럼과 동시에 김이만은 그가 가장 선호했던 중국의 시인(詩人) 중에 한 사람인 송(宋)의 소동파(蘇軾, 1036~1101)의 시를 읽을 때면, "마

120 金鍾秀, 「西溪 朴世堂의 人物性同異論 一考(1): 一性同論 批判-」, 『유교문화연구』 9집, 성균관대 동아시아학술원 유교문화연구소, 2005, 293~333쪽 참조.

121 金履萬, 『鶴皐集』 卷9, 「雜著」, 〈山史〉, 188쪽. "譬之初地人見佛現身, 謂之能盡佛則不可, 謂不見佛亦未可也."

치 동파(東坡)와 대화를 나누는 듯하다."며 친근감을 표하면서도, 기어이 동파시(東坡詩)에 내함된 선미(禪味)를 적출하여 비판하는 일 또한 결코 망각하지 않았다.[122] 이 점 앞서 논급한 불교교학 방면과 역사적 인물인 최치원의 경우에 대해 보여준 이중적 태도가 재차 확인되는 셈인데, 이번에는 소동파라는 인물로 대체된 차이가 있을 따름이다. 물론 그렇다고 해서 김이만이 정좌 수행을 중단했던 것은 물론 아니었다.

이렇듯 김이만은 앞서 불교 교학체계에 대해 취했던 태도와 마찬가지로, '가부좌 · 참선 · 정좌' 등으로 지칭되는 불교의 수행법에 대한 입장 역시 다분히 이중적인 양상을 지니고 있었음이 확인된다. 그러나 결과적인 측면에서 보자면, 김이만의 경우 불교의 해체론적 인식론이자 세계관인 환 · 공관적 인식론에 의거하여 세속적 가치 · 대상들과 시간 개념의 무실체성을 여실히 통찰한 데 이어서, 참선 · 정좌 수행을 통해서는 심리적 안정을 도모하는 차원에서의 가취(佳趣)를 만끽하였던 것으로 분석된다. 특히 실참 수행 방면의 시인 「야좌」는 김이만이 정좌를 일상화한 결과, 상당한 수행력을 증득(證得)한 상태였음을 확인시켜 주고도 있다는 점이 대단히 주목되었다.

특히 『학고집』에서 자주 보이는 '자적(自適) · 적의(適意)' 등과 같은 어휘들은 김이만이 불교의 교학체계를 수용하고, 또 정좌 수행에의 몰입을 통해서 애초 그가 떠안았던 심리적 트라우마의 문제가 상당 부문 해소 · 치유의 길로 선회하고 있었음을 알려주는 의미 있는 징후들이었던 것이다. 노년에 창작한 것으로 추정되는 아래의 시인

122 金履萬, 『鶴皐集』 卷2, 「詩中稿 · 七言律詩」, 〈讀東坡詩〉, 56쪽. "我讀東坡詩, 如與東坡語, 句句出奇氣, 篇篇盡豪舉 …… 一味說禪去, 時雜傖父儜, 或近書生腐."

「한거잡시(閑居雜詩)」[123]는 영혼이 자유로웠던 김이만의 말년의 넉넉한 내면 풍경을 잘 드러내 보이고 있다.

> “인생에 어찌 늙음이 없으랴?
> 이 이치 고금(古今)을 일관한 것을.
> 부귀(富貴)는 옮기어 그대를 위하노니
> 지난날 영웅들은 어디에 있는가?
> 백수(白首)[학고]의 서책이 1천여 권
> 청산(青山)에서 술 한 잔
> 늘그막에 애오라지 적의[適意]하노니
> 어찌 반드시 봉래(蓬萊)를 찾을까?”

김이만은 윗시를 통해서 인간이라면 누구나 생로병사로 패턴화된 존재 일반의 운명의 법칙에서 결코 자유로울 수 없다는 엄중한 사실을 새삼 환기해 보임과 더불어, 부귀·영화며 호기(豪氣)로웠던 영웅들의 행적 또한 덧없는 한 순간의 분절(分節)에 불과했다는 사실을 반추해 보였다. 이와 동시에 김이만은 서재(書齋)에 가득한 서적들을 읽고 사색하면서 간간이 대자연 속에서 술잔도 기울이곤 하는 자신의 만년 생활에 대해 큰 만족감[곧 ‘적의(適意)·자적(自適)’]을 표명해 두는 일도 잊지 않았다. 이렇듯 달관(達觀)과 관조(觀照)의 풍취가 물씬 감지되는 이 시

123 金履萬, 『鶴皐集』 卷5, 「詩晚稿 · 五言律詩」, 〈閑居雜詩〉, 103쪽. “人生無那老, 此理古今來, 富貴徒爲爾, 英雄安在哉. 白首書千卷, 青山酒一盃, 暮年聊適意, 何必覓蓬萊.” 운위된 ‘봉래(蓬萊)’란 영주산(瀛州山)·방장산(方丈山)과 함께 중국의 전설상에 나오는 삼신산(三神山)의 하나로 도교(道敎)의 이상향이나 유토피아를 상징한다.

의 근저에는 전반부에 서술된 반야공관의 메시지가 융해된 채 밑그림을 형성하고 있어 보인다.

비록 김이만의 경우 끝내 근본 유자로서의 사상적·이념적 착지점을 철회하지는 않았으나, 그간 불교적 세계와 일련의 교섭 과정을 경유하면서, 애초 그가 떠안았던 내면의 트라우마 증상이 상당 부문 해소되고 치유되는 결실을 맞이했음이 감지되기도 한다. 차후 김이만은 생애 마지막 순간에 이르러 죽음을 예지(叡智)하고 담대하고도 평온한 최후를 맞이함으로써, 『학고집』을 읽는 독자들로 하여금 잔잔한 감동의 세계로 인도하기도 한다.

4. 맺음말

이상의 논의를 통해서 18세기 초·중반 무렵의 관인·유자 신분이었던 학고 김이만이 유자로서 성숙해 가는 과정과 뒤이은 관직 진출, 그리고 곧 직면하게 되는 남인계 당인으로서의 정치적 피해의식과 그에 따른 좌절감 등을 개괄적으로 논급해 보았다. 나아가 김이만이 중년 이후부터 전념했던 문학 활동과 유람 행위의 이면에는, 그가 떠안은 연원 깊은 트라우마를 해소하고 치유하기 위한 의도에서 구상되었다는 사실과 더불어, 또한 전국 도처를 원유하는 과정에서 숱한 사찰·암자들을 탐방했던 정황들도 아울러 소개하고 살펴보았다. 겸하여 사암심방(尋訪)에 따른 이면사들에 얽힌 기록들을 검토하는 방식을 통해서, 18세기를 전후로 한 한국불교사의 한 단층을 세부적인 차원에서 응시해 보기도 하였다. 이하의 내용은 앞서 본론에서 거론한 내용들을 간략히 정리하고 음미하는 형식을 취하게 될 것이다.

김이만은 형식상으로는 "통적(通籍) 50여 년에 이르는" 기나긴 사환기를 보낸 것으로 기술되었으나, 이는 무려 20여 년에 달하는 길고도 모진 공백기를 제외한 계산에 불과하다. 실제 김이만은 자신이 감수했던 결코 짧지 않은 공백기와 관련된 피해의식을 누차 토로해 두었다. 이에 김이만은 현실적으로 겪는 좌절감과 그에 따른 심리적 외상을 해소하기 위한 의도에서 겨를이 되는 대로 전국 도처에 산재한 명산·대첩을 향해 먼 유람 길에 나서게 되었다. 김이만이 남긴 『산사』를 위시한 각종 유기류의 저술들은 이러한 문맥을 감안해야만 정당하게 독해될 수 있다.

그리하여 김이만은 전국의 명산대첩을 대상으로 하여 유람하는 과정에서 약 50여 곳에 이르는 사찰·암자들을 동시에 탐방하기도 하였다. 실제 김이만이 사암을 찾곤 했던 인연은 과거업(科擧業)을 대비했던 지난 수학기 시절로까지 소급되는데, 이는 형식적 차원에서 불교와 직접 대면하게 된 계기라는 의미를 지닌다. 그럼과 동시에 김이만은 사찰·암자들을 찾는 횟수에 비례하여 불교의 교학체계 및 승단·승려, 그리고 참선 수행법 등에 대한 이해 양상 역시 점차적으로 심화되는 추이를 보여 주고 있었음이 누차 확인된다.

무엇보다 김이만이 불교의 환관·공관에 입각하여 명리(名利)·총욕(寵辱)·귀천(貴賤)·부귀(富貴) 등과 같은 세속적 가치들의 실체를 무화·해체해 나갔던 장면들은 매우 주목할 만했다. 나아가 김이만은 시간 개념이 추수하는 영원성이라는 실체를 과감히 탈각시키는 인식론적 전환을 시도하였고, 그 연장선에서 만세(萬世)와 단 하루가 상즉(相卽)

한 시간 단위임을 통찰하는 시각을 선보이기도 했다. 이 같은 인식론적 전환이 수행되는 과정에서 줄곧 세속적 가치 · 대상들이 동반되고 있었다는 사실은, 역설적으로 고관(高官) · 대작(大爵)을 꿈꾸었던 김이만이 감내했던 트라우마의 강도와 그 구체적인 내용들에 관한 정보들을 거듭 실감케도 해주었다.

한편 불교의 대표적 수행법인 참선 · 가부좌에 대한 관심은 김이만이 사찰·암자에 부속된 선방을 찾곤 했던 세월만큼이나 연원이 깊었는데, 학고는 수행 단계에 따른 과위 등에 대해서도 숙지하고 있었다. 때문에 김이만은 특정한 시간과 공간에 구애받음이 없이 참선 · 정좌 수행을 틈틈이 실행해 왔고, 자연히 마음의 평온함을 유지하는 차원 이상의 수행 체험담을 토로하는 언술들을 남기기도 하였다. 그럼과 동시에 김이만은 말년에 불교에 귀의한 소동파의 시에 함장된 선적(禪的)인 요소들을 강하게 비판하는 식의 이중적인 태도를 거듭 노정해 보이기도 하였다. 이러한 이중성은 김이만이 퇴계의 정론에 따라 최치원을 이단시하거나, 혹은 인과응보설이나 사찰에 전해지는 구전 설화 등을 단호한 논조로 비판했던 정황들과도 정히 부합되는 맥락인 것이다.

결과적인 측면에서 보자면, 김이만의 인생 역정에서 불교적 세계와의 대면이란 전면적 차원의 통섭(通攝)과 회통(會通)의 대상이 아닌, 곧 자신의 트라우마를 치유하고 해소하기 위한 노력의 연장선에서 시도된 부분적인 교섭(交涉)의 의미를 지니는 것으로 평가된다. 그러나 이 같은 불교와의 교섭 노력이 애초 김이만이 착지했던 근본 유자적 정체성이 결여했던 보다 폭넓은 세계관과 수행의 묘미 등을 보완해 주는 결과로 이어진 점은 매우 의미심장한 것이었다. 동시에 김이만이 보여준 일련의 교섭에의 자취들은 그가 떠안은 트라우마의 문제를 해소하기 위한 영혼의 강렬한 몸짓이었고, 그 결과 학고의 경우 상당한 정도의 심적 위안과 정신적 자유로움을 만끽하게 된 사실도 결코 간과할 수 없는 장면들이었다. 그런 점에서 김이만의 대(對) 불교 교섭 노력은 비록 일관된 이중적 태도의 표출이라는 모호한 자취에도 불구하고, 그 자신에게 극히 유의미한 결과를 안겨주었던 것으로 평가된다.

참고 문헌

2장

『維摩經』

『大東野乘』·『慵齋叢話』

金守溫,『拭疣集』(한국문집총간 9), 민족문화추진위원회, 1986.

南孝溫,『秋江集』(한국문집총간 16), 민족문화추진위원회, 1986.

朴世堂,『西溪集』(한국문집총간 134), 민족문화추진위원회, 1988.

朴守儉,『林湖集』(한국문집총간 續)39), 한국고전번역원, 2007.

永同鄕土史研究會,『國譯 拭疣集』, 永同文化研究院, 2001.

『高麗史節要』 권16, 高宗 28년 9월.

『世祖實錄』 권32, 世祖 10년 3월 15일[戊辰].

『睿宗實錄』 권6, 睿宗 1년 6월 29일[辛巳].

『成宗實錄』 권36, 成宗 4년 11월 6일〔癸巳〕.

이종찬,『韓國漢詩大觀』, 이회문화사, 2002.

韓國佛教大辭典編纂委員會 編,『韓國佛教大辭典(전7권)』, 明文堂 , 1995.

김상일,「金守溫 시문학의 일국면-불교적 시세계를 중심으로-」,『한국문학연구』 29집, 한국문학연구학회, 2005.

김상일,「乖崖 金守溫 산문의 문예적 특질」,『한국문학연구』 29집, 한국문학연구학회,2006.

김윤섭,「金守溫의 佛教的 精神世界에 관한 一考」,『한국학연구』 43호, 고려대 한국학 연구소, 2012.

金鍾秀, 「괴애 김수온의 승려 호칭법과 교유 양상」, 『인문학연구』 27집, 인천대 인문학연구소, 2017.
金鍾秀, 「乖崖 金守溫의 居士佛敎 信行體系」, 『원효 탄신, 1400주년 기념 한국불교학회 춘계학술대회 논문집』, (사) 한국불교학회, 2017.
金鍾秀, 「전근대 시기의 儒學者 佛敎로의 轉向 사례-林湖 朴守儉의 경우-」, 『禪文化硏 究』 17집, 선리연구원, 2014.
김진무, 「중국 근대 居士佛敎의 성격과 사회적 역할」, 『韓國禪學』 21호, 韓國禪學會, 2008.
李炳熙, 「高麗時期 居士의 生活方式과 그 意味」, 『사학연구』 116호, 한국사학회, 2014.
李錫柱, 「괴애(乖崖)의 유불론(儒佛論)」, 『韓國思想과 文化』 70집, 한국사상문화학회, 2013.
李昊榮, 「乖崖 金守溫의 文名과 崇佛 性格」, 『論文集』 10집, 단국대학교, 1976.
장재진, 「한국불교에서 재가수행의 역사 개관」, 『불교평론』 61호, 2015, (재) 만해사상 실천선양회.
鄭濟奎, 「高麗後期의 居士觀과 그 特性」, 『文化史學』 11·12·13합집, 한국문화사학회, 1999.
황인규, 「朝鮮前期 佛敎界의 三和尙攷-信眉와 두 제자 學悅 · 學祖-」, 『한국불교학』 37집, 한국불교학회, 2004.

3장

『論語集註』 · 『孟子集註』 · 『禮記』 · 『高麗史』
權諰, 『炭翁集』(한국문집총간 104), 민족문화추진위원회, 1993.
金馹孫, 『濯纓集』(한국문집총간 17), 민족문화추진위원회, 1986.
南孝溫, 『秋江集』(한국문집총간 16), 민족문화추진위원회, 1986.
朴世和, 『毅堂集』(奈堤文化資料叢書 3), 奈堤文化硏究會, 2002.
朴守儉, 『林湖集』(한국문집총간 續39), 민족문화추진위원회, 2006.
宋時烈, 『宋子大全 Ⅵ』(한국문집총간 113), 민족문화추진위원회, 1986.
朴絪, 『无悶堂集』(한국문집총간 21), 민족문화추진위원회, 1986.
李瀷(민족문화추진위원회 편), 『星湖僿說』, 솔, 1997.

鄭介淸, 『愚得錄』(한국문집총간 40), 민족문화추진위원회, 1986.
鄭道傳, 『三峯集』(한국문집총간 5), 민족문화추진위원회, 1996.
鄭汝昌, 『一蠹集』(한국문집총간 15), 민족문화추진위원회, 1986.
李荇 외, 『新增東國輿地勝覽』, 민족문화추진위원회, 1969.
崔致遠, 『孤雲集』(한국문집총간 1), 민족문화추진위원회, 1986.

『成宗實錄』 권118, 成宗 11년 6월 16일(乙丑).
『成宗實錄』 권242, 成宗 21년 7월 26일(丙子).
『燕山君日記』 권30, 燕山君 4년 7월 13일(丁未).
『燕山君日記』 권30, 燕山君 4년 7월 19일(癸丑).
『瑜伽師地論』(『大正藏』 30).
『梵網經(下)』(『大正藏』 24).
金宏弼, 『國譯 景賢錄(全)』, 寒暄堂先生記念事業會, 2004.
정여창(박헌순 譯), 『국역 일두집』, 민족문화추진위원회, 1981.

고영근, 『텍스트이론: 언어통합론의 이론과 실제』, 아르케, 1999.
김형효, 『老莊 사상의 해체적 독법』, 청계, 1999.
김형효, 『물학 심학 실학』, 청계, 2003.
이봉춘, 『조선시대 불교사 연구』, 민족사, 2015.
이주행, 『무위 유학: 왕기의 양명학』, 소나무, 2005.
조남국 외, 『一蠹 鄭汝昌의 學問과 思想』, 함양: 남계서원, 2004.
鄭在景, 『鄭汝昌 研究』, 집문당, 1988.
韓國古代社會研究所, 『譯註 韓國古代金石文 Ⅲ(신라 2 · 발해 편)』, 五政印刷株式會社, 1992.

金起賢, 「鄭汝昌 道學의 특색에 관한 小考」, 『東洋哲學研究』 38집, 동양철학연구회, 2004.
김영우, 「일두 정여창의 성리설 고찰」, 『嶺南學』 24호, 경북대 영남문화연구원, 2013.
김용헌, 「도학의 형성, 점필재 김종직과 그의 문생들의 도학사상」, 『한국학논집』 45집, 계명대 한국학연구원, 2011.
金鍾秀, 「葛川 林薰의 불교인식」, 『南冥學』 20집, (사) 남명학연구원, 2015.

金鍾秀, 「一蠹 鄭汝昌의 불교적 혐의와 유 · 불 회통론」, 『(사) 한국불교학회 2016 추계전국불교학술대회 논문집』, 한국불교학회, 2016.
金鍾秀, 「일두 정여창의 불교적 혐의와 유 · 불 회통론」, 『禪文化研究』 21집, 한국불교선리연구원, 2016.
노의찬, 「유학자 정여창의 불교적 삶」, 『嶺南學』 24호, 경북대학교 영남학연구원, 2013.
노의찬, 「一蠹 鄭汝昌의 불교적 자취」, 『열상고전연구』 39집, 열상고전연구회, 2014.
신순남(적연), 「菩薩戒의 受持와 慈悲實現에 관한 考察」, 『禪文化研究』 17집, 한국불교선리연구원, 2014.
安在淳, 「一蠹 鄭汝昌의 修養論」, 『東洋哲學研究』 38집, 동양철학연구회, 2004.
崔英成, 「一蠹 鄭汝昌의 生涯와 學問歷程-諸家記述을 중심으로-」, 『東洋哲學研究』 38집, 동양철학연구회, 2004.
崔永好, 「포은 정몽주의 불교와의 교류」, 『圃隱學研究』 9집, 포은학회, 2012.
최헌섭, 「青鶴洞 位置考」, 『경남발전』 83호, 경남발전연구원, 2006.

4장

『詩經』·『論語集註』·『孟子集註』·『大學集註』·『中庸集註』·『周易』·『老子』
朴世堂, 『西溪集』(한국문집총간 134), 민족문화추진위원회, 1996.
朴守儉, 『林湖集』(한국문집총간 속39), 민족문화추진위원회, 2007.
朴世堂, 『西溪全書(下)』, 太學社, 1979.
林薰, 『葛川集』(한국문집총간 134), 한국고전번역원, 2010.
鄭汝昌, 『一蠹遺集』(한국문집총간 15), 민족문화추진위원회, 1988.
韓元震, 『南塘集 II』(한국문집총간 202), 민족문화추진위원회, 2000.
黎靖德 編, 『朱子語類(1)』, 北京: 中華書局, 1981.
唐 三藏法師 玄奘 奉詔 譯, 『大乘大集地藏十輪經』, 중화전자불전협회[CBETA].
『瑜伽師地論』(『大正藏』 30, 511b).
『明宗實錄』 권33, 明宗 21년 6월 21일[庚辰].
대한불교조계종 교육원 편역, 『金剛般若波羅密經』, 조계종출판사, 2009.

大韓佛敎 天台宗 總本山 求仁寺, 『懸吐譯註 妙法蓮華經』, 민족사, 1999.
成彭年 저(河行洛 역), 『國譯 石谷先生文集』, 明心印刷所, 2001.
이진영 역, 『대승대집지장십륜경』, 동국역경원, http.//www.tripitaka.or.kr/
林薰, 『葛川先生文集 · 附錄(國譯)』, 恩津林氏大宗親會, 1994.

김형효, 『물학 심학 실학』, 청계, 2003.
정일균, 『갈천 임훈의 생애와 사상』, 예문서원, 2000.
최석기 · 정일균 · 김종수, 『갈천 임훈의 학문과 사상』, 보고사, 2017.

金鍾秀, 「일두 정여창의 불교적 혐의와 유 · 불 회통론」, 『禪文化硏究』 21집, 한국불교선 리연구원, 2016.
金鍾秀, 「葛川 林薰의 佛敎認識」, 『南冥學』 20집, (사) 남명학연구원, 2015,
金鍾秀, 「전근대 시기 儒學者 佛敎로의 轉向 사례-林湖 朴守儉의 경우-」, 『禪文化硏究』 17집, 한국불교선리연구원, 2014.
한태식, 「靜觀一禪의 생애와 정토사상 연구」, 『淨土學硏究』 21집, 한국정토학회, 2014.
崔英成, 「一蠹 鄭汝昌의 生涯와 學問歷程-諸家記述을 중심으로-」, 『東洋哲學硏究』 38집, 동양철학연구회, 2004.

5장

『史記』·『詩經』
朴世堂, 『西溪集』(한국문집총간 134), 민족문화추진위원회, 1996.
朴世堂, 『中庸思辨錄 · 論語思辨錄 · 孟子思辨錄 · 尙書思辨錄』(『西溪全書(下)』본), 太學社, 1979.
朴世堂, 『新註道德經註解 · 南華經註解刪補』(『西溪全書(上)』본), 太學社, 1979.
朴世堂, 『西溪燕錄』(임기중 編刊, 『燕行錄全集(전100권)』본, 동국대출판부, 2001.
黎靖德 編, 『朱子語類』, 北京: 中華書局, 1991.
蘇東坡, 『蘇東坡全集』(正集 1), 景仁文化社, 1983.
蔡沈 저(金赫濟 校閱), 『書集傳』, 明文堂, 1992.

胡廣 篇, 『書集傳大全』, 학민문화사, 1990.
洪直弼, 『梅山集』(한국문집총간 296), 민족문화추진위원회, 2002.
대한불교조계종교육원 편역, 『조계종 표준 金剛般若波羅密經』, 조계종출판사, 2009.
박세당 저(강여진 역), 『국역 서계집 1』, 한국고전번역원, 2009.
朱熹 저(성백효 역주), 『懸吐完譯 論語集註』, 傳統文化研究會, 2002.

김종수, 『서계 박세당의 연행록 연구』, 혜안, 2010.
김형효, 『물학 심학 실학』, 청계, 2003.
윤영해, 『주자의 선불교비판 연구』, 민족사, 2000.
買豊臻 著, 『中國學術叢書(제12편 6-中國理學史)』, 上海: 上海書店, 1990.
F. 짐머만 저(이기상 역), 『실존철학』, 서광사, 1987.
월터 캡스(W H. Capps) 저(김종서·배국원 외 역), 『현대 종교학 담론』, 까치, 1999.
윌리엄 해스커(W. Hasker) 외 저(하종호 역), 『종교철학』, 이화여대 출판부, 1994.

김수진 외, 「西溪 朴世堂의 石泉洞 經營과 理想鄕」, 『한국전통조경학회지』 5집, 한국전통조경학회, 2007.
김재철, 「하이데거의 기초존재론」, 『哲學研究』 93집, 大韓哲學學會, 2005.
金鍾秀, 「西溪 朴世堂의 人物性同異論 一考(1): 性同論 批判」, 『儒教文化研究』 9집, 성균관대학교 동아시아학술원 儒教文化研究所, 2005.
金鍾秀, 「『서계연록』과 박세당의 불교인식」, 『국학연구』 14집, 한국국학진흥원, 2010.
金鍾秀, 「서계 박세당의 진리론과 학문적 자유성」, 『양주의 유학과 사림문화』, 경기문화재단, 2010.
심경호, 「西溪 朴世堂의 水落山 隱居와 學問 企劃」, 『어문연구』 37-2호, 한국어문교육연구회, 2009.
윤미길, 「朴世堂의 詩論과 詩世界」, 『국어교육』 104호, 한국국어교육연구회, 2001.

6장

金履萬『鶴皐集』(韓國文集叢刊 續65), 한국고전번역원, 2007.
朴世堂,『西溪集』(韓國文集叢刊 134), 민족문화추진위원회, 1996.
朴世和,『毅堂集』(奈堤文化資料叢書 3), 奈堤文化硏究會, 2002.
朴守儉,『林湖集』(韓國文集叢刊 續39), 한국고전번역원, 2007.
朴守儉,『林湖詩選』(국립중앙도서관 소장본 古3644-14)
朴守儉,『遯谷郭逸人行狀』(국립중앙도서관 소장본 한古朝57-가869), 1694.
朴守儉,『絕韋餘編』(義興朴氏門中 所藏本)
李德壽,『西堂私載』(韓國文集叢刊 186), 민족문화추진위원회, 2002.
李宜顯,『陶谷集』(韓國文集叢刊 180), 민족문화추진위원회, 1996.
國史編纂委員會 編,『輿地圖書(上)』, 探求堂, 1973.
林湖先生鄕賢祠營建委(가칭),『林湖先生鄕賢祠營建錄』(義興朴氏門中 所藏本)
胡廣,『書集傳大全』, 學民文化社, 1990.
정선용 역,『국역 사계전서 7』, 민족문화추진위원회, 2005.

윤영해,『주자의 선불교비판 연구』, 民族社, 2000.
장승구,『삶과 철학』, 이회사, 2013.
키에르케고르(崔石泉 역),『죽음에 이르는 病』, 尙書閣, 1977.

금장태,「유교의 종교성과 유교-천주교의 교류」,『종교와 문화』 9호, 서울대학교 종교문제연구소, 2003.
金鍾秀,「林湖 朴守儉의 생애와 저술 양상」,『儒教思想文化硏究』 50집, 韓國儒教學會, 2012면.
김종수,「林湖 朴守儉의 심리적 외상과 의림경영」,『의림지유산과 농경문화』, 제천문화원, 2013.
김종수,「林湖 朴守儉의 트라우마와 莊子哲學」,『東洋文化硏究』 15집, 영산대학교동양문화연구원, 2013.
金鍾秀,「鶴皐 金履萬의 寺庵 탐방과 불교인식」,『藏書閣』 30호, 한국학중앙연구원, 2013.
金鍾秀,「西溪 朴世堂의 '三笑哲學'과 儒佛 交涉-종교간 대화의 모색-」,『禪文化硏究』 10집, 禪理硏究院, 2011.

박해당,「조선후기 유학자들의 불교관-승려 문집의 서문을 중심으로-」,『泰東古典硏究』28집, 한림대학교 태동고전연구소, 2012.
유호선,「조선후기 유학자들의 불교관」,『불교평론』5권 1호, 불교평론사, 2003.
정재영,「개종의 사회 문화적 요인」,『신학과 실천』14호, 한국실천신학회, 2008.

7장

金履萬,『鶴皐集』(한국문집총간 續65), 한국고전번역원, 2007.
金履萬,『鶴皐遺藁』(국립중앙도서관 소장본 한古朝46-가1765)
金履萬,「尙州權佐郎 宅卽納」(옥과미술관 소장 LE 0166)
朴世堂,『西溪集』(한국문집총간 134), 민족문화추진위원회, 1996.
朴守儉,『林湖集』(한국문집총간 續39), 한국고전번역원, 2007
李遂大,『松崖集』(국립중앙도서관 소장본 한古朝46-가1237)
李瀷,『星湖全書 Ⅲ』(한국문집총간 200), 민족문화추진위원회, 1986.
李滉,『退溪集 Ⅱ』(한국문집총간 30), 민족문화추진위원회, 1986.
대한불교조계종교육원 편역,『조계종 표준 金剛般若波羅密經』, 조계종출판사, 2009.
朱熹,『論語集註』, 古典文學研究員, 1986.
朱熹,『朱熹集』, 成都: 四川教育出版社, 1997
焦竑,『老子翼』(漢文大系 9), 臺北: 新文出版社, 民國 83.

김성진,「鶴皐 金履萬의「山史」研究」,『동양한문학연구』39집, 동양한문학회, 2014.
김성진,「朝鮮後期 小品文과 養生」,『동양한문학연구』30집, 동양한문학회, 2010.
金鍾秀,「17~19세기 刑罰考證 談論과 人權意識-朴世堂과 丁若鏞의 경우-」,『2015 동아시아 실학 국제학술회의 논문집』, 한국실학학회, 2015.
金鍾秀,「鶴皐 金履萬의 생애와 학문세계」,『한국철학논집』37집, 한국철학사연구회, 2013.

金鍾秀, 「鶴皐 金履萬의 寺庵 탐방과 불교인식」, 『장서각』 30호, 한국학중앙연구원, 2013.

金鍾秀, 「西溪 朴世堂의 人物性同異論 一考(1): −性同論 批判−」, 『유교문화연구』 9집, 성균관대 동아시아학술원 유교문화연구소, 2005

申杓燮, 「鶴皐 金履萬 詩의 硏究」, 성균관대학교 대학원 한문학과 석사학위논문, 1993.

염중섭, 「『오대산사적기(五臺山事蹟記)』의 판본과 민지(閔漬)의 자장전기(慈藏傳記) 자료 검토−새로 발견된 민지의 자장전기 자료를 중심으로−」, 『불교학연구』 46집, 불교학연구회, 2016.

李鍾默, 「金履萬의 삶과 詩」, 『韓國漢詩作家硏究』 15집, 한국한시작가연구회, 2011.

이종수, 「북한 소재 사찰의 불교문헌」, 불기 2557년 석탄일 봉축 세미나, 『북한불교의 이해』, 동국대 불교문화연구원, 2013.

찾아보기

ㄴ

ㄷ

ㄹ

ㅁ

ㅅ

ㅇ

ㅈ

ㅊ

ㅍ

ㅎ